U0553673

春秋繁露義證

〔漢〕董仲舒 撰
〔清〕蘇輿 義證

齊魯書社
·濟南·

圖書在版編目（CIP）數據

春秋繁露義證 / (漢) 董仲舒撰 ; (清) 蘇輿義證. 濟南 : 齊魯書社, 2024. 9. -- (《儒典》精粹).

ISBN 978-7-5333-4924-0

Ⅰ. B234.52

中國國家版本館CIP數據核字第2024J4N381號

責任編輯　張　超　劉　晨
裝幀設計　亓旭欣

春秋繁露義證

CHUNQIU FANLU YIZHENG

〔漢〕董仲舒　撰　〔清〕蘇輿　義證

主管單位　山東出版傳媒股份有限公司
出版發行　齊魯書社
社　　址　濟南市市中區舜耕路517號
郵　　編　250003
網　　址　www.qlss.com.cn
電子郵箱　qilupress@126.com
營銷中心　（0531）82098521　82098519　82098517
印　　刷　山東臨沂新華印刷物流集團有限責任公司
開　　本　880mm × 1230mm　1/32
印　　張　24.75
插　　頁　2
版　　次　2024年9月第1版
印　　次　2024年9月第1次印刷
標準書號　ISBN 978-7-5333-4924-0
定　　價　198.00圓

《〈儒典〉精粹》出版説明

《儒典》是對儒家經典的一次精選和萃編，集合了儒學著作的優良版本，展示了儒學發展的歷史脉絡。其中，《義理典》《志傳典》共收録六十九種元典，由齊魯書社出版。鑒於《儒典》采用套書和綫裝的形式，部頭大，價格高，不便於購買和日常使用，我們决定以《〈儒典〉精粹》爲叢書名，推出系列精裝單行本。

叢書約請古典文獻學領域的專家學者精選書目，并爲每種書撰寫解題，介紹作者生平、内容、版本流傳等情況，文簡義豐。叢書共三十三種，主要包括儒學研究的代表性專著和儒學人物的師承傳記兩大類。版本珍稀，不乏宋元善本。對於版心偏大者，適度縮小。爲便於檢索，另編排目録。不足之處，敬請讀者朋友批評指正。

齊魯書社
二〇二四年八月

《〈儒典〉精粹》書目（三十三種三十四册）

孔氏家語　荀子集解　孔叢子
春秋繁露　春秋繁露義證　鹽鐵論
新序　揚子法言　白虎通德論
潛夫論　中説　太極圖説　通書
龜山先生語録　張子語録　傳習録
張子正蒙注　先聖大訓　近思録
四存編　孔氏家儀　帝範
帝學　温公家範　文公家禮
聖門禮樂誌　東家雜記　孔氏祖庭廣記
伊洛淵源録　伊洛淵源續録　國朝漢學師承記
國朝宋學淵源記　孔子編年　孟子年表

解題

春秋繁露義證十七卷首一卷考證一卷，漢董仲舒撰，清蘇輿義證，清宣統二年平江蘇氏刻本

蘇輿字嘉瑞，號厚庵、厚康、阜康，晚號閑齋、更生，湖南平江人。清同治十三年（一八七四）生，民國三年（一九一四）卒。光緒三十年（一九〇四）進士，入翰林，由庶吉士授編修，後官郵傳部郎中。著有《春秋繁露義證》《晏子春秋校本》《自怡室詩存》等，編有《翼教叢編》等。傳見《清儒學案·葵園學案》。

《春秋繁露》一書，清代以來，以凌曙、蘇輿兩種注本廣受引重。而蘇氏認爲凌曙本於董義少所發揮，疏漏繁碎時所不免，於是以凌曙注本爲基礎，撰作《義證》。蘇氏《義證》正文以盧文弨校本（以乾隆武英殿聚珍本爲主，參以明嘉靖蜀刻本、程榮本、何允中本）、凌曙本（亦以乾隆武英殿聚珍本爲主，參以明王道焜本、清張惠言本）、明天啓間朱養和刊孫鑛評本，合互校訂，擇善而從，充分吸收盧文弨、凌曙諸家校勘成果。注解采盧文弨、凌曙、

莊存與、劉逢禄、李兆洛、沈欽韓、鄧立成、戴望、朱一新諸人説，又采録兩漢經師家説及詔令奏議與本書比附者，諸子傳記及各家解釋足資考證者，參酌發揮而成。在校勘和注釋上皆能彙集諸家之長，是校訂《春秋繁露》的善本之一。

清宣統元年（一九〇九），蘇輿《春秋繁露義證》撰成，繕寫成帙，其師長沙王先謙爲刊板行世。吴慶坻撰《王葵園先生墓志銘》（見《碑傳集補》卷七）云『蘇郎中輿著《春秋繁露義證》，書成而殁，爲刊行之，其篤風義又如此』。王先謙刊《義證》時，蘇輿仍在世，蓋吴慶坻偶誤耳。

李振聚

目録

春秋繁露義證卷第七

春秋繁露義證卷第八

春秋繁露義證卷第九

春秋繁露義證卷第十

春秋繁露義證卷第十一

春秋繁露義證卷第十二

春秋繁露義證卷第十三

春秋繁露義證卷第十四

春秋繁露義證卷第十五

春秋繁露義證卷第十六

春秋繁露義證卷第十七

春秋繁露義證

春秋繁露義證十七卷

鄭沅署耑

宣统庚戌刊

春秋繁露義證序

蘇厚菴爲春秋繁露義證將成而告余曰董生此書說春秋者不過十之五六吾爲此書而深有會於春秋之旨書成後當更爲公羊董義述以盡吾意漢代公羊家宜莫先董生何劭公釋傳不及董生一字者何余因舉眭孟事告之曰或以此故子更求之國變之後厚菴歸里間與余言董義述每舉一事余爲欣賞者久之歲癸丑大病新愈將赴會垣余贈以詩有温故知新是我師及天爲斯文留絕學之句並以公錢栞行其繁露義證嗣復以例言及董生年表來十月返其煙舟故居忽與余有違言音問遂絕以甲寅四月十四日故其妻託楊芷園兄弟將義證稿來又增一序文並

言其展轉牀蓐自悔前書錯謬聞余得子思爲詩以賀未就余爲悽然念厚菴從余數十年言行素謹前之致書或亦久病傎倒不能自主不足深論其義證固可傳之書也吾鄉魏默深先生爲董氏春秋發微未成今厚菴復爾余讀鍾離意別傳意爲魯相發孔子敎授堂下牀首懸甕中素書曰後世修吾書董仲舒則仲舒修書預知之數百年前此聖人在天之靈所昭鑒也豈宜久晦而不章厚菴已矣余更以俟夫後之爲公羊學者甲寅閏月長沙王先謙撰

自序

余少好讀董生書初得凌氏注本惜其稱引繁博義藴未究已而聞有爲董氏學者繹其義例頗復詭異乃盡屏諸説潛心玩索如是有日始粗明其旨趣焉繁露非完書也而其説春秋者又不過十之五六然而五比偶類覽緒屠贅尚可以多連博貫是在其人之深思慎述而緣引傅會以自成其曲説者亦未嘗不因其書之少也余因推思董書湮抑之繇蓋武帝崇奉春秋本由平津董生實與之殊趣生於帝又有以言災異下吏之嫌雖其後帝思前言使其弟子呂步舒以春秋義治淮南獄且輯用生公羊議時復遣大臣就問政典抑貌敬以爲尊經隆儒之飾耳史公稱公孫弘以

春秋白衣為天子三公天下學士靡然嚮風則當日朝野風尚可以槪見其後眭孟以再傳弟子誤會師說上書昭帝卒被刑誅董云雖有繼體守文之君不害聖人之受命殆謂如孔子受命作春秋行天子之事耳弘乃請漢帝索求賢人而退自封百里是直欲禪位也故史獨稱嬴公一傳能守師法當時禁網嚴峻其書殆如後世之遭毀禁學者益不敢出乃至劭公釋傳但述胡毋不及董生階此故已歆崇古學今文益微公羊且被讖議董書更何自存是以荀爽對策請頒制度之別應劭譔集中有斷獄之書則知易代幸存都未流布今並此而佚惜哉非隋唐人時見徵引則宋世且無從輯錄此書矣雖眞贋糅雜而珍共球璧豈不以久晦之故與　國朝嘉道之間是書大顯綴學之士益知鑽研公羊而如龔自珍劉逢祿宋翔鳳戴望之

徒劉宋皆莊存與甥似不如莊之矜愼闡發要眇頗復鑿之使深漸乖本旨承其後者沿譌襲謬流爲隱怪幾使董生純儒蒙世詬厲豈不異哉義證之作隨時劄錄宦學多暇繕寫成帙以呈長沙師師亟取公錢刊行躊駮疏舛自知不免惟通識君子恕其愚矇匡其闕誤則幸甚

宣統己酉十月平江蘇輿敬識於宣武門内小絨線胡同厲廬

例言

漢藝文志載董仲舒百二十三篇公羊董仲舒治獄十六篇後漢書應劭傳仲舒作春秋決獄二百三十二事當卽志之十六篇而無春秋繁露名漢書本傳載仲舒說春秋得失聞舉玉杯蕃露清明之屬復數十篇是蕃露止一篇名當在百二十三篇中此書隋唐志始著錄唐宋類書時見徵引論衡所引情性陰陽之說與今本不同又旱祭女媧之議今亦未見或是百二十三篇中元文公羊序疏引繁露云能通一經曰儒生博覽羣書號曰鴻儒又莊十三年疏引繁露云論功則桓兄文弟論德則文兄桓弟禮記文王世子疏引繁露云成均爲五帝之學周禮大司樂注亦引董仲舒語云成均五帝之學也疏特出繁露釋之是亦以爲繁露語今本竝無之則知唐時繁露尚多於今本漢書宣紀注臣瓚引董仲舒書曰有其功無其意謂之戻無其功有其意謂之罪又宋趙德麟侯鯖錄引董仲舒曰太平之世則風不鳴條開甲散萌而已雨不破塊潤葉津根而已雷不驚人

號令啟發而已電不眩目宣示光耀而已霧不塞望浸淫被泊而已雪不封陵弭害消毒而已雲則五色而爲慶雨則三日而成膏露則結珠而爲液此聖人在上則陰陽和而風雨時也政多紕繆則陰陽不調風發屋雨溢河雹至牛目雪殺驢此皆陰陽相盪爲祲沴之故也周密齊東野語載西京雜記載董仲舒曰水極陰而有溫泉火至陽而有寒燄亦均似繁露語此外引仲舒書者尚多惟如御覽四百七十二引董子曰禹見耕者五耦而式云云此等疑是董無心所著書當分別觀之**蓋東漢古學盛而今學微故董書與之散佚茲後人採掇之塵存者前人已疑其非盡本眞**詳見攷證朱子亦曾言繁露玉杯等篇多非其實又朱子策問云問漢氏專門之學如歐陽大小夏侯孔氏書齊魯韓氏詩后氏戴氏禮董氏春秋梁丘費氏易今皆亡矣其僅有存者又已列於學官其亦可以無惡於專門矣云云**然微詞要義往往而存不可忽也西漢大師說經此爲第一書矣**西漢書有兩體一今所傳毛公詩傳爲注經體朱子答張敬夫書云漢儒可謂善說經者不過只說訓詁又語類云漢初諸儒專治訓詁是也一說經體如此書及韓詩外傳是也然韓詩述事以證經此書依經以尃義尤爲精切今所云漢學但是注體故遂與義理分途杭

世駿乃云董生繁露韓嬰外傳偭背經旨鋪列雜說不知著書之體者也又尚書大傳及說苑列女傳等書皆於說經體爲近茲於其可疑者略爲别白間復離其節次錯簡誤文時據諸家說及羣書遂正竝注元文於下

何休序公羊解詁云往者略依胡毋生條例多得其正故遂隱括使就繩墨而無一語及董條例當是五始三科九旨七等六輔二類七缺之說何以新周故宋以春秋當新王爲一科三旨此實誤會董決不以此爲科旨其引春秋杞子乃借以證興禮之意說見本篇注究其義與此合者十實八九胡毋生與董同業殆師說同也東塾讀書記舉何注同繁露者止三條晁氏志董仲舒以公羊顯又四傳至何休案唐時配享孔子廟庭有何休無董仲舒蓋不知何學本於董氏惟胡安國列春秋綱領七家有董無何余别有公羊董義述茲間爲采入以證淵源其說焉而失者間爲辨正此外如兩京經師家說及詔令奏議

與本書比傳者頗復采錄用徵條貫之同而得致用之略諸子及各傳記亦多節取緯家說同出今學引用特愼家語孔叢雖爲僞譔要是古說閒亦采錄

此書凌氏曙始有注本明朱睦㮮萬卷堂書目有吳廷舉繁露節解一冊今未見凌之學出於劉氏逢祿見包世臣所作墓表而大體平實絕無牽傅惟於董義少所發揮疏漏繁碎時所不免如子曰嗚呼之類並爲詳釋王道篇吳王夫差行强於越臣人之主妾人之妻見越世家而誤云以楚人之王爲臣楚人之妻爲妾觀德篇諸夏滅國首無駭見於隱二年而以爲首齊師滅譚三代改制篇薦尙胏云云與明堂位異不知是今文異說而以爲誤文斯類不勝枚舉隨文改正不復徵引以省複冗其可采者仍加凌云以別之各家解釋足資考證者並爲收入與盧氏同參校者爲趙曦明江𢡟秦鸞張坦陳桂森段玉裁吳典錢唐秦恩復陸時化陳兆麟齊韶錢有校語數條今据盧本錄入凌本所引莊侍

郎存與張編修惠言劉庶常逢祿李庶常兆洛沈孝廉欽韓鄧文學立成說亦並采用戴望說据孫詒讓札迻引朱一新說見無邪堂答問及與某氏書○光緒丁戊之間某氏有爲春秋董氏學者割裂支離疑誤後學如董以傳所不見爲微言而刺取陰陽性命氣化之屬摭合外教列爲微言此影附之失實也三統改制旣以孔子春秋當新王則三統上及商周而止而動云孔子改制上託夏商周以爲三統此條貫之未晰也鄗取乎莒及魯用八佾並見公羊而以爲口說出公羊外此讀傳之未周也其他更不足辨

是書宋本不多見然據明校所引宋本參之知已不免譌誤乾隆時館臣據永樂大典所收樓鑰本對勘補訂刪改漸成完帙且於創行聚珍板之始首先排印（詳見聚珍板程式即今所稱官本）盧氏文弨曾取聚珍本覆加考核參以明嘉靖蜀中本及程榮何允中兩家本今所稱盧校本是也淩注本亦以聚珍爲主參以明王道焜及武進張惠言讀本予復得明天啟時朱養和所刊孫鑛評本合互校訂擇

善而從從盧校本爲多據朱刊孫鑛評本凡例又稱此書尚有婺女潘氏本太倉王氏本與宋本同又聞明蘭雪堂本仿宋刻最佳今亦未見　其官本曾校他本作某與今所見各本同者不復列異則出之凡校語不關書義者別爲圈隔以便省覽其顯然譌奪者不復列得兩通者存之

董子年表

紀年	時政
文帝元年	時沿用秦正以十月爲歲首帝好刑名之言 史記屈賈列傳賈生以爲漢興至孝文二十餘年天下和洽宜改正朔易服色法制度定官名興禮樂孝文初即位謙讓未遑也
二年	詔舉賢良方正直言極諫者
三年	灌嬰爲丞相
四年	丞相灌嬰薨 周勃逮詣詔獄

出處

史記本傳下帷講
誦弟子傳以久次
相受業或莫見其
面蓋三年董仲舒
不觀於園舍進退
容止非禮不行學
士皆師尊之 又
史記儒林傳仲舒
弟子通者以百數
案下帷爲修學
時事傳序於爲博
士下蓋追溯之
御覽八百九十七
引鄒子云董仲舒
三年不窺園圃乘
馬不知牝牡 又八

著述

史記儒林傳序言
春秋於齊自胡母
生於趙自董仲舒
許慎五經異義
載有公羊董仲舒
說 鄭元六藝論
治公羊胡母生董
仲舒仲舒弟子嬴
公嬴公弟子睢孟
睢孟弟子莊彭祖
及顏安樂安樂弟
子陰豐劉向王彥
公羊序疏引戴
宏云子夏傳公羊
高高傳子平平傳
子地地傳子敢敢

五年

六年

七年

八年

九年

十年

十一年

十二年

十三年

十四年

帝親耕蠶
除祕祝

百四十引鄒子云傳子壽至漢景帝
董仲舒三年不窺時壽乃共弟子齊
園嘗乘馬不覺牝人胡母子都著於
牡志在經傳也又竹帛與董仲舒皆
九百七十六引桓見於圖讖疏又引
譚新論云董仲舒孝經說云子夏傳
專精於遠古年至與公羊氏五世乃
六十餘不窺園中至胡母生董仲舒
菜 論衡儒增篇是董與胡母同爲
云儒書言董仲舒子夏六傳弟子秦
讀春秋專精一思二世時已有人臣
志不在他三年不無將語見史記劉
窺園菜夫言不窺敬叔孫通傳又公
園菜實也言三年羊傳成於秦前之
增之也 廣輿記證宣十二年傳疏
董家里景州廣川以公羊子 爲景帝
鎮仲舒下帷於此時人誤矣 論衡
御覽九百一十案書云仲舒之書
二引幽明錄云董不違儒家不反孔
仲舒嘗下帷獨詠子又超奇篇云孔

十五年

黃龍見成紀詔議郊祀公孫臣明服色新垣平設五廟

幸雍始郊見五帝

詔諸侯王公卿郡守舉賢良能直言極諫者

上親策之

郊祀五帝於渭陽

新垣平許令人獻玉杯刻曰人主延壽令天下大酺明年改元　案書中有玉杯篇疑是紀論此事今所輯則與玉杯無涉不敢臆說此附著於

十六年

誅新垣平

後元年

有客來詣語遂移日仲舒知其非常客又曰欲雨仲舒因此戲之曰巢居知風穴居知雨卿非狐狸則是鼷鼠客聞此言色動形壞化成老狐狸也附存於此以廣軼聞

子曰文王既沒文不在在茲乎文王之文在孔子孔子之文在仲舒　晉書荀崧傳公羊高親受子夏立於漢朝辭義清儁斷決明審董仲舒之所善也　案漢書本傳云少治春秋知仲舒治春秋在景帝前而考其書所引兼及詩書禮易孝經論語是董子又兼通羣經而以春秋爲歸宿者故儒林傳云董仲舒通五經　又案漢初儒者皆習道家如賈誼司馬談父子

年	事	注	注
二年	匈奴和親		皆然以竇太后好尚爲臣子者固當講求董子請統一儒術而其初固亦兼習道家書中保權位立元神諸篇有道家學循天之道篇明引道家語是其證矣程朱惡佛而其初由佛人風會所趨未容不鑽研貿然闢拒也
三年			
四年			
五年			
六年	民得賣爵		
七年	帝崩令吏民出臨三日釋服已下服大紅十五日小紅十四日纖七日釋服		
景帝元年	易王非立爲汝南王膠西于	史記本傳云以治春秋孝景時爲博士漢儒林傳胡母	以前約爲幼壯修學時以後則仕朝之年始有
二年	王端立	生治公羊春秋爲	獻替矣

三年　易王非徙江都

四年

五年

六年

七年

中元年

二年

三年

四年

五年

六年

景帝博士與董仲舒同業按爲博士不知何年故通著於景帝然仲舒至元狩閒卽以老病致仕則其爲博士時雖不如平津六十之年亦非賈生弱冠之年比矣御覽七百二十四引神仙傳云李少君與議郎董仲舒相親見仲舒宿有固疾體枯氣少云云仲舒爲議郎史傳不見抱朴子論仙篇亦引董仲舒李少君家錄漢武內傳亦有東方朔董仲舒侍之文蓋並

後元年

令士貲算四得官

董仲君之謂董仲君爲方士見廣弘明集王應麟困學紀聞十疑仲舒儒者不肯爲方士家錄斷爲依託不知是誤文也附志於此

二年

三年

武帝建元元年

詔舉賢良方正直言極諫之士丞相衛綰奏所舉賢良或治申韓蘇張之言亂國政請皆罷奏可 議明堂徵申公 史記史公自序自孔子卒京師莫崇庠序唯建元元狩之間文辭粲如也

以對策爲江都王相 班書述董仲舒云讖言訪對爲世純儒 王應麟通鑑答問四云武帝雖因仲舒之對興學校之官然而皇建有極是彝是訓以盡君師之責者帝未之知也儻能以仲舒爲三公俾之師保萬民用

史記本傳以春秋災異之變推陰陽所以錯行故求雨閉諸陽縱諸陰其止雨反是行之一國未嘗不得所欲繁露中所著求雨止雨及言陰陽五行諸篇皆當在此時

年	事	注
二年	竇太后治黃老言不好儒術非薄五經以事下趙綰王臧獄　鹽鐵論褒賢篇趙綰王臧之徒以儒術擢爲上卿	申公轅固爲太常以明師道於朝廷則四方風動化行俗美漢其三代矣惜也帝不用仲舒之眞儒而勸學之議乃發於公孫弘帝之好儒其葉公之好龍與又云諸侯相之疏遠不若中朝臣之親近
三年		
四年		
五年	置五經博士	
六年	竇太后崩　遼東高廟災　通夜郎	以遼東高廟災居舍著災異之記主父偃上其書下吏旋赦之書見五行志　案劉向傳上變事云董仲舒坐

五行志云景武之世董仲舒治公羊春秋始推陰陽爲儒者宗據史云自後不復言災異是志載所推事應當

私爲災異書主父在此前
偃取奏之下吏罪
至不道幸蒙不誅
復爲大中大夫膠
西相以老病免歸
漢有所欲興嘗有
詔問仲舒爲世儒
宗定議有益天下
是傳所云廢爲中
大夫當在此時
洪邁云以武帝之
嗜殺臨御方數歲
可與爲善廟殿之
災豈無他說仲舒
首勸其殺骨肉大
臣與平生學術大
爲乖剌馴至淮南
衡山二獄死者數
萬人然則下吏幾
死非不幸也與案

元光元年

初令郡國舉孝廉各一人復徵賢良

仲舒此書因時之論使武帝早從其言何至興彼大獄仲舒學術尚仁而有時主刑所以爲大儒也洪論失之漢書吾丘壽王傳詔使從中大夫董仲舒受春秋

七月京師雹鮑敞問仲舒雹何物仲舒答之見西京雜記五

二年

上初至雍郊見五時後常三歲一見

三年

四年

五年

公孫弘復徵以博士爲左內史　江都王上書願擊匈奴

六年

元朔元年	江都王薨　定不舉孝廉罪
二年	
三年	公孫弘爲御史大夫　中大夫張湯爲廷尉
四年	
五年	公孫弘代薛澤爲丞相

儒林傳仲舒與韓嬰論於武帝前當在此數年中

公孫弘以仲舒嫉其從諛言於上徙相膠西王王亦善待之　馮衍傳云仲舒言道德見嫉於公孫弘此忠臣所爲流涙也　王應麟通鑑答問四云春秋之學所以明王道辨是非也弘不能勝利欲之心舍所學以求詭

遇之獲宰相封侯人以爲榮識者則曰儒之辱也太史公自序云公孫弘以儒顯其意微矣正誼不謀利明道不計功若董子可以爲儒矣而武帝不能用弘不能容也儒林傳云公孫弘以春秋白衣爲天子三公天下學士靡然鄉風夫弘以佞諛致斯位猶翰音之登天梯稗之有秋而學者爲之風動明經志青紫稽古矜車馬慕人爵之勢榮忘天爵之良貴弘實啟

六年

元狩元年

公孫弘請爲博士置弟子員

立皇太子

五行志云淮南王衡山王賜謀反伏誅上思仲舒前言使仲舒弟子呂步舒持斧鉞治淮南獄以春秋義顓斷於外還奏上皆是之

二年

三年

公孫弘薨廷尉張湯遷御史大夫

之

免歸家朝廷遣廷尉張湯就問蓋自是不復出矣

儒林傳江公受穀梁春秋上使與仲舒議不如仲舒公孫弘本爲公羊學比輯其議卒用董子於是上尊公羊家詔太子受公羊春秋由是公羊大興

後漢書應劭傳云故膠東相董仲舒老病致仕朝廷每有政議數遣廷尉張湯親至陋巷問其得失於是作春秋決獄二百三十二事動以經對言

四年

五年

六年

元鼎元年

二年

張湯有罪自殺

八月甲申朔丙午告內史中尉陰雨太久恐傷五穀趣止雨

之詳矣案決獄書今亡東晉咸和間賀喬妻于氏上表引仲舒所斷疑獄二事當出此書二事引見卷三注又宋王楙野客叢書亦引其文

年	事	注
三年	天子郊雍詔司馬談等議立后土祠于汾陰睢上	
四年	封姬嘉爲周子南君奉周祀	
五年	立泰畤甘泉天子親郊見拜貺于郊	
六年		
元封元年	登封泰山　桑宏羊爲治粟都尉領大農盡管天下鹽鐵	通典十載武帝時仲舒說上曰鹽鐵之利二十倍於古人必病之當在此時或家居所條奏耶
二年	作明堂于泰山下	

三年

膠西于王薨

四年

上幸河東祠后土

五年

六年

太初元年

十一月甲子朔旦令祀上帝于明堂正歷以正月爲歲首色尚黃數用五案三代時子丑寅三正迭建秦改用亥違天道矣武帝尊孔子改用夏正建寅至今不變則賈董諸人之力也

仲舒卒葬長安下馬陵 陝西通志引馬谿田集墓在長安故城二十里武帝幸芙蓉園過此下馬一時文士莫不下馬故名今在西安府城內臙脂坡下又李肇國史補董仲舒墓在長安武帝幸宜春苑至此下馬時謂

仲舒著書皆未改正朔以前事則其卒於太初前可知故斷自是年止宣帝時魏相數條漢興以來國家便宜行事及賢臣賈誼晁錯董仲舒所言奏請施行之玉海五十五周太公金版玉匱條引論衡云案古太公

之下馬陵歲遠譌
爲蝦蟇陵也　元
至順元年從
祀孔子廟庭

望近世董仲舒造
傳作書百有餘
文選北山移文註
引董仲舒集七言
琴歌二首辨命論
注仲舒集有士不
遇賦　論衡別通
篇董仲舒睹重常
之鳥劉子政曉貳
負之尸皆見山海
經又云董劉不讀
山海經不能定二
疑又超奇篇云陸
賈董仲舒論說世
事由意而出不假
取於外又案書篇
董仲舒著書不稱
子者意殆自謂過
諸子也又引讖書
云董仲舒亂我書

蓋孔子言也　案程子許自漢以來有儒者氣象者三人大毛公董仲舒揚雄然於雄頗譏其行已無間然者獨毛董耳又云毛萇董仲舒最得聖賢之意朱子則云漢儒惟董仲舒純粹其學甚正又云仲舒識得本原如云正心修身可以治國平天下如云仁義禮樂皆其具此等說話皆好若陸宣公論事卻精密第恐本原處不如仲舒又答沈晦叔云近日一派流

入江西蹴踏董仲舒而推尊管仲王猛又答陳正已云董仲舒所立甚高恐未易以世儒詆之又云仲舒本領純正又如說正心以正朝廷與命者天之令也以下諸語皆善班固所謂純儒極是其推崇者至矣又陸隴其論賈董優劣云賈之言多及於利害而董則主於義理也賈之言多至於激烈而董言則穆然和平也激烈者其中猶有浮躁不平之意而和平者本於

莊敬誠恪之餘涉於利害者與世運爭勝負而一害去未必無一害興主於義理者與性情爲流通而義中自有利義中自無害又曰賈以才勝董以學勝以聖門言之董生狷者也賈生狂者也又曰學董生而不得猶不失爲迂闊之儒學賈生而不得則功利誇詐而已輿案後世以訓詁義理分漢宋學派不知董君書實爲言義理之宗故余以爲漢儒經學當首董

次鄭則知說經有體不必別標門戶矣王西莊十七史商榷云學者若能識得康成深處方知程朱義理之學漢儒已見及程朱研精義理仍即漢儒意趣吾於董生則云　又案兩漢多用董學魏晉南北朝多用鄭學宋以後多用朱學董學在春秋鄭學在禮朱學在四書近人調和漢宋專取鄭朱語句相同者牽合比附用心雖勤亦失所宗矣

董子生卒年月無可考要生於景帝前至武帝朝以老壽終無疑桓譚新論言生年至六十餘不窺園中菜知年過六十司馬遷生於景帝後元年而尊之曰董生知年輩遠在遷前本書止兩篇有二十一年之文知元狩四年尚存也茲參考傳記略爲表其出處觀其時以討論其學讀其書可以得所用心已對策之年今據史記列之建元元年漢書武紀在元光元年洪邁容齋讀筆六云漢武建元元年詔舉賢良方正直言極諫之士丞相綰奏所舉賢良或治申商韓非蘇秦張儀之言亂國政請皆罷奏可是時對者百餘人帝獨善莊助對擢爲中大夫後六年當元光元年復詔舉賢良於是董仲舒出焉資治通鑑書仲舒所對爲建元元年案策問中云朕親耕籍田勸孝弟崇有德使者冠蓋相望問勤勞恤孤獨盡思極神對策曰陰陽錯繆氛氣充塞羣生寡遂黎民未濟必非即位之始年也齊召南云策中有今臨政而願治七十餘歲矣之文漢初至建元三年爲七十歲若在建元元年不得云七十餘歲因定爲建元五年輿案洪氏所舉不足爲非元光元年之證至齊所說近似矣然疑冊中語有衍字其文當云古人有言臨淵羨魚不如退而結網臨政願治不如退而更化皆古語也淺人妄加數字則不成文理（禮樂志引同）且上溯祖宗而云今臨政而願治亦復不詞又與上文漢自得天下以來常欲善治而至今不可善治者失之於當更化而不更化也語意重複幸年數錯繆痕迹顯然次風

不據以糾正本文反遷就對策之年則其失矣定爲五年尤無據也史公學於董生記事必確史傳云今上即位爲江都相是爲相在建元元年對策即於其時審矣建元六年遼東高廟災生且下吏若如武紀在對策前則名尚未顯主父偃何自嫉之而兩史並云不敢復言災異對策推災異乃甚切冊中又有敬聞高誼之語若曾受拘繫不合爲此言斯明徵也劉向傳又言仲舒坐私爲災異書下吏復爲大中大夫膠西相不云下吏後對策爲江都相尤其皦然無疑者通鑑考異云仲舒傳仲舒對策推明孔氏抑黜百家立學校之官州縣舉茂才孝廉皆自仲舒發之舉孝廉在元光元年十一月若對策在下五月不得云自仲舒發之蓋紀誤又王楙野客叢書卷二十一云武帝即位凡兩開賢良科一在建元元年一在元光元年而元光五年但詔徵吏民明當世務者不聞有賢良之舉仲舒之舉本傳雖不明載歲時然以武帝即位之言推之合是建元元年漢書武帝紀謂元光元年與公孫弘出焉者史氏失于併書耳蓋弘之出正係元光元年仲舒之出又在其先考元光元年賢良制正弘所對者而仲舒所對有及於春秋謂一爲元之說益知仲舒之出在建元元年矣其說並是今定從通鑑據史記云

宣統元年重九日蘇輿記於京師寓廬

春秋繁露攷證

史記上大夫董仲舒推春秋頗著文焉索隱曰繁露

漢藝文志董仲舒百二十三篇公羊董仲舒治獄十六篇

後漢書明德馬后紀尤善周官董仲舒書注玉杯蕃露清明竹林之屬輿案今本無清明

周禮大司樂注董仲舒云成均五帝之學疏出繁露以爲繁多露潤

隋志董仲舒春秋繁露十七卷春秋決事十卷

唐志仲舒春秋繁露十七卷春秋決獄十卷七録云春秋斷獄五卷輿案應劭曾撰集春秋斷獄疑是董書今亦亡之

〔崇文總目〕春秋繁露十七卷漢膠西相董仲舒撰案仲舒本傳說春秋事得失聞舉玉杯蕃露淸明竹林之屬數十篇十餘萬言解者但謂所著書名而隋唐志繁露卷目與今正同案其書盡八十二篇義引宏博非出近世然其間篇第已舛無以是正又即用玉杯竹林題篇疑後取而附著云

〔南宋館閣書目〕春秋繁露漢膠西相董仲舒撰仲舒廣川人說春秋事得失聞舉玉杯蕃露淸明竹林之屬數十篇顏師古注皆其所著書名今繁露中有玉杯竹林二篇隋唐書及三朝國史志十七卷今十卷繁露之名先儒未有釋者案逸周書王會解天子南面立絻無繁露注云繁露冕之所垂也有聯貫之象春秋屬辭比

事仲舒竝名或取諸此

鼂公武子止郡齋讀書志春秋繁露十七卷漢董仲舒撰史稱仲舒說春秋事得失聞舉玉杯繁露清明竹林之屬數十篇十餘萬言皆傳於後世今溢而爲八十二篇又通名繁露皆未詳隋唐卷目與今同但多訛舛

宋六一先生歐陽永叔書後漢書董仲舒傳仲舒所著書百餘篇第云清明竹林玉杯繁露之書葢略舉其篇名今其書緫四十篇又總名春秋繁露者失其眞也予在館中校勘羣書見有八十餘篇然多錯亂重復又有民間應募獻書者獻三十餘篇其間數篇在八十篇外乃知董生之書流散而不全矣方俟校勘而予得罪夷

陵秀才田文初以此本示予不暇讀明年春得假之許州以舟下南郡獨臥閱此遂誌之董生儒者其論深極春秋之旨然惑於改正朔而云王者大一元者牽於其師之說不能高其論以明聖人之道惜哉惜哉景祐四年四月四日書輿案改朔爲因時之論辨見楚莊王篇歐公本論又云昔戰國之時楊墨交亂孟子患之而專言仁義故仁義之說勝則楊墨之學廢漢之時百家並興董生患之而退修孔氏故孔氏之道明而百家息以董生與孟子並尊則公固非不知董生者

陳振孫伯玉書錄解題春秋繁露十七卷漢膠西相廣川董仲舒撰案隋唐及國史志卷皆十七崇文總目凡八十二篇館閣書目止十卷萍鄉所刻亦財三十七篇今乃樓攻媿得潘景憲本卷篇皆與前志合然亦非當時本書也先儒疑辨詳矣其最可疑者本

傳載所著書百餘篇清明竹林繁露玉杯之屬今總名曰繁露而玉杯竹林則皆其篇名此决非其本眞况通典御覽所引皆今書所無者尤可疑也然古書存於世者希矣姑以傳疑存之可也又有寫本作十八卷而但有七十九篇攷其篇次皆合但前本楚莊王在第一卷首而此本仍在卷末別爲一卷前本雖八十二篇而闕文者三實七十九篇也

黄震東發日鈔五十六董仲舒傳說春秋事得失聞舉玉杯蕃露清明竹林之屬數十篇十餘萬言顏師古注皆其所著書名本朝崇文總目繁露十七卷八十二篇與隋唐志卷目同目謂其義引宏博非出近世然總以繁露爲名又卽用玉杯竹林題篇已疑後

人附著矣乃中興館閣書目止存十卷三十七篇新安程大昌讀太平寰宇記及杜佑通典見所引繁露語言今書皆無之因知今書之非本眞又讀太平御覽古繁露語特多御覽太平興國間編葺此時繁露尚存今遂逸不傳合此三說觀之是隋唐國初繁露已未必皆董仲舒之舊中興後繁露又非隋唐國初之繁露矣近世胡尚書榘爲萍鄉宰日刋之縣齋僅三十七篇而已其後得攻媿樓參政校定本十七卷八十二篇之舊復全其兄胡槻旣刋之江東漕司其後岳尚書珂復刋之嘉禾郡齋世遂以爲定本攻媿謂爲仲舒所著無疑而取楚莊王篇第一謂爲潘氏本有之至於調均一篇萍鄉本列置第三十五及攻媿再定本乃不及此篇則

不知何說也又程氏謂通典載劍在左青龍象刀在右白虎象軷在前朱雀象冠在首元武象謂此數語今書所無而今書服制象篇此語實具存程氏以爲無之不知又何也愚案今書惟對膠西王越大夫之問辭約義精而具在本傳餘多煩猥至於理不馴者有之如云宋襄公由其道而敗春秋貴之襄公豈由其道者耶輿案春秋貴仁由其道益節取之所謂假事明義也如云周無道而秦伐之以與殷周之伐並言秦果伐無道者耶輿案此蓋僞作辨見本篇如云志如死灰以不問問以不對對恐非儒者之言如以王正月之王爲文王恐春秋無此意輿案王謂文王本公羊傳如謂黃帝之先謚四帝之後謚恐隆古未有謚輿案白虎通禮郊特牲曰古者生無爵死無謚此言生有爵死當有謚也且此文明云周人改號軒轅爲黃帝而四帝以號爲謚尤不足疑如

謂舜主天法商禹主地法夏湯主天法質文王主地法文於理皆未見其有當辨見本篇如謂楚莊王以天不見災而禱之于山川不見災而懼可矣禱於山川以求天災豈人情乎輿案君權無限故聖人伸天以屈君說者遂以不見災爲天不譴告故禱而求之事亦見說苑非董刪說若其謂性有善姿而未能爲善惟待教訓而後能爲善謂性已善幾於無教孔子言善人吾不得而見之而孟子言人性皆善過矣是又未明乎本然之性也輿案本然之性卽程子所謂理此不足以疑董辨見本篇漢世之儒惟仲舒仁義三策炳炳萬世曾謂仲舒之繁露而有是乎歐陽公讀繁露不言其非眞而譏其不能高其論以明聖人之道且有惜哉惜哉之歎夫仲舒純儒歐公文人此又學者所宜審也輿案黃氏日鈔又云自孟子後學聖人之學者惟仲舒其天資純美用意肫篤漢唐

諸儒鮮其比者使幸而及門孔氏親承聖訓庶幾四科之流亞矣
其謂正誼不謀利明道不計功如許正論前無古人其後能見之
發揮者唯伊洛諸儒嘗見之行事者惟諸葛孔
明所謂漢賊不兩立成敗利鈍不暇計者也

〔王應麟漢藝文志考〕董仲舒百二十三篇本傳仲舒所著皆明經術之意及上疏條教凡百二十三篇而說春秋事得失聞舉玉杯蕃露清明竹林之屬復數十篇十餘萬言後漢明德馬后尤善董仲舒書注云玉杯蕃露清明竹林之屬七録隋唐志春秋繁露十七卷今八十二篇始楚莊王終天道施三篇闕又即用玉杯竹林題篇疑後人附著館閣書目案逸周書王會天子南面立絻無繁露注云繁露冕之所垂有聯貫之象春秋屬辭比事仲舒立名或取諸此集一卷士不遇賦答制策詣公孫弘記室其見於傳注者有救日食祝止雨書雨雹對

玉海四十漢春秋繁露八十二篇始楚莊王終天道施三篇闕玉杯第二竹林第三玉英第四一卷楚莊王玉杯二竹林三玉英精華四王道五滅國上下隨本消息盟會要正貫十指重政六服制象二端符瑞俞序離合根立元神保位權七考功名通國身三代改制一作文質官制象天堯舜湯武服制八度制爵國仁義法必仁且知九身之養對膠西合作江都觀德奉本十深察名號實性諸侯五行闕文二篇十一爲人者天五行之義陽尊陰卑王道通三天容天辨在人陰陽位十二陰陽終始陰陽義陰陽出入天道無二暖燠孰多基義闕文一篇十三四時之副人副天數同類相動五行相勝相生五行逆順治水五行十四治亂五行五行變救五行五事郊語十五郊義郊祭四祭

郊祀順命郊祀對十六執贄山川頌求雨止雨祭義循天之道十七卷天地之行威德所生如天之爲天地陰陽天道施第八十二玉杯竹林二篇之名未有以訂之

樓郁舊序六經道大而難知惟春秋聖人之志在焉凌曙云孝經鉤命決孔子在庶德無所施功無所就志在春秋行在孝經自孔子沒莫不有傳名於傳者五家用於世纔三而止耳凌曙云漢書藝文志昔仲尼沒而微言絕七十子喪而大義乖故春秋分爲五韋昭曰謂左氏公羊穀梁鄒氏夾氏也按鄒氏無師夾氏無書惟三家立於學官其後傳世學散原迷而流分甚公羊之學後有胡母子都凌曙云廣韻風俗通云胡母姓本胡公之後也公子完奔齊遂有齊國而宣王母弟別封母鄉遠本胡公近取母邑故曰胡母氏也漢書字子都齊人也齊之言春秋者多受胡母生董仲舒治其說信勤矣嘗爲武帝置對於篇又自著書以傳於後其微言至要蓋

深於春秋者也然聖人之旨在經經之失傳傳之失學故漢諸儒多病專門之見各務高師之言至窮智畢學或不出聖人大中之道使周公孔子之志既晦而隱焉董生之書淩曙云漢書顏注生猶言先生視諸儒尤博極閎深也本傳稱玉杯繁露清明竹林之屬今其書十卷又總名繁露其是非請俟賢者辨之太原王君家藏此書常謂仲舒之學久鬱不發將以廣之天下就予求序因書其本末云慶歷七年二月大理評事四明樓郁書淩曙云案郁字子文

新安程大昌泰之書秘書省繁露書後右繁露十七卷紹興間董某所進臣覩其書辭意淺薄間掇董仲舒策語雜置其中輒不相倫比臣固疑非董氏本書又班固記其說春秋凡數十篇玉杯繁

露清明竹林各爲之名似非一書今董某進本通以繁露冠書而玉杯清明竹林特各居其篇卷之一愈益可疑他日讀太平寰宇記及杜佑通典頗見所引繁露語言顧今書皆無之寰宇記曰三皇驅車抵谷口通典曰劍之在左蒼龍之象也刀之在右白虎之象也韍之在前朱雀之象也冠之在首玄武之象也四者人之盛飾也此數語者不獨今書所無且其體致全不相似臣然後敢言今書之非本眞也牛亨問崔豹冕旒以繁露者何答曰綴玉而下垂如繁露也則繁露也者古冕之旒似露而垂是其所從假以名書也以杜樂所引推想其書皆句用一物以發已意有垂旒凝露之象焉則玉杯竹林同爲託物又可想見也漢魏間人所爲文有

名連珠者其聯貫物象以達己意略與杜欒所引同如曰物勝權則衡殆形過鏡則影窮者是其凡最也以連珠而方古體其殆繁露之自出歟其名其體皆契合無殊矣又云湻熙乙未予佐蓬監館本有春秋繁露既嘗書所見於卷目而正定其爲非古矣後又因讀太平御覽凡其部策列敘古繁露語特多如曰禾實於野粟缺於倉皆奇怪非人所意此可證也舊本作此可謂也文獻通考作此可畏也皆誤又曰金干土則五穀傷土干金則五穀不成張湯欲以鶩當鳧祠祀宗廟仲舒曰鶩非鳧鳧非鶩愚以爲不可又曰以赤統者幘尙赤諸如此類亦皆附物著理無憑虛發語者然後益自信予所正定不謬也御覽太平興國間編緝此時繁露之書尙存今遂逸不傳可

歎也已

四明樓大防跋繁露一書凡得四本皆有余高祖正議先生序文始得寫本於里中亟傳而讀之舛誤至多恨無他本可校已而得京師印本以爲必佳而相去殊不遠又竊疑竹林玉杯等名與其書不相關後見尚書程公跋語亦以篇名爲疑又以通典太平御覽太平寰宇記所引繁露之言今書皆無之遂以爲非董氏本書且以其名謂必類小說家後自爲一編記雜事名演繁露行於世開禧三年今編修胡君仲方槼宰萍鄉得羅氏蘭臺本刊之縣庠考證頗備先程公所引三書之言皆在書中則知程公所見者未廣遂謂爲小說者非也然止於三十七篇終不合崇文總目及歐

陽文忠公所藏八十二篇之數余老矣猶欲得一善本聞婺女潘同年叔度景憲多收異書屬其子弟訪之始得此本果有八十二篇是萍鄉本猶未及其半也喜不可言以校印本各取所長悉加改定義通者兩存之轉寫相訛又古語亦有不可强通者春秋會解一書（案本集此下似注某年某人所集文亦脫）仲方摭其引繁露十三條今皆具在余又據說文解字王字下引董仲舒曰古之造文者三畫而連其中謂之王三者天地人也而參通之者王也許叔重在後漢和帝時今所引在王道通三第四十四篇中其本傳中對越三仁之問朝廷有大議使使者及廷尉張湯就其家問之求雨閉諸陽縱諸陰其止雨反是三策中言天之仁愛人君天道之大者在陰陽陽

爲德陰爲刑故王者任德教而不任刑之類今皆在其書中則其爲仲舒所著無疑且其文詞亦非後世所能到也左氏傳猶未行於世仲舒之言春秋多用公羊之說嗚呼漢承秦敝旁求儒雅士以經學專門者甚衆獨仲舒以純儒稱人但見其潛心大業非禮不行對策爲古今第一余竊謂惟仁人之對曰仁人者正其誼不謀其利明其道不計其功又有言曰不由其道而勝不如由其道而敗此類非一是皆眞得吾夫子之心法葢深於春秋者也自揚子雲猶有愧於斯況其他乎其得此意之純者在近世惟范太史唐鑑爲庶幾焉褒貶評論惟是之從不以成敗爲輕重也潘氏本楚莊王篇爲第一他本皆無之前後增多凡四十二篇而三篇闕

焉惟玉杯竹林二篇之名未有以訂之更俟來哲仲方得此尤以爲前所未見相與校讐將寄江右漕臺長兄祕閣公刻之而謂余記其後嘉定三年中伏日四明樓鑰書於攻媿齋

胡仲方跋渠頃歲刻春秋繁露於萍鄉凡十卷三十七篇雖非全書然一人間之所未見故樂與吾黨共之後五年官中都復從攻媿先生大參樓公得善本凡八十二篇爲十七卷視隋唐志崇文總目諸家所紀篇卷皆同惟三篇亡耳先生又手自讐校是正訛舛今遂爲全書乃錄本屬祕閣兄重刊於江右之計臺以惠後學云嘉定辛未四月初吉朝奉郎宗正丞兼權右司郎官兼樞密院檢詳諸房文字胡榘書

四庫全書總目卷二十九經部春秋類附錄春秋繁露十七卷永樂大典本

漢董仲舒撰繁或作蕃蓋古字相通其立名之義不可解中興館閣書目謂繁露冕之所垂有聯貫之象春秋比事屬辭立名或取諸此亦以意爲說也其書發揮春秋之旨多主公羊而往往及陰陽五行考仲舒本傳蕃露玉杯竹林皆所著書名而今本玉杯竹林乃在此書之中故崇文總目頗疑之而程大昌攻之尤力今觀其文雖未必全出仲舒然中多根極理要之言非後人所能依託也是書宋代已有四本多寡不同至樓鑰所校乃爲定本鑰本原闕三篇明人重刻又闕第五十五篇及第五十六篇首三百九十六字第七十五篇中一百七十九字第四十八篇中二十四

字又第三十五篇顛倒一頁遂不可讀其餘譌脫不可勝舉葢海內藏書之家不見完本三四百年於茲矣今以永樂大典所存樓鑰本詳爲勘訂凡補一千一百二十一字刪一百二十一字改定一千八百二十九字神明煥然頓還舊笈雖曰習見之書實則絕無僅有之本也倘非幸遇　聖朝右文稽古使已湮舊籍復發幽光則此十七卷者竟終沈於蠧簡中矣豈非萬世一遇哉

案春秋繁露雖頗本春秋以立論而無關經義者多實尙書大傳詩外傳之類向來列之經解中非其實也今亦置之於附錄

〔四庫館奏進書後〕臣等謹案春秋繁露十七卷漢董仲舒撰繁或作蕃葢古字相通其立名之義不可解南宋館閣書目謂繁露冕

之所垂有聯貫之象春秋比事屬辭立名或取諸此亦以意爲說也其發揮春秋之旨多主公羊而往往及陰陽五行考仲舒本傳蕃露玉杯竹林皆所著書名而今本玉杯竹林乃在此書之中故崇文總目頗疑之而程大昌攻之尤力今觀其文雖未必全出仲舒然中多根極理要之言非後人所能依託也是書宋代已有四本多寡不同至樓鑰所校乃爲定本鑰本原闕三篇明人重刻又闕第五十篇及第五十六篇首三百九十六字第七十五篇中一百八十字第四十八篇中二十四字又第三十五篇顛倒一頁遂不可讀其餘訛脫不可勝乙蓋海內藏書之家不見完本三四百年於茲矣今以永樂大典所存樓鑰本詳校其異於他本者凡補

一千一百餘字刪一百十餘字改定一千八百二十餘字神明煥然頓還舊觀雖曰習見之書實則絕無僅有之本也儻非幸遇聖朝右文稽古使已湮舊籍復發幽光則此十七卷者終沈於蠹簡中矣茲豈非萬世之遇哉臣等編校之餘爲是書幸且爲讀是書者幸也乾隆三十八年十月恭校上

案此書之大恉在乎仁義仁義本乎陰陽陽居大夏陰居大冬見天之任德不任刑也又言除穢不待時如天之殺物不待秋則董子之論固非倚於一偏者其重政篇云聖人所欲說在於說仁義而理之不然傳於衆辭觀於衆物說不急之言而以惑後進者君子之所甚惡也卽此可知其立言之本意矣我皇

上新考試詞臣取仲舒語以仁安人以義正我命題臣竊仰窺
聖德 聖治固已與天地同流陰陽協撰矣而於是書猶有
取爾況在學者其曷可以不讀向者苦其脫爛乃今而快覩全
書尤爲深幸臣服習有年見其以天證人析理斷事實切於養
德養身之要而凡政治之原郊祀之典用人之方弭災之術俱
無所不備卽其正名辨制委曲詳盡亦始入學者所必當研究
也謹就二三學人覆加考核合貲雕版用廣其傳冀無負 朝
廷昌明正學嘉惠士林之至意至書中如考功爵國等篇尚有
不可强通者在以詒夫好學深思之士或能明其說焉乾隆五
十年十月舊史官臣盧文弨謹書目錄後

〔盧本春秋繁露參校本及新校人名氏〕　聚珍版本以是本爲主又取蜀中本明嘉靖甲寅潙陽周大夫所刻有永甯趙維垣序云出宋本又明程榮何允中兩家本　江陰趙曦明敬夫校　江都江恂于九校　江都秦黌序唐校　臨潼張坦芑田校　常熟陳桂森耕巖校　金壇段玉裁若膺校　瓊山吳典學齋校　嘉定錢唐學源校　江都秦恩復敦夫校　太倉陸時化潤之校　餘姚盧文弨紹弓合校　休甯陳兆麟仰韓校　江甯齊韶敬傳校

〔淩曙春秋繁露注序〕昔仲尼志在春秋行在孝經春秋爲撥亂反正之書聖德在庶修素王之文焉周室既衰秦并天下焚書阬儒先王之道蕩焉泯焉炎漢肇興鴻儒蔚起各執遺經抱殘守闕公

羊至漢始著竹帛書紀散而不絕此中蓋有天焉廣川董生下帷講誦實治公羊維時古學未出左氏不傳春秋公羊爲全孔經而仲舒獨得其精義說春秋之得失頗詳蓋自西狩獲麟爲漢制法知劉季之將興識仲舒之能亂受授之義豈偶然哉据百國之寶書乃九月而經立于是以春秋屬商商乃傳與公羊高高傳與其子平平傳與其子地地傳與其子敢敢傳與其子壽自高至壽五葉相承師法不墜壽乃一傳而爲胡毋生再傳而爲董仲舒太史公謂漢興五世之間唯仲舒名明於春秋其傳公羊氏也觀諸藝文所載著述甚夥今不概見所存者唯春秋繁露十有七卷原書亦皆失次然就其完善者讀之識禮義之宗達經權之用行仁爲

本正名爲先測陰陽五行之變明制禮作樂之原體大思精推見至隱可謂善發微言大義者已漢武卽位以文學爲公卿欲議古立明堂城南以朝諸侯草巡狩封禪改厤服色事未就及仲舒對册推明孔氏抑黜百家立學校之官州郡舉茂才孝廉皆自仲舒發之然終未盡其用當武帝時公卿以下爭於奢侈僭上亡度民皆背本趨末仲舒乃從容說上切中當世之弊及仲舒死後功費愈甚天下虛耗武帝乃悔征伐之事無益也劉向謂仲舒有王佐之才雖伊吕無以加筦晏之屬殆不及也今其書流傳既久魚魯雜揉篇第褫落致難卒讀淺嘗之夫橫生訾議經心聖符不絕如綫心竊傷之遂乃購求善本重加釐正又復采列代之舊聞集先

儒之成說爲之注釋及隋唐以後諸書之引繁露者莫不考其異同校其詳略書目姓氏咸臚列於下方夫聖情幽遠末學難窺賴彼先賢以啟檮昧事跡既明義例斯得輔翼經傳舍此何從曙也不敏耽慕其書傳習有年弗忍棄置至於是書之善正誼明道貫通天人非予膚淺之識所能推見登堂食胾願以俟諸好學深思之士嘉慶二十年四月既望國子學生江都凌曙書于蜚雲閣

凌曙注本凡例

一是書以　聚珍本爲主按語臚列于下凡官本按他本作某者皆是　一是書明王道焜本向有注者加原注二字引盧學士抱經本加盧注二字　一是書缺文據　聚珍本增入　一是書錯簡凡有此下當接某處者皆依官本及武進臯

文編修讀本盧學士刻本改正　一是書所引春秋皆公羊家言故兩傳不敢羼入惟書中引穀梁之文僅一條故引穀梁以注之至於土地人名間有引杜注者以無關義例故也

孫氏校勘記跋（光緒甲午刊本）按春秋繁露自宋已來已多譌缺乾隆時館臣據永樂大典所收樓鑰本對勘補訂刪改復成完帙且於創行聚珍版之始即首先排印（詳見聚珍板程式）葢意在廣爲流播顧閩中所翻刻聚珍本諸書竟缺此種不知當時何以遺漏豐順丁氏所藏聚珍原印本則此書宛在是所急應補刻者提調傅太守請於上官決意重刻並以吾鄉盧氏文弨曾取聚珍本覆加考核刻之於抱經堂叢書中者似更詳備爰飭梓人依式墨板既竣事（星華）

因思盧本雖讐校精審特官本校語未及全載且近日江都淩氏有注亦頗具異同復節採德淸俞氏平議數條因併錄爲此帙附刻於後以覘近日瀏局重翻盧本之仍有譌脫或略勝云光緒乙未秋季會稽孫星華季宜識

魏源董子春秋發微序董子春秋發微七卷何爲而作也曰所以發揮公羊之微言大誼而補胡毋生條例何劭公解詁所未備也漢書儒林傳言董生與胡毋生同業治春秋而何氏注但依胡毋生條例於董生無一言及近日曲阜孔氏武進劉氏皆公羊專家亦止爲何氏拾遺補缺而董生之書未之詳焉若謂董生疏通大詣不列經文不足頡頏何氏則其書三科九旨燦然大備且宏通

精淼內聖而外王，蟠天而際地，遠在胡母生何劭公章句之上。蓋彼猶泥文，此則優柔而饜飫矣；彼專析例，此則曲暢而旁通矣。故抉經之心，執聖之權，冒天下之道者，莫如董生。今以本書爲主，而以劉氏釋例之通論大義近乎董生附諸後，爲公羊春秋別開閫域，以爲後之君子亦將有樂於斯。至繁露者，首篇之名，以其兼攝三科九旨，爲全書之冠冕，故以繁露名首篇。後人妄以繁露爲全書之名，復妄移楚莊王一章於全篇之首，矯誣之甚，故今仍以繁露名首篇，其全書但曰董子春秋，以還其舊。輿案：繁露爲篇名，甚確。但唐宋各書引均以爲全書名，其來已久。至云稱董子春秋以還其舊，則未必然。論衡案書篇：董仲舒著書不稱子者，意殆自謂過諸子也。知漢世無此稱。至其三代改制質文一篇，上下古今，貫五德五行於三統，可謂窮天人之絕學視胡毋生條例有大巫小巫之歎輿案三代改制一篇言公羊學者多盛稱之其實此篇乃言典禮以春秋當新王諸語則漢世經師之設詞也說詳本篇況何休之偏執至以叔衛妻嫂爲應變且自謂非常可憙之論玷經害教貽百世口舌者乎今分七卷臚列其目於前以詔來學

繁露第一　張三世例　通三統例　異內外例輿案董自有十科六指此仍是以何例說董學

俞序第二　張三世例

奉本第三　張三世例

三代改制質文第四　通三統例

爵國第五　通三統例輿案爵國篇明舉周制及春秋似與三統無涉

符瑞第六　通三統例

仁義第七　異內外例附公始終例

王道第八　論正本謹微兼譏貶例

順命第九　爵氏字例尊尊賢賢

觀德第十　爵氏字例尊尊親親

玉杯第

十一　予奪輕重例　玉英第十二　予奪輕重例　精華第十三　予奪輕重例　竹林第十四　兵事例戰伐侵滅入圍取邑表　滅國第十五　邦交例朝聘會盟表　隨本消息第十六　邦交例同上　度制第十七　禮制例譏失禮　郊義第十八　禮制例譏失禮　二端第十九　災異例　天地陰陽第二十　災異例　五行相勝第二十一　災異例　陽尊陰卑第二十二　通論陰陽　會要第二十三　通論春秋　正貫第二十四　通論春秋　十指第二十五　通論春秋

朱一新無邪堂答問二胡仕榜問董膠西明春秋乃惑於改正朔而云王魯歐陽永叔惜其拘牽師說不能高論以明聖人之道似

中其失　答漢儒以改建正朔損益質文爲王者治定功成制禮作樂之事聖人之道莫大乎此故恒言之不獨董生爲然葢謂推言其極至則其治具畢張可見也此卽漢儒至高之論永叔所言未觀其通公羊爲漢儒專家之學與宋儒之說絕異此所引未明家法輿案董生書發明聖人之道者極多改朔云云特其一端而其論發于太初未改正朔以前在當日爲時務非高論也歐公未深考耳說見楚莊王篇朱說亦未明晰　至其所云王魯者謂假十二公之事以示百王大法猶之寄王法於魯云耳成元年傳王者無敵莫敢當也昭二十五年傳昭公曰吾何僭哉子家駒曰設兩觀乘大路朱干玉戚以舞大夏八佾以舞大武此皆天子之禮也以周爲王者而斥魯人僭用天子之禮則魯之爲託王可見矣公羊家之說以爲

周道既微明王不作夫子知漢室將興因損益百王之法作春秋以貽來世以春秋爲漢興而作此尤緯說之無理者蓋自處士横議秦人焚書漢高溺儒冠文景喜黃老儒術久遏而不行自武帝罷黜百家諸儒乃亟欲興其學竄附緯說以冀歆動時君猶左傳之增其處者爲劉氏也此在立學之初諸儒具有苦心後人若復沿襲其說則愚甚矣俗語不實流爲丹青光武好言圖讖東漢諸儒從風而靡何劭公遂以春秋演孔圖之說解獲麟可云寡識（桓三年正月何注亦云非主假周以爲漢制）第載之空言不如見之行事魯史具存卽借其事以寓襃貶故曰加吾王心焉夏尚忠殷尚質三王之道若循環周末文勝夫子欲變之以殷質而其襃貶誅絶之法不敢自專

寄之於魯此以春秋當新王之義非謂眞以魯爲新王也公羊家言如以祭仲爲行權乃假祭仲以明經權之義非眞許祭仲傳言殺人以自生亡人以自存君子不爲也祭仲正與相反其非許祭仲可知何注蓋失公羊本意繁露玉英篇權雖反經亦必在可以然之域不在可以然之域故雖死亡終弗爲也公子目夷是也漢儒謂反經合道爲權是不合於道者仍不得謂之權權所以衡輕重未能守經而侈語達權則如無星之稱將恃何道以衡之子臧言聖達節蓋必有節而後可達也以齊襄爲復九世之讐乃假齊襄以明復讐之義非眞許齊襄公羊子深惡魯莊忘親事讐故發此傳而於伍子胥之復讐過當者亦深許之蓋皆有爲而言也父母之讐不共戴天況於國君受繼體之重無論齊魯勢均力敵本有可勝之道卽使戰而敗北亦當收合餘燼枕戈泣血以爲後圖人子不復讐何以爲人國君不復讐何以立國後人有謂南宋明復讐之義爲不量力者莠言邪說宜爲春秋所誅絕也此類頗多皆文與而實不與但此唯公羊爲然近儒乃推此意以說羣經遂至典章制度輿地人物之灼然

可據者亦視爲莊列寓言恣意顛倒殆同戲劇從古無此治經之法麟爲王者之瑞夫子論次十二公之事爲萬世法王道浹人事備西狩獲麟於周爲異春秋則託以爲瑞故曰所聞世著治升平所見世文致太平此張三世之義曰文致者明其非眞太平也不然定哀爲衰世獲麟非美事漢儒豈不知之而顧爲是嘖嘖耶公羊家多非常可怪之論西漢大師自有所受要非心知其意鮮不以爲悖理傷教故爲此學者稍不謹愼流弊滋多近儒惟陳卓人深明家法亦不過爲穷鑿若劉申受宋于庭龔定庵戴子高之徒蔓衍支離不可究詰凡羣經略與公羊相類者無不旁通而曲暢之卽絕不相類者亦無不鍛鍊而傅合之舍康莊大道而盤旋於

蟻封之上憑臆妄造以誣聖人二千年來經學之厄蓋未有甚於此者也國朝公羊學始於陽湖莊氏華路藍縷例尙未純卓人學出淩曉樓曉樓言禮制已頗穿鑿而尙未甚至劉宋戴諸家牽合公羊論語而爲一于庭復作大學古義說以牽合之但逞私臆不顧上下文義定庵專以張三世穿鑿羣經實則公羊家言惟張三世最無意義何注恩王父之說亦復不詞定庵以此爲宗烏足自名其學凡此云云皆所謂以艱深文淺陋也道咸以來說經專重微言而大義置之不講其所謂微言者又多强六經以就我流弊無窮卽如魏默深詩古微之攻故訓傳書古微以杜林漆書誣馬鄭遂欲廢斥古文魏氏史學名家其經學實足誤人良由漢學家瑣碎而鮮心得高明者亦悟其非而又炫於時尙宋儒義理之學深所諱言於是求之漢儒惟董生之

言最精求之六經惟春秋改制之說最易附會且西漢今文之學久絕近儒雖多綴輯而零篇墜簡無以自張其軍獨公羊全書幸存繁露白虎通諸書又多與何注相出入其學派甚古其陳義甚高足以壓倒東漢以下儒者遂幡然變計而爲此夫公羊大義在通三統通三統故建三正當周之時夏正周正列國並用本非異事不待張皇也春秋時晉用夏正近儒久有定論逸周書周月篇夏數得天百王所同其在商湯用師於夏順天革命改正朔變服殊號一文一質示不相沿以建丑之月爲正亦越我周致伐於商改正異械以垂三統至於敬授民時巡狩祭享猶自夏焉古人所以重三正者以其合於天運天運三微而成著故王者必法天以

出治五始之義公羊子言之備矣詩書所陳六藝所述往往言天象以明人事謂夫日鑒在茲不可褻越也漢人親見秦之縱恣以速其亡每遇天變動色相戒日食修德日食修刑元成失馭猶明此義故漢之末造朝綱解紐而獨無厲民之政上畏天命下畏民碞其所以固國脈者端在於是董子謂王者舉事宜求其端於天又謂正朝廷以正百官正百官以正萬民比物此志也今乃舍其敬天勤民之大者而專舉改制以爲言夫春秋重義不重制義則百世所同制則一王所獨惟王者受命於天改正朔異器械別服色殊徽號以新天下之耳目而累朝舊制沿用已久仍復並行此古今之通義周時本兼有四代之制六經無不錯舉其説非獨春

秋爲然孔子殷人雜用殷禮見於戴記者甚多安得以爲改制之證公羊文十三年傳周公用白牡魯公用騂犅何注白牡殷牲也此乃成王所賜豈亦孔子所改明堂位兼用四代禮樂若非經有賜魯明文則近儒亦將援爲孔子改制之證且託王於魯猶可言也帝制自爲不可言也聖人有其位則義見於制無其位則義寓於事是故孟子之論春秋也曰其事其義不曰其制曰天子之事不曰天子之制袞褒鉞貶者正天子之所有事孔子自言竊取其義竊取云者取諸文王也公羊傳曰王者孰謂謂文王也開宗明義卽示人以遵王之旨左氏傳亦言王周正月觀此可無夏時冠周月之疑矣近人頗以左氏晚出爲疑案戴記哀公問疏引五經異義曰高祖時皇太子納妃叔孫通制禮以爲天子

無親迎從左氏義然則秦末漢初左傳固行於民間通儒多見之也聖人作春秋以文王之法正諸侯而不以空言說經故其義悉寓於諸侯之事若夫典章文物一仍其舊曾何改焉其有不合非經師之失傳卽周衰之變禮夫子錄之以著世變檀弓諸篇類此者甚多漢儒惑於緯書乃有爲漢赤制諸謬說葢其陋也制與事判然不同改正朔易服色殊徽號異器械是之謂制制者一成而不可易非天子不制度是也若工虞水火若兵刑錢穀是之謂事事者臣工所條奏儒生所講求先民有言詢於芻蕘是也制所以定民志事所以達民情今有人焉作通攷作罪言講明其義以備采擇苟無紕謬聖王所弗禁也有人焉改會典改律例變禮易樂非悖逆卽病狂王法所不容春秋

所必誅也漢人語言簡質往往混事於制又欲立春秋於學官而故神其說端門受命素王改制此蓋神道設教之遺意豈可據爲事實漢儒亦但竄之於緯未嘗敢著之於經也近人信緯而不信經抑知鄭君注中庸以祖述堯舜憲章文武爲仲尼作春秋之事而必引公羊繼文王之體守文王之法度以明之且謂作禮樂者必聖人在天子之位而曉一孔之人不知今王之新政可從孔疏申鄭意亦謂孔子身無其位不敢制作二代之禮鄭君固信緯書者而其言如此曷嘗有如近人無忌憚之說聖人自云從周說經者必欲與之相反可乎近儒因王制兼有殷制遂傅合於公羊夫王制乃漢文集博士所作盧侍中明言之侍中漢代大儒出入禁

闓豈有本朝大學故懵然不知之理近人深斥其說以此爲衛經之苦心固無不可若乃託王制以穿鑿二傳顛倒五經則侍中遺說不得不亟與申明也已當孝文時令學萌芽老師猶在博采四代典禮以成是篇乃王制摭及公羊非公羊本於王制周尺東田明是漢人常語與月令之有太尉大戴記之有孝昭冠辭略同太尉與冠辭猶可云偶贅及之周尺東田乃王制一篇節目豈亦贅文耶（王制月令雖輯於後人而所言仍是三代之制故戴記取之無庸曲說）今文家言禮制每與古文不同三代遺制紛繁儒者各述所聞致多歧異卽今文之與今文亦間有不同非獨古學家爲然也遭秦焚書民間私相傳述今文特先立學故顯於西漢古文至東漢而始顯此乃傳述之歧互

非關制作之異同今學古學之名漢儒所立秦以前安有此分派文有今古豈制有今古耶王制果爲公羊而作則師說具存繁露何以不引其文漢儒何以不述其例直待千餘年後始煩諸儒爲之鑿空平王制公侯田方百里伯七十里子男五十里鄭注此殷所因夏爵三等之制也殷有鬼侯梅伯春秋變周文從殷質合伯子男以爲一則殷爵三等者公侯伯也案王制此言本於孟子孟子明言周制而鄭君以爲殷制顯與孟子不合蓋鄭欲溝通周官之說致多膠葛近人復因鄭此言而歧之又歧然鄭君特舉此以明王制之兼有殷制曷嘗謂王制爲素王改制之書正義引鄭目錄云王制作在秦漢之際又有鄭答臨碩云孟子蓋赧王之際王

制之作復在其後其說雖與盧侍中不同要未嘗以王制爲春秋
改制而作也王制首篇卽述孟子之言故鄭以爲在孟子之後王制分天下以爲左右曰
二伯鄭注亦引春秋傳周召分陝之事爲證周召分陝正是周制
烏得以爲孔子之制乃近人因王制未足徵信復援孟子以爲助
孟子明云周室班爵祿周制也非殷制也孟子言天子一位子男
同一位凡五等王制言公侯伯子男凡五等公羊言伯子男同位
凡三等三書說各不同烏可強爲溝合孟子公侯百里伯七十里
子男五十里與武成分土惟三義同近人黜僞古文尚書棄置弗
道然漢書地理志已言周爵五等而土三等豈班志亦僞乎殷制
旣以公侯伯爲三等則公侯必不能同爲百里書缺有間但當闕

疑烏可鑿空妄造近儒致疑於孟子者徒以班爵祿之說與周官不合夫周官不合羣經者多矣何獨執此而定百里爲素王之制且周制公侯百里非但見於孟子亦先見於論語有千乘之國焉有百乘之家焉千乘之國集解引包咸馬融二說包據孟子王制馬據周官司馬法如馬說則開方僅得三百一十六里有奇仍與周官四百里不合若謂舉成數而言亦當云三百里不得云四百里周官之三百里固非大國也葢司馬法是出軍之數孟子王制乃賦民之數當出軍時必不能埽境以行但十抽其一耳王制疏引五經異義賦法積四十五井除山川坑岸三十六井定出賦者九井則千里之畿地方百萬井除山川坑岸三十六萬井定出賦者六十四萬井長轂萬乘以許君之言差次之則諸侯百里長轂千乘乃賦法非出軍之法明矣由此言之司馬法亦

百里非四百里也當從包義爲長豈節用愛人之語必出於聖人晚年定論而一人之私制顧舉以告魯大夫魯大夫將茫然何從索解乎魯齊稱大國者蓋以其附庸之多其實封非必有加於百里魯頌言土田附庸復言公車千乘與論語孟子皆合附庸若任宿顓臾之類猶時見於左傳歷世既久諸侯多滅附庸以自廣其甚者且滅大國如晉滅虞虢之類故孟子曰今魯方百里者五魯之疆域見左傳者已不止百里非侵滅小國烏能若是明堂位復云方七百里則夸飾之辭或并附庸計之未可知也孟子十一月徒杠成十二月輿梁成卽國語引夏令十月成梁之制周十二月夏之十月孟子所用周正也非夏正也近人謂孟荀皆用孔子改制之説

案荀子有王制篇所言序官之法大制與周禮同又云田野什一關市譏而不征山林澤梁以時禁發而不稅說亦同於孟子孟子明云文王治岐之制豈得以爲殷制荀子言王者之制道不過三代法不貳後王道過三代謂之蕩法貳後王謂之不雅荀子意在法後王乃後人反誣以改制之說此正荀子所斥爲不雅者也公羊家言以王二月王三月爲存三統然則聖人固從周正特兼存夏殷正朔以明三代聖王皆奉天以出治耳必謂春秋改正朔而用夏正則第書王三月可矣曷爲書王二月而可牽合顏淵爲邦之問彊以公羊羼入論語乎董子繁露今存八十二篇言陰陽五行仁義禮智性情者十六七言他事者十三四其言改制者惟三

代質文符瑞玉杯楚莊王諸篇間及之並非春秋要義楚莊王篇王者徙居處更稱號易服色者無他焉不敢不順天志而明自顯也若夫大綱人倫道理政治敎化習俗文義盡如故亦何改哉近儒輒以大學論孟之言牽涉於素王改制觀此可憬然矣董子謂天積衆精以自剛常置陰空處稍取之以爲助其言陰陽五行皆明此義陽爲德陰爲刑親陽而疏陰任德而不任刑其說深有契乎洙泗言仁之旨董子之稱大儒者以此所言喜怒哀樂中和諸說皆可爲中庸義疏至若正朔三而改文質再而復特聖王受命承天之一事今舍全書大義而專言此豈董子之意乎近儒惟孫淵如喜言陰陽五行其所摭古義皆術數家言與董子伏生之學

渺不相涉漢初張蒼最明陰陽而遺說罕聞其據以推五運者乃本孔子之論五帝德見大戴記五行或以相生爲義或以相克爲義迄無定論張蒼謂漢爲水德後因黃龍見成紀從公孫臣言改爲土德其說本不足據蓋漢儒惡秦特甚不欲漢承秦後因春秋有託王之義遂奪秦黑統而歸之素王因素王黑統而遂有紛紛改制之說西狩獲麟或以爲麟者木精一角赤目爲火候漢將受命之瑞或以爲中央土軒轅大角之獸春秋禮書修母而致子或以爲西方金精之獸春秋立言西方兌兌爲口故麟來聚訟紛紜皆億言也庸足信乎公羊之學盛行西漢班史所載臣工諸條奏本春秋褒貶災異以立說者甚多初未及素王制作之事惟梅福

傳稱據此以求立孔子世爲殷後成帝推迹古文以左氏穀梁世本禮記相明遂立孔子後爲殷紹嘉公當時據以立二王後者乃用古文及左氏穀梁並非據公羊劉申受欲明三統之義而反黜左氏亦傎甚矣緯書多漢儒附益故戰國諸子從未一及是言公穀至漢時始著竹帛後師諸說多存其中亦未嘗一及是言豈非言不雅馴爲搢紳先生所難言乎陸賈新語術事篇春秋上不及五帝下不及三王述齊桓晉文之小善魯之十二公至今之爲政足以知成敗之效何必於三王此可見秦漢之際言春秋者尚無改制之謬說漢儒泥於陰陽推迹五運乃始以是羼入公羊耳新語或以爲僞作實非也嚴鐵橋漫稾已詳辨之漢中葉後儒者篤信緯說逐末忘本於是

緯候之學流爲術數術數之學流爲圖讖怪説繁興新莽因之遂移國祚魏晉六朝篡奪相仍莫不師莽之故智此正後儒所當黜絶安可更揚其波況五運之學失傳已久公羊大義甚多繁露名言不少豈舍此遂無可尋繹耶亦徒見其好異而已矣子張問十世子答以因革損益所因謂三綱五常所損益謂質文三統質文三統非有德有位者孰能損益之儒者講明其理可也擅改其制不可也若夫三綱五常則吾儒與有責焉耳矣文王既沒文不在兹文武之道未墜於地聖賢之於道也未嘗不以之自任文在兹則道在兹文者何詩書禮樂是也宋之風謡載在方策東遷而後禮壞樂崩聖無常師識大識小暮年刪定述而不作故夫詩書禮

樂者三代帝王治世之大經非洙泗間一家之言也夫子修春秋以垂教萬世託始於文託王於魯定哀多微辭上以諱尊隆恩下以避害容身慎之至也漢藝文志春秋所貶損大人當世君臣有威權勢力其事實皆形於傳是以隱其書而不宣所以免時難也聖人憲章文武方以生今反古戒人豈有躬自蹈之之理素王者後人所尊稱並非聖人自名其學聖道之大安在乎王與不王近儒喜以素王說春秋世俗之見淺之乎測聖人矣太平御覽引孝經援神契子曰吾作孝經以素王無爵祿之賞斧鉞之誅故稱明王之道謂素王爲夫子自稱者始見於此鄭何諸人皆同此說鄭說見左傳序疏引六藝論緯書固不足信卽以其說徵之亦可見聖人於誅賞

之空言且謙讓不敢自專而敢肆改一王之定制耶春秋雖著諸侯之行事實仍託之空文素之爲言空也若紛紛制作則眞王矣何素王之有公羊家言變周文從殷質文王殷人其所用者殷制卽從緯書之說以爲受命改元亦是殷末周初之制夫子用此與從先進義同豈敢緣隙奮筆儼以王者自居春秋卽爲聖人制作之書度亦不過一二微文以見意豈有昌言於衆以自取大戾者且亦惟公羊爲然於二傳何與於詩書禮易論語又何與乃欲割裂經文以就已意舉六經微言大義盡以歸諸公羊然則聖門傳經獨一公羊耳安用商瞿子夏諸賢之紛紛也哉繁露所引論語如敬事而信管仲之器棠棣之華內省不疚當仁不讓茍志於仁

大德不踰閑禮云禮云政逮於大夫名不正則言不順之類皆引聖言以爲證要非牽合公羊以合論語也諸說皆與質文改制無涉董子謂春秋大元故謹於正名其非正文字之誤可知乃宋于庭論語說於此獨不從董子而從鄭君且引老子有名無名以立說異哉莊生有言春秋以道名分假天子袞鉞之權以誅亂臣賊子者聖人爲萬世綱常計不得已也周室雖微名分具在鼎之輕重不可問制之質文可輕改乎何氏解詁例已煩碎何注如法其生不法其死恩王父不恩高曾之類義皆難通半亦由屬辭之拙僿又如傳言隱賢而注泛及連帥傳稱單伯而注泛及貢士皆未必公羊本意單氏不見魯史而周卿士有單襄公穆公之類見內外傳及漢食貨志可知

公羊之義爲短至春秋錄內略外微者不書逢丑父自無見經之例何注乃以爲絕頌公何義葢本繁露竹林篇而微有不同皆曲說也今乃於三科九旨而外侈言劭公所不敢言且混合六經而爲一是聖人晚年刪述但以改制爲事平日雅言復以改制爲敎洙泗之間自爲風氣師弟子所斷斷講習者莫非干犯名義之言爲下不悖之謂何不至於邪說誣民不止此惟外夷無父無君之敎乃有之而可以誣吾夫子乎公羊三科一曰張三世二曰存三統三曰異外內內其國而外諸夏內諸夏而外戎狄是故稱於越者未能以其名通也稱越者能以其名通也吳獲陳夏齧則少進之有憂中國之心則又進之進之者何謂其寖知中國之禮義也

若楚王之妻娟固無時焉可也自羲畫八卦契敷五教千聖百王相嬗相維以成此中國中國之所以爲中國者無他焉以所因之三綱五常耳公羊子曰公追戎于濟西此未有言伐者其言追何大其爲中國追也聖人之惡戎如此非以其無君臣上下無禮義廉恥猾夏之風漸不可長歟於越句吳同爲明德之後既廣魯於天下則漸被中夏之教化春秋猶屢進之若夫宗楊墨無父無君之教以俶擾我中夏有心世道者宜何如嚴外內之防而徒侈言張三世通三統之義不思異外內之義吾恐猖狂恣肆之言陷溺其心者既久且將援儒入墨用夷變夏而不自知嗚呼是亦不可以已乎窮經所以致用封建之制不行夏時之制久定自漢以來

垂二千年未之有改乃猶喋喋言三統固哉高叟之爲詩也夫心之所同然者何也謂理也義也天以五常之理賦人故樂記謂之天理義之用多端而莫大於君臣故天澤之分必不可踰義理之學宋儒以之爲教孔孟曷嘗不以爲教漢學家惟惡言理故與宋儒爲仇理義之悅我心猶芻豢之悅我口豈苦人以所難哉先王本理以制禮以禁慝也有禮斯有樂以導和也古樂既亡禮亦爲文飾之具宋儒因亟以理明之又恐人矜持拘苦而屢以從容樂易導之今讀其遺書以理爲教實多以禮爲教文集語錄多不勝舉所不同於三代者特其沿革耳此與聖門教人之方有何不合而戴東原則曰程朱憑在己之意見而執之曰理以禍斯民且謂聖人以體

民情遂民欲爲得理見東原文集孟子字義疏證夫聖賢正恐人之誤於意見故有窮理之功東原乃認意見爲理何其言理之粗體民情固也遂民欲而亦謂之理何其言理之悖欲仁欲也欲利亦欲也使徒遂其欲而不以理義爲閑將人皆縱其欲而滔滔不返不幾於率獸食人乎白虎通情性篇引孝經鉤命決曰情生於陰欲以時念也性生於陽以就理也陽氣者仁陰氣者貪故情有利欲性有仁也其言與樂記若合符節古書之言性情理欲者明白若此漢學家好據古義獨不從之何耶乃謂宋儒以理殺人死矣更無可救矣亦東原集中語疾首蹙額若不可一朝居而必求自放於禮法之外者苟以此爲教恐五季之禍其不復見於今者幾希誠不意儒者日治三禮而竟不求諸制禮之本原也故曰學而不思則罔近人知理之不可惡宋儒之不可仇而必不肯言

同然之理獨言聖人罕言之理高則高矣夫理而可以高言也邪今夫義之實莫大乎君臣仁之實莫大乎父子世衰道微臣弑其君者有之子弑其父者有之孔子懼作春秋春秋天子之事乃正名定分以誅亂賊之事非干名犯義以改制度之事也公羊家言改正朔易服色蓋王者治定功成制禮作樂所以告成功於天而其先節目甚多故六經言治法者甚備六經大義戴記經解篇莊子天下篇皆言之周人之言經義初未嘗通六經爲一也董生古矣莊生及七十子之徒不尤古耶繁露玉杯篇詩書序其志禮樂純其養易春秋明其知六學皆大而各有所長詩道志故長於質禮制節故長於文樂詠德故長於風書著功故長於事易本天地故長於數春秋正是非故長於治人董生之言如是曷嘗通六經爲一乎今以六經之言一切歸之改制其鉅綱細目

散見於六經者轉以爲粗迹而略置之夫曰以制作爲事而不顧
天理民彝之大以塗飾天下耳目者惟王莽之愚則然耳曾謂聖
人而有是乎故曰以思無益不如學也

春秋繁露攷證

春秋繁露目錄

春秋繁露義證卷第一

周禮大司樂賈疏云前漢董仲舒作春秋繁露繁多露潤為春秋作義潤[illegible]宋館閣書目云逸周書王會解天子南面立絻無繁露[illegible]冕之所垂也有聯貫之象春秋屬辭比事仲舒立名或[illegible]記索隱及王應麟漢藝文志攷說同程大昌書秘書省[illegible]牛亨問崔豹冕旒以繁露者何答曰綴玉而下垂如繁[illegible]則繁露也者古冕之旒似露而垂是其所從假以名書也以杜樂所引推想其書皆句用一物以發己意有垂旒凝露之象焉輿案諸家所推名書之意皆近傅會程氏至比於連珠自仿其體記錄雜事為演繁露失之尤遠漢書董仲舒傳云本傳後稱仲舒所著皆明經術之意及上疏條教凡百二十三篇而說春秋事得失聞舉玉杯蕃露清明之屬復數十篇十餘萬言皆傳於後世是蕃蕃通繁露只一篇名漢藝文志有董仲舒百二十三篇公羊董仲舒治獄十六篇後漢書應劭傳仲舒作春秋決獄二百三十二事當即藝文志之十六篇並在此書外而無春秋繁露名至隋唐志著錄始有春秋繁露十七卷而百二十三篇者已佚疑是後人雜採董書綴緝成卷以篇名總全書耳御覽六百二九百三十並引西京雜記言董仲舒夢蛟龍入懷乃作春秋繁露則知由來久矣

漢廣川董仲舒撰

平江蘇輿學

楚莊王第一

樓郁云潘氏本楚莊王篇爲第一他本皆無之然則爲潘氏附著無疑輿案此取篇首字爲名獨異他篇疑本名繁露後人以避總書改今篇名玉海載八十二篇目云始楚莊王終天道施則王深甯所見本亦如此

楚莊王殺陳夏徵舒春秋貶其文不予專討也宣十一年楚人殺陳夏徵舒公羊傳云以後稱傳皆出公羊此楚子也其稱人何貶曷爲貶不與外討也曷爲不與實與而文不與文曷爲不與諸侯之義不得專討也案本書竝公羊說而順命及深察名號篇有穀梁語本篇晉伐鮮虞玉英篇桓無王有穀梁義此類當是師說偶同**靈王殺齊慶封而直稱楚子何也**昭四年楚子蔡侯陳侯許子頓子胡子沈子淮夷伐吳執齊慶封殺之傳此伐吳也其言執齊慶封何爲齊誅也其爲齊誅奈何慶封走之吳吳封之於防然則曷爲不言伐防不與諸侯專討也案直稱楚子傳無文本書之於傳闕發爲多亦有推補之者如此及非逢丑父之類是也有救正之者如賢齊襄復賢紀侯之類是也有特畧之者如殺子赤弗忍書日外不用時月日例是也**曰莊王之行賢而徵舒之罪重**宣十年陳夏徵舒弒其君平國

史記陳杞世家孔子讀史記至楚復陳曰賢哉楚莊王輕千乘之國而重一言**以賢君討重罪其於人心善若不貶孰知其非正經**春秋以經輔治以權濟變使人心不迷於正經則天下可得而理矣孟子曰君子反經**春秋常於其嫌得者見其不得也**莊王以賢君討重罪嫌於得褒靈王懷惡而討與慶封同罪故不嫌也春秋別嫌疑明是非常于眾人之所善見其惡焉於眾人之所忽見其美焉隱七年傳云貴賤不嫌同號美惡不嫌同辭蓋不嫌者可同嫌者則纖微不相假借在禮女君嫌於舅姑爲婦故于妾無服而妾爲女君期妾不嫌而女君嫌也燕不以公卿爲賓而以大夫爲賓大夫不嫌而公卿嫌也尸不以子而以孫孫不嫌而子嫌皆此例也故曰春秋原於禮○嫌得者王道焜本注云宋本得作德盧文弨云後稱盧云得德古多通用**是故齊桓不予專地而封晉文不予致王而朝楚莊弗予專殺而討**僖元年齊師宋師曹師次於聶北救邢傳君則其稱師何不與諸侯專封也倍十四年諸侯城緣陵傳城杞也孰城之桓公城之曷爲不言桓公城之不與諸侯專封也僖二十八年公會晉侯齊侯宋公蔡侯鄭伯衛子莒子盟於踐土公朝於王所傳曷爲不言公如京師天子在是也天子在是則曷不言天子在是不與致天子也○弗

當作不與上一律**三者不得則諸侯之得殆此矣**盧云殆近也此即指上三事而言輿案不與專封致王專討尊王之大義也三者不得褒則其他諸侯之得褒者可知其比矣○此官本作貶云他本作此凌本同殆下引原注云凌引原注凱璒鄒焜本恐是不待俞樾云後稱俞云以三君者之賢而不得焉則諸侯之得殆非所以為褒而適所以為貶故曰諸侯之得殆貶矣輿案春秋以比成文豈能概以褒為貶今從盧校**此楚靈之所以稱子而討也**楚莊之賢不與專討則楚靈之不予可知雖稱子以討罪人不嫌矣**春秋之辭多所況**詞多以況譬而見所謂比例**是文約而法明也**史記孔子世家約其文辭而指博故吳楚之君自稱王而春秋貶之曰子踐土之會實召周天子而春秋諱之曰天王狩於河陽推此類以繩當世貶損之義後有王者舉而開之春秋之義行則天下亂臣賊子懼焉孔子在位聽訟文辭有可與人共者弗獨有也至於為春秋筆則筆削則削子夏之徒不能贊一詞弟子受春秋孔子曰後世知丘者以春秋而罪丘者亦以春秋

問者曰不予諸侯之專封復見於陳蔡之滅不予諸侯之專討獨不復見於慶封之殺何也昭十三年蔡侯盧歸于蔡陳侯吳歸于陳傳此皆滅國也其言歸何不予

諸侯專封也盧云文已見僖十四年此又復見也○慶封上各本脫於字今依盧校補　曰春秋之用辭已明者去之未明者著之　莊存與云𢿈𤕤春秋之辭文有不再襲事有若可貫以貫異其條聖法已畢則人事雖博所不存也輿謂春秋用辭有簡有復大美大惡之所昭愚夫婦之所與知者則一明而不贅所謂壹譏而已者也嫌於善而事或鄰於枉嫌於惡而心不詭於良則必推其隱曲往復聯貫或變文以起其別義或同辭以致其湛思故孔子曰書之重辭之復嗚呼不可不察也覼縷　今諸侯之不得專討固已明矣而慶封之罪未有所見也　昭四年傳慶封之罪何脅齊君而亂齊國也　故稱楚子以伯討之著其罪之宜死以爲天下大禁　春秋明是非之書也記行事以加王心凡以禁奸而勸善而已雖以楚靈無道諸侯外討不以貸慶封當死之罪故曰春秋成而亂臣賊子懼　曰人臣之行貶主之位　曰者言春秋之意如此此類卽大義使主失其尊故云貶傳所云脅君也　亂國之臣　俞云當作亂主之國　雖不篡殺　○淩曙云𢿈𤕤當作弒案弒殺一字兩讀殺君作弒由後改　其罪皆宜死比於此其云爾也　篡弒

之宜死不待著也傳特著慶封脅君亂國之罪見後世臣子有似此者不待其有篡弒之迹皆爲聖法所必誅以慶封爲例云爾漢書翟方進傳陳慶自設不坐之比顏注比例也論衡程材篇仲舒表春秋之義稽合於律無乖異者然則春秋漢之經孔子制作垂遺於漢論者徒尊法家不高春秋是闇蔽也案比卽律之所由生歷代刑律故多根柢於春秋○句末其字也字疑衍

春秋曰○淩本不提行**晉伐鮮虞奚惡乎晉而同夷狄也**昭十二年晉伐鮮虞何注晉不大綏諸侯先之以博愛而先伐同姓從親親起欲以立威行霸故狄之疏云諸夏之稱連國稱爵今單言晉作夷狄之號案穀梁傳其曰晉狄之也据此知公羊義同賈服注春秋左氏傳亦引穀梁爲說是古今文說無異義也俞云自此至是其所以窮也當在竹林篇鄭伐許一節之前彼文云春秋曰鄭伐許奚惡於鄭而夷狄之也中間亦有問者曰云云與此文一律故知兩文必相次也董子原書當以春秋分十二世爲三等爲首篇其篇名卽曰繁露今書稱春秋繁露者以首篇之名目其全書也傳寫者誤取楚莊王及晉伐鮮虞二節列於前遂以楚莊王題篇并繁露之名而失之矣然則楚莊王節宜在何處曰此固不可考然晉伐鮮虞在竹林篇則楚莊王節或亦當在竹林篇蓋與晉伐鮮虞節本相次也今本竹林篇逄丑父及鄭伐許兩節相次古本此兩節之間當有楚

莊王及晉伐鮮虞兩節晉伐鮮虞與鄭伐許固以類相從而楚莊王節以楚莊王殺陳夏徵舒靈王殺齊慶封相提並論逢丑父節以丑父欺晉祭仲許宋相提並論是二事亦以類相從也然則此兩節之當厠於其間無疑矣傳寫者升此兩節於篇首必非其舊輿案此書隨文綴緝其節次不可深考今於前人校定確見爲誤者間爲遂正一二餘悉仍其舊云

曰春秋尊禮而重信信重於地禮尊於身國家之於地人之於身可謂尊重矣而信禮則又過之以顯信禮之大也孔子曰自古有死無信不立

何以知其然也宋伯姬疑禮而死於火齊桓公疑信而虧其地襄三十年傳宋災伯姬存焉有司復曰火至矣請出伯姬曰不可吾聞之也婦人夜出不見傅母不下堂傅至矣母未至也逮乎火而死莊十三年公會齊侯盟於柯傳曹子手劍而從之曰願請汶陽之田桓公曰諾要盟可犯而桓公不欺曹子可讐而桓公不怨桓公之信著乎天下自柯之盟始焉案疑禮疑信謂止於信禮雖死身失地而不還也詩桑柔篇靡所止疑毛傳疑定也荀子解蔽篇以可以知人之性求可以知物之理而無所疑止之疑止卽止疑疑亦止也儀禮公食大夫禮賓立於階西疑立注疑正立也自定之貌又見士昏禮鄉飲酒注疑古亦通作凝詩止疑齊作止凝易坤文言陰疑於陽必戰荀虞姚信蜀才本

作凝莊子達生篇用志不分乃凝於神列子黃帝篇作疑韻會凝或作疑又引大雅靡所止凝注音屹讀如儀禮疑立之疑定也是疑疑屹同義此古訓之僅存者○疑禮明天啟孫鑛評本翄瓣欄作恐不禮注云一作疑禮俞云下句疑下亦當有不字疑亦猶恐也禮記雜記皆爲疑死鄭注疑猶恐也疑與恐同義此文上言恐不禮下言疑不信文異而義同案俞說非今從盧校**春秋賢而舉之以爲天下法曰禮而信**三字疑有誤脫或衍文**禮無不答施無不報天之數也**數猶道也呂覽壅塞篇寡不勝眾數也高注數道數也本書數字多如此用玉杯篇與天數相終始謂與天道相終始也弗繫人數而已謂弗繫人道也本篇得大數而治失大數而亂大數猶言大道也此例甚多哀七年左傳制禮上物不過十二天之大數也潛夫論班祿篇引作天之道又其證也**今我君臣同姓適女女無良心**適之也女汝同孔廣森云叺翄孔通義說出鮮虞姬姓國見世本杜預謂白狄別種妄也後改國名中山史記中山武公徐廣以爲西周桓公之子雖失其實然爲周分子無疑**禮以不答有恐畏我**以已通既也盧云有古與又同書內多如此**何其不夷狄也**春秋論夷狄不以地限故曰中國亦新夷狄詳見竹林篇**公子慶父之亂魯危殆**

亡而齊侯安之殆亡言幾於亡○官本云安他本誤公於彼無親尙來憂我彼我汝我皆春秋設詞閔二年傳莊公死子般弑比三君死曠年無君設以齊取魯曾不興師徒以言而已矣桓公使高子將南陽之甲立僖公而城魯如何與同姓而殘賊遇我兪云與當作以古字通用詩云宛彼鳴鳩翰飛戾天我心憂傷念彼先人明發不昧有懷二人念彼毛詩作念昔不昧作不寐此今文字異阮元三家詩補遺及陳喬樅並以董爲齊詩公羊本齊學也毛傳先人文武也禮祭義明發不寐有懷二人文王之詩也鄭注明發謂夜至旦也二人謂父母案上以同姓爲言而引此詩是董亦以先人爲文武以晉與鮮虞同出姬姓也知古今文說同人皆有此心也今晉不以同姓憂我而强大厭我厭同壓○盧云舊本作今晉文不以其同姓憂我讎我心望焉望猶恨故言之不好謂不予褒稱楚辭余令鴆爲媒兮鴆告余以不好二字所本謂之晉而已婉辭也衞伐凡伯晉敗王師直書爲戎此第去爵號以彼例此猶是婉辭春秋嚴於亂臣賊子之防纖芥必貶至於事關君父則辭多隱諱對於鄰敵亦義取包容原賢者之心避難言之隱皆不失忠厚之旨董子之言春秋

也，曰正辭，曰婉辭，曰溫辭，曰微詞，曰詭詞。又曰以仁治人，以義正我，可以觀其通矣。○淩本婉上有是字。

問者曰：○淩本不提行，天啟本同，今從盧本。晉惡而不可親，公往而不敢至，昭二年，公如晉，至河乃復。傳：其言至河乃復何？不敢進也。乃人情耳，君子何恥，而稱公有疾也？昭二十三年，公如晉，至河，公有疾，傳：何言乎公有疾乃復？殺恥也。何注：因有疾以殺畏晉之恥。曰：惡無故自來，君子不恥，內省不疚，何憂於志，是已矣。○盧云：大典本於志作何懼，已矣二字疑一衍。輿案：官本作何懼，云他本作於志，淩本同。案此當是引大學無惡於志語，無何異文。憂，憂原當作惡，何惡正承上不恥。憂篆書作𢝊，與惡相近，後人改何憂，遂並改於志作何懼，以合論語耳。今春秋恥之者，昭公有以取之也。臣陵其君，始於文而甚於昭，文之失由於厭政，專任行父。案僖三十年傳：公子遂如京師，遂如晉。傳云：公不得爲政爾。是公羊以爲始於僖也。後漢欒恢傳：政在大夫，孔子所疾；世卿持權，春秋以戒。聖人懇惻，不虛言也。公受亂陵夷，而無懼惕之心，亂端由來者漸，不知懼惕，遂至無救。漢書賈田灌韓傳贊：陵夷以憂死。顏注：陵夷即陵遲，漸卑替也。案說文：夌，夌徲也。是本字作麦淮南泰族訓山以陵遲故能高言由平易積漸至高也盧云懼讀爲瞿**矍矍然輕計妄討**〇盧云舊本計作詐從趙改**犯大禮而取同姓**襄十年十有二月甲子朱公戍卒何注去冬者葢昭公取吳孟子之年哀十二年孟子卒傳其稱孟子何諱娶內姓葢吳女也**接不義而重自輕也**輕討季氏已取輕矣復犯大禮是重自輕**人之言曰國家治則四鄰賀國家亂則四鄰散是故季孫專其位而大國莫之正**凌云謂齊晉不能救正**出走八年**凌云自二十五年九月孫於齊至三十二年薨於乾侯凡八年**死乃得歸**定元年公之喪至自乾侯**身亡子危**定元年傳卽位何以後昭公在外得入不得入未可知也曷爲未可知在季氏也**困之至也君子不恥其困而恥其所以窮**無取辱之道而至於困則命也所恥者有致窮之道耳故人主愼微徵漸震恐可以致福**昭公雖逢此時苟不取同姓詎至於是雖取同姓能用孔子自輔亦不至如是**孔子學主經世故有輔治之用仲舒推定二年雉門及兩觀災及哀三年桓釐宮災四年亳社災竝以爲不用孔子之應法言寡見篇或問魯用儒而削何也

曰魯不用儒也昔在姬公用於周而四海皇皇奠枕於京孔子用於魯齊人章章歸其侵疆魯不用眞儒故也如用眞儒無敵於天下安得削浩浩之海濟樓航之力也航人無楫如航何又五百篇或問孔子之時諸侯有知其聖者與曰知之曰知之則曷爲不用曰不能曰知聖而不能用也可得聞乎曰用之則宜從之從之則棄其所習逆其所順彊其所劣捐其所能衝衝如也非至德孰能用之

時難而治簡行枉而無救是其所以窮也上無禮故曰治簡左右無賢故曰無救夫得賢猶足補失禮之愆爲治者可知所務矣詩曰人之云亡邦國殄瘁

春秋分十二世以爲三等有見有聞有傳聞有見三世有聞四世有傳聞五世故哀定昭君子之所見也襄成文宣君子之所聞也僖閔莊桓隱君子之所傳聞也隱二年傳所見異辭所聞異辭所傳聞異辭又見桓二年傳隱元年何注所見者謂昭定哀已與父時事也所聞者謂文宣成襄王父時事也所傳聞者謂隱桓莊閔僖高祖曾祖時事也與董子同顏安樂以爲襄二十三年邾婁鼻我來奔傳云邾婁無大夫此何以書以近書也又昭二十七年邾婁快來奔傳云邾婁無大夫此何

以書以近書也二文不異宜同一世故斷自孔子生後卽爲所見之世案孔子以襄二十一年生終襄三十一年才十歲耳所見短而所聞長宜從董說孔廣森謂所見世宜以襄爲限所聞世以成宣文僖四廟爲限殆不必然董子言三世不用亂世升平太平之說近人多稱據亂世案何休公羊解詁序云本據亂而作疏云謂據亂世之史而爲春秋是撥亂二字不相聯也今刪據字要以漸進爲主所謂撥亂世反之正也○文宣盧本倒作宣文**所見六十一年所聞八十五年所傳聞九十六年於所見微其辭於所聞痛其禍於傳聞殺其恩與情俱也**本書奉本篇殺隱桓以爲遠祖宗定哀以爲考妣案禮服上不盡高祖下不盡玄孫故曰四世而緦麻服之窮也五世袒免殺同姓也六世而親屬竭矣又曲禮有不逮事之義則不諱此亦春秋緣禮而起者淩云漢書韋元成傳親疏之殺殺漸降也**是故逐季氏而言又雩微其辭也**昭二十五年傳又雩者非雩也聚衆以逐季氏也定元年傳定哀多微辭主人習其讀而問其傳則未知己之有罪焉爾何注上以諱尊隆恩下以避害容身太史公匈奴傳贊孔氏著春秋隱桓之間則章至定哀之際則微爲其切當世之文而罔褒忌諱之辭也**子赤殺弗忍書曰痛其禍也**文十八年子卒傳子卒者孰謂謂子赤也何以不日隱之也何隱爾

弒也弒則何以不日不忍言也何注所聞之世臣子恩痛王父深厚故不忍言其日與子般異○凌云弒當作弒**子般殺**

而書乙未殺其恩也莊三十二年十月乙未子般卒隱元年何注異辭者見恩有厚薄義有深淺時恩衰義缺將以理人倫序人類因制治亂之法又桓二年注所見之世臣子恩其君父尤厚故多微辭是也所聞之世恩王父少殺故立煬宮不日武宮日是也所傳聞之世恩高祖曾祖又少殺故子赤卒不日子般卒日是也又見哀十四年注盧云左傳作己未二傳作乙未**屈伸之志詳略之文皆應之**差世之遠近爲恩隆殺此屈遠而伸近也屈民而伸君屈君而伸天絍屈天地而伸義精華屈伸之旨大矣精華篇云春秋傷痛而敦重是以奪晉子繼位之辭與齊子成君之號詳見之也此亦詳略之例也**吾以其近近而遠遠親親而疏疏也**○盧本以下有知字凌本無以作見今從天啟本**亦知其貴貴而賤賤重重而輕輕也有知其厚厚而薄薄善善而惡惡也有知其陽陽而陰陰白白而黑黑也**有與又同陽陰謂尊卑本書多以陰陽況君臣荀子儒效篇修百王之法若辨白黑後漢馮衍傳注白黑猶賢愚也司馬遷傳春秋上明三王之道下辨人事之經紀別嫌疑

明是非定猶豫善善惡惡賢賢賤不肖卽董生說韓愈行難篇陸先生之賢聞于天下是是而非非語意本此**百物皆有合偶偶之合之仇之匹之善矣**合偶仇匹謂遠近親疏貴賤重輕各有對待以爲屈伸詳略之等差也本書威德所生篇云冬夏者威德之合也寒暑者喜怒之偶也基義篇云凡物必有合合必有上必有下必有左必有右必有前必有後必有表必有裏有美必有惡有順必有逆有喜必有怒有寒必有暑有晝必有夜此皆其合也釋詁仇匹合也王褒四子講德論鳴聲相應仇匹相從人由意合物以類同偶合仇匹四字義並近○天啟本矣作也**詩云威儀抑抑德音秩秩無怨無惡率由仇匹此之謂也**仇匹毛詩作羣匹案羣匹又見禮三年問羣亦仇也古今文異耳說文羣輩也義並相近盧云王伯厚詩考未載**然則春秋義之大者也**春秋以立義爲宗在學者善推耳故孔子曰其義竊取然而筆削之意可窺識者落落大端而已以俟讀者之博達焉程子云後世以史視春秋謂褒貶善惡而已至於經世之大法則未之知也春秋大義數十炳如日星乃易見也惟其微詞奧義時措咸宜者爲難知也或抑或縱或予或奪或進或退或微或顯而得于義理之安文質之中寬猛之宜是非之公乃制事之權衡揆道之模範也**得一端而博**

達之漢書杜鄴傳案春秋災異以指象爲言語故在于得一類而達之也語又見精華篇觀其是非可以得其正法法曰正法辭曰正辭凡以審覗是非於天下視其溫辭可以知其塞怨辭愈婉而怨愈深君弑而曰薨夫人奔而曰孫與讐狩而曰齊人定公受國季氏後書即位而不敢名其脅昭公娶同姓避姬稱而不忍著其惡皆其類也塞怨猶幽怨俞云温當讀爲藴古字通藴辭謂藴蓄之詞即上所謂微其詞者孫詒讓云鬼谷子權篇夏憂者閉塞而不泄者也即此此塞怨之義與溫辭自合不必改字案是故於外道而不顯大惡書而抑多婉詞於內諱而不隱微其辭而已不隱其事是故君道失則不書即位不書王不書正夫人之道失則書夫人姜氏書婦姜書孟子大事曰大雩大閱曰大蒐曰考宮曰獻羽曰立宮曰毀泉臺所以正其失禮曰初稅畝曰作邱甲曰用田賦曰作三軍曰舍中軍所以箴其失政曰築郿曰新延廐曰新作南門病民則書之曰大水曰螟曰螽曰震電曰雨雹慢時則書之不以尊親之故而概寬責備也於尊亦然於賢亦然此其別內外差賢不肖而等尊卑也閔元年傳春秋爲尊者諱爲親者諱爲賢者諱孔廣森云聞之有虞氏貴德夏后氏貴貴爵殷周貴親春秋監四代之全模建百王之通軌尊尊親親而賢賢

其賢尊者有過是不敢譏親者有過是不可譏賢者有過是不忍譏叜變其文而爲之諱諱猶譏也傳以諱與讐狩爲譏重是也所謂父子相隱直在其中豈曲佞飾過之云乎○盧云以爲親者諱爲主故云於尊亦然於賢亦然下云別內外覆申爲親諱之義差賢不肖覆申爲賢者諱之義等尊卑覆申爲尊者諱之義本或無於尊亦然四字者脫也輿案天啟本不脫**義不訕上智不危身故遠者以義諱近者以智畏畏與義兼則世逾近而言逾謹矣**記孔子曰畏大人又曰邦無道危行言孫哀十四年何注託記高祖以來事可及問知者猶曰我但記先人所聞辟制作之害史記十二諸侯年表序孔子明王道干七十餘君莫能用故西觀周室論史記舊文興於魯而次春秋上記隱下至哀之獲麟約其辭文去其煩重以制義法王道備人事浹七十子之徒口受其傳指爲有所刺譏褒諱挹損之文辭不可以書見也漢書藝文志春秋有所褒諱貶損不可書見口授弟子又云春秋所褒損大人當世有威權勢力其事實皆形於傳是以隱其書而不宣所以免時難也○逾天啟本注云一作愈**此定哀之所以微其辭以故用則天下平不用則安其身春秋之道也**錢塘云後稱錢云此春秋說開端大旨當爲首篇如冕旒然繁露之名或取於此今

次於前三節後而以楚莊王題篇疑出後人掇拾綴緝所致輿案董書散亡今本洵爲後人掇拾是否以此開章不可臆定錢疑此篇本名繁露是而說名篇意則鑿

春秋之道○天啟本不提行奉天而法古是故雖有巧手弗修規矩不能正方員管子法法篇巧者不能廢規矩而正方員聖人不能廢法而治國淮南子規者所以員萬物也矩者所以方萬物也修當作循雖有察耳不吹六律不能定五音六律陽律太簇姑洗蕤賓夷則無射黃鐘五音宮商角徵羽雖有知心不覽先王不能平天下○知讀智官本云覽他本作覺然則先王之遺道淩云遺畱之道亦天下之規矩六律已義本孟子故聖者法天賢者法聖此其大數也得大數而治失大數而亂此治亂之分也所聞天下無二道故聖人異治同理也所聞謂聞之於師漢世治經最重師說蓋古道之遺也荀子大略篇言而不稱師謂之畔教而不稱師謂之倍倍畔之人明君不內朝士大夫遇諸塗不與語其嚴如此董子對冊云以後稱對冊云臣愚不肖

述所聞誦所學道師之言䖏能勿失耳漢世選舉有出入不悖所聞之目其有偶背師說者則承學之士相與詆譏而假託大師以自尊異者亦多也又有因變異師說得立太常者嚴顏之春秋是已然仍時傳師說以自固楊雄法言寡見篇譏之曰譊譊之學各習其師班固亦以安其所習毀所不見終以自蔽爲學者之大患西漢末造稍稍訛雜矣逮于東漢之初博士弟子不修家法私相容隱以遵師爲非義意說爲得理徐防以爲深慮上疏切言謂宜改薄從忠可想見風尚推移之漸矣本書俞序篇所引師說有子夏閔子公肩子曾子子石世子子池之倫公羊疏謂胡母生以公羊經傳傳授董氏親何休徐疏然考漢書儒林傳胡母生治公羊春秋爲景帝博士與仲舒同業仲舒著書稱其德年老歸教於齊齊之言春秋者宗事之公孫弘亦頗受焉是仲舒但與胡母同業非師弟徐說誤也而今書中又無稱胡母生之文知殘佚多矣

古今通達故先賢傳其法於後世也

韓詩外傳夫詐人者曰古今異情其所以治亂異道而衆人皆愚而無知陋而無度者也於其所見猶可欺也況乎千歲之後乎聖人以已度人者也以心度心以情度情以類度類古今一也類不悖雖久同理故性緣理而不迷也夫五帝之前無傳人非無賢人久故也五帝之中無傳政非無善政久故也虞夏有傳政不如殷周之察也非無善政久故也夫傳者久則愈略近則愈詳略則舉

大詳則舉細故愚者聞其大不知其細聞其細不知其大是以久而差三王五帝政之至也詩曰帝命不違至於湯齊古今一也荀子非相篇大同

春秋之於世事也善復古譏易常欲其法先王也

宣十五年傳上變古易常應是而有天災昭五年傳舍中軍者何復古也僖二十年新作南門傳譏何譏爾門有古常也案董子言治重法古其對冊亦云春秋變古則譏之漢世儒者多循其說貢禹疏承衰救亂矯復古化在於陛下臣愚以爲盡如太古難宜少放古以自節焉禹董子再傳弟子也孟子言法先王荀子言法後王荀子生周末又其時老莊盛行高語皇古故以文武爲後王儒效等篇亦有稱先王者董子承秦後故不言法後王春秋尊文王之法則仍法周與荀同

然而介以一言曰王者必改制

此相傳舊說也武帝冊仲舒云蓋聞五帝三王之道改制作樂而天下洽和百王同之荀子正論篇唯其徙朝改制爲難楊注謂殊徽號異制度也白虎通封禪篇始受命之日改制應天天下太平功成封禪以告天也風俗通山澤篇王者受命易姓改制應天並以改制屬王者其文甚明其事則正朔服色之類也惟春秋緯云作春秋以改亂制公羊序疏亦引此語自是遂有以改制屬孔子春秋者然云改亂制是改末流之失非王者改制之謂也董子所謂立義云爾觀見王道篇問者曰本書三代改制篇明以春秋爲一代變周之

制則何也曰此蓋漢初師說所云正黑統存二王云云皆王者即位改制應天之事託春秋以諷時主也對冊云春秋受命所先制者改正朔易服色所以應天也意可見矣蓋漢有天下沿用秦正至於服色禮樂並安苟簡賈誼在文帝時即以改正朔易服色制度定官名興禮樂爲言草具其儀法色尚黃數用五文帝未皇更定其後司馬相如作子虛賦且以是諷諫焉司馬遷學於董生者也亦言歷紀壞廢漢興未改正朔宜可正事見漢兒寬傳迄武帝太初元年始採諸人說正厤以正月爲歲首色尚黃數用五董子此書作於太初前蓋漢初儒者通論非董刱說故余以爲董子若生於太初後或不斷斷於是歐陽修譏其惑於改正朔殆未深究其時也後人因此動言改制則愈謬矣隱元年何注云所以通其義於王者惟王者然後改元立號是也而隱二年注云春秋有改周變命之制孔子畏時遠害又知秦將燔詩書其說口授相傳至漢公羊氏及弟子胡毋生等乃始著於竹帛遂爲誕說所祖以文不見公羊誣及董子不知此文固甚明也妄者至謂王者即孔子謬不足辨義互見三代改制篇愈云襄三十一年左傳介於大國杜注曰介猶間也故古語以間介連文孟子盡心篇山徑之蹊間介文選長笛賦間介無蹊即用孟子文是也介以一言猶間以一言蓋春秋之於世事善復古譏易常欲其法先王而或且出一言以介之曰王者必改制此介字即吾無間然之間玉杯篇此所間也即此介

字之義與案潛夫論明闇篇是以當塗之人恒嫉正直之士得一介言於君以矯其邪也亦以介爲間**自僻者得此以爲僻曰古苟可循先王之道何莫相因**古下八字爲一句謂自僻者借王者改制爲詞言古者苟可以循用先王之道何莫並制度而因之言道亦可變也殆其時博士習春秋雜說者有此議耶王安石太古篇云太古之道果可行之萬世聖人惡用制作于其間亦溷道與制而一之與此語意正同**世迷是聞以疑正道而信邪言甚可患也**以改道爲邪言董生之患深矣後世猶有假其僻以致亂者**荅之曰人有聞諸侯之君射貍首之樂者**大射儀樂正反位奏貍首以射鄭云貍首逸詩曾孫也貍之言不來也**於是自斷貍首縣而射之曰安在於樂也此聞名而不知其實者也**聞名而不知實貿然行之其極足以亡天下**今所謂新王必改制者非改其道非變其理受命於天易姓更王非繼前王而王也若一因前制修故業而無有所改是與繼前王而王者無以別**修當作循白虎通三正篇王者受命必改朔何明易

姓示不相襲也明受之於天不受之於人所以變易民心革其耳目以助化也故大傳曰王者始起改正朔易服色殊徽號異器械別衣服也是以禹舜雖繼太平猶宜改以應天又白虎通號篇王者受命必立天下之美號以表功自見明易姓爲子孫制也夏殷周者有天下之大號也百王同天下無以相別改制天子之大禮號以自別於前所以表著己之功業也必改號者所以明天命已著欲顯揚己於天下也己復襲先王之號與繼體守文之君無以異也不顯不明非天意也故受命王者必擇天下美號表著己之功業明當致施是也所以預自表見於前也又云春秋傳曰王者受命而王必擇天下之美號以自號也隱元年何注王者受命必徙居處改正朔易服色殊徽號變犧牲異器械明受之於天不受之於人孔叢雜訓篇縣子問子思曰顏回問爲邦夫子曰行夏之時若是殷周異正爲非乎子思曰夏數得天堯舜之所同也殷周之王征伐革命以應乎天因改正朔若云天時之改耳故不相因也夫受禪於人者則襲其統受命於天者則革之所以神其事如天道之變然也以三統之義夏得其正是以夫子云通典五十五引元命包云古者易姓而王示不相襲明受之於天也與案正朔服色數者爲天子大禮易姓受命必顯揚一二以新民耳目若議變更於守成之代則不識治體矣晉書輿服志高堂隆奏言改正朔殊徽號者帝王所以神明其政變民耳目也深得其旨

受

命之君天之所大顯也事父者承意事君者儀志儀猶表也謂表君之志事天亦然今天大顯己物襲所代而率與同兪云己字絕句物當爲勿尚書立政篇時則勿有問之論衡譴告篇勿作物莊子天道篇中心物愷釋文物本亦作勿是古字通也此承上文受命之君天所大顯而言謂天旣大顯己于所代之國本不相襲而已不能改制大率與同則非天意矣輿案兪讀是而改字非也周語更姓改物韋注改物改正朔易服色也物卽正朔服色之謂下文物改而天授顯承此物字言之此言不改物而率與所代之國同也則不顯不明非天志故必徙居處更稱號改正朔易服色者無他焉不敢不順天志而明自顯也禮記正義云鄭康成之義自古以來皆改正朔若孔安國則改正朔殷周二代故注尚書湯改正易服是從湯始改正朔也案鄭義與董同若夫大綱人倫道理政治教化習俗文義盡如故亦何改哉申制度之可改以明道理之決不可改禮大傳云不可得而變革者親親尊尊長長男女有別董子復推廣於政敎習俗文義所以防後世之藉口蔑古者周矣文義謂文字訓故故王者有改制之名無

易道之實。鹽鐵論尊道篇文學曰師曠之調五音不失宮商聖王之治世不離仁義故有改制之名無變道之實上自黃帝下至三王莫不明德教謹庠序崇仁義立教化此百世不易之道也殷周因修而昌秦王變法而亡詩云雖無老成人尚有典型韓詩外傳君子之於道也猶農夫之耕雖不獲年之優無以易也白虎通三正篇王者有改道之文無改道之實如君南面臣北面皮弁素積聲味不可變哀戚不可改百王不易之道也案白虎通爵篇亦作王者有改道之文疑本作改制後人沿下文而誤改之

孔子曰無爲而治者其舜乎言其主堯之道而已此非不易之效與對冊云孔子曰亡爲而治者其舜虖改正朔易服色以順天命而已其餘盡循堯道何更爲哉故王者有改制之名亡變道之實案以循堯道爲無爲亦今文家說白虎通三教篇舜之承堯無爲易也○官本云治他本作制誤

問者曰物改而天授顯矣○盧云授別本作受今從何本輿案天啟本作授凌本同其必更作樂何也曰樂異乎是制爲應天改之樂爲應人作之仁義禮樂不在改制之中武帝冊改制作樂亦是分言孔子告顏淵夏時周冕殷輅改制之事韶舞作樂之事彼之所受命者必民之所同樂也○盧云受

舊本作授訛輿案天啟本作授亦通無下之字**是故大改制於初所以明天命也更作樂於終所以見天功也**更作樂於終明其初尚相沿也對冊云王者未作樂之時迺用先王之樂宜於世者而以深入教化於民教化之情不得雅頌之樂不成故王者功成作樂樂其德也樂者所以變民風化民俗也其變民也易故其化人也著故聲發於和而本於情接於肌膚藏於骨髓漢書禮樂志王者未作樂之時因先王之樂以教化百姓說樂其俗然後改作以章功德白虎通禮樂篇王者始起何用正民以爲且用先代之禮樂天下太平乃更制作焉書曰肇稱殷禮祀新邑此言太平去殷禮春秋傳曰曷爲不修乎近而修乎遠同己也可因先以太平也必復更制者示不襲也又天下樂之者樂所以象德表功而殊名也昭二十五年何注周所以舞夏樂者王者始起未制作之時取先王之樂與己同者假以風化天下天下大同乃自作樂取夏樂者與周俱文也王者舞六樂於宗廟之中舞先王之樂明有法也舞己之樂明有則也舞四夷之樂大德廣及之也白虎通大同**緣天下之所新樂而爲之文曲**○後漢書祭祀志注東平蒼王議引元命包云然天地之所雜樂爲之文典疑彼文誤**且以和政且以興德天下未徧合和王者不虛作樂樂者**

盈於內而動發於外者也樂記樂樂其所自生又曰樂者心之動毛詩周頌譜正義引尚書大傳云周公將作禮樂優游之三年不能作君子恥其言而不見從恥其行而不見隨將大作恐天下莫我知也將小作恐不能揚父祖功業德澤然後營洛以觀天下之心于是四方諸侯率其羣黨各攻位于其庭周公曰示之以力役且猶至況導之以禮樂乎然後敢作禮樂書曰作新大邑於東國洛四方民大和會此之謂也

應其治時制禮作樂以成之成者本末質文皆以具矣以與已同禮樂記王者功成作樂治定制禮白虎通禮樂篇樂言作禮言制何樂者陽也動作倡始故言作禮者陰也繫制於陽故言制樂象陽也禮法陰也

是故作樂者必反天下之所始樂於已以爲本舜時民樂其昭堯之業也故韶韶者昭也沈欽韓云此與大司樂注義略同然彼昭作紹他處亦多紹字輿案白虎通禮樂篇舜曰簫韶者舜能繼堯之道也漢書禮樂志舜作招招繼堯也繼亦紹義此作昭爲異文

禹之時民樂其三聖相繼故夏夏者大也漢書禮樂志夏大承三帝也白虎通禹曰大夏者言禹能順二聖之道而行之故曰大夏也御覽引元命包云禹之時民大樂其騈三聖相繼故夏者大也

湯之時民樂其救之於患害也故護護者救也盧云救之疑當作救已輿案御覽引元命苞云湯之時民大樂其救之於患害故樂名大濩作之文義自順禮樂志濩言救民也白虎通言湯承衰能護民之急也護濩同字**文王之時民樂其興師征伐也故武武者伐也**春秋今文家以文王爲受命王故以征伐作樂並歸之大戴禮少間篇乃退伐崇許魏以客事天子文王卒受天命作物配天尙書大傳文王六年伐崇稱王春秋元命苞西伯既得丹書於是稱王改正朔誅崇侯虎後漢伏湛上疏云文王受命而征伐五國荀子儒效篇武王誅紂合天下立聲樂於是武象起而韶濩廢矣是荀子以武象並爲武王作案本書三代改制篇亦云文王作武樂武王作象樂是董直以武爲文王樂名與荀異漢書禮樂志武王作武周公作勺勺言能勺先祖之道也武言以武功定天下也未嘗言文王有樂周頌序維清奏象舞也箋云象用兵時刺伐之舞武王制焉正義云文王時有擊刺之法武王作樂象而爲舞號其樂曰象舞左襄二十九年傳見舞象箾南籥者杜注皆文王之樂大武武王樂服虔云象文王之樂象舞也史記注引賈逵說同劉敞云象則文王之樂所謂象箾者蓋文舞也故其辭稱文王之典據服杜注則古文家亦以爲文王時有樂但不以武爲文王樂名**四者天下同樂**

之一也○官本云同樂之他本作之樂同其所同樂之端不可一也隱五年何注王者治定制禮功成作樂未制作之時取先王之禮樂宜于今者用之堯曰大章舜曰簫韶夏曰大夏殷曰大護周曰大武各取其時民所樂者名之堯時民樂其道章明也舜時民樂其修紹堯道也夏時民樂大其三聖相承也殷時民樂大其護己也周時民樂其伐紂也蓋異號而同意異歌而同歸似本此文而更及堯凌云自王者不虛作樂至此亦見元命包作樂之法必反本之所樂所樂不同事樂安得不世異是故舜作韶而禹作夏湯作護而文王作武四樂殊名則各順其民始樂於己也凌云史記功與名偕正義名謂樂名也功者揖讓干戈之功也聖王制樂之名與所建之功俱作也○官本云四樂他本作四代吾見其效矣詩云文王受命有此武功既伐於崇作邑於豐樂之風也文王伐崇漢儒推爲周時征伐之始本書兩引其詩漢嚴助傳淮南王安謝曰雖湯伐桀文王伐崇誠不過此凌云釋文風是諸侯政教所以風天下論語君子之德風並是此義又曰王赫斯怒爰整其旅當是時紂爲無道諸侯大

亂民樂文王之怒而詠歌之也周人德已洽天下盧云人字疑衍反本以爲樂謂之大武言民所始樂者武也云爾白虎通禮樂篇詩人歌之曰王赫斯怒爰整其旅當此之時樂文王之怒以定天下故樂其武也周室中制象樂何殷紂爲惡日久其惡最甚斮涉句胎殘賊天下武王起兵前歌後儛剋殷之後民人大喜故中作所以節喜盛又云周公曰酌武王曰象合曰大武武者天下始樂周之征伐行武據此則董以武爲文王作大武爲武王作禮明堂位冕而舞大武內則舞勺舞象汋酌象並見三代改制篇別無大武名當是以勺象合名大武與白虎通說同也故凡樂者作之於終而名之以始重本之義也禮樂志高祖廟奏武德文始五行之舞孝文廟奏昭德文始四時五行之舞孝武廟奏武德文始四時五行之舞武德舞者高祖四年作以象天下樂已行武已除亂也文始舞者本舜招舞也高祖六年更名曰文始以示不相襲也五行舞者本周舞也秦始皇二十六年更名曰五行也四時舞者孝文所作以明示天下之安和也蓋樂已所自作明有制也樂先王之樂明有法也據董此論似以當時更制樂舞全易始名非重本之義由此觀之正朔服色之改受命應天制禮作樂之異人

心之動也二者離而復合所爲一也改正朔易服色在先禮樂制作在後雖不同時而同歸於掤垂故曰離而復合所爲應天順人之意一也錢云何氏三科九旨之說實本仲舒此已得二科六指尚有一科三指見王道篇或宜在此與案何氏九科三旨所謂張三世見此篇通三統見三代改制篇異外內見王道篇然董自有六科十指何自言用胡母生條例或不必盡同

玉杯第二

玉杯竹林等名並不知所取義崇文總目已疑其附著玉海四十云玉杯竹林二篇之名未有以訂之又云三篇闕玉杯第二竹林第三玉英第四王所見本葢無此三篇

春秋譏文公以喪取盧云僖以三十三年十二月薨文二年冬公子遂如齊納幣傳曰譏喪取先是元年冬公孫敖如齊何氏亦以爲譏喪取以納幣前尚有納采問名納吉之禮故也難者曰喪之法不過三年○官本云之法他本誤作此月案天啟本作者月三年之喪二十五月閔二年傳三年之喪實以二十五月孝經喪不過三年禮三年問喪服二十五月而畢荀子禮論篇同白虎通喪服篇三年之喪何二十五月以爲古民質痛於死者不封不

樹喪期無數亡之則除後代聖人因天地萬物有終始而爲之制以期斷之父至尊母至親故爲加隆以盡孝子之恩恩愛至深加之則倍故再期二十五月也禮有取於三故謂之三年緣其漸三年之氣也故春秋傳曰三年之喪其實二十五月也又云二十五月而大祥飲醴酒食乾肉二十七月而禫通祭宗廟去喪之殺也鄭答趙商云祥謂大祥二十五月是月禫謂二十七月非謂上祥之月也又云閔公吉禘凡二十二月而除又不禫於禮少六月是鄭以二十五月爲大祥二十七月禫與白虎通略同並今文家說也雜記期之喪十三月而祥十五月而禫期喪祥禫尚不同月則三年之喪可知此云二月十五月蓋據大祥爲斷文二年傳譏欲久喪而後不能也何注文亂聖人制欲服喪三十六月又不能卒竟故以二十五月案文欲服喪三十六月不見經傳何殆如應劭漢書注釋漢文帝三十六日釋服爲以日易月之誤不知文帝三十六日釋服自已葬言之未葬之前仍服斬衰故紀云已下謂已葬也文帝自定國制非關法古翟方進傳後母終既葬三十六日除服以爲不敢踰制蔡邕言孝文制喪服三十六日是也荀爽對冊言孝文以日易月翟方進遭母憂三十六日而除亦忘其既葬二字已啟誤端續漢書禮儀志以葬大紅十五日小紅十四日纖七日釋服以葬即已葬尚不誤朱子答余正甫書漢文葬後三易服三十六日而除讀漢書最審自世承荀應之誤于是唐元感著論

謂三年之喪合三十六月爲張柬之所駁唐元肅二宗之喪又降三十六日爲二十七日見常袞議至今相沿皆失古義劉太𡑞居母喪三十六月除服顧炎武駁書論見王山史山志之御覽五百四十五引孝經援神契喪不過三年以期增倍五五二十五月義斷仁示民有終緣喪絕情後漢故領校巳郡太守樊封君碑遭離母憂五五斷仁是漢時士夫喪服與董說合王肅注禮以二十五月大祥其月爲禫二十六月作樂故與鄭異閔二年何注引士虞記中月而禫是月也吉祭猶未配云是月者二十七月也傳言二十五月者在二十五月外可不譏禫雖不見董說證以白虎通及何注知今文家說如鄭所云也程子遺書問喪止於三年何義曰歲一周則天道一變人心亦隨以變惟人子孝於親至此猶未忘故必至於再變猶未忘又繼之以一時亦據二十七月禫爲說司馬光書儀及朱子並以二十五月祥後卽禫從王肅說似違古誼今制二十七月卽吉用鄭義最合今按經文公乃四十一月方取在四年夏○天啟本方作乃云一作方夌本作乃取時無喪出其法也久矣先王喪法二十五月今逾期故云出其法春秋立人道之極文公出法已久猶致譏詞則宣公卽位之初如齊逆女不待貶矣○天啟本無久字盧云錢增今從盧本

何以謂之喪取曰春秋之論事莫重於志今取必納幣納幣之

月在喪分故謂之喪取也且文公以秋祫祭文二年八月丁卯大事於太廟躋僖公**以冬納幣皆失於太蚤春秋不譏其前而顧譏其後**此釋傳所云不於祭焉譏**必以三年之喪肌膚之情也雖從俗而不能終猶宜未平於心**父母之喪終身焉爾矣三年者聖人之中制賢者有以達哀不肖者跂及焉從俗者君子之不得已也彼墨者乃以三年之喪爲敗男女之交世豈有忍於肌膚之情而能兼愛天下者乎孔叢詰墨篇云景公祭路寢聞哭聲問梁邱據對曰魯孔子之徒也其母死喪服三年哭泣甚哀公曰豈不可哉晏子曰古者聖人非不能也而不爲者知其無補於死者而深害生事故也亦見晏子外篇此墨徒託爲晏言以譏孔者三年喪期由來蓋舊孟子論唐虞事已稱三年之喪畢堯典亦云百姓如喪考妣三年曾子問稱夏后氏三年之喪既殯而致事高宗諒闇三年又見於書與子張之問世衰俗薄始有欲以期斷者禮不下於民或未能舉天下而皆達自孔子立三年之義其徒循之遂爲通制非自孔子剙也喪禮儀節容有孔子所傳定者禮雜記所載哀公使孺悲之孔子學士喪禮士喪禮于是乎書是已史記魯周公世家伯禽受封之魯三年而後執政周公曰何遲也伯禽曰變其俗革其禮喪三年然後除之是此云從俗謂魯舊俗**今全無悼遠之**

志反思念取事是春秋之所甚疾也故譏不出三年於首而已譏以喪取也故下八字疑有誤當云故雖出三年逆婦程子遺書問夏逆婦姜於齊何故便書婦曰此是文公在喪服將滿之時納幣故聖人于其逆時便成之爲婦春秋微顯闡幽乃在如此處凡事分明可見者聖人更不微文以見意只直書而已如桓三年及宣元年逆女皆分明在喪服中成昏故只書逆女文公則但在喪服納幣至逆女卻在四年聖人欲顯其居喪納幣之罪故書婦姜其意言雖至四年方逆女其實與喪昏同也不別先後賤其無人心也文二年傳納幣不書此何以書譏何譏爾喪娶也娶在三年之外則何譏乎喪娶三年之內不圖婚吉禘於莊公譏然則曷爲不于祭焉譏三年之恩疾矣非虛加之也以人心爲皆有之以人心爲皆有之則曷爲獨于娶焉譏娶者大吉也非常吉也其爲吉者主於己以爲有人心焉者則宜于此焉變矣緣此以論禮禮之所重者在其志緣春秋論禮深得其本太史公述董語云春秋者禮義之大宗志敬而節具則君子予之知禮志和而音雅則君子予之知樂志哀而居約則君子予之知喪故曰非虛加之重志之謂也

此釋傳語何注非虛加責之案有其志然後予之則無其志而遂責之義自顯見**志爲質物爲文文著於質質不居文文安施質**言文所以著質苟無質文于何附中庸曰不誠無物書曰享多儀儀不及物白虎通三正篇事莫不先有質性後有文章也**質文兩備然後其禮成文質偏行不得有我爾之名**二者失禮惟鈞**俱不能備而偏行之寧有質而無文**如不得已寧偏於質孔子曰禮與其奢也寧儉喪與其易也寧戚周末諸子如老尹桑棘並主此說聖人鑒其矯枉之志少善之而已**雖弗予能禮尙少善之介葛盧來是也**僖二十九年春介葛盧來以未見公冬又來何注云不能升降揖讓也介者國也葛盧者名也進稱名者能慕中國朝賢君明當扶勉以禮義案經雖不書來朝而兩記其來故曰少善之**有文無質非直不予乃少惡之謂州公寔來是也**盧云桓五年冬州公如曹六年春正月書寔來傳曰謂州公也曷爲謂之寔來慢之也曷爲慢之化我也何注行過無禮謂之化**然則春秋之序道也先質而後文右志而左物**本書十指篇云承周文而反之質王道篇云救文以質此董說春秋旨案春秋法文

周監郁郁何以後文適會其時以救敝也如其質敝又合先文秦質敝極矣漢起少文之逮其久又有將敝者故董極明春秋序道以正之右左猶先後**故曰**○官本云他本脫二字**禮云禮云玉帛云乎哉推而前之亦宜曰朝云朝云辭令云乎哉樂云樂云鐘鼓云乎哉引而後之亦宜曰喪云喪云衣服云乎哉**釋名出推也推而前也是漢世有此語五禮之序吉前凶後故云推前引後荀子大略篇聘禮志曰幣厚則傷德財侈則殄禮禮云禮云玉帛云乎哉詩曰物其旨矣惟其偕矣不時宜不敬交不驩欣雖旨非禮也漢禮樂志畏敬之意難見則著之于享獻辭受登降拜跪和親之說難形則發之于詩歌詠言鐘石筦絃蓋嘉其敬意而不及其財賄美其歡心而不流其聲音故孔子曰禮云禮云玉帛云乎哉樂云樂云鐘鼓云乎哉此禮樂之本也賈誼疏然而曰禮云禮云者貴絕惡于未萌而起教于微眇使民日遷善遠罪而不自知也晉書禮志盧欽等議皇太子喪服云君子之於禮有直而行曲而報有經而等有順而去之存諸內而已禮云禮云非玉帛之謂喪云唯衰麻之謂乎語意正與此同**是故孔子立新王之道**制可改者也惟王者然後能改元立號制禮作樂非聖人所能託道不變者也周德既弊而聖人得假王者以起義

而扶其失俟來者之取鑒故曰孔子立新王之道猶云爲後王立義爾義者道之宗也孟子固曰春秋天子之事其言治亂循環直以孔子與堯舜周公並論公羊亦曰以此爲王者之事也[illegible]四又曰制春秋之義以俟後聖𨻶軒董說蓋遠有所承史公尊孔子立世家又得之董生者淮南氾論訓云周室廢禮義壞而春秋作又云殷變夏周變殷春秋變周說苑君道篇云孔子曰夏道不亡商德不作商道不亡周德不作周道不亡春秋不作作春秋而君子知周道亡也論衡對作篇云孔子作春秋周民弊也故采求毫末之善貶纖芥之惡撥亂世反諸正人事浹王道備所以檢柙靡薄之俗者悉其密致夫防決不備有水溢之害網解不結有獸失之患是故周道不弊則民不文薄民不文薄春秋不作又超奇篇云孔子作春秋以示王意然則孔子之春秋素王之業也諸子之傳書素相之事也觀春秋以見王意讀諸子以觀相指風俗通窮通篇云仲尼制春秋之義著素王之法素猶空也孔子自立素王之法耳非敢自謂素王此語最明說者造爲素王素臣之說鄭氏六藝論又云孔子自號素王謬矣晉杜預春秋左氏傳序已斥之是漢世儒者並以春秋爲一代之治蓋後人尊孔以尊王之意非孔子所敢自居也太史公引壺遂語云孔子作春秋垂空文以斷禮義當一王之法又儒林傳云因史記作春秋以當王法其辭微而旨博得其義矣周子云春秋正王道明大法也孔子爲後世王者而修也程子云夫子當周之季以聖人不復作也順天應時之治不復有也于

是作春秋爲百王不易之大法正與此合夫王迹熄而春秋作周道亡於幽厲熄者其迹亡者其道非春秋敢於奪王統也明高拱春秋正旨言春秋乃明天子之義非以天子賞罰之權自居最合現焦循孟正義引而何休則云春秋託新王受命于魯隱元年注趙岐注孟子亦云明春秋借魯受命立制于是有受命之說矣此董子所不言也符瑞篇西狩受命謂受命作春秋與何趙意異何休又云聖人爲漢制法襄十四年注又云春秋之道亦通于三王非主假周以爲漢制而已桓三年注鄭惲治嚴氏春秋其上王莽書亦云漢歷久長孔爲赤制而論衡佚文篇云孔子曰文王既沒文不在茲乎文王之文傳在孔子孔子爲漢制文傳在漢也後漢東平王蒼傳云孔子曰行夏之時爲漢制法也蘇竟傳云孔邱秘經爲漢赤制公孫述引讖記以爲孔子作春秋爲赤制而斷十二公緯書號多于是春秋爲漢制作之說出矣夫春秋立義俟諸後聖後聖者必在天子之位有制作之權者也漢之臣子尊春秋爲漢制作猶之爲我朝臣子謂爲我朝制作云爾蓋出自尊時之意于經義無預也後人不明其旨而附會支離自此起矣

明其貴志以反和見其好誠以滅僞和疑利之誤誠僞對文可證**其有繼周之弊故若此也**孔子用禮樂則從先進猶春秋志也明道程子云孔子患時之文弊而欲救之以質故曰從先進取其誠意之多也又伊川程子禮序云夫子嘗曰郁郁乎文

哉吾從周逮其弊也忠義之薄情文之繁林放有禮本之問而孔子欲先進之從蓋所以矯正反弊也案對冊云今漢繼大亂之後宜若少損周之文致用夏之忠者此董子宗孔言政學宗旨表記云殷周之道不勝其弊注殷周極文民無恥而巧利後世之政難復也白虎通三教篇王者設三教者何承衰救弊欲民反正道也三正之有失故立三教以相指授夏人之王教以忠其失野救野之失莫如敬殷人之王教以敬其失鬼救鬼之失莫如文周人之王教以文其失薄救薄之失莫如忠三者如順循環周則復始窮則反本桓十一年何注王者起所以必改質文者爲承衰亂救人之失也天道本下親親而質省地道敬上尊尊而文煩故王者始起先本天道以治天下質而親親及其衰敝其失也親親而不尊故後王起法地道以治天下文而尊尊及其衰敝其失也尊尊而不親故復反之於質也嚴安傳臣聞鄒衍曰政教文質者所以云救也當時則用過則舍之有易則易也杜欽對冊云今漢家承周秦之弊宜抑文尚質廢奢長儉表實去僞當世治之所務也論衡定賢篇問周道不弊孔子不作春秋春秋之作起周道弊也又齊世篇云至周之時人民久薄故孔子作春秋又云夫器業變易性行不易然而有質樸文薄之語者世有盛衰衰極久有弊也譬猶衣食之于人也初成鮮完始熟香潔少久穿敗連日臭茹矣文質之法古今所共一質一文一衰一盛古而有之非獨今也鹽鐵論

鑄幣篇三王之時迭盛迭衰衰者扶之傾者定之是以夏忠殷質周文庠序之教恭讓之禮粲然可觀也唐儒學傳啖助云孔子修春秋意以爲夏政忠忠之敝野商人承之以敬敬之敝鬼周人承之以文文之敝僿救僿莫如忠夫文者忠之末也設教于本其敝且末設教于末敝將奈何武王周公承商之敝不得已用之周公歿莫知所以改故其敝甚于二代孔子傷之曰虞夏之道寡怨于民商周之道不勝其敝故曰後代雖有作者虞帝不可及已蓋言唐虞之化難行于季世而夏之忠當變而致焉故春秋以權輔用以誠斷禮而以忠道原情云不拘空名不尚狷介從宜救亂因時黜陟古語曰商變夏周變商春秋變周而公羊子亦言樂堯舜之道以擬後聖是知春秋用二帝三王法以夏爲本不壹守周典明矣並足發明董義俞云有猶爲也言春秋所以貴志好誠爲繼周之敝故若此也爲有聲轉互訓見王氏引之經傳釋詞

春秋之法以人隨君以君隨天隨猶從也卽伏從之義隨從見三代改制篇**曰緣民臣之心不可一日無君**以民首臣貴民之義**一日不可無君而猶三年稱子者爲君心之未當立也此非以人隨君耶**雖欲得爲君而不可不從稱子以順君心故曰隨君

孝子之心三年不當不忍當其位荀子儒效篇天子者不可以少當也與此當字義同儀禮經傳通解續引書傳云古者君薨世子聽于冢宰三年不敢服先王之服履先王之位而聽焉以民臣之心則不可一日無君猶不可一日無天也以孝子之隱乎則孝子三年弗居也故曰義者彼也隱者此也遠彼而近此孝子之道備矣三年不當而踰年即位者與天數俱終始也此非以君隨天邪未踰年不忍即位與天終之義踰年不敢曠位與天始之義文九年傳以諸侯之踰年即位亦知天子之踰年即位也通典九十載范宣語引傳踰年下有稱字以天子三年然後稱王亦知諸侯于其封內三年稱子也踰年稱公矣則曷爲于其封內三年稱子緣民臣之心不可一日無君緣終始之義一年不二君不可曠年無君緣孝子之心則三年不忍當也白虎通爵篇踰年即位所以繫民臣之心也三年然後受爵者緣孝子之心未忍安吉也又云王者既殯而即繼體之位何緣臣民臨踐之心不可一日無君也故先君不可得見則後君繼體矣緣終始之義一年不可有二君故尚書曰王釋冕喪服不可曠年無君故踰年乃即位改元元以名年年以紀事君統事見矣而未發號令也春秋傳曰天子三年然後稱王者謂稱王統事發號令也緣孝子之心則三年不忍當也故三年除喪乃即位統事踐祚爲主南面朝臣

下以發號令也故天子諸侯凡三年即位終始之義乃備輿案考工記畫繪鄭注引子家駒曰天子僭天惟其隨之是以不得而僭此亦足以得禮意矣故屈民而伸君屈君而伸天春秋之大義也屈民以防下之畔屈君以警上之肆夫天生民而立之君此萬古不敝之法也聖人教民尊君至矣然而盛箴諫以糾之設災異以警之賞曰天命刑曰天討使之罔敢私也視自民視聽自民聽使之知所畏也崩遷則有南郊稱天告謚之文有宗廟觀德之典屈伸之志微矣故曰春秋大義墨子天志篇天子未有得恣己而爲政有天正之亦此義

春秋論十二世之事人道浹而王道備法布二百四十二年之中相爲左右以成文采其居參錯非襲古也即事類以布其法例不必同文不必備左之右之參之錯之在讀者善會耳司馬遷傳聞之董生孔子知時之不用道之不行也是非二百四十二年之中以爲天下儀表貶諸侯討大夫以達王事而已矣是故論春秋者合而通之緣而求之五其比偶其類覽其緒屠其贅是以人道浹而王法立此董子示後世治春秋之法合而通之合全書以會

其通如傳聞所聞所見異辭之類是也緣而求之謂緣此以例彼如不與諸侯專封例貶而殺慶封稱楚子知爲侯伯討之類是也五其比偶其類此見于經有類可推者也覽其緒屠其贅此不見于經餘義待伸者也贅餘也俞云五當爲伍屠當爲杜古字通昭九年左傳屠蒯禮記檀弓作杜蕢是也凡非經本有之義皆謂之贅爲春秋宜杜塞之則聖人大義不爲羣言淆亂矣案俞說誤贅者董子之所重也故下云有所見而經安受其贅屠蓋剖析之意先師或得之口授或由于例推皆所以明義也西漢治經專重大義要以元本禮紀推極微眇貴在不失聖人之意然僻者爲之往往傳會而違戾經旨或云屠當爲著亦通。官本云人道他本作人心**以爲不然**反詰詞猶言如不以爲然乎何以不在經者操之與在經同竹林篇韓策竝有此語**今夫天子踰年即位諸侯於封內三年稱子皆不在經也而操之與在經無以異非無其辨也有所見而經安受其贅也**天啟本旁注云安訓不案安受猶云樂受之天地萬物之事蕃矣聖人不能一一辨之有能代聖人辨之足見聖心者視之與正經同而經不遺憾於贅矣但不可貿然無見而以臆說之班氏咎后蒼以士禮推于天子漢季學者改經傳以附會新說則治經之蠹耳**故能以比貫類以**

辨付贅者大得之矣見於經者求之於比不見於經者明之以辨則春秋之義得矣俞云文九年傳未稱王何以知其即位以諸侯之踰年即位亦知天子之踰年即位也以天子三年然後稱王亦知諸侯于其封內三年稱子也夫經書公即位則諸侯踰年即位見矣而天子踰年即位于經無見也武氏子毛伯不稱使則天子三年然後稱王見矣而魯十二公無有三年稱子于其封內者是諸侯于其封內三年稱子于經無見也凡此皆所謂贅也而學者操其說與實在經者無異而其中固有辨也何也必于經實有所見然後引而申之觸類而長之而經亦安然而受之也董子此言必有爲而發當時若公孫宏以曲學阿世其所學春秋雜說必有附益于師說之外者故以此辨之與

人受命於天有善善惡惡之性○各本不提行今以與上文不類別爲一節可養而不可改可豫而不可去禮學記禁于未發之謂豫若形體之可肥臞而不可得革也是故雖有至賢能爲君親含容其惡不能爲君親令無惡隱十年何注臣子之義當先爲君父諱大惡也書曰厥辟去厥祇○盧云大典本厥辟下有不辟二字案此疑非出今太甲

官本有不辟二字按云他本無尙書作厥辟不辟忝厥祖兪云此今文尙書也祇者病也易復初九无祇悔鄭注祇病也說文疒部疷病也祇與疷通輿案此疑緣僞古文太甲祇爾厥辟而誤

事親亦然皆忠孝之極也非至賢安能如是父不父則子不子君不君則臣不臣耳此節非董子元文董主性待敎而善既云有善善惡惡之性又云不可得革義相違反可疑一善善惡惡本爲美德乃云可養不可改文不聯屬可疑二將順匡救臣子之職而云不能爲君親令無惡可疑三書引僞太甲可疑四父子相隱人道之常目爲至賢可疑五末二語雜入不倫可疑六朱子謂世傳繁露玉杯等書多非其實謂此類邪

文公不能服喪不時奉祭文二年作僖公主傳譏不時欲久喪而後不能也○各本不提行今別爲一節不以三年○官本作例序以不三年云他本無例序二字淩本同又以喪取取于大夫以卑宗廟文四年夏逆婦姜于齊傳高子曰取乎大夫者略之也亂其羣祖以逆先公文二年八月大事於太廟躋僖公傳譏逆祀也何注文公緣僖公於閔公爲庶兄置僖公于閔公上失先後之義案躋僖公仲舒以爲小惡見五經異義

引葢謂逆先後之序非易昭穆也而此以爲大惡不合互見五行順逆篇小善無一而大惡四五故諸侯弗予盟文二年及晉處父盟傳諱與大夫盟也又見文七年傳〇天啟本無盟字下命字屬上爲句命大夫弗爲使文八年公孫敖如京師不至而復丙戌奔莒傳不至復者何內辭也不可使往也是惡惡之徵不臣之效也惡惡二字不知何指將以大夫弗使爲惡惡耶于義爲悖出侮於外入奪於內無位之君也孔子曰政逮於大夫四世矣葢自文公以來之謂也此節亦疑非董子元文

君子知在位者之不能以惡服人也是故簡六藝以贍養之性有善質而未能全善不敎則習近于惡故以六藝養其德性簡郎下所謂不偏舉其詳也〇淩本不提行官本云他本以誤作在詩書序其志禮樂純其美易春秋明其知志美知屬習六藝者言之序其志使無邪慝純其美使不躁厲明其智使順於陰陽謹于倫類六學皆大而各有所長漢儒林傳云六學者王敎之典籍先聖所以明

天道正人倫至治之成法也六學二字本此又見述武紀敘述藝文志敘史記滑稽傳引孔子語亦稱六藝蓋掌於官謂之藝傳於師謂之學莊子天道篇稱六經亦即此六學白虎通論五經象五常無春秋復敘五經又數春秋無樂蓋兩說並存董不云六經而云六學蓋不用經名且樂經已亡失也自漢以後六經之名甚盛司馬遷自敘協六經異傳匡衡傳臣聞六經者聖人所以統天地之心通道之正揚雄河東賦舊六經以攄頌劇秦美新亦云制成六經王莽傳意以為制定則天下自平故銳思于地里制禮作樂講合六經之說並用莊子而樂經無可掇拾仍稱六經復有所謂七經九經十三經者實則詩書禮易春秋五學也爾雅詩學三禮禮學二傳及左氏春秋學論孟孝經傳記聖賢言語宜別出論語開章言學謂此也陸象山不知遂以為無頭柄說話不知時習者何事矣至樂學廢隊宜亟修明以符六學之全朱子語類云當立一樂學使士大夫習之久之必有精通者出

詩道志故長於質詩言志志不可僞故曰質**禮制節故長於文**孝經制節謹度滿而不溢禮緣後起故曰文**樂詠德故長於風書著功故長於事易本天地故長於數春秋正是非故長於治人**漢書司馬遷傳聞之董生云易著天地陰陽四時五行故長于變禮綱紀人倫故長于行書紀先王之事故長于政詩記山川谿谷禽獸草木牝牡雌雄故長于風樂樂所以立故長于和春秋辨是非故長于治人是故禮以節人樂以發和書以道事詩

以達意易以道化春秋以道義用董生語而略有不同禮以節人數語又引見滑稽傳作孔子語又云有國者不可不知春秋前有讒而不見後有賊而不知爲人臣者不可以不知春秋守經事而不知其宜遭變事而不知其權爲人君父而不通于春秋之義必蒙首惡之名爲人臣子而不通于春秋之義必陷篡弒誅死之罪其實皆以善爲之而不知其義被之空言不敢辭並董生說春秋旨陳傅良答章端老論讀史記云司馬遷春秋本董仲舒最確案一經各有一經之大義禮記經解孔子曰入其國其教可知也其爲人也溫柔敦厚詩教也疏通知遠書教也廣博易良樂教也絜靜精微易教也恭儉莊敬禮教也屬詞比事春秋教也是爲言六經大義之始莊子天下篇云詩以道志書以道事禮以道行樂以道和易以道陰陽春秋以道名分荀子勸學篇云書者政事之紀也詩者中聲之所止也禮者法之大分類之紀綱也又云禮之敬文也樂之中和也詩書之博也春秋之微也儒效篇又云故詩書禮樂之歸在是矣詩言是其志也書言是其事也禮言是其行也樂言是其和也春秋言是其微也蓋各道所得並在董生以前漢書藝文志六藝之文樂以和禮仁之表也詩以正言義之用也禮以明體故無訓書以廣聽和之術也春秋以斷事信之符也五者蓋五常之道相須而備而易爲之原法言寡見篇亦云說天者莫辨乎易說事者莫辨乎書說體者莫辨乎禮說志者莫辨乎詩說理者莫辨乎春秋所說大義

亦賅括班志以易統諸經者蓋以漢世災異圖讖皆附于易又向歆父子始皆治易故班承七略變其序耳　**能兼得其所長而不能徧舉其詳也**所謂讀書通大義如戴記保傅篇所云春秋之元詩之關雎禮之冠婚易之乾巛皆慎始敬終云爾又史記外戚世家云易基乾坤詩始關雎書美釐降春秋譏不親迎此皆帝學舉要之例　**故人主大節則知闇大博則業厭**以下見賈子新書容經篇新書節作淺○盧云大並音泰　**二者異失同貶**新書貶作敗　**其傷必至不可不察也是故善為師者既美其道有慎其行**有與又同新書作故師傅之道既美其施又慎其齊無下二句　**齊時蚤晚**也盧云齊酌齊與劑同　**任多少適疾徐**任堪也斟酌所能堪而均其多少　**造而勿趨稽而勿苦**造為趨促稽留也新書稽作稍　淮南子道應訓太疾則苦而不入太徐則甘而不固注苦疾意也甘緩意也為之而不促少優游之而不至於苦　**省其所為而成其所湛**省其所為如保傅篇所云天子處位不端受業不敬簡聞小訟不傳不習之類是也成其所湛如保傅篇所云擇其所嗜必先受業乃得嘗之擇其所樂必先有習乃得為之𧦝覶貫是也或云成其所湛謂就其性之所近因而成之

新書作省其所省而堪其所堪天啟本注云湛音耽盧云湛耽同○**故力不勞而身大成**新書成作盛**此之謂聖化吾取之**保傅篇云天子不論先聖王之德不知君國畜民之道不見禮義之正不察應事之理不博古之典薄不閑于威儀之數詩書禮樂無經學業不法凡是其屬大師之任也是古天子習經之證此所述蓋相傳授經之法新書作此聖人之化也吾取之則董語錢云此節汎論六藝與前後不類不知何篇之文錯簡于此

春秋之好微與其貴志也與字絕句言春秋之好微以其貴志也貴志已見前論文公喪取案春秋之微有二旨其一微言如逐季氏言又雩逢丑父宜誅紀季可賢及詭詞移詞之類是也此不見于經者所謂七十子口授傳指也其一則事別美惡之細行防纖芥之萌寓意微眇使人湛思反道比貫連類以得其意所以治人也如勸忠則罪盾勸孝則罪止是也荀子勸學篇春秋之微也儒效篇春秋言是其微也楊倞注微謂儒之微旨一字為褒貶微其文隱其旨正此文微字之意實則皆大義也近人好侈微言不知微言隨聖人而徂非親炙傳受未易有聞故曰仲尼沒而微言絕若微旨則固可推而得之而一以進善絕惡為主非必張皇幽渺索之隱怪也本書微字屢見反覆求之不越二類若夫三科九旨則讀春秋之條例毖緯圖讖別為一學

非聖人所謂微言故吾以謂今日所宜講明者唯有大義春秋修本末之義達變故之應通生死之志遂人道之極者也修本末以守經達變故以適權從賢者之志以達其義從不肖者之志以著其惡故曰通生死之志人道以仁義信禮爲尚反其道而生不如由其道而死反其道而勝不如由其道而敗故曰遂人道之極是故君殺賊討則善而書其誅○淩云殺當作弒若莫之討則君不書葬而賊不復見矣不書葬以爲無臣子也賊不復見以其宜滅絕也淩云隱十一年傳春秋君弒賊不討不書葬以爲無臣子也宣六年注據宋督鄭歸生齊崔杼弒其君後不復見今趙盾弒君四年之後別牘復見非春秋之常辭也官本云牘字原本他本俱誤作獨今據黃氏日鈔改正盧云盾弒君在宣二年至六年侵陳復見弒君賊復見者尚有州吁甯喜之屬其餘後雖見殺或不去其官是不唯趙盾一人之復見然則不當爲別獨明矣淩云說文云牘書板也葢長一尺因取名焉公羊宣六年傳趙盾弒君此其復見何弒君者趙穿也親弒君者趙穿則曷爲加之趙盾不討賊也古今之學者異而問之曰是弒君何以復

見猶曰賊未討何以書葬昭十九年葬許悼公傳賊未討何以書葬不成于弑也曷爲不成于弑止進藥而藥殺也止進藥而藥殺則曷爲加弑焉爾譏子道之不盡也又曰許世子止弑其君買是君子之聽止也葬許悼公是君子之赦止也赦止者免止之罪辭也此引許止傳以比趙盾何以書葬者不宜書葬也而書葬何以復見者亦不宜復見也而復見孔廣森云親弑君者趙穿春秋舍穿而罪盾以爲穿之罪易見而盾之咎難知也所謂覩人所惑爲立說以大明之者也然而與使復見則與親弑者有間已左氏說盾與許世子止之事雖是而不知有賊不討不書葬及弑君賊不復見之例壹似春秋之誅盾止竟與親弑者無殊且未知春秋之意方將因盾復見起不親弑之迹則趙穿之惡仍未得揜爾盾以文誅穿以實誅二者同貫不得不相若也盾之復見直以赴問而辨不親弑非不當誅也則亦不得不謂悼公之書葬直以赴問而辨不成弑非不當罪也赴問當作起問下同如云趙盾弑君此其復見何賊未葬何以書葬皆起問之詞辨不親弑不成弑皆應問之詞並以傳文爲質傳有免止罪之文故以此詰之○官本成作故案云他本故作誅淩本

同今從盧本天啟本不成作當誅若是則春秋之說亂矣豈可法哉以下釋問者之詞故貫比而論是非雖難悉得其義一也今誅盾無傳無疑作有弗誅無傳赦許止有傳而赦盾無傳○天啟本下衍不交無傳四字淩本同以比言之法論也法論猶正論正貫篇云論罪源深淺定法誅論本于法故云法誅董子言春秋先法而後例先義而後比義法者比例之本統今刑法有合正律依例律者有略例律依本律者有原情定律者有孽非本犯自作而又非本罪所應滅謂之聽滅者又有律例無正條得比照輕重科罪者皆重比之意無比而處之誣辭也今視其比皆不當死不當死于春秋之法何以誅之春秋赴問數百赴疑起應問數千同留經中繙援比類以發其端淩云荀子倫類不通注通倫類謂雖禮法所未該以其等倫比類而通之謂一以貫之觸類而長之○官本繙作播按云他本作繙卒無妄言而得應於傳者今使外賊不可誅故皆復見而問曰此復見何也言莫妄於是何以得應乎故吾以其得應知其問之不

妄以其問之不妄知盾之獄不可不察也漢世以春秋決獄欲知今事宜察已往夫名爲弒父而實免罪者已有之矣謂免止罪已見傳○天啟本弒作篡亦有名爲弒君而罪不誅者逆而距之不若徐而味之○官本距作罪案云他本作距且吾語盾有本詩云他人有心予忖度之此言物莫無鄰物未有無鄰者陰賊者篡弒之鄰愿厚者忠愛之鄰察視其外可以見其內也察外可以見內即微可以知著觀往可以驗來徵人可以通天故太史公曰春秋推見以至隱今案盾事而觀其心愿而不刑說文愿謹也國語越語注刑害也謂謹愿而不陰害合而信之非篡弒之鄰也按盾辭號乎天苟內不誠安能如是宣六年傳晉史書賊曰晉趙盾弒其君夷獋趙盾曰天乎無辜吾不弒君誰謂吾弒君者乎案此以事証之新序節士篇許悼公疾瘧飲藥而死太子止自責不嘗藥不立其位與弟緯專哭泣啜饘粥溢不容粒痛己之不嘗藥未逾年而死故春秋義之是許止之得赦亦以其誠義固不能離事而立也○官本無下是字云他本下衍一是字是故訓其終始無

弑之志盧云訓順也挂惡謀者過在不遂去罪在不討賊而已不遂去謂出亡不遠挂猶牽累也荀子榮辱篇挂于患而欲謹則無益矣臣之宜爲君討賊也猶子之宜爲父嘗藥也者禮親有疾飲藥子先嘗之宋律有諸醫誤不如本方殺人徒二年半故不如本方殺傷人者以故殺傷論雖不傷人杖六十鯢師伊直川書上謝今律沿明律凡合和御藥誤不依對證本方及封題錯誤經手醫人杖一百料理揀擇誤不精者杖六十又煎調御藥侯熟分爲二器其一器御醫先嘗次院判次近臣其一器進御皆緣春秋遺意○官本云君下他本有之字子不嘗藥故加之弑父臣不討賊故加之弑君其義一也○天啟本義作意所以示天下廢臣子之節其惡之大若此也後漢袁紹傳若以臣今行權爲釁則桓文當有誅絶之刑若以眾不討賊爲賢則趙盾可無書弑之誅矣用春秋義故盾之不討賊爲弑君也與止之不嘗藥爲弑父無以異盾不宜誅以此參之止罪止于不嘗藥盾罪止于不討賊因止之自責而罪之復原其非故而赦之罪之猶有司之執法赦之猶朝廷之恩宥止可赦則盾亦非絶不可原後漢書霍諝傳諝

聞春秋之義原情定過赦事誅意故許止雖弒君而不罪趙盾以縱賊而見書此仲尼所以垂王法漢世所宜遵前修也**問者曰夫謂之弒而有不誅其論難知非蒙之所能見也**○盧云蒙舊本訛作董或改作衆皆非也此自卑小之稱當作蒙官本作衆云他本作董**故赦止之罪以傳明之盾不誅無傳何也曰**○官本云他本脫曰字**世亂義廢背上不臣篡弒覆君者多而有明大惡之誅誰言其誅**有與又同大惡之誅盧云疑當作大惡之不宜誅案盧說是謂若明言大惡之不宜誅誰知篡弒之當誅者春秋明正詞以垂王法故多不可見之文後世刑書有律有例律以斷法例以準情律一定而例因時爲變通經猶之律論猶之例也後漢張敏傳敏駮議云春秋之義子不報讎非子也而法令不爲之滅者以相殺之路不可開故也可謂觀其深矣**故晉趙盾楚公子比皆不誅之文而弗爲傳弗欲明之心也**昭十三年楚公子比自晉歸于楚弒其君虔于乾谿傳此弒其君其言歸何歸無惡于弒立也公子弃疾脅比而立之又楚公子弃疾殺公子比傳云比已立矣其稱公子何其意不當也其意不當則曷爲加弒焉爾比之義宜乎效死不立淩云稱公子是不誅之

文問者曰人弑其君重卿在而弗能討者非一國也○天啟本重作者無下者字凌本弗作不靈公弑趙盾不在不在之與在惡有厚薄春秋責在而不討賊者弗繫臣子爾也隱十一年傳春秋君弑賊不討不書葬以爲不繫乎臣子也責不在而不討賊者乃加弑焉何其責厚惡之薄薄惡之厚也曰春秋之道視人所惑爲立說以大明之此讀春秋要法程子云春秋是是非非因人之行事不過當年數人而已窮理之要也學者不必他求學春秋可以盡道矣孔廣森云人莫知大夫不敵君而後以楚人書人莫知卿不得憂諸侯而後以晉人宋人書溴梁以降大夫交政未嘗貶也郤缺之徙義公子側之偃革宜若有善焉轉發其專乎專廢置之罪而以人書皆此例也今趙盾賢而不遂於理皆見其善莫見其罪此卽前書楚人殺陳夏徵舒義故因其所賢而加之大惡繫之重責使人湛思而自省悟以反道春秋褒貶所以表微而辨志有流俗之所原而大惡存亦有迹勢之所閡而天良在故罪趙盾非逢丑父原楚子反使近於惡者有所惕而不

敢援寬比以自逭近于善者有所勸不致動[illegible]害[illegible]之論以解于擴充凡以借鑒來者使之反道而得是非之正非刻[illegible]究往以爲快也故達思者乃可以知春秋○盧云湛與沈同丑林切**曰吁君臣之大義父子之道乃至乎**

此○盧云大字疑衍**此所由惡薄而責之厚也**僖元年傳天下諸侯有相滅亡者桓公不能救則桓公恥之何注故爲之諱所以醇其能以治世自任而厚責之又見僖二年注錢大昕云公羊傳春秋責賢者備以其爲賢者故責之責之雖備而其賢自在所以爲忠厚也管仲器小不害其爲仁臧武要君不害其爲知孟公綽不可爲滕薛大夫不害其爲廉宰我冉有論語屢責之不害其爲十哲聖人議論之公而度量之大如此王者知此道則可無乏才之歎儒者知此道則必無門戶之爭矣攁八新錄案說春秋者必知此而義乃備否則責人無已賢者愈無立足之地而不賢者轉得自放於議論之外且得援賢者以自解人心日肆而世道益偸矣**他國不討賊者諸斗筲之民何足數哉弗繫人數而已**斗筲又見實性篇中材以上聖人固未欲弃之矣**此所由惡厚而責薄也**襄十三年葬蔡景公傳賊未討何以書葬君子詞也此亦薄責之意昭十六年何注以爲固當常然者乃所以爲惡也顧以無知薄責之孔廣森云許世

子之罪隱春秋責之以深蔡般之罪顯春秋治之以恕興案賢者可以理論而下愚不足齒數罪顯易聽鈇鑕治之非筆削所能懲其恕也乃其所以爲嚴也傳所謂不疾乃疾之意也是故春秋之義責下輕而責上重責小人恕而責君子愈嚴

傳曰輕爲重重爲輕非是之謂乎○天啟本無下文

故公子比嫌可以立趙盾嫌無臣責許止嫌無子罪前篇云春秋常於其嫌得者見其不得即此嫌字之義可以得褒與可以免罪一也

春秋爲人不知惡而恬行不備也是故重累責之以矯枉世而直之恬安也不備猶不戒重累責之猶言重責之累亦重也賈子言其人身周子云亂臣賊子誅死者于前所以懼生者於後責之者所以救世耳矯正也漢書公孫田王等傳贊中山劉子推言王道撟當世反諸正

矯者不過其正弗能直知此而義畢矣春秋志存撥亂然俟其亂而治之嘗苦不及故常矯而直之好利則譏觀魚尊禮則錄伯姬同斯義也後漢朱祐等傳論光武鑒前事之違存矯枉之志注引孟子曰矯枉者過其正今孟子無此語蓋在七篇外董語所本漢書外戚傳蓋矯枉者過直古今同之王莽傳太后下詔曰矯枉者過其正而

朕不親帥將謂天下何鹽鐵論救匱篇橈枉者過直救文者以質
並用此誼漢書諸侯王表序藩國大者夸州兼郡連城數十宮室
百官同制京師可謂矯枉過其正
矣注謂失中也與此語意稍別

春秋繁露義證卷第一終

春秋繁露義證卷第二

漢廣川董仲舒撰

平江蘇　輿學

竹林第三

篇名未詳司馬相如上林賦覽觀春秋之林文選注如淳曰春秋義理繁茂故比之於林藪也似足備一義

春秋之常辭也不予夷狄而予中國爲禮至邲之戰偏然反之何也宣十二年晉荀林父帥師及楚子戰於邲晉師敗績傳大夫不敵君此其稱名氏以敵楚子何不與晉而與楚子爲禮也何注不與晉而反與楚子爲君臣之禮以惡晉也案偏然反之用棠棣詩義新論殊好篇然嗜好有殊絕者則偏其反矣用詩語亦同**曰春秋無通辭從變而移**精華篇春秋無達詞從變從義而一以奉天達亦通也論春秋者泥詞以求而比多有不可貫者故一以義爲主下文云詞不能及專在於指今大抵春秋先義法後比例以義法生比例非緣比例求義法也

晉變而爲夷狄，楚變而爲君子，故移其辭以從其事。事者義之本也。進夷狄而爲君子，以其合於禮義耳。鍾離、雞父之會不與吳，爲禮至；伯莒、黄池之會則爵而不殊，亦其例也。此聖人之大天地之至仁也。韓愈原道云：孔子之作春秋也，諸侯用夷禮則夷之，進於中國則中國之。程子亦云：春秋之法，中國而用夷道，即夷之。是故衞而戎焉懚年，郲婁、牟、葛硘針，鄭䦨三䡙，晉鄑三，而狄焉，即內而我魯亦以城郲婁葭而狄焉𤞷六，以此見中國夷狄之判，聖人以其行，不限以地明矣。然春秋於中國大夷小夷各有名倫，不相假借，抑又謹於華夷之防，董子兩明其義。宋胡安國諸人以爲春秋專重攘夷，固因時之論，得其一端耳。夫莊王之舍鄭，有可貴之美，晉人不知其善，而欲擊之所救已解，如挑與之戰，宣十二年傳：既則晉師之救鄭者至，曰請戰。莊王許諾。將軍子重諫曰：晉大國也，王師淹病矣，君請弗許也。莊王曰：弱者吾威之，彊者吾辟之，是以使寡人無以立乎天下。令之還師而逆晉寇。○官本云，如他本作而，盧云，如、而古通用。此無善善之心，而輕救民之意也，以救民爲輕。是以賤之，而不使得與賢者爲禮。秦穆侮蹇叔而大敗，事見僖三十三年，晉人及姜戎敗秦於殽。

傳

鄭文輕衆而喪師閔二年鄭棄其師傳鄭伯惡高克使之將逐而不納弃師之道也春秋之敬賢重民如是敬賢重民春秋之大義也說苑君道篇夫天之生人也蓋非以爲君也天之立君也蓋非以爲位也夫爲人君行其私欲而不顧其人是不承天意忘其位之所以宜事也如此者春秋不予能君而夷狄之鄭伯惡一人而兼棄其師故有夷狄不君之詞人主不以此自省惟既以失實心奚因知之故曰有國者不可以不學春秋此之謂也荀子大略篇天之生民非爲君也天之立君以爲民也白虎通四王者卽位先封賢者憂民之急也故列土爲疆非爲諸侯張官設府非爲卿大夫皆爲民也是故戰攻侵伐雖數百起必一二書傷其害所重也隱二年注凡書兵者正不得也內外深淺皆舉之者因重兵害衆盧云一二言次第不遺也問者曰其書戰伐甚謹其惡戰伐無辭何也曰會同之事大者主小戰伐之事後者主先苟不惡何爲使起之者居下是其惡戰伐之辭已盧云考春秋所書戰伐之事不皆以後者爲主不知董子何以云然輿案莊二十八年齊人伐衞衞人及齊人戰衞人敗績以衞主齊文十二年秦伐晉而書晉人秦人戰於河曲

以晉主秦並其例矣莊二十八年傳云春秋伐者爲客伐者爲主故使衞主之也何注伐人者爲客長言之伐者爲主短言之僖十八年宋師及齊師戰於甗傳春秋伐者爲客伐者爲主曷爲不使齊主之與襄公之征齊也然則惡之則使後者居先與之則使先者居先春秋之例也董蓋申傳義**且春秋之法凶年不修舊意在無苦民爾**莊二十九年新延廄傳新延廄者何修舊也修舊不書此何以書譏何譏爾凶年不修**苦民尚惡之況傷民乎傷民尚痛之況殺民乎故曰凶年修舊則譏造邑則諱**莊二十八年冬築微大無麥禾傳曷爲先言築微而後言無麥禾諱以凶年造邑也**是害民之小者惡之小也害民之大者惡之大也今戰伐之於民其爲害幾何**猶云爲害何如**攷意而觀指則春秋之所惡者不任德而任力驅民而殘賊之其所好者設而勿用仁義以服之也**俞云其所好者設五字衍輿案設而勿用句謂兵刑之屬上或有脫字耳公孫宏傳得其要則天下安樂法設而不用鹽鐵論世務篇兵設而不試干戈閉藏而不用語意正同所好與所惡對文俞說非○官本云好他本作惡**詩云弛**

其文德洽此四國弛天啟本作矢案毛詩作矢傳云矢弛也古今文字異義同禮孔子閒居亦作弛鄭注弛施也矢弛施聲轉誼通此春秋之所善也夫德不足以親近而文不足以來遠據此則董以詩文德二字分釋而斷斷以戰伐爲之者天啟本旁注云斷斷或作斷斷輿案史記魯周公世家洙泗之間斷斷如也索隱斷音銀鬬爭貌又作斷斷如尚書讀是專一之義案文十二年傳何注亦云斷斷專一貌此當以作斷斷爲是謂專以武事爲治此固春秋之所甚疾已皆非義也孟子春秋無義戰注春秋所載戰伐之事無應王義者也難者曰春秋之書戰伐也有惡有善也惡詐擊而善偏戰僖元年傳季子待之以偏戰注莒人可忿而能結日偏戰是其不加暴之義隱六年注戰例時偏戰日詐戰月恥伐喪而榮復讎襄二年城虎牢傳曷爲不言取之爲中國諱伐喪也莊四年紀侯大去其國傳曷爲不言齊滅之爲襄公諱也春秋爲賢者諱何賢乎襄公復仇也奈何以春秋爲無義戰而盡惡之也曰凡春秋之記災異也雖畝有數莖猶謂之無麥苗也無麥苗見莊七年漢食貨志仲舒說上曰

春秋他穀不書至於麥禾不成則書之以此見聖人於五穀最重麥與禾也今關中俗不好種麥是歲失春秋之所重而損生民之具也願陛下幸詔大司農使關中民益種宿麥令無後時凌云莖音恒草木幹也今天下之大三百年之久春秋二百四十二年三百舉成數戰攻侵伐不可勝數而復讎者有二焉莊九年及齊師戰於乾時我師敗績傳曰內不言敗此其言敗何復讎也何注復讎以死敗爲榮故錄之其一謂齊襄是何以異於無麥苗之有數莖哉不足以難之故謂之無義戰也以無義戰爲不可○凌云王本脫戰字則無麥苗亦不可也以無麥苗爲可則無義戰亦可矣若春秋之於偏戰也○凌云王本戰誤作義善其偏不善其戰有以效其然也盧云效驗也春秋愛人而戰者殺人君子奚說善殺其所愛哉說善疑衍一字故春秋之於偏戰也○天啟本無也字猶其於諸夏也引之魯則謂之外引之夷狄則謂之內成十五年傳春秋內其國而外諸夏內諸夏而外夷狄說苑指武篇

内治未得不可以正外本惠未襲不可以治末是以春秋先京師而後諸夏先諸夏而後夷狄案春秋緣魯言王義故本書言魯說苑言京師其於明內外之旨一也

比之詐戰則謂之義比之不戰則謂之不義故盟不如不盟然而有所謂善盟

桓三年齊侯衛侯胥命於蒲傳胥命者何相命也何言乎相命近正也此其爲近正奈何古者不盟結言而退

戰不如不戰然而有所謂善戰不義之中有義

戰不義而復讎之戰爲義

義之中有不義

偏義而戰仍不義

辭不能及皆在於指

指卽孟子之所謂義

非精心達思者其孰能知之

思者思聖人未言之旨要以救世而撥亂若索之隱怪則孔子之所云以思無益者太史公云好學深思心知其意孰復於心矣猶不輕著於言也

詩云棠棣之華偏其反而豈不爾思室是遠而孔子曰未之思也夫何遠之有

此以棠棣合適道章爲一漢晉人說皆如此何晏云棠棣之華反而後合詩言權反而後至於大順也新論明權篇循理守常曰道臨危制變曰權權之爲稱譬猶權衡也衡者測邪正之形權者揆輕重之勢古之權者審其輕重必當乎理而後行焉易稱巽以行權語稱可與適

道未可與權權者反於經而合於道反於義而後有善若棠棣之華反而更合也後漢周章傳論云孔子稱可與立未可與權權者反常者也晉書王祥疾篤著遺令訓子孫終之曰未之思也夫何遠之有亦用漢儒義欲子孫思其遺訓以適於道也唐陸贄始疑之其替換李楚琳狀有云以反道爲權以任數爲智歷代之所以多喪亂而長姦奸宋朱子因分爲二章語錄云唐棣之下初不與上面說權處合緣漢儒合上文爲一章誤認偏其反而爲反經合道所以錯了案程子云論語中言唐棣之華者因權而言逸詩也孔子刪詩豈只取合於雅頌而已亦是謂合此義理卻用漢儒說蓋反經以適道有善爲旨公羊家本不輕言後漢傳論以權爲反常於義未全漸失春秋意矣棠論語作唐朱子與張敬夫論癸巳論語說云論語及詩召南作唐棣小雅作常棣無作棠者唐棣常棣兩物夫子所引非小雅之常棣宋祁筆記云詩有棠棣之華逸詩有唐棣之華世又多誤以棠棣爲唐棣案此作棠當是今文異字

由是觀之見其指者不任其辭不任其辭然後可與適道矣任用也旨有出於詞之外者要一準乎王義聖道之歸孟子讀詩以意逆志亦此也法言問道篇或問道曰道也者通也無不通也或曰可以適他與曰適堯舜文王者爲正道非堯舜文王者爲他道君子正而不他莊云春秋以辭成象以象垂法示天下後世以聖心

之極，觀其辭，必以聖人之心存之，史不能究，游夏不能主。是故善說春秋者，止諸至聖之法而已。公羊子曰：王者孰謂？謂文王也。其諸君子樂道堯舜之道與？無或執一詞以爲見聖，無或放一詞而不至於聖。推見至隱，懷之爲難；達之斯已難，得其起問又得其應問則幾無難。應而不本其所起，見爲附也；起而不達其所應，見爲惑也。詩曰：棠棣之華，偏其反而。春秋之詞，其起人之罔有如此也。執一者不知問，無權者不能應。子曰：未之思也，夫何遠之有。其亦可以求所應問而得之矣。

司馬子反爲其君使○盧淩本並不提行，今從天啟本及程榮校本。**廢君命，與敵情**以己情輸敵國。**從其所請，與宋平**宣十五年：宋人及楚人平。傳：外平不書，此何以書？大其平乎己也。莊王圍宋，軍有七日之糧爾，盡此不勝，將去而歸爾。於是使司馬子反乘堙而闚宋城，宋華元亦乘堙而出見之。司馬子反曰：子之國何如？華元曰：憊矣，易子而食之，析骸而炊之。司馬子反曰：嘻，甚矣憊！雖然，吾聞之也，圍者拑馬而秣之，使肥者應客，是何子之情也？華元曰：吾聞之，君子見人之厄則矜之，小人見人之厄則幸之。吾見子之君子也，是以告情於子也。司馬子反曰：諾，勉之矣，吾軍亦有七日之糧爾，盡此不勝，將去而歸耳。揖而去之，反於莊王。莊王怒曰：吾使子往視之，子曷爲告之？司馬子反曰：以區區之宋，猶有不欺人之臣，可以楚而無乎是以告之也莊王曰諾舍而止雖然吾猶取此然後歸爾司馬子反曰然則君請處於此臣請歸爾莊王曰子去我而歸吾孰與處於此吾亦從子而歸爾引師而去之故君子大其平乎己也是內專政而外擅名也專政則輕君擅名則不臣而春秋大之奚由哉曰為其有慘怛之恩不忍餓一國之民使之相食本書必仁且智篇仁者憯怛愛人推恩者遠之而大為仁者自然而美推吾民之愛以及其鄰故曰遠之而大無所於為而惻怛發於乍見故曰自然而美淩云樂稽耀嘉仁者有惻隱之心本生於木仁生於木故惻隱出於自然也今子反出己之心矜宋之民無計其閒不暇計其擅命之釁故大之也難者曰春秋之法卿不憂諸侯政不在大夫襄十三年傳卿則其稱人何貶曷為貶卿不憂諸侯也子反為楚臣而恤宋民是憂諸侯也不復其君而與敵平是政在大夫也子反不復其君而與敵情使莊王不得不歸是與與敵平無異○官本云他本無政字湨梁之盟信在大夫而諸侯刺之為其奪君尊

也襄十六年傳諸侯皆在是其言大夫盟何信在大夫也何言乎信在大夫偏刺天下之大夫也曷爲偏刺天下之大夫君若贅旒然○官本云他本無信字平在大夫亦奪君尊而春秋大之此所閒也閒隙也郎孟子連得閒矣之閒信在大夫與平在大夫一刺一大其旨不同是文有閒隙而疑從此出矣與下此所惑也語意一例○天啟本閒作問盧云閒卽上文無計其閒之閒作問者非且春秋之義臣有惡擅名美○盧云大典本作臣有惡君名美疑當作惡臣擅君名美案官本擅作君云他本作擅淩本同今從盧校故忠臣不顯諫欲其由君出也書曰爾有嘉謀嘉猷入告爾君于內爾乃順之於外曰此謀此猷惟我君之德此爲人臣之法也古之良大夫其事君皆若是坊記子曰善則稱君過則稱己則民作忠君陳曰爾有嘉謀嘉猷入告爾君於內女乃順之於外曰此謀此猷惟我君之德於乎是惟良顯哉案本書與坊記引同當是今文尚書說此爲爲人臣者言之故曰人臣之法僞書以爲成王語則不倫矣先儒所以有成王失言之疑也觀闠學鄭注坊記云是惟良顯哉美君之德據此則董以良大夫說良顯與鄭不同穀梁文六年傳士造辟而言

詭詞而出亦用書義今子反去君近而不復莊王可見而不告皆以其解二國之難爲不得已也奈其奪君名美何此所惑也曰春秋之道固有常有變變用於變常用於常各止其科非相妨也春秋有變科有常科各因時地而用之不可以常而概變亦不可舊變而忽常是故共學適道可以語常矣立則可以語變矣權又變之精焉者也春秋言此則愈慎矣○官本云止他本作正今諸子所稱皆天下之常雷同之義也曲禮毋雷同鄭注雷之發聲物無不同時應者人之言當各由己不當然也後漢陳元傳仲尼聖德而不容於世況於竹素餘文其爲雷同者所排固其宜也與此雷同意同○官本云義他本作意子反之行一曲之變獨修之意也荀子解蔽篇凡人之患蔽於一曲而闇於大理注一曲一端之曲說又云曲知之人觀於道之一隅而未之能識也淮南子察一曲者不可與言化○獨天啟本作術旁注或作獨淩本作術引原注術疑作獨兪云術當讀爲遹爾雅釋詁釋文引孫炎云遹古術字述與術遹通述遹同字則術遹亦同字矣匡謬正俗引逸禮記知天文者冠鷸鷸字音聿亦有術音故禮之衣服圖及蔡邕獨斷謂爲術氏冠以

顏說推之術通作鷸則亦通作遹矣爾雅訓遹爲自遹修之義即自修之義正與上文雷同之義相對成文詩文王篇聿修厥德疑三家詩有作遹修而訓爲自者董此言本詩文耳

夫目驚而體失其容，心驚而事有所忘，

人之情也。通於驚之情者，取其一美，不盡其失。驚者初動之情也惟聖人爲能從心不踰矩隨處合夫天理自聖人以下不能無所梏亡觸物初動之時見天理焉故易曰復其見天地之心復者冬至一陽初動時也孟子之所謂乍見孺子入井而惻隱之心生亦其初動時也即其有失猶當取其一美嫂溺援之以手取其仁不責其禮亦若是矣

詩云：「采葑采菲，無以下體。」此之謂也。此與度制篇引此詩義異左僖三十三年傳引詩下云君取節焉可也列女傳賢明篇引詩云與人同寒苦雖有小過猶與之同死而不去況於安新去舊乎潛夫論論榮篇詩云采葑采菲無以下體故苟有大美可尙於世則雖細行小瑕曷足以爲累乎鄭注坊記云言人之交當如采葑采菲取一善而已君子不求備於一人並與此文義同鄭亦用今文說也

今子反往視宋，聞人相食，大驚而哀之，不意之至於此也，鹽鐵論世務篇宋華元楚司馬子反之相覩也符契內合誠有以相信也○錢云不意下當有宋字輿案

之與其同是以心駭目動而違常禮禮者庶於仁文質而成體者也釋名庶猶摭也摭合之意子反但違常禮耳有仁有質雖不成爲禮而未始無禮之意禮讓文質實皆以仁爲體者也今使人相食大失其仁安著其禮仁者禮之本猶亨利貞之需元方救其質奚恤其文穀梁僖元年傳注救赴急之意故曰當仁不讓此之謂也論語集解引孔曰當行仁之事不復讓於師言行仁急後漢書王望傳望行部軍以便宜出所在布粟振飢民鍾離意議望罪曰昔華元子反楚宋之良臣不稟君命擅平二國春秋義之以爲美談今望懷義忘罪當仁不讓若繩之以法忽其本情將乖聖朝愛育之旨正本此義春秋之辭有所謂賤者有賤乎賤者哀四年傳稱盜以弒何賤乎賤者也案稱人賤稱稱盜尤賤○天啟本脫下五字夫有賤乎賤者則亦有貴乎貴者矣言有尤賤尤貴者今讓者春秋之所貴雖然見人相食驚人相爨說文爨齊謂之炊傳所謂析骸而炊救之忘其讓君子之道有貴於讓者也仁貴於讓故說春秋者無以平定之常義疑變故之大則

義幾可諭矣春秋貴仁雖在失禮猶嘉與之所以勸仁非獎變也此義之可諭者也○盧云本或作疑變故之大義則幾可諭矣殆非案凌本同或作

春秋記天下之得失而見所以然之故甚幽而明無傳而著不可不察也春秋記天下得失而已而其所以然之故甚微不能累累說之也在學春秋者因放以求其本故云甚幽而明無傳而著傳猶說也陸農師荅崔子方書云夫經一而足春秋之傳不係舊史存否何如若聖人作經又待魯史而傳是二而足也故曰春秋甚幽而明無傳而著其設方立例不可以一方求亦不可以多方得譬如天文森布一衡一縮各有條理久視而益明易曰化而裁之存乎變推而行之存乎通神而明之存乎其人豈獨易也哉故曰詩無達詁易無達吉春秋無達例要在變而通之耳陳澧云不信三傳始於唐人韓文公寄盧仝詩云春秋三傳束高閣獨抱遺經究終始蓋經學風氣自唐而變而遠溯其原則繁露已有無傳而著之語然其所謂無傳而著者齊頃公伐魯伐衛大國往聘慢其使者晉魯衛曹四國大困之於鞌自是頃公恐懼卒修其身國家安甯也然慢聘使之事不見於經無傳何由著乎董生之說已不可通況後儒乎東塾讀書記案陳以傳爲三傳之傳蓋沿陸說

而誤董傳公羊安得云不用傳乎且本篇語意正在因事而察其所以然之故也夫泰山之爲大弗察弗見而況微眇者乎春秋好微故案春秋而適往事尚書大傳注適得也兪云詩殷武篇勿予禍適釋文引韓詩云適數也適往事猶言數往事窮其端而視其故故疑作效窮其端之所始而觀其效之所終也下云其端乃從儡魯勝徧起又云此其效也正承此爲言得志之君子有喜之人不可不愼也春秋非一世之書也所以絕亂萌於未然示變事之所起使人防患而復道鑒往以徵來故本書十指以見事變之所至爲一指仁義法云觀物之動而先覺其萌絕亂塞害於將然而未行之時二端篇云覽求微細於無端之處誠知小之將爲大也微之將爲著也吉凶未形聖人所獨立也此皆春秋之志也夫患至而防常苦不及當其微眇又復難察大易憂盛而春秋戒有喜君子可知所從事矣齊頃公親齊桓公之孫桓公子惠公生頃公國固廣大而地勢便利矣又得霸主之餘尊而志加於諸侯桓公以後篡弒相尋霸業替矣頃公驕奢自以爲席餘尊耳○淩本主作王以此之故難使會同而易使驕奢卽位九年未嘗肯一

與會同之事有怒魯衛之志而不從諸侯於清丘斷道盧云宣十二年晉宋衛曹會於清丘十七年公會晉衛曹邾婁於斷道齊皆不與舊本從字上無不字誤脫耳春往伐魯入其北郊顧返伐衛敗之新築並在成二年當是時也方乘勝而志廣○天啟本乘作求大國往聘慢而弗敬其使者晉魯俱怒內悉其眾外得黨與曹衛句四國相輔大困之鞌成二年傳晉郤克與臧孫許同時而聘於齊蕭同姪子者齊君之母也踊於棓而窺客則客或跛或眇於是使跛者迓跛者使眇者迓眇者二大夫出相與踦閭而語移日然後相去齊人皆曰患之起必自此始二大夫歸相與率師爲鞌之戰獲齊頃公斮逢丑父成二年傳逢丑父頃公之車右也代頃公當左使頃公取飲頃公操飲而至曰革取清者頃公用是佚而不返郤克曰欺三軍者其法奈何曰斮於是斮逢丑父○淩云逢從夆不從夆逢皮江切見廣韻深本頃公之所以大辱身幾亡國爲天下笑本猶原也其端乃從偪魯勝衛起伐魯魯不敢出擊衛大敗之因得氣而無敵國以興

患也志得氣盈心無敵敵國遂以取患孟子曰無敵國外患者亡○官本云得他本作其故曰得志有喜不可不戒此其效也自是之後○天啟本無之字凌本同頃公恐懼不聽聲樂不飲酒食肉內愛百姓問疾弔喪成八年傳鞌之戰齊師大敗齊侯歸弔死視疾七年不飲酒不食肉晉侯聞之曰嘻奈何使人之君七年不飲酒不食肉請皆反其所侵地外敬諸侯從會與盟盧云成五年會蟲牢七年盟馬陵九年盟蒲齊侯皆與卒終其身國家安甯是福之本生於憂而禍起於喜也隱四年公及宋公遇於清何注重而書之所以防禍原也蓋福有本而禍有原省之當於其始說苑敬慎篇夫福生於隱約而禍生於得意齊頃公是也齊頃公桓公之子孫也地廣民眾兵强國富又得霸者之餘尊驕蹇怠傲未嘗肯出會同諸侯乃興師伐魯反敗衛師於新築輕小嫚大之行甚俄而晉魯往聘以使者戲二國怒歸求黨與助得衛及曹四國相輔期戰於鞌大敗齊師獲齊頃公斮逢丑父於是戄然大恐賴逢丑父之欺奔逃得歸弔死問疾七年不飲酒不食肉外金石絲竹之聲遠婦女之色出會與盟卑下諸侯國家內得行義聲聞震乎諸侯所亡之地弗求而自爲來尊寵不武而得之可謂能詘免變化以致之

故福生於隱約而禍生於得意此得失之效也又說叢篇云福生於微禍生於忽日夜恐懼唯恐不卒又向與子歆書云董生有云弔者在門賀者在閭言有憂則恐懼敬事敬事則必有善功而福至也又云賀者在門弔者在閭言受福則驕奢驕奢則禍至故弔隨而來齊頃公之始藉霸者之餘威輕侮諸侯虧蹇跛之容故被辜之禍遁服而亡所謂賀者在門弔者在閭也兵敗師破人皆弔之恐懼自新百姓愛之諸侯皆歸其所奪邑所謂弔者在門賀者在閭也案劉向始治公羊後治穀梁故往往多公羊說

嗚呼物之所由然其於人切近可不省邪因春秋行事以儆切人主故曰經世之書

逢丑父殺其身以生其君何以不得謂知權丑父欺晉祭仲許宋俱枉正以存其君桓十一年宋人執鄭祭仲傳祭仲者何鄭相也何以不名賢也何賢乎祭仲以爲知權也其爲知權奈何古者鄭國處於留先鄭伯有善於鄶公者通乎夫人以取其國而遷鄭焉而野留莊公死已葬祭仲將往省於留塗出於宋宋人執之謂之曰爲我出忽而立突祭仲不從其言則君必死國必亡從其言則君可以生易死國可以存易亡少遼緩之則突可故出而忽可故反是不可得則病然後有鄭國古人之有權者祭仲之權是也權者何權者反於經然後有善者也漢書鄒陽傳

昔者鄭祭仲許宋人立公子突以活其君非義也春秋記之爲其以生易死以存易亡也案突固暫立忽復歸鄭其後雖終被弒傳以爲祭仲亡矣故許之以存其君盧云許宋疑當作詐宋然而丑父之所爲難於祭仲丑父殺身祭仲自辱而已故曰難○官本云所他本作難祭仲見賢而丑父猶見非何也丑父見非不著經傳此亦古今學者之疑問所謂操之與在經無異非猶責也曰是非難別者在此此其嫌疑相似而不同理者不可不察能於相似者而求其不同則析理精矣春秋以別嫌疑爲急夫去位而避兄弟者君子之所甚貴淩云鄭忽奔衛弟突歸於鄭是避兄弟也獲虜逃遁者君子之所賤祭仲措其君於人所甚貴以生其君故春秋以爲知權而賢之丑父措其君於人所甚賤以生其君春秋以爲不知權而簡之淩云簡畧也其俱枉正以存君相似也其使君榮之與使君辱不同理故凡人之有爲也前枉而後義者謂之中權公羊說權義甚嚴其見於傳者假祭仲見

例而已然且申之曰權之所設舍死亡無所設則於死亡之外固不許行權矣又云行權有道自貶損以行權不害人以行權殺人以自生亡人以自存君子不爲也所以示人者至矣孟子以嫂溺援手爲權而其所許者臣則伊尹女則許穆夫人韓詩傳皆從其志而辨之若夫虞舜放象周公踐阼斯則人並聖哲事關宗社心無所利勢有所窮卒底奠安醇然見義非夫凡庶之所能擬也墨子大取篇云於所體之中而權輕重之謂權殺一人以存天下非殺一人以利天下也殺己以存天下是殺己以利天下亦以關於死亡爲說至董子說權義尤深丑父之於齊頃公生君以自殺存君以自亡宜若可許爲權矣而猶以邪道責之其不輕言權如此鹽鐵論論儒篇御史云商君雖革法改教志存於彊國利民鄒子作變化之術亦歸於仁義管仲自貶損以行權時也故小枉大直君子爲之今硜硜然守一道引尾生之意即晉文之譎諸侯以尊周室不足道而管子當恥辱以存亡不足稱也其説權義漸失本旨惟何休以紀季存姑姊妹爲知權莊三年注較得傳意後漢馮衍說廉丹云衍聞順而成者道之所大也逆而功者權之所貴也是故期於有成不問所由論於大體不守小節昔逢丑父伏軾而使其君取飲稱於諸侯鄭祭仲立突而出忽終得復位美於春秋蓋以死易生以存易亡君子之道也衍以丑父與祭仲並論亦乖董意後來藉口行權者抑又絕於此義矣賈逵抑公羊而伸左氏乃云如

祭仲紀季伍子胥叔術之屬左氏義深於君父公羊多任於權變則未知公羊固不輕言權者程子說春秋云權之爲言秤錘之義也何物爲權義也又云古今多錯用權字纔說權便是變詐或權術不知權只是經所不及者權量輕重使之合義纔合義便是經也與董合**雖不能成春秋善之魯隱公鄭祭仲是也**隱爲桓立將讓而桓弑之亦是避兄弟而見殺故與祭仲同稱**前正而後有枉者謂之邪道**以邪與權並舉不善用權則邪矣**雖能成之春秋不愛齊頃公逄丑父是也**○盧云齊頃公三字疑衍本或作齊景公更訛**大冒大辱以生其情無樂故賢人不爲也而眾人疑焉**疑身貴於辱**春秋以爲人之不知義而疑也故示之以義**以身較君則君重以君較國則國重以國較義則義重故聖人示之以義**曰國滅君死之正也**襄六年傳曷爲不言萊君出奔國滅君死之正也**正也者正於天之爲人性命也**推本乎天其言粹然**天之爲人性命使行仁義而羞可恥非若鳥獸然苟爲生苟爲利而已是故春秋推天施而順人理**

○官本云人他本作天以至尊爲不可以加於至辱大羞故獲者絕之隱六年鄭人來輸平何注稱人共國辭者嫌來輸平獨惡鄭擅獲諸侯魯不能死難皆當絕之○天啟本加作生淩本同以至辱爲亦不可以加於至尊大位故雖失位弗君也○天啟本無亦字淩本同已反國復在位矣而春秋猶有不君之辭莊六年衛侯朔入於衛僖二十八年三十一年衛侯鄭歸於衛哀八年歸邾婁子益於邾婁並以失國書名是其例也○官本云他本無復字況其溷然方獲而虜邪其於義也非君定矣虜則弗成爲君淩云國策注慁溷同濁貌玉篇虜獲也戰獲俘虜也○天啟本無也字若非君則丑父何權矣非君則丑父之死非死君也故曰何權故欺三軍爲大罪於晉○淩本作大辱誤其免頃公爲辱宗廟於齊是以雖難而春秋不愛丑父大義言丑父如知大義宜言於頃公曰君慢侮而怒諸侯是失禮大矣今被大辱而弗能死是無恥也而復重罪失禮又無恥故曰重○天啟本復作獲淩本同請

俱死無辱宗廟無羞社稷如此雖陷其身尚有廉名廉潔也韓非子解老篇所謂能廉者必生死之命輕恬資財也當此之時死賢於生故君子生以辱不如死以榮正是之謂也生以辱不如死以榮見大戴禮曾子制言篇文選江文通詣建平王上書云下官聞虧名爲辱虧形次之注引尸子云衆以虧形爲辱君子以虧義爲辱由法論之則丑父欺而不中權忠而不中義陷其君於不義以爲不然復察春秋春秋之序辭也置王於春正之間非曰上奉天施而下正人然後可以爲王也云爾對册云臣謹案春秋之文求王道之端得之於正正次王王次春春者天之所爲也其意曰上承天之所爲而下以正其所爲正王道之端云爾白孔六帖一孔引俞文俊書云春秋以元加於歲以春加於王明王者當奉若天道以謹其始也又舉時以終歲舉月以終時春秋雖無事必書首月以存時明王者當奉若天道以謹其終也王者動作終始必法於天王應麟六經天文編引胡氏云春秋立文兼述作舜典紀元日商訓稱元祀經書元年所謂祖二帝明三王述而不作者也正次王王次春乃立法創制裁自聖心無所述於人者程子云書

春王正月示人君當上奉天時下承王正明此義則知王與天同大而人道立矣周正月非春也假天時以立義耳朱子答張南軒書云以書考之凡書月皆不著時疑古史記事例如此至孔子作春秋然後以天時加王月以明上奉天時下正王朔之義而加春於建子之月則行夏時之義亦在其中輿案置春於王上亦春秋以天屈君之旨程子以加春於王寓行夏時之志非春秋意朱子蓋偶沿程說而未改者互見三代改制編○盧云非曰原注猶言豈非輿案非或亦之誤

今善善惡惡好榮憎辱非人能自生此天施之在人者也是非羞惡之心由天施故曰性有善端君子以天施之在人者聽之則丑父弗忠也聽猶治信二十八年傳其言畀宋人何與使聽之也成十六年傳此聽失之大者也昭十九年傳是君子之聽止也注聽治止罪周禮小宰以聽官府之六計鄭注聽平治也天施之在人者使人有廉恥有廉恥者不生於大辱○盧云有廉恥三字於字錢据大典本補大辱莫甚於去南面之位而束獲爲虜也曾子曰辱若可避避之而已及其不可避君子視死如歸見曾子制言編如作

若謂如頃公者也此編剖析義理極精公羊假祭仲以言權董子復假丑父以明中權之難丑父世之所賢事又難於祭仲不許以權則其他之託言行權者可知其比矣傳以於是斳逢丑父終則其不與丑父可知何注申之云丑父死君不賢之者經有使乎大夫於王法頃公當絕如賢丑父是賞人之臣絕其君若以丑父故不絕頃公是開諸侯戰不能死難正用董義

春秋曰鄭伐許奚惡於鄭而夷狄之也成三年鄭伐許何注謂之鄭者惡鄭襄公與楚同心數侵伐諸侯自此之後中國會盟無已兵革數起夷狄比周爲黨故夷狄之曰衛侯遬卒鄭師侵之是伐喪也鄭與諸侯盟於蜀以盟而歸諸侯以與已同於是伐許是叛盟也事並在成二年○盧云伐許舊本作鄭伐訛伐喪無義叛盟無信無信無義故大惡之以上釋成三年鄭伐許文下釋成四年鄭伯伐許文問者曰是君死其子未踰年有稱伯不子有同又法辭其罪何盧云成四年三月鄭伯堅卒冬鄭伯伐許是未踰年君卽稱伯也輿案何注云未踰年君稱伯者時樂成君位親自伐許故如其意以著其惡案禮既葬稱子踰年稱爵今變稱伯是法辭也故問其罪通典引五經異

義云諸侯未踰年出朝會與不出會何稱春秋公羊說云諸侯未踰年不出境在國內稱子以王事出亦稱子非王事而出會同安父位不稱子鄭伯伐許是也未踰年以本爵譏不子也左氏說諸侯未踰年在國內稱子以王事出則稱爵詘於王事不得申其私恩鄭伯伐許是也又通典引鄭駁異義云昔武王卒父業已除喪出至孟津之上猶稱太子者是爲孝也今未除喪而出稱爵是與武王義反矣仍用公羊說

曰先王之制有大喪者三年不呼其門順其志之不在事也

宣元年傳古者臣有大喪則君三年不呼其門君使之非也臣行之禮也白虎通喪服篇臣下有大喪不呼其門者使得終其孝道成其大禮鹽鐵論未通篇古有大喪者君三年不呼其門通其孝道遂其哀戚之心也君子之所重而自盡者其惟親之喪乎後漢書陳忠疏云昔先聖緣人情而著其節制服二十五月是以春秋臣有大喪君三年不呼其門閔子雖要絰服事以赴公難退而致仕以究私恩故稱君使之非也臣行之禮也周室陵遲禮制不序蓼莪之人作詩自傷曰缾之罄矣惟罍之恥言己不得終竟子道者亦上之恥也

書云高宗諒闇三年不言居喪之義也

鄭注論語諒闇喪廬儀禮經傳通解續引大傳說命文作梁闇魯世家作亮闇論語子張論衡儒增後漢魯恭傳作諒陰漢書五行志作涼陰文九年何

注作涼闇古文尚書作亮陰並同音字禮喪服四制白虎通漢書王吉傳後漢濟北惠王傳景君碑鄭詩譜文選西征賦並與此同白虎通爵篇尚書曰高宗諒闇三年是也論語曰君薨百官總已以聽於冢宰三年所以諒闇三年卒孝子之道也案晉杜預議禮用書傳釋諒闇爲信默遂定皇太子除服諒闇終制之典且云高宗不云服喪三年而云諒闇三年此釋服心喪之義也與董義違○天啟本書誤詩淩本同云詩當作書今從盧本

今縱不能如是奈何其父卒未踰年卽以喪舉兵也春秋以薄恩且施失其子心俞云施失連文施讀爲弛禮樂記釋文弛廢也施失猶言廢失下文同**故不復得稱子謂之鄭伯以辱之也**鄭伯有不子之心故如其意以辱之隱三年武氏子來求賻何注時雖世大夫緣孝子之心不忍便當父位故順古先試一年乃令於宗廟武氏子父新死未命而便爲大夫薄父子之恩故稱氏言子見未命以譏之案同一薄恩而或顯子稱或如其意故曰春秋無達詞**且其先君襄公伐喪叛盟得罪諸侯諸侯怒之未解惡之未已繼其業者宜務善以覆之**改行以葢前愆所謂三年無改於父之道非謂其不合於道者也**今又重之無故居**

喪以伐人○天啟本之作以淩本同父伐人喪子以喪伐人父加不義於人子施失恩於親以犯中國是父負故惡於前已起大惡於後諸侯畢怒而憎之率而俱至○盧云本或作卒而俱至者誤輿案天啟本作卒官本同云他本作卒謀其擊之鄭乃恐懼去楚而成蟲牢之盟是也楚與中國俠而擊之去楚謂背楚盧云蟲牢之盟在成五年三傳並作蟲牢舊本作蟲牢者誤六年秋楚子嬰齊率師伐鄭冬晉欒書率師侵鄭是俠擊也俠與夾同○官本云俠他本作挾鄭罷疲危亡終身愁辜盧云辜當讀爲苦吾本其端本猶原無義而敗由輕心然孔子曰道千乘之國敬事而信知其爲得失之大也故敬而慎之今鄭伯既無子恩又不熟計○官本云他本無既字一舉兵不當被患不窮猶無窮自取之也是以生不得稱子去其義也未踰年以稱子爲合義稱伯是去其義死不得書葬見其窮也卒在成六年孔廣森云鄭襄公背華附楚賤之

曰鄭伐許與吳伐鄭狄伐晉文無以異至其子衰絰與戎則正言之曰鄭伯伐許以爲不待貶絕爾第未若狄之之顯也故襄公書葬悼公不書葬其葬猶之突也其不葬也猶前之接後之睔而蔡之胕也○盧云窮本亦作罪輿案天啟本作不見其罪也官本云他本衍一不字**曰有國者視此行身不放義**論語集解引孔云放依也○官本云他本行作得盧云放甫往反**興事不審時其何如此爾**盧云句疑有訛輿案何疑禍之誤○天啟本其字在時上

春秋繁露義證卷第二

春秋繁露義證卷第三

漢廣川董仲舒撰

平江蘇輿學

玉英第四

凌云尸子龍淵生玉英尚書帝命驗有人雄起戴玉英鄭注玉英寶物之名

謂一元者大始也 謂一年爲元年未修春秋之先蓋已有此商稱元祀是也而序書稱一年戊午書傳稱周公攝一年又云文王一年質虞芮意周初尚參錯用之聖人沿殷法取元遂爲定稱爾雅元始也文選東都賦注引元命包元年者何元宜爲一謂之元何曰君之始年也通典五十五引晉徐禪議曰事莫大於正位禮莫重於改元傳曰元始也首也善之長也故君道重焉或疑王者改元而春秋於魯明之何也案春秋正義云諸侯於其封內各得改元傳說鄭國之事云僖之元年簡之元年是諸侯皆改元非獨魯也鄭樵陳傅良以爲諸侯舊用天子之年至平王失政諸侯並稱元年者非也封建肇自黃帝諸侯世守其國有出于三代前者有王者興奉其正朔以修朝聘其卽位固各自紀元矣參用黃震說故春秋假魯以明元義王應麟云舜典紀元日商訓

稱元祀春秋書元年人君之元卽乾坤之元也元卽仁也仁人心也衆非元后何戴后非元則仁覆天下也卽位之一年必稱元年累數雖久而不易戰國而下此義不明秦惠文王十四年更爲元年汲冢竹書魏惠王有後元始變謂一爲元之制漢文十有六年惑方士說改後元年景帝因之壬辰改中元戊戌改後元猶未以號紀年也武帝則因事建號歷代襲沿春秋之義不明久矣任誨

知元年志者盧云錢疑志字衍輿案志字當有猶言知立元之意也○官本云他本無者字大人之所重小人之所輕大人承其志小人則順其時而已大人謂人君解見度制篇是故治國之端在正名名之正興五世五傳之外美惡乃形可謂得其眞矣○得天啟本注云一作冒非子路之所能見○是故云云與上下文不類疑是深察名號篇文錯簡在此

惟聖人能屬萬物於一而繫之元也終不及本所從來而承之不能遂其功欲成其終不要其本則無功聖人奉天以治人公羊疏云元年春者天之本卽位者人之本○淩云原注終一作故是以春秋變一謂之元元猶原也其義以隨天地終始也隱元年注

變一爲元元者氣也無形以起有形以分造起天地天地之始也故上無所繫而使春繫之也疏引宋氏注云元爲氣之始如水之有泉泉流之原窺之不見聽之不聞三統厤元者體之長也合三體而爲之原故曰元易緯太初爲氣之始春秋緯太一含元布精乃生陰陽劉敞春秋權衡云元年者人君也非太極也以一爲元氣何當於義其過在必欲成五始之說而不究元年之本情也案劉糾何氏其實何本於董義當有所受之但董不言元氣何足成之耳至說春秋一元之旨自以對策數語爲至純全此則推元義言之隨天終始語又見符瑞篇**故人唯有終始也而生不必應四時之變**人以生之始爲元猶王之以即位爲元不疑當作死生應春死應冬惠棟周易述引亦作死注云原始反終故知死生之說**故元者爲萬物之本**呂覽有始篇引黃帝曰芒芒昧昧因天之威與元同氣易乾鑿度云易一元以爲元紀鄭注天地之元萬物所紀文選遊天台山賦注引阮籍通老子論曰道者自然易謂之太極春秋謂之元老子謂之道也案元猶莊子之所謂氣母乾鑿度之所謂氣始說文旡下云奇字旡通于元氣自旡而之有故通元**而人之元在焉安在乎乃在乎天地之前**俞云乃在乎三字衍安在乎天地之前言不必在天地之前也易曰有天地然後有萬物聖人之言未有言及

天地之前者輿案何注言天地之始卽本此文三字非衍所謂以元統天也宋周子無極而太極之說亦本于此易太極生兩儀聖人之道運本於元以統天地爲萬物根人之性命由天道變化而來其神氣則根極於元溯厥胚胎固在天地先矣說文列元字于天字前亦卽斯旨鶡冠子有一而有氣宋佃注云一者元氣之始由是言之人本于天天本于元元生于一是故數始于一萬物之本也○官本云他本無前字上乎字王本作之下在字作存盧云舊作安在之乃存乎天地之前今從趙校改

故人雖生天氣及奉天氣者不得與天元本天元命而共違其所爲也易文言先天而天勿違後天而奉天時天固勿違於元聖人亦不能違天故云不共違其所爲元者人與天所同本也

故春正月者承天地之所爲也繼天之所爲而終之也大司徒疏詩文王疏並引鄭云是時周公居攝五年二月三月當爲一月二月不云正月者蓋待治定制禮乃正言正月故也程子云泰誓武成稱一月者商正已絕周正未建故只言一月然則王者于年變一言元于月亦變一言正矣

其道相與共功持業安容言乃天地之元聖人繼天而成治亦人之元耳何爲言乃天地之元與下二語並作反詰辭○俞云聚珍本作乃云他本作及當從

之輿案作乃不誤

天地之元奚爲於此惡施於人盧云惡讀曰烏大其貫承意之理矣天地之元又烏從施於人蓋惟王者與天合德斯有承意之理耳楚莊王篇事父者承意事天亦然史記麻書王者易姓受命必謹始初改正朔易服色推本天元順承厥意正用此義大其貫三字疑有誤○自惟聖人至此重政篇文錢云惟聖人能屬萬物于一而繫之元也恰與與小人之所輕文勢相接疑錯簡在彼當歸此篇今從之仍提行示別于彼篇兩存其文

是故春秋之道以元之深正天之端以天之端正王之政以王之政正諸侯之即位以諸侯之即位正竟內之治隱元年注即位者一國之始政莫大于正始故春秋以元之氣正天之端以天之端正王之政以王之政正諸侯之即位以諸侯之即位正境內之治諸侯不上奉王之政則不得即位故先言正月而後言即位政不由王出則不得爲政故先言王而後言正月也王者不承天以制號令則無法故先言春而後言王天不深正其元則不能成其化故先言元而後言春五者同日並見相須成體乃天人之大本萬物之所繫不可不察也○盧云隱元年傳何注以元之深作以元之氣疏中引公羊說作深字今故仍之舊本位字上脫即字又脫以諸侯之即位正

境內之治十一字則下文五者少其一矣今據何注訂補輿案數語亦見元命包玉海十三引何注亦作以元之氣**五者俱正而化大行**對冊云謹案春秋謂一元之意一者萬物之所從始也元者辭之所本也本漢書作大從王念孫說依漢紀謂一為元者視大始而欲正本也春秋深探其本而反自貴者始故為人君者正心以正朝廷正朝廷以正百官正百官以正萬民正萬民以正四方四方正遠近莫不壹於正王褒傳共惟春秋法五始之要在乎審己正統而已案五始元年一春二王三正月四公卽位五○是故春秋之道至此二端篇文錢云移在此處恰與下文相承接此說元年春王正月公卽位之義卽公羊家所謂五始也今從之仍提行示別于彼篇兩存其文

非其位而卽之雖受之先君春秋危之宋繆公是也隱三年葬宋宣公傳當時而日危不得葬也此當時何危爾宣公謂繆公曰以吾愛與夷則不若愛爾盡終為君矣宣公死繆公立逐其二子莊公馮與左師勃終致國乎與夷莊公馮弒與夷**非其位不受之先君而自卽之春秋危之吳王僚是也**襄二十九年傳闔廬曰先君之所為不與子國而與弟者凡為季子故也將從先君之命與則國宜之季子者也

不從先君之命與則我宜立者也僚烏得爲君乎於是使專諸刺僚而致國乎季子○盧云不受二字他本多重**雖然苟能行善得衆春秋弗危衛侯晉以立書葬是也**隱四年衛人立晉傳立者何立者不宜立也其稱人者衆立之之辭也桓十二年卒十三年書葬衛宣公○天啟本立作正淩本同**俱不宜立而宋繆受之先君而危**○天啟本繆下有公字**衛宣弗受先君而不危以此見得衆心之爲大安也故齊桓非直弗受之先君也乃率弗宜爲君者而立罪亦重矣**莊九年齊小白入于齊傳其言入何篡也**然而知恐懼敬舉賢人而以自覆蓋知不背要盟以自湔浣也**淩云莊十三年傳要盟可犯而桓公不欺一切經音義湔洗也洗濯也○官本敬作故云故他本作敬案兩作並通**遂爲賢君而霸諸侯**淮南氾論訓周公有殺弟之累齊桓有爭國之名然而周公以義補缺桓公以功滅醜而皆爲賢說苑尊賢篇桓公於是用管仲鮑叔隰朋賓胥無甯戚三存亡國一繼絕世救中國攘戎狄卒脇荊蠻以尊周室霸諸侯○官本云他本脫爲字**使齊桓被惡而無此美得免殺**

戮乃幸已何霸之有魯桓忘其憂而禍逮其身魯桓亦以簒立終見殺於齊齊桓憂其憂而立功名推而散之猶云推廣言之凡人有憂而不知憂者凶有憂而深憂之者吉易曰復自道何其咎此之謂也易小畜初九文繫詞无咎者善補過也匹夫之反道以除咎尚難人主之反道以除咎甚易人君反道功效易著利澤亦遠詩云德輶如毛言其易也禮記鄭注輶輕也言德之輕如毛耳潛夫論積微篇德輶如毛為仁由己與此義同荀子彊國篇引別一義

公觀魚于棠何惡也隱五年傳百金之魚公張之何注百金猶百萬也古者以金重一斤若今萬錢矣張謂張罔罟障谷之屬又云恥公去南面之位下與百姓爭利匹夫無異故諱若使以遠觀為譏也五行志載董推隱五年秋螟云時公觀漁于棠貪利之應也漁當從本書作魚白虎通十二王者不親取魚說苑云公自漁濟上義同凡人之性莫不善義然而不能義者利敗之也故君子終日言不及利欲以勿言愧

之而已愧之以塞其源也說苑貴德篇凡人之性莫不欲善其德然而不能爲善德者利敗之也故君子羞言利名言利名尙羞之況居而求利者也荀子大略篇上重義則義克利上重利則利克義故天子不言多少諸侯不言利害案漢世上下侈言利賈誼陳疏已言其弊至武帝而誅求益甚董子欲爲人君塞言利之源以化其下故特假春秋以著戒史記孟荀列傳太史公曰余讀孟子書至梁惠王問何以利吾國未嘗不廢書而歎也曰嗟乎利誠亂之始也夫子罕言利者常防其源也故曰放於利而行多怨自天子至於庶人好利之弊何以異哉○官本云愧之下以字他本作則夫處位動風化者徒言利之名爾猶惡之況求利乎位上疑脫一字太史公平準書贊云安甯則長庠序先本絀末以禮義防於利事變多故而亦反是是以物盛則衰時極而轉一質一文始終之變也史公諱求利之名歸之時變葢定哀微詞之意故天王使人求賻求金皆爲大惡而書求賻在隱三年求金在文九年今非直使人也親自求之是爲甚惡言利猶惡況曰求使人猶惡況自求故曰甚惡○官本云他本無今字誤衍一非字淩云非字不當衍譏何故言觀魚猶言觀社也皆諱大惡之辭也莊二

十三年傳諸侯越竟觀社非禮也注觀祭社諱淫言觀社者與親納幣同義墨子燕有祖齊有社宋有桑社楚有雲夢此男女之所屬而觀也觀社者志不在社也志在女而已說苑貴德篇周天子使家父毛伯求金於諸侯春秋譏之故天子好利則諸侯貪諸侯貪則大夫鄙大夫鄙則庶人盜上之變下猶風之靡草也故爲人君者明貴德而賤利以道下下之爲惡尚不可止今隱公貪利而身自漁濟上而行八佾以此化於國人國人安得不解於義解於義而縱於欲則災害起而臣下僻矣桓十五年何注王者千里畿內租稅足以共費四方各以其職來貢足以尊榮當以至廉無爲率先天下不當求求則諸侯貪大夫鄙士庶盜竊○官本云他本諱誤作

春秋有經禮有變禮爲如安性平心者經禮也盧云爲疑作謂與案如而同作爲是**至有於性雖不安於心雖不平於道無以易之此變禮也**性與心爲本質道雖緣性出實由後起禮喪服四制云有恩有理有節有權取之人情也恩理節經也權制則變也**是故昏禮不稱主人經禮也辭窮無稱稱主人變禮也**隱二年紀履緰來逆女傳何以不稱使婚禮不稱主

人然則曷稱稱諸父兄師友宋公使公孫壽來納幣則其稱主人何辭窮也辭窮者何無母也案禮祭統國君娶夫人之辭曰請君之玉女與寡人共有敝邑事宗廟社稷是稱主人之例也晉禮志穆帝升平元年將納皇后王彪之定禮深非公羊婚禮不稱主人之義又曰王者之於四海無非臣妾雖復父兄之親師友之賢皆純臣也夫崇三綱之始以定乾坤之儀安有天父之尊而稱臣下之命以納伉儷安有臣下之卑而稱天父之名以行大禮遠尋古禮近求史籍無王者此制比於情不安於義不通案王彪之所定用變禮例

天子三年然後稱王經禮也有故則未三年而稱王變禮也昭二十二年景王崩二十三年經書天王居於狄泉傳此未三年其稱天王何著有天子也白虎通爵篇天子大斂之後稱王者明民臣不可一日無君也故尚書曰王麻冕黼裳此大斂之後也案康王以子繼父非有故而稱王是與董異說者因以顧命爲史臣之詞○盧云舊本作有物故故物字衍孫詒讓云物字不當刪毛詩烝民傳云物事也物故猶言事故與史記漢書以死亡爲物故者不同韓非子難三篇云智不足以徧知物故盧校失之

婦人無出境之事經禮也母爲子娶婦奔喪父母變禮也盧云僖二十五年宋蕩伯姬來逆婦又三十一年杞伯姬來求婦文九年夫人姜氏如齊

又書夫人姜氏至自齊奔喪得禮故致與案莊二年夫人姜氏會齊侯于郜何注婦人無外事外則近淫不致者本無出道有出道乃致奔喪致是也莊二十七年注諸侯夫人尊重既嫁非有大故不得反惟自大夫妻雖無事歲一歸甯疏云大故者奔喪之謂白虎通喪服篇婦人不出境弔者婦人無外事防淫泆也禮雜記曰婦人越疆而弔非禮也而有三年喪君與夫人俱往案許穆夫人歸唁衛侯見尤百爾亦以非奔喪父母不合經禮故載馳之詠宛轉自明韓詩外傳高子問於孟子曰夫嫁娶者非己所自親也衛女何以得編於詩也孟子曰有衛女之志則可無衛女之志則殆若伊尹於太甲有伊尹之志則可無伊尹之志則篡夫道二常謂之經變謂之權懷其常道而挾其變權乃得爲賢夫衛女行中孝慮中聖權如之何亦以經變爲言戰國策趙太后于其女燕后飲食祝曰必勿使反蓋亦用不出境之禮逆婦求婦穀梁以爲非正此公羊一家說詩泉水箋國君夫人父母在則歸甯沒則大夫甯於兄弟此古文說又以歸甯爲可出境○官本云他本脫婦字**明乎經變之事然後知輕重之分可與適權矣**制禮之權與行事之權互相表裏行事之權以先枉後義爲斷制禮之權以於道無易爲斷適權者可不迷於所往矣然審禮易而處事難故適權者必先究禮○天啟本矣作也**難者曰春秋事同者辭同此**

四者俱爲變禮而或達於經或不達於經何也昏禮一稱王二娶婦三奔喪四或達或不達謂義有見經不見經其辭不一曰春秋理百物辨品類別嫌微修本末者也理百物者遂人道之極以達於萬物辨品類者人辨其品物區其類正名之義也別嫌微者美惡貴賤有時不相假借修本末者由本逮末皆循其自然之理也○官本云理他本作禮是故星墜謂之隕螽墜謂之雨其所發之處不同或降於天或發於地其辭不可同也星隕在莊七年雨螽在文三年何注不言如雨言雨螽者本飛從地上而下至地似雨尤醇輿案星降於天不可言雨星雨亦降於天者嫌使同也螽本發於地不嫌同雨言雨正狀螽死墜今四者俱爲變禮也同而其所發亦不同或發於男或發於女其辭不可同也辨男女亦所以別嫌微是或達於常或達於變也莊云春秋辭異則指異事異而辭同則以事見之事不見則以文起之嫌者使異不嫌使同○是下當有以字桓之志無王故不書王桓三年春正月公會齊侯於嬴何注無王者以見桓公無王而行也二年有王者見

始也十年有王者數之終也十八年有王者桓公之終也明終始有王桓公無之爾不就元年見始者未無王也案公羊不明桓無王之義何注本董義穀梁則以元年有王爲謹始二年有王爲正與夷之卒十年有王爲正終生之卒據此知二傳義蓋同**其志欲立故書卽位**桓元年公卽位傳繼弒君不言卽位此其言卽位何如其意也**書卽位者言其弒君兄也**以尊則君以親則兄身曾事之臣子無異故曰君兄宋高宗遙拜淵聖廖剛言禮有隆殺兄爲君則君之已爲君則兄之可也未達斯旨**不書王者以言其背天子**此義亦與穀梁同**是故隱不言立**不言立謂不書卽位隱元年傳不言卽位成公意也○立天啓本作正淩本同竝通隱十一年傳隱何以無正月隱將讓乎桓故不有其正月也**桓不言王者從其志以見其事也**見讓與篡之迹凡傳言其意如其意致其意皆此義桓元年注桓殺君欲卽位故如其意以著其惡直而不顯諱而不盈○天啓本從上有皆字淩本同**從賢之志以達其義從不肖之志以著其惡**義疑作善襄七年傳其言如會何致其意也何注鄭伯欲與中國意未達而見殺故養遂而致之所以達賢者之心**由此觀之春秋之所善善也所不善亦不**

善也不可不兩省也春秋明善惡之書或從春秋之志以明之或從其人之志以明之泓之戰大宋襄夷皋弑罪趙盾春秋之志也鄭伯忍於殺弟則直書克段季友不忍誅兄則一書公子牙卒再書公子慶父如齊叔武不欲其兄有殺弟名則爲之諱殺喜時不欲負芻有簒名則爲之言復歸此從其人之志也參而伍之以求春秋之義思過半矣

經曰宋督弑其君與夷傳言莊公馮殺之不可及於經何也事在桓二年傳見隱四年○官本云他本脫宋督二字曰非不可及於經其及之端眇不足以類鉤之故難知也眇微也讀春秋者卽事以求旨取其及於經以通其不及於經者達以精心自可得其委曲亦非離事而斷以臆也泥類以鉤之而聖法有不見者蕭楚論春秋書城楚丘而不書齊桓封衛之功以爲嫌於作福欲俾後之君子觀於所書而知天下之所以亂索其所不書而知王者之所以存卽此旨也傳曰臧孫許與晉郤克同時而聘乎齊見成二年按經無有豈不微哉經有不見有詭辭皆爲微言不書其往而有避也而與以同今此傳言莊公馮而於經不書亦以有避也○盧云以有舊

本倒錢据大典改是以不書聘乎齊避所羞也以辱客尋隙故○官本二云他本無乎字不書莊公馮殺避所善也是故讓者春秋之所善宣公不與其子而與其弟其弟亦不與子而反之兄子雖不中法皆有讓高不可棄也高猶美也荀子禮論高者美之隆也故君子爲之諱不居正之謂避其後也亂移之宋督以存善志隱三年傳故君子大居正宋之禍宣公爲之也俞云按不居正之謂及也字竝衍文此本云故君子爲之諱句避其後亂移之宋督以成善志今衍此六字則文義不屬矣下文棄之則棄善志也取之則害王法疑不居正之謂也六字當在彼下王道篇春秋嘉義氣焉故皆見之復正之謂也與此文法一律此亦春秋之義善無遺也義善疑作善善春秋有詞移有事移與夷之弒移之宋督以善宣公以鄭入齊移之紀季以賢紀侯移其事也郲之戰楚變而稱子里克殺奚齊變而稱君之子移其詞也移其詞者卽主文推之移其事者非口說難明矣若直書其篡則宣繆之高滅而善之無所見矣善之謂春秋見褒○直天啟本注云一作止難者曰爲賢者

諱皆言之爲宣繆，諱獨弗言，何也？曰：不成於賢也。其爲善不法，心於善而已，事不合王法。不可取，亦不可棄。棄之則棄善志也，取之則害王法。故不棄亦不載，此謂爲宣繆諱，不載於傳。以意見之而已。苟志於仁無惡，此之謂也。志於仁，但無惡而已，非卽仁也。此當是齊論語說。器從名，地從主人之謂制。盧云：此節以器從名地從主人發端，疑與下事不相比屬，或有脫簡，未可知也。不然，將毋謂君之立與不宜立者，君以爲後，臣下孰敢不奉以爲君，此卽從名從主人之比乎？輿案：推文義，似是以制起權。桓二年傳「器從名」，注云「從其所爲之地名之」；「地從主人」，注云「從後所屬主人」。此引之以言物有從主從客之不同，不執於一，是卽權之端也。權合於宜之謂制。權之端焉，不可不察也。權者事之發，而其端仍本於制。夫權雖反經，亦必在可以然之域。在可以然之域，卽爲合道。不在可以然之域，故雖死亡，終弗爲也。傳云：「權之所設，舍死亡無所設。」此復推勘其義。公子目夷是也。僖二十一年傳：楚人執宋公以伐宋。宋公謂公子目夷曰子歸守國矣國子之國也吾不從子之言以至乎此公子目夷復曰君雖不言國國固臣之國也於是歸設守械而守國楚人謂宋人曰子不與我國吾將殺子君矣宋人應之曰吾賴社稷之神靈吾國已有君矣楚人知雖殺宋公猶不得宋國於是釋宋公宋公釋乎執走之衞公子目夷復曰國爲君守之曷爲不入然後逆襄公歸案目夷爲桓公後妻子桓公欲立爲太子目夷逃之衞襄公從之襄公立目夷乃歸事見説苑立節篇史記宋世家以目夷爲襄公庶兄春秋重適故下云不宜立而立此間似有脱文目夷是在可以然之域者此句或當在無以異也下

故諸侯父子兄弟不宜立而立者春秋視其國與宜立之君無以異也此皆在可以然之域也目夷之立以救宋君衞晉之立以得衆心餘祭夷昧之立以讓季子春秋皆許之○官本云者他本作也**至於鄫取乎莒以之爲同居目曰莒人滅鄫**經見襄六年襄五年叔孫豹鄫世子巫如晉傳叔孫豹率而與之俱也叔孫豹則曷爲率而與之俱蓋舅出也莒將滅之故相與往殆乎晉也莒將滅之則何爲相與往殆乎晉取後乎莒也其取後乎莒奈何莒女有爲鄫夫人者蓋欲立其出也何注時莒女嫁爲鄫後夫人夫人無男有女還嫁之於莒有外孫鄫子愛後夫人而無子欲立其

外孫又六年經注云言滅者以異姓爲後莒人當坐滅也不月者取後乎莒非兵滅世本鄫姒姓子爵夏太康封其子曲烈於鄫襄六年莒滅之鄫太子巫仕魯去邑爲曾氏盧云同居宜當作國君俞云同居疑是司君司君者嗣君也尚書高宗彤日王司敬民史記殷本紀司作嗣是古通用輿案俞說是嗣字古省作司晉姜鼎銘云晉姜曰余惟司鄭先姑君晉邦呂大臨考古錄王俅嘯堂集集古錄薛尚功鐘鼎款識宣和博古圖皆釋司爲嗣○天啟本以之作之以**此在不可以然之域也**此申雖死亡弗爲之義國雖滅亡不可亂其族類○盧云在不大典本作不在輿案天啟本無在字**故諸侯在不可以然之域者謂之大德大德無踰閑者謂正經諸侯在可以然之域者謂之小德小德出入可也權譎也尚歸之以奉鉅經耳**雖權譎仍以正歸之取其不失大經耳論語子夏曰大德不踰閑小德出入可也荀子王制篇孔子曰大節是也小節是也上君也大節是也小節一出焉一入焉中君也大節非也小節雖是也吾無觀其餘矣與此文義同或謂諸下衍侯字亦通**故春秋之道博而要詳而反一也**春秋義雖詳博要不外於正經孟子曰博學而詳說之將以反說約也趙注博廣詳悉也廣學

悉其微言而說之者將以約說其要意不能盡知則不能要言之也是謂廣尋道意還反於樸說之美者也案一者約之至也反一猶反約

公子目夷復其君終不與國復謂答宋公語

祭仲已與後改之見桓十一年傳

晉荀息死而不聽僖十年傳獻公死奚齊立里克謂荀息曰君殺正而立不正廢長而立幼如之何願與子慮之荀息曰君嘗訊臣矣臣對曰使死者反生生者不愧乎其言則可謂信矣里克知其不可與謀退殺奚齊荀息立卓子里克殺卓子荀息死之荀息可謂不失其言矣○天啟本聽作德

衛曼姑拒而弗內哀三年傳曼姑受命乎靈公而立輒以曼姑之義為固可以拒之也輒者曷為者也蒯聵之子也然則曷為不立蒯聵而立輒蒯聵為無道靈公逐蒯聵而立輒然則輒之義可以立乎曰可其可奈何不以父命辭王父命以王父命辭父命是父之行乎子也不以家事辭王事以王事辭家事是上之行乎下也

此四臣事異而同心其義一也目夷之弗與重宗廟祭仲與之亦重宗廟宗廟重則君為輕此論與孟子合西漢不尊孟子實則孟與春秋說同者多春秋時若左氏所紀呂甥輔孺子以救晉惠公孫申改立君以釋鄭成皆師目夷故智後此則宋之高宗明之景泰律以春秋之義蓋皆在可以然之域然而處此位者當側席思艱竭

誠復辟斯可以適權矣問者曰至辱加於大位已反國者春秋勿君齊頃公所以見貶也宋襄復位未得爲正則目夷勿與是而慫與之非矣曰貶齊頃者爲人君言之賢目夷者爲守國言之各明一義非相妨也蔡仲與突同爲重宗廟者亦以宋有亡鄭之力若朱勝非處苗劉之變則雖正色捐軀未爲病國不當以蔡仲廢置君爲詞宜胡安國駁論之也而遂以咎公羊則過矣文天祥言社稷爲重君爲輕立君以存社稷存一日則盡臣子一日之責正合春秋義

荀息死之貴先君之命曼姑拒之亦貴先君之命也事雖相反所爲同俱爲重宗廟貴先帝之命耳難者曰公子目夷祭仲之所爲者皆存之事君○盧云本或爲下有之字案官本有云他本無善之可矣荀息曼姑非有此事也○官本云他本無也字而所欲恃者皆不宜立者何以得載乎義奚齊非長衛輒拒父故疑非義曰春秋之法君立不宜立不書大夫立則書書之者弗予大夫之得立不宜立者也如衛人立晉則書之例不書予君之得立之也莊云春秋非記事之史不書多于書以所不書知所

書以所書知所不書治亂必表其微所謂禮禁未然之前也凡所書者有所表也是故春秋之中無空文**君之立不宜立者非也既立之大夫奉之是也荀息曼姑之所得爲義也**奚齊獻公立輒靈公立所下疑脱以字

難紀季曰○天啟本不提行凌本同**春秋之法大夫不得用地**莊三年秋紀季以酅入于齊定十三年晉趙鞅入於晉傳此叛也其言歸何以地正國也案用地疑作專地下文云今紀季受命乎君而經書專承此言之桓九年傳諸侯不得專地語亦見王道篇通典一夫春秋之義諸侯不得專封大夫不得專地正與此合**又曰公子無去國之義**襄二十九年傳季子去之延陵終身不入吳國何注禮公子無去國之義故不越境又見莊九年注○官本云公他本作君**又曰君子不避外難**莊二十七年傳君子避內難而不避外難**紀季犯此三者何以爲賢賢臣故盜地以下敵棄君以避難乎**莊三年傳何賢乎紀季服罪也魯子曰請後五廟以存姑姊妹○盧云故本亦作固古通用**曰賢者不爲是是故託賢於紀季以見**

季之弗爲也紀季弗爲而紀侯使之可知矣春秋之書事時詭其實以有避也其書人時易其名以有諱也莊云春秋之義不可書則避之不忍書則隱之不足書則去之不勝書則省之辭有據正而不當書者皆書其可書以見其所不可書辭有詭正而書者皆隱其所大不忍避其所大不可而後目其所常不忍常不可也辭若可去可省而書者常人之所輕聖人之所重故詭晉文得志之實以代諱避致王也代疑作狩僖二十八年天王狩於河陽傳云狩不書此何以書不與再致天子也本書王道篇云晉文再致天子諱致言狩史記孔子世家踐土之會實召周天子而春秋諱之曰天王狩於河陽詭莒子號謂之人避隱公也隱八年公及莒人盟於包來傳公曷爲與微者盟稱人則從不疑也何注實莒子也言莒子則嫌公行微不肖諸侯不肯隨從公行而公反隨從之故使稱人則隨從公不疑矣易慶父之名謂之仲孫閔元年冬齊仲孫來傳齊仲孫者何公子慶父也公子慶父則曷爲謂之齊仲孫繫之齊也曷爲繫之齊外之也曷爲外之春秋爲尊者諱爲親者諱爲賢者諱子女子曰以春秋爲春秋齊無仲孫其諸吾仲孫與變盛謂之成諱大惡也莊八年師

及齊師圍成成降於齊師傳成者何盛也盛則曷爲謂之成諱滅同姓也然則說春秋者入則詭辭隨其委曲而後得之入則二字疑誤春秋詭辭門弟子當有口說傳授秦漢之於春秋若今日之於明季年代未遠源流相接說之者尚可由詭辭得其委曲然亦不必其密合而無失也故程子云傳經爲難如聖人之後纔百年傳之已差若乃即空文以造詭辭則所謂解經而欲新奇何所不至者矣今紀季受命乎君而經書專書曰以酅若專詞然無善一名而文見賢一疑作之專詞是無善之名書紀季而不名是文見賢此皆詭辭不可不察春秋之於所賢也固順其志而一其辭章其義而襃其美春秋責賢者備有時原賢者亦微一皆有義可尋高宣繆猶之善魯隱以其讓也賢紀侯猶之非逢丑父以其冒大恥同而一存國一辱君也合而偶之比而求之聖心見矣今紀侯春秋之所貴也是以聽其入齊之志而詭其服罪之辭也移之紀季事由紀侯使之賢紀季即所以貴紀侯下也字疑衍故告糴於齊者實莊公爲之而春秋詭其辭以予臧孫辰莊二十八年臧孫辰告糴于齊

傳告糴者何請糴也何以不稱使以爲臧孫辰之私行曷爲以臧孫辰之私行君子之爲國必有三年之委一年不熟告糴譏也

以鄭人於齊者實紀侯爲之而春秋詭其辭以與紀季所以詭之不同其實一也告糴之辱由於自取入齊之事出於勢窮一譏一賢故曰所以詭之不同爲尊者諱一也難者曰有國家者人欲立之固盡不聽盧云盡當作辭與案此謂紀侯如早知不足存紀當不踐君位國滅君死之正也見襄六年傳何賢乎紀侯曰齊將復讎紀侯自知力不加而志距之不加猶云不敵距拒同故謂其弟曰我宗廟之主不可以不死也○官本云他本作不以死也汝以酅往服罪於齊請以立五廟使我先君歲時有所依歸此稱紀侯辭較傳引魯子語詳蓋得之師說知傳義兼傳事矣說苑諸書所紀春秋事亦有出三傳外者足證師說流傳至漢未泯率一國之眾以衛九世之主齊襄復九世之仇是紀侯之距所以衛其九世之主○天啟本注云世一作代襄公逐之不去求之弗予上下同心而俱死之

○官本云他本無之字**故謂之大去**莊四年紀侯大去其國傳大去者何滅也孰滅之齊滅之曷爲不言齊滅之爲襄公諱也春秋爲賢者諱何賢乎襄公復仇也何仇爾遠祖也哀公亨乎周紀侯譖之以襄公之爲於此焉者事祖禰之心盡矣盡者何襄公將復仇乎紀卜之曰師喪分焉寡人死之不爲不吉也遠祖者幾世乎九世矣九世猶可以復仇乎雖百世可也案傳以爲賢齊襄董以爲賢紀侯此補正傳文**春秋賢死義且得眾心也**處齊襄與內爲仇讐傳節取復讐義耳**故爲諱滅以爲之諱見其賢之也以其賢之也見其中仁義也**存宗廟爲仁死國爲義所謂前枉後義

精華第五

春秋愼辭謹於名倫等物者也因倫之貴賤而名之因物之大小而等之故曰名倫等物又見盟會要篇**是故小夷言伐而不得言戰大夷言戰而不得言獲中國言獲而不得言執各有辭也**盧云小夷言伐如狄伐邢伐鄭之類是也大夷言戰如戰泓戰柏莒之類中國言獲

如戰於韓獲晉侯之類僖二十八年晉侯執曹伯執衛侯蓋伯討也**有小夷避大夷而不得言戰**有與又同**大夷避中國而不得言獲**莊十年荊敗蔡師于莘以蔡侯獻舞歸傳曷爲不言其獲不與夷狄之獲中國也**中國避天子而不得言執名倫弗予嫌於相臣之辭也**說文臣象屈服之形**是故大小不踰等貴賤如其倫義之正也**漢朱博傳春秋之義用貴治賤不以卑臨尊輿案春秋之治始於義而終於仁義以等差爲亟故言外則小夷大夷不同辭言內則京師諸夏不同辭仁以覆育爲量故小國之君可以錄詳遠夷之君可以內而不外

大雩者何旱祭也見桓五年傳案古者孟夏之雩爲常雩遇旱而禱則爲大雩**難者曰大旱雩祭而請雨**○玉海云禮儀志注郎顗傳注竝引此語**大水鳴鼓而攻社**莊二十五年秋大水鼓用牲于社于門周禮大祝掌六祈一曰攻凌云說苑攻作劫**天地之所爲陰陽之所起也**○通典四十三引無也字**或請焉或怒焉者何**莊五年傳日食則曷爲鼓用牲于社求乎陰之道也何注求責求也故知大水鳴鼓

是怒之也俞云怒當作攻上下文皆云攻不云怒○御覽五百二十五者何作何也通典作何如也**曰大旱者陽滅陰也陽滅陰者尊厭卑也固其義也**○天啟本厭作壓淩本同**雖大甚**大泰同**拜請之而已敢有加也**白虎通災變篇日食大水則鼓用牲于社大旱則雩祭求雨非苟虛也助陽責下求陰之道也周禮女巫疏董仲舒曰雩求雨之術呼嗟之歌國風周南小雅鹿鳴燕禮鄉飲酒大射之歌焉桓五年何注君親之南郊以六事謝過自責曰政不一與民失職與宮室崇與婦謁盛與苞苴行與讒夫昌與使童男女各八人舞而呼雩故謂之雩春秋漢含孳雩祭禱辭曰萬國今大旱野無生稼寡人當死百姓何諺不敢煩民請命願撫百姓以身塞無狀　皇朝通典乾隆二十四年舉大雩之禮御製祝文云上天仁愛生物爲心下民有罪定宥林林百辟卿士供職惟欽此罪不在官不在民實臣罪日深然上天豈以臣一身之故而令萬民受災害之侵嗚呼其惠雨乎謹以臣身代民請命昭昭在上言敢虛佞正合古者拜請之義○盧云舊本作無敢有加也劉昭注續漢志及文獻通考引此皆無無字今從之輿案御覽五百二十五有無字**大水者陰滅陽也陰滅陽者卑勝尊也**董子推春秋災異凡大水皆以爲陰盛之應後漢五行志引董仲舒曰夫水者陰氣

盛也。論衡明雩篇：夫雩古而有之，故禮曰雩祭，祭水旱也。故有雩禮，故孔子不譏，而仲舒申之。夫如是，雩祭祀禮也，雩祭得禮，則大水鼓用牲於社，亦古禮也。又云：推春秋之義，求雩祭之說，實孔子之心，考仲舒之意，孔子旣歿，仲舒已死，世之論者孰當復問？惟若孔子之徒仲舒之之黨爲能說之。**曰食亦然，**周禮太祝注：董仲舒救日食，祝日炤炤大明，瀸滅無光，奈何以陰侵陽，以卑侵尊。郊特牲疏引王肅難鄭云：春秋說伐鼓于社，責上公，不云責地祇，明社是上公也。爲鄭學者通之云：伐鼓責上公者，以日食，臣侵君之象，故以責上公言之。通典四十五杜佑云：日蝕伐鼓于社，責陰助陽之義也。夫陽爲君，陰爲臣，日蝕者陰蝕陽也，君弱臣强，是以伐鼓于社，云責上公耳。**皆下犯上，**皆下疑脫以字。**以賤傷貴者，**○通典傷作淩，官本云他本無者字。**逆節也，故鳴鼓而攻之，朱絲而脅之，爲其不義也。**莊二十五年：日有食之，鼓用牲于社。傳：以朱絲營社，或曰脅之，或曰爲闇恐人犯之，故營之。何注：朱絲爲社助陽抑陰也。或曰脅之，與責求同義。白虎通災變篇：日食必救之何？陰侵陽也。鼓用牲于社，社者衆陰之主，以朱絲縈之，鳴鼓攻之，以陽責陰也。淩云：說苑作鳴鼓而懾之，朱絲營而刼之。**此亦春秋之不畏强禦也。**莊十二年傳：仇牧可謂不畏强禦矣。何注：禦，禁也，言力强不可禁也。○盧云：不畏二字舊本作爲字今亦依劉昭注改正**故變天地之位正陰陽之序直行其道而不忘其難義之至也**忘疑忌之誤猶不畏其難也通典正作貞行其道而不忌其難說苑作不避義同正陰陽春秋之大義也易曰天尊地卑乾坤定矣今以正陰陽之序則日食之麗於天者亦攻而脅之故曰變天地之位也然日爲陽而攻其侵陽者仍是尊天亦猶天王雖貴父母雖親而絀其不順父母不若於天者仍是尊親故曰義之至也**是故脅嚴社而不爲不敬靈**莊二十五年何注先言鼓後言用牲者明先以尊命責之後以臣子禮接之所以爲順也**出天王而不爲不尊上**僖二十四年天王出居于鄭注不能事母故絶之言出**辭父之命而不爲不承親**哀三十年傳以王父命辭父命是父之行乎子也漢雋不疑傳昔蒯聵違命出奔輒拒而不納春秋是之**絶母之屬而不爲不孝慈義矣夫**莊元年夫人孫于齊傳不與念母也何注念母則忘父背本之道也孝經云父母生之續莫大焉案禮內則云慈以旨甘孟子言孝子慈孫是子之於親亦可稱慈也莊元年注故絶文姜不爲不孝距蒯聵不爲不順脅靈社不爲不敬蓋重本尊統使尊行于卑上行于下正用董義又定四年注論子胥復讐事云孝經曰資於事父以事君而敬同

本取事父之敬以事君而父以無罪爲君所殺諸侯之君與王者異於義得去君臣已絶故可也孝經云資於事父以事母莊公不得報讐文姜者母所生雖輕於父重於君也易曰天地之大德曰生故得絶不得殺說苑辨物篇夫水旱俱天地陰陽所爲也大旱則雩祭而請雨大水則鳴鼓而劫社何也曰陽者陰之長也其在鳥則雄爲陽雌爲陰其在獸則牡爲陽牝爲陰其在民則夫爲陽而婦爲陰其在家則父爲陽而子爲陰其在國則君爲陽而臣爲陰故陽貴而陰賤陽尊而陰卑天之道也今大旱者陽氣太盛以厭於陰陰厭陽固陽其塡也惟塡厭之太甚使陰不能起也亦雩祭拜請而已無敢加也至於大水及日蝕者皆陰氣太甚而上減陽精以賤乘貴以卑陵尊大逆不義故鳴鼓而懾之朱絲縈而劫之由此觀之春秋乃正天下之位徵陰陽之失直責逆者不避其難是亦春秋之不畏强禦也故劫嚴社而不爲驚靈出天王而不爲不尊上辭蒯聵之命不爲不聽其父絶文姜之屬而不爲不愛其母其義之盡耶其義之盡耶又案王充頗駁仲舒攻社之議見順鼓篇又云雨不霽祭女媧于禮何見伏羲女媧俱聖者也舍伏羲而祭女媧春秋不言董仲舒之議其故何哉然則仲舒有旱祭女媧之議而今未見○官本云他本無慈字矣字案天啟本有注云矣一作乎

難者曰春秋之法大夫無遂事莊十九年傳又僖三十年傳又曰出境有可以安社稷利國家者則專之可也莊十九年傳又曰大夫以君命出進退在大夫也襄十九年晉士匄侵齊至穀聞齊侯卒乃還傳白虎通三軍篇大夫將兵出不從中御者欲盛其威使士卒一意繫心也故但聞軍令不聞君命明進退在大夫也何注禮不從中御外臨事制宜當敵爲師唯義所在士匄聞齊侯卒引師而去恩動孝子之心義服諸侯之君案何義亦本蕭望之傳諸葛亮云將在軍君命有所不受雖古軍禮實亦春秋法也又曰聞喪徐行而不反也宣八年公子遂如齊至黃乃復傳何注聞喪者聞父母之喪徐行者不忍疾行又爲君當使人追代之〇官本云他本脫曰字夫既曰無遂事矣又曰專之可也既曰進退在大夫矣又曰徐行而不反也若相悖然是何謂也曰四者各有所處得其處則皆是也失其處則皆非也審處亦精義之學是故施諸事則有常變之殊施諸人我則有仁義之異春秋固有常義又有應變常義如易之不易應變如易之變動無遂事者謂

平生安寧也○盧云說苑安寧作常經專之可也者謂救危除患也進退在大夫者謂將率用兵也白虎通王者不臣篇不臣將率用兵者重士衆爲敵國國不可從外治兵不可從內御欲成其威一其令春秋之義兵不稱使明不可臣也案進退在大夫是有不臣之義○官本云他本無救字又脫謂將二字徐行不反者謂不以親害尊不以私妨公也白虎通喪服篇大夫使受命而出聞父母之喪非君命不反者蓋重君也故春秋傳曰大夫以君命出聞喪徐行不反此之謂將得其私將字疑誤知其指故公子結受命往媵陳人之婦於鄄道生事○官本云他本誤作遂其事從齊桓盟春秋弗非以爲救莊公之危莊十九年何注先是鄄幽之會公皆不至公子結出竟遭齊宋欲深謀伐魯故專矯君命而與之盟除國家之難全百姓之命故善而詳錄之公子遂受命使京師道生事之晉之往也○官本云他本脫受字道誤作遂春秋非之以爲是時僖公安寧無危僖三十年公子遂如京師遂如晉傳大夫無遂事此其言遂何公不得爲政爾何注矯君命以聘政下移可知○盧云舊本多而救

二字**故有危而不專救謂之不忠無危而擅生事是卑君也**漢書馮奉世傳議者以奉世奉使有指春秋之義無遂事漢家之法有矯制故不得侯又云其違命而擅生事同延壽割地封而奉世獨不錄終軍傳徐偃矯制使膠東魯國鼓鑄鹽鐵張湯劾偃矯制大害法偃以爲春秋之義大夫出疆有可以安社稷存萬民顓之可也湯以致其法不能詘其義有詔下軍問狀軍詰偃曰古者諸侯國異俗分百里不通時有聘會之事安危之勢呼吸成變故有不受辭造命顓己之宜今天下爲一萬里同風故春秋王者無外偃巡封域之中稱以出疆何也且鹽鐵郡有餘臧正二國廢國家不足以爲利害而以安社稷存萬民爲詞何也偃窮詘服罪案兩傳用春秋義魏鄧艾及晉王濬上書自理竝引春秋之義大夫出疆由有專輒

故此二臣俱生事春秋有是有非其義然也義俱歸本於忠君說苑奉使篇春秋之辭有相反者四既曰大夫無遂事不得擅生事矣又曰出境可以安社稷利國家者則專之可也既曰大夫以君命出進退在大夫矣又曰以君命出聞喪徐行而不反者何也曰此四者各止其科不轉移也不得擅生事者謂平生常經也專之可者謂救危除患也進退在大夫者謂將帥用兵也徐行而不反者謂出使道聞君親之喪也公子結擅生事春秋不非以爲救莊公危也公子遂擅生

事春秋譏之以爲僖公無危事也故君有危而不專救是不忠也君無危而擅生事是不臣也傳曰詩無通故易無通吉春秋無通義此之謂也

齊桓挾賢相之能賢相謂管仲○盧云挾本或作仗非仗乃杖之俗字官本作仗云他本作挾用大國之資即位五年不能致一諸侯於柯之盟見其大信一年而近國之君畢至鄄幽之會是也莊九年齊桓立十三年盟柯十四五年會鄄十六年同盟於幽其後二十年之間亦久矣尚未能大合諸侯也至於救邢衛之事見存亡繼絕之義而明年遠國之君畢至貫澤陽穀之會是也閔元年僖元年救邢僖二年城楚丘是救衛也貫澤之盟江人黃人皆至亦在二年三年會陽穀江黃亦至貫澤左傳無澤字新序亦作貫澤故曰親近者不以言召遠者不以使此其效也管子形勢篇召遠者使無爲焉親近者言無事焉惟夜行者獨有也其後矜功振而自足而不修德僖九年葵丘之會傳桓公震而矜之叛者九國

振與震同故楚人滅弦而志弗憂江黃伐陳而不往救滅弦在僖五年伐陳在四年損人之國而執其大夫不救陳之患而責陳不納僖四年齊人執陳轅濤塗因陳人不欲其師反由己國故也○盧云不納本或作不離訛案官本作離云他本作納原本及黃氏日鈔所引俱作離天啟本作納俞云周易否九家注離附也不復安鄭而必欲迫之以兵伐鄭在僖六年功未良成而志已滿矣良語辭左昭十八年傳弗良及也五行志中國其良絕矣並同故曰管仲之器小哉此之謂也新序襍事篇桓公用管仲則小也故至於霸而不能以王故孔子曰小哉管仲之器蓋善其遇桓公惜其不能以王也案本書王道篇以齊欲王天下爲譏與劉義異孔子未嘗以王王齊期管仲董義釋論語爲優自是日衰九國叛矣

春秋之聽獄也必本其事而原其志事之委曲未悉則志不可得而見故春秋貴志必先本事漢書薛宣傳春秋之義意惡功遂不免於誅又云春秋之義原心定罪○玉海四十引此二語志邪者不待成首惡者罪特重此即後世分首從之律僖二年虞師晉師滅夏陽傳虞微國也曷爲序乎大國之上使虞首惡也鹽鐵論

疾貪篇春秋刺譏不及庶人責其率也又周秦篇鬧惡惡止其人疾始而誅首惡未聞什伍之相坐漢書孫寶傳春秋之義誅首惡而已後漢梁商傳商上疏曰春秋之義功在元帥罪止首惡潛夫論斷訟篇春秋之義責知誅率率猶首也**本直者其論輕**隱元年何注舉及暨者明當隨意善惡而原之欲之者善重惡深不得已者善輕惡淺所以原心定罪鹽鐵論刑德篇法者緣人情而制非設罪以陷人也故春秋之治獄論心定罪志善而違於法者免志惡而合於法者誅**是故逢丑父當斮而轅濤塗不宜執**丑父以賤道待其君而桓公師不正○官本云執他本誤作直**魯季子追慶父**盧云閔二年公子慶父出奔莒公羊于公薨傳云緩追逸賊親親之道也後慶父欲求入魯季子不許於是抗輈經而死案漢鄒陽傳公子慶父使僕人殺子般獄有所歸季子不探其情而誅焉慶父親殺閔公季子緩追免賊春秋以爲親親之道也鹽鐵論周秦篇自首匿相坐之法立骨肉之恩廢而刑罪多聞父母之於子雖有罪猶匿之豈不欲服罪爾當作若不欲服罪然子爲父隱父爲子隱未聞父子之相坐也聞兄弟緩追以免賊未聞兄弟之相坐並用公羊義據下文或誅或不誅是董卽以追爲誅**而吳季子釋闔廬**襄二十九年吳子使札來聘傳闔廬曰先君之所以不與子國而與弟者凡爲季子故也將從先君之命

與則國宜之季子者也如不從先君之命與則我宜立者也僚焉得爲君乎於是使專諸刺僚而致國乎季子季子曰爾殺吾君吾受爾國是吾與爾爲簒也爾殺吾兄吾又殺爾是父子兄弟相殺無已也去之延延陵終身不入吳國**此四者罪同異論其本殊也俱欺三軍或死或不死俱弑君或誅或不誅聽訟折獄可無審耶**漢世多引春秋斷事亦以治獄于定國爲廷尉迎師以學春秋其風尚可知也漢書食貨志自公孫宏以春秋之義繩臣下取漢相張湯以峻文決理爲廷尉於是見知之法生而廢格詛誹窮治之獄用矣似偏主於峻深者董素不滿平津故此特加致審之詞漢藝文志有公羊董仲舒治獄十六卷後漢書應劭傳故膠西相董仲舒老病致仕朝廷每有政議數遣廷尉張湯親至陋巷問得失於是作春秋決獄二百三十二事隋志有春秋決事十卷唐志有春秋決獄十卷動以經對言之詳矣通典六十九載養兄弟子爲後後自生子議云東晉成帝咸和五年散騎侍郎賀嶠妻于氏上表云董仲舒一代純儒漢朝每有疑議未嘗不遣使者訪問以片言而折衷焉時有疑獄曰甲無子拾道旁棄兒乙養之以爲子及乙長有罪殺人以狀語甲甲藏匿乙甲當何論仲舒斷曰甲無子振活養乙雖非所生誰與易之詩云螟蛉有子蜾蠃負之春秋之義父爲子隱甲宜匿乙詔不當坐又一事曰甲有子乙以乞丙

乙後長大而丙所成育甲因酒色謂乙曰汝是吾子乙怒杖甲二十甲以乙本是其子不勝其忿自告縣官仲舒斷之曰甲能生乙不能長育以乞丙於義已絶矣雖杖甲不應坐御覽六百四十董仲舒斷獄曰甲父乙與丙爭言相鬭丙以佩刀刺乙甲卽以杖擊丙誤傷乙甲當何論或曰毆父也當梟首論曰臣愚以父子至親也聞其鬭莫不有怵惕之心挾杖而救之非所以欲毆父也春秋之義許止父病進藥於其父而卒君子原心赦而不誅甲非律所謂毆父不當坐又曰甲夫乙將船會海風盛船沒溺流死腆尸亡不得葬四月甲母丙卽嫁甲欲皆何論或曰甲夫死未葬法無許嫁以私爲人妻當棄市議曰臣愚以爲春秋之義言夫人歸於齊言夫死無男有更嫁之道也婦人無專制擅恣之行聽從爲順嫁之者歸也甲又尊者所嫁無淫衍之心非私爲人妻也明於決事皆無罪名不當坐又白孔六帖引決獄二事其一甲爲武庫卒盜强弩絃一時與弩異處當何罪論曰兵所居比司馬闌入者髡重武備責精兵也弩蘖機郭絃軸異處盜之不至盜武庫兵陳論曰大車無輗小車無軏何以行之甲盜武庫兵當棄市乎以上二論皆或說此下仲舒所斷雖與弩異處不得絃不可謂弩矢射不中與無矢同不入與無鏃同律曰此邊鄙兵所臧直百錢者當坐棄市其一君獵得麑使大夫持以歸道見其母隨而鳴感而縱之君慍議罪未定君病恐死欲託孤幼乃覺之曰大夫其仁乎遇麑以

仁況人乎乃釋之以爲子傳於議何如仲舒曰君子不麑不卵大夫不諫使持歸非也義而中感母恩雖廢君命縱之可也治獄書可見者如此全書已亡矣○淩云王本可無二字倒故折獄而是也理益明教益行折獄而非也○盧云此句本或無而字闇理迷衆與教相妨折獄是非關於政教故治國者愼言政律教政之本也獄政之末也其事異域其用一也不可不以相順故君子重之也獄與教相輔爲用教號崇禮而獄務容姦是相反矣管子樞言篇云法出於禮禮出於治司馬遷引董生云禮禁未然之前法施已然之後法之所爲用者易見而禮之所爲禁者難知君子以其易見也故尤重之

難晉事者曰春秋之法未踰年之君稱子蓋人心之正也孝子心不忍當故曰正至里克殺奚齊避此正辭而稱君之子何也見僖十年白虎通封公侯篇春秋之弒太子罪與弒君同春秋曰弒其君之子奚齊與弒君同也曰所聞詩無達詁易無達占春秋無達辭春秋卽辭以見例無達辭猶云無達例也程子云春秋以何爲準無如中庸欲知中庸無如權何物爲權義也

時也春秋已前既已立例到近後來書得全別一般事便書得別有意思若依前例觀之殊失也春秋大率所書事同則辭同後人因謂之例然有事同辭異者蓋各有義非可例拘也案程子說春秋例與從變從義之旨合數語並相傳師說漢世著述有統稱所聞者亦有舉先師名者如眭弘傳稱先師董仲舒潛夫論考績篇稱先師京君鄭志稱先師棘下生之類是也所聞又見楚莊王篇○盧云古本亦作吉官本云古他本誤作言輿案天啟本作言玉海四十引作吉淩云詩汎麻樞作詩無達詁易無達言春秋無達辭說苑奉使篇引傳曰作詩無通故易無通吉春秋無通義困學紀聞引作易無達吉詩無達詁春秋無達例

從變從義而一以奉人盧云疑當作奉天與案淩本無人字連下仁人爲一句非本書言奉天者屢矣楚莊王篇云奉天而法古竹林篇云上奉天施皆是蓋事若可貫以義一其歸例所難拘以變通其滯兩者兼從而一以奉天爲主春秋所以爲體道盡性之書也胡安國云正例非聖人莫能立變例非聖人莫能裁正例天地之常經變例古今之通誼惟窮理精義于例中見法例外通類者斯得之矣

仁人錄其同姓之禍固宜異操王道通三篇云仁之美者在于天天仁也故奉天者謂之仁人盧云本或作易操與案異操猶異科所謂無達辭也○天啟本無人字

晉春秋之同姓也驪姬

一謀而三君死之天下之所共痛也三君申生奚齊卓子申生雖未即位有爲君之資故亦稱君○淩本所上無之字本其所爲爲之者蔽於所欲得位而不見其難也春秋疾其所蔽故去其正辭徒言君之子而已○官本正作位位云位他本作正正誤輿案從上文作正辭是若謂奚齊曰代春秋責奚齊嘻嘻爲大國君之子富貴足矣何必以兄之位爲欲居之以至此乎云爾傳云其言弒其君之子何殺未踰年君之號也何注引先君冠子之上則弒未踰年之號定而坐之輕重見矣董義探其本與何畧異錄所痛之辭也故痛之中有痛無罪而受其死者申生奚齊卓子是也惡之中有惡者者字疑衍已立之已殺之不得如他臣之弒君者齊公子商人是也文十四年齊公子商人弒其君舍傳曰未踰年之君也其言弒其君何已立之已殺之成死者而賤生者也故晉禍痛而齊禍重春秋傷痛而敦重是以奪晉子繼位之辭與齊子成君之號詳

見之也

古之人有言曰○天啟本不提行不知來視諸往管子形勢篇疑今者察之古不知來者視諸今萬事之生也異趣而同歸古今一也今春秋之爲學也道往而明來者也道往事以告來者揚雄解難孔子作春秋幾君子之前睹也然而其辭體天之微故難知也天不言而四時行聖人體天立言而不能盡其意所謂心之精微口不能言言之微眇書不能文也讀春秋者窺其微以驗其著庶幾得彷彿耳故曰春秋重贅○官本云他本無故字知作之弗能察寂若無○盧云寂本或作宋與寂同俗本云一作蒙非也能察之無物不在司馬遷傳引董生云春秋文成數萬其旨數千萬物之聚散皆在於是董子廟殿火災對云春秋之道舉往以明來是故天下有物視春秋所舉與同比者精微妙以存其意通倫類以貫其理天地之變國家之事粲然皆見無所疑矣案物猶事也下舉用賢一端最其要者是故爲春秋者得一端而多連之見一空而博貫之則天下盡矣盧云空與孔同莊云春秋書天人內外之事有主書以立教也然後多連而博貫之則王道備

矣

魯僖公以亂即位而知親任季子季子無恙之時秦漢時稱生存爲無恙史記李斯傳公子高上書云先帝無恙時漢萬石君傳建老白首萬石君尚無恙內無臣下之亂外無諸侯之患行之二十年國家安寧漢傅喜傳何武等上言忠臣社稷之衞魯以季友治亂本此○說苑作二十一年季子卒之後魯不支鄰國之患直乞師楚耳僖二十六年公子遂如楚乞師僖公之情非輒不肖而國衰益危者何也○淩本作國益衰危以無季子也以魯人之若是也亦知他國之皆若是也以他國之皆若是亦知天下之皆若是也此之謂連而貫之由一人推之他國由他國推之天下由天下推之萬世是之謂連貫故觀於春秋而成敗之迹粲然矣故天下雖大古今雖久以是定矣以所任賢謂之主尊國安所任非其人謂之主卑國危萬世必然無所疑也其在易曰鼎折足覆公餗夫鼎折足者任非其人也覆公餗者

國家傾也秋官司烜疏引鄭釋鼎九四義云鼎三足三公象若三公傾覆王之美德義與董同是故任非其人而國家不傾者自古至今未嘗聞也故吾按春秋而觀成敗乃切悁悁於前世之興亡也不敢斥言今世故引前事以儆惕之詩中心悁悁傳悁悁猶悒悒也呂覽愼行論身定國安天下治必賢人古之有天下也者七十一聖觀於春秋自魯隱公以至哀公十有二世其所以得之所以失之其術一也任賢臣者國家之興也夫知不足以知賢無可奈何矣知之不能任大者以死亡小者以亂危其若是何邪以莊公不知季子賢邪安知病將死召而授以國政見莊三十二年傳以殤公爲不知孔父賢邪安知孔父死已必死趨而救之見桓二年傳二主知皆足以知賢而不決不能任呂覽有始篇主賢世治則賢者在上主不肖世亂則賢者在下案賢者無左右援助又不能曲承主歡是以知而不獲見任至於危亡之際小人乘機取利無所不至而賢者獨當其厄古今一轍可爲嘅嘆故魯莊以危宋

殤以弑桓二年傳何注：設使殤公不知孔父賢，焉知孔父死已必時則輕廢之急，然後思之，故常用不免。鹽鐵論殊路篇文學曰：宋殤公知孔父之賢而不早任，故身死；魯莊知季友之賢，授之政晚而國亂。**使莊公早用季子，而宋殤素任孔父，尚將興鄰國，豈直免弑哉！**楚莊王篇：人之言曰：國家治則四鄰賀。○盧云：舊本作「豈直弑哉」，誤。**此吾所悁悁而悲者也。**說苑尊賢篇：國家之任賢而吉，任不肖而凶，案往世而視已事，其必然也如合符，此爲人君者不可以不慎也。國家惛亂而良臣見，魯國大亂，季友之賢見，僖公即位而任季子，魯國安寧，內外無患，行政二十一年。季子之卒後，邾擊其南，齊伐其北，魯不勝其患，將乞師於楚以取全耳。故傳曰：患之起必自此始也。公子買不可使戍衞，公子遂不聽君命而擅之晉，內侵於臣下，外困於兵亂，弱之患也。僖公之性非前二十一年常賢而後乃漸變爲不肖也，此季子存之所益，亡之所損也。夫得賢失賢，其損益之驗如此，而人主忽於所用，甚可疾痛也。夫智不足以見賢，無可奈何矣；若智能見之而强不能決，猶豫不用，而大者死亡，小者亂傾，此甚可悲哀也。以宋殤公不知孔父之賢乎？安知孔父死已必死趨而救之？趨而救之者，是知其賢也。以魯莊公不知季子之賢乎？安知疾將死召季子而授之國政授之國政者是知其賢也此二君知能見賢而皆不能用故宋殤公以殺死魯莊公以賊嗣譏使宋殤早任孔父魯莊素用季子乃將靖鄰國而況自存乎

春秋繁露義證卷第三

春秋繁露義證卷第四

漢廣川董仲舒撰

平江蘇　輿學

王道第六

凌云史公自序春秋善善惡惡賢賢賤不肖存亡國繼絕世補敝起廢王道之大者也

春秋何貴乎元而言之元者始也言本正也說苑建本篇孔子曰君子務本本立而道生夫本不立者末必倚始不盛者終必衰詩云原隰既平泉流既清本立而道生春秋之義有正春者無亂秋有正君者無危國易曰建其本而萬物理失之毫釐差以千里是以君子貴建本而重立始又云魏文侯問元年於吳子吳子對曰言國君必愼始也愼始奈何曰正之正之奈何曰明智智不明何以見正多聞而擇焉所以明智也是故古者君始聽治大夫而一言士而一見庶人有謁必達公族請問必語四方治者勿距可謂不壅蔽矣分祿必及用刑必中君心必仁思君之利除民之害可謂不失民衆矣君身必正近臣必選大夫不兼執民柄者不在一族可謂不權勢矣此春秋之意而元年之本也晉書郭璞傳璞上疏曰臣聞春秋之義

貴元重始**道王道也**上道字疑當作正承本正而言對冊云春秋之文求王道之端得之於正正次王王次春春者天之所爲也正者王之所爲也其意曰上承天之所爲而下以正其所爲正王道之端云耳程子云聖人以王道作經故書王**王者人之始也**隱元年傳王者孰謂謂文王也何注不言謚者法其生不法其死與後王共之人道之始也**王正則元氣和順風雨時景星見黃龍下**白虎通封禪篇天下太平符瑞所以來至者以爲王者承天理統調和陰陽陰陽和萬物序休氣充塞故符瑞並臻皆應德而至德至八表則景星見德至淵泉則黃龍見**王不正則上變天賊氣幷見**管子四時篇是故春凋秋榮冬雷夏有霜雪此皆氣之賊也刑德易節失次則賊氣遬至賊氣遬至則國多菑殃是故聖王務時而寄政焉○官本云他本無氣字**五帝三王之治天下不敢有君民之心**王者撫有天下不敢自謂君民敬畏之至也說苑政理篇子貢問治民於孔子孔子曰懔懔焉如以腐索御奔馬子貢曰何其畏也孔子曰夫通達之國皆人也以道導之則吾畜也不以道導之則吾仇也若何而毋畏案畏者不敢之所由生伊川程子在講筵說論語云人主所以有崇高之位者蓋得之於天與天下之人共戴也必思所以報民古之人君視民如傷若保赤子

皆是報民也與此意相發明表記云下之事上也雖有庇民之大德不敢有君民之心仁之厚也鄭注云無君民之心是思不出其位詞同而義微異然臣不敢有以歸之君君復不敢有以歸之天其重視民之旨則一故曰民貴古人之立訓也與民則曰君尊與君則曰民貴各致其道交成其治若與君言尊與民言貴則其義荒矣○三王天啟本作三皇淩本同御覽八百七十一治作理

什一而稅宣十五年傳古者什一而藉何注夫飢寒並至雖堯舜躬化不能使野無寇盜貧富兼并雖皋陶制法不能使強不淩弱是故聖人治井田之法而口分之一夫一婦受田百畝以養父母妻子五口爲一家公田十畝卽所謂什一而稅也**教以愛使以忠**以博愛教之以忠誠使之左桓六年傳上思利民忠也忠愛並屬上言表記子言虞舜子民如父母有憯怛之愛有忠利之教**敬長老親親而尊尊**禮祭義敬老爲其近于親也敬長爲其近于兄也**不奪民時使民不過歲三日**王制用民之力歲不過三日**民家給人足無怨望忿怒之患強弱之難**強不淩弱**無讒賊妬疾之人**○官本云他本讒作強**民修德而美好被髮銜哺而游**哺口中所含食**不慕富貴恥惡不犯父不哭子兄不哭弟**

韓詩外傳太平之時無瘖聾跛眇尪蹇侏儒折短父不哭子兄不哭弟公孫弘傳形和則無疾無疾則不夭故父不哭子兄不哭弟淮南原道訓父無喪子之憂兄無喪弟之哀含德之所致也**毒蟲不螫猛獸不搏抵蟲不觸**凌本抵作鷙案儒行鄭注鷙蟲猛鳥獸也抵與鷙義同**故天爲之下甘露**白虎通德至天則斗極明日月光甘露降曹植七啟故甘靈紛而晨降甘靈卽甘露○御覽八百七十二引無之字**朱草生**白虎通德至草本則朱草生木連理朱草者亦草也可以染絳別尊卑**醴泉出**白虎通醴泉者美泉也狀若醴酒可以養老也語又見公孫宏傳制語**風雨時嘉禾興**白虎通嘉禾者大禾也成王之時有三苗異畝而生同爲一穟大幾盈車長幾充箱民有得而上之者成王召周公而問之周公曰三苗爲一穗天下當和爲一乎後果有越裳氏重九譯而來矣**鳳凰麒麟遊於郊**禮運鳳凰麒麟皆在郊棷白虎通鳳凰者禽之長也上有明王太平乃來居廣都之野**囹圄空虛**白虎通五刑篇夏曰夏台殷曰牖里周曰囹圄鄭志囹圄秦獄名又鄭注月令囹圄所以禁守繫者若今別獄矣意林風俗通周曰囹圄囹令圄舉也言令人幽閉思愆改惡爲善因原之也今縣官錄囚皆舉也案說文囹獄也又云囹圄所以拘罪人是圄字亦作圉又與敔同說文敔禁也囹圄

葢獄名取禁繫之義耳似無分於周秦

畫衣裳而民不犯虞書象以典刑御覽刑法部引愼子斷其肢體鑿其肌膚謂之刑畫衣冠異章服謂之戮上世用戮而民不犯中世用刑而民不從周禮司圜疏引孝經緯云三皇無文五帝畫象三王肉刑所謂畫象即畫衣裳也文選注引墨子畫衣冠異章服而民不犯初學記引尙書大傳唐虞象刑而民不敢犯公孫弘傳制曰上古至治畫衣裳而民不犯

四夷傳譯而朝周禮象胥疏譯即易謂換易言語使相解也

民情至樸而不文郊天祀地秩山川以時至封於泰山禪於梁父古者封禪有二用白虎通封禪篇王者易姓而起必升封泰山何報告之義也始受命之日改制應天天下太平功成封禪以告太平也所以必於泰山何萬物之始交代之處也必於其上何因高告高順其類也故升封者增高也下禪梁甫之基廣厚也梁甫者泰山旁石名三王禪於梁甫之山梁者信也甫者輔也信輔天地之道而行之也史記正義引五經通義云易姓而王致太平必封泰山禪梁父告太平於天報羣神之功此報告受命之禮也梁書許懋傳引孝經鈎命決云封于泰山考績柴燎禪于梁父刻石紀功鄭康成注書云柴者考績燎也堯典歲二月東巡守至于岱宗柴肆覲東后我朝康熙中詞臣曹禾疏請封禪大學士張玉書等奏駁以爲舜燔柴岱宗非封禪似失攷又曰五載一巡守羣

后四朝敷奏以言明試以功車服以庸是其事也此巡守考績之禮也周衰禮廢桓公欲封禪而管仲難之蓋受命非其時考績不敢僭也徒以不敢質言故神其說于是秦漢不學之士遂以爲頌德紀功之名其尤者乃以爲祈年求僊之事而云封禪者古不死之名違古誼矣董子敘述封禪列之典禮三代改制篇又言其尚位下位左位右位之異蓋知其禮兼明其儀而獨不侈陳神異以阿時主賢於司馬相如倪寬遠矣史公從董生游其作封禪書首引巡狩事又引夷吾受命然後得封禪之語又曰巫咸之興自此始蓋猶畧知其意而以巫寓諷焉

立明堂宗祀先帝

春秋家宗文王是先帝卽文王也以明堂爲文王廟與許君所引古周禮孝經說同詩正義引盧植注禮記云明堂卽太廟也藝文類聚引蔡邕月令論云明堂者天子太廟也所以宗祀而配上帝明天地統萬物也高誘注淮南云廟之中謂之明堂也並與董合案孟荀皆言明堂是明堂亦今文說所有或見王莽用劉歆說起明堂辟雍靈臺遂謂今文家不言明堂謬矣五經異義引講學大夫淳于登說明堂制度亦言周公祀文王於明堂以配上帝鄭以登言取義於援神契尤出今文說之明證

以祖配天天下諸侯各以其職來祭

白虎通辟雍篇天子立明堂者所以通神靈感天地正四時出教化宗有德重有道顯有能褒有行者也孝經昔者周公郊祀后稷[illegible]

天宗祀文王於明堂以配上帝是以四海之內各以其職來祭**貢土地所有先以入宗廟端冕盛服而後見先**入廟告祖文選司馬遷報任少卿書注先謂祖也**德恩之報奉先之應也**以天治君言災異不能廢瑞應武帝冊亦及之漢藝文志易家神輸五篇圖一顏注劉向別錄云神輸者王道失則災害生得則四海輸之祥瑞是符瑞與災異同為一家學也論衡是應篇儒者論太平瑞應皆言氣物卓異朱草醴泉翔鳳甘露景星嘉禾萐脯蓂莢屈軼之屬知董子此篇蓋有所本尚書大傳孔子曰吾於高宗肜日見德之有報之疾也亦聖人言瑞異之證然而春秋不貴者程子所謂因災異而修德則無損因祥瑞而自恃則有害也北魏宋齊因之述符瑞志背經旨矣○先凌本作元

桀紂皆聖王之後驕溢妄行侈宮室廣苑囿窮五采之變極飭材之工○盧云飭舊本作飾輿案飾飭古多通作釋名飭拭也物穢者拭其上使明由他物而後明猶加文於質上也**困野獸之足竭山澤之利食類惡之獸**盧云類戾也孔晁注周書史記解昔殺平之君愎類無親如此訓**奪民財食高雕文刻鏤之觀盡金玉骨象之工**○盧云盡本或作畫**盛羽**

旄之飾○旄天啟本作族窮白黑之變○盧云窮本或作穀輿案天啟本注云窮亦作穀深刑妄殺以陵下聽鄭衞之音充傾宮之志尙書大傳歸傾宮之女文選劉淵林注吳都賦汲郡地中古文冊書桀作傾宮飾瑤臺高誘云傾宮築作宮牆滿一傾田中言博大也李賢後漢書注引帝王世紀云紂時傾宮婦人衣綾紈者三百餘人晏子諫下殷之衰也其王紂作爲傾宮靈臺是桀紂竝作傾宮○天啟本注云宮亦作害靈虎兕文采之獸盧云靈疑卽左氏傳蔥靈之靈俗間本空此字蓋疑其誤也孫詒讓云靈當爲戲之壞字戲漢隸或作戱見隸釋孫叔敖碑俗書靈或作霊見唐內侍李輔光墓誌戲字挩落傳寫僅存左半與靈相似因而致誤輿案謂以虎兕文采爲靈奇之物畜之苑囿耳史記殷本紀益收狗馬奇物充仞宮室益廣沙丘苑臺多取野獸蜚鳥置其中○官本云他本無靈字以希見之意賞佞賜讒殷本紀費中善諛好利殷人弗親紂又用惡來惡來善毁讒諸侯以此益疏案希見猶言罕見意字疑誤以糟爲邱以酒爲池殷本紀以酒爲池懸肉爲林正義括地志云酒池在衞州衞縣西二十三里太公六韜云紂爲酒池迴船糟邱而牛飲者三千餘人爲輩孤貧不養殺聖賢而剖其心殷本紀比干諫紂紂怒曰吾聞聖人心有七竅

剖比干觀其心**生燔人聞其臭**殷本紀於是紂乃重辟刑有炮烙之法集解列女傳曰膏銅柱下加之炭令有罪者行焉輒墮炭中妲己笑名曰炮烙之刑**剔孕婦見其化**帝王世紀紂剖比干妻以視其胎高誘注化育也視其胎裏亦見淮南本經訓注俞云見當作觀呂氏春秋過理篇作剖孕婦而觀其化○天啟本作婦孕**斮朝涉之足察其拇**斮朝涉脛見僞泰誓淮南主術訓紂斮朝涉之脛而萬民叛俶眞訓剖賢人之心折才士之脛水經注老人晨將渡水而沈吟難濟紂問其故左右曰老者髓不實故晨寒也紂乃斮脛而視髓○盧云拇本或作胕亦作脛興案天啟本注云一作蹄一作脛案易咸虞注拇足大指也作拇自通但斮其足而察其拇於理未詳作腓或作胕之誤文**殺梅伯以爲醢**殷本紀醢九侯脯鄂侯無梅伯名屈原天問梅伯受醢王逸云梅伯紂諸侯**刑鬼侯之女取其環**殷本紀鬼侯作九侯云九侯女不憙淫紂怒殺之呂氏春秋刑鬼侯之女而取其環注聽妲己之譖殺鬼侯之女以爲脯而取其所服之環也淮南俶眞訓醢鬼侯之女葅梅伯之骸高注梅伯悅鬼侯之女美好令紂妻之至紂以爲不好故醢鬼侯之女葅梅伯之骸也**誅求無已天下空虛**殷本紀厚賦稅以實鹿臺之錢而盈鉅橋之粟**羣臣畏恐莫敢盡忠紂愈**

自賢殷本紀紂知足以距諫言足以飾非矜人臣以能高天下以聲以爲皆出己之下周發兵不期會於孟津者八百諸侯共誅紂大亡天下春秋以爲戒曰蒲社災哀四年傳蒲社者何亡國之社也注云殷都於亳武王克紂而列其社於諸侯爲有國者戒災亳社所以示諸侯縱恣不自警之象故謹之。盧云蒲本或作亳或作薄今依公羊哀四年經後同輿案天啟本作亳周衰天子微弱諸侯力政力政猶力征大夫專國士專邑不能行度制法文之禮謂文王文九年傳繼文王之體守文王之法諸侯背叛莫修貢聘奉獻天子臣弒其君子弒其父孽殺其宗尚書大傳有臣弒其君孽代其宗者注孽支子宗適子不能統理更相伐銼以廣地盧云銼輿剉通以強相脅不能制屬上不能制其屬強奄弱衆暴寡富使貧并兼無已漢食貨志仲舒言古者稅民不過什一其求易共使民不過三日其力易足民財內足以養老盡孝外足以事上共稅下足以畜妻子極愛故民說從上至秦則不然用商鞅之法改帝王之制除井田民得賣買富者田連阡陌貧者無立錐之地又顓川澤之利管山林之饒，荒淫越制，踰侈以相高，邑有人君之尊，里有公侯之富，小民安得不困。又加月爲更卒，已復爲正，一歲屯戍，一歲力役，三十倍于古；田租口賦鹽鐵之利，二十倍於古。或耕豪民之田，見稅什五。故貧民常衣牛馬之衣，而食犬彘之食。重以貪暴之吏，刑戮妄加，民愁亡聊，亡逃山林，轉爲盜賊，赭衣半道，斷獄歲以千萬數。漢興，循而未改。古井田法雖難卒行，宜少近古，限民名田，以贍不足，塞并兼之路，鹽鐵皆歸於民，去奴婢，除專殺之威，薄賦歛，省繇役，以寛民力，然後可以善治也。」**臣下上僭，不能禁止，日爲之食，星隕如雨，雨螽，沙鹿崩，**僖十四年 **夏大雨水，冬大雨雪，**盧云：「隱九年三月癸酉，大雨震電；庚辰，大雨雪，此一事在今之正月。若大水，唯桓公十三年在夏，餘皆在秋，然亦非雨水也。冬大雨雪，公羊昭四年經有之，在周正月，然疏云正本皆作雹字。左氏僖十年經冬大雨雪，公羊作雹，疑此正文當作冬大雨雹。昭三年冬亦有此事與？」案：此處疑是誤文。隱九年三月癸酉，大雨震電；庚辰，大雨雪，此春秋時大異也，不應闕之，疑本作大雨震電，又大雨雪。宋高宗紹興三十一年，風雷大雨雪，侍御史汪澈言：「春秋魯隱時大雨震電，繼以雨雪，孔子以八日之間再有大變，謹而書之。今一夕之間二異交至，此陰盛之證，殆爲金人。」正用此事。**隕石于宋五，六鷁退飛，**僖十六年 **隕霜不殺**

草李梅實僖三十三年正月不雨至於秋七月文十年十三年同又二年自十有二月不雨至於秋七月地震文九年襄十六年昭十九年二十三年哀三年皆同梁山崩壅河三日不流成五年晝晦成十六年六月甲午晦彗星見于東方孛于大辰盧云文十四年有星孛入于北斗昭十七年有星孛于大辰哀十三年有星孛于東方此所舉尚未全。天啟本孛於下注云一作升鸛鵒來巢昭二十五年何注鸛鵒猶權欲。盧云舊本從左氏作鸜鵒非春秋異之以此見悖亂之徵文亦見二端篇漢劉向傳周室卑微二百四十二年之間日食三十六地震五山林崩阤二彗星三見夜恆星不見夜中星霣如雨一火災十四長狄入中國五石隕墜六鷁退飛多麋有蜮蜚鸜鵒來巢者皆一見晝瞑晦雨木冰李梅冬實七月霜降草木不死八月殺菽大雨雹雨雪雷霆失序相乘水旱飢蝝螽螟蠭午並起當是時禍亂輒應弒君三十六亡國五十二諸侯奔走不保其社稷者不可勝數也孔子明得失差貴賤反王道之本亦見重政篇譏天王以致太平譏天王如求車求金錫命之類刺惡譏微不遺小大○凌本作小大善無細而不舉惡無細而不去

漢書司馬遷傳余聞之先人曰春秋采善貶惡推三代之德褒周室非獨刺譏而已也**進善誅惡絕諸本而**
已矣善惡之著者進之誅之其或嫌於惡而有善心嫌於善而有惡心亦爲表而出之故有事同而論異或事異而論同一人
之身前後不相掩一人之事功過不妨殊春秋好微而貴志絕諸本所以杜其漸
天王使宰喧來歸惠公仲子之賵刺不及事也隱元年傳其言來何不及事也鹽鐵
論刺義篇春秋士不載文而書喧以爲宰士也**天王伐鄭譏親也**桓五年何注稱人者刺王者也天下之君海內
之主當秉綱撮要而親自用兵故見其微弱僅能從微者不能從諸侯猶莒之稱人則從不疑也**會王世子譏微**
也僖五年案穀梁傳謂天子微諸侯不享覲而使世子受諸侯之尊己此義葢與之同**祭公來逆王后譏失**
禮也桓八年祭公來遂逆王后於紀傳大夫無遂事此其言遂何使我爲媒可則因用是往逆矣何注疾王者不重妃匹逆天
下之母若逆婢妾將謂海內何哉故譏之**刺家父求車**桓十五年**武氏毛伯求賻金**隱三年求賻文
九年求金**王人救衛**莊六年**王師敗於貿戎**成元年**天王不養出居於鄭**僖二

十四年王者無外此其言出何不能乎母也曲禮天子不言出注天子之言出諸侯之生名皆有大惡君子所遠出名以絕之春秋傳曰天王出居於鄭衛侯朔入于衛是也疏君子謂孔子書經若見天子大惡書出以絕之鹽鐵論孝養篇文學曰周襄王之母非無酒肉也衣食非不如曾晳也以其不能事其父母也漢書嚴助傳上賜書曰間者闊焉久不聞問具以春秋對毋以蘇秦縱橫助恐上書謝稱春秋天王出居於鄭不能事母故絕之臣事君猶子事父母也臣助當伏誅霍光傳奏曰周襄王不能事母春秋曰天王出居於鄭繇不孝出之絕之於天下也又見後漢書郎顗傳○凌本無不養二字**殺母弟**襄三十年**王室亂不能及外**昭三十二年傳何言乎王室亂言不及外也**分爲東西周**昭二十二年王子猛人於王城傳曰西周也二十六年天王入於成周傳曰東周也凌云國策注大事記平王東遷之後所謂西周者豐鎬也東周者東都也威烈王以後所謂西周者河南也東周者洛陽也**無以先天下召衛侯不能致**桓十六年衛侯朔出奔傳云其得罪於天子奈何見使守衛朔而不能使衛小眾越在岱陰齊屬負茲舍不即罪爾不即罪所謂召不能致**遣子突征衛不能絕**盧云衛侯朔得罪於天子天子立公子留五國伐衛納朔莊六年王人子突救衛而朔仍入於衛故云不能絕輿案何注云刺

王者朔在岱陰齊時一使可致一夫可誅而綏令交連五國之兵伐天子所立還以自納王遣貴子突卒不能救遂爲天下笑**伐鄭不能從**盧云桓五年蔡人衛人陳人伐鄭何注僅能從微者不能從諸侯**無駭滅極不能從**隱二年**諸侯得以大亂篡弒無已臣下上逼僭擬天子諸侯強者行威小國破滅晉至三侵周與天王戰于貿戎而大敗之**宣元年侵柳昭三十三年圍郊并貿戎爲三**戎執凡伯於楚丘以歸**隱七年**諸侯本怨隨惡**因其所怨惡怒隨之**發兵相破夷人宗廟社稷**夷猶滅也**不能統理**王者不能統理諸侯諸侯亦不能統理臣下紀綱蕩然**臣子强至弒其君父法度廢而不復用威武絕而不復行**有法而不能用有威而不能行治天下之具失○淩本不復行作不得復**故鄭魯易地**桓元年**晉文再致天子**僖二十八年**齊桓會王世子擅封邢衛杞**僖元年城邢二年城衛十四年城杞**橫行中國意欲王天下魯舞八佾**隱五年初獻六羽傳天子八佾諸公六諸侯四僭諸公猶可言也僭天子不可

言也何注前僭八佾于惠公廟大惡不可言也昭二十五年傳子家駒云朱干玉戚以舞大夏八佾以舞大武此皆言天子之禮也本篇下云獻八佾諱八言六是公羊家直以魯舞八佾爲僭雖文王周公廟亦不得用左傳杜注魯唯文王周公廟得用八似不主成王賜魯天子禮樂之說季氏舞於庭而孔子譏之謂僭君而上同天子也何言前於僭惠公廟不知所据殆亦參用文王周公廟可用八之說故分別言之程子春秋傳亦云書初獻六羽見前此用八之僭也

北祭泰山

禮記王制正義論語季氏旅於泰山明魯君祭泰山季氏僭之案春秋三望謂祭泰山河海王制云諸侯祭名山大川之在其地者魯居東國宜親祭泰山而上僭天子望祭之儀參用讖岷隱說北疑望之剝文

郊天祀地如天子之爲

魯之郊禘明堂位以爲成王賜祭統以爲成王康王賜蓋皆古文家說此篇以郊祀爲僭似不主周賜之說禮運云魯之郊禘非禮也周公其衰矣呂覽言魯使宰讓如周請郊禘禮王使史角諭止之並合黃震云呂覽作於秦明堂位作於漢是成王賜天子禮樂之說未必有之故自伯禽至莊公十七世未聞有郊天者僖三十一年始卜郊而卜不從繼此若宣若成若定欲郊則牛輒傷禮之不可僭神之不歆其祀如此珇鈔輿案本書郊事對亦言成王令魯郊用騂僖三十一年傳何注昔武王既沒成王幼少周公居攝行天子事制禮作樂致太平有王功周公薨成王以王禮

葬之命魯使郊以彰周公之德白虎通喪服篇原天之意子愛周公與文武無異故以王禮葬使得郊祭史記魯世家同是今文家亦有賜郊之說或初賜時禮有差等至其末遂一切同天子耶**以此之故弒君三十二**盧云劉向云春秋弒君三十六而此云三十二東觀記及後漢丁鴻傳亦皆同然當以三十六爲合淩云下文滅國盟會篇皆誤作三十一輿案三十六合經傳通數之見漢劉向傳顏注司馬遷傳引董生說正作三十六**亡國五十二**詳見劉向傳顏注〇淩本誤作五十一**細惡不絕之所致也**

春秋立義春秋爲立義之書非改制之書故曰其義竊取鄭元釋廢疾云孔子雖有聖德不敢顯然改先王之法蓋制宜從周義以救敝制非王者不議義則儒生可立故有舍周從殷者有因東遷後之失禮而矯之者有參用四代者存其義以俟王者之取法擬制傳所云制春秋之義以俟後聖者也孔子志在春秋但志之而已此篇所舉確爲春秋特立之義餘以此慎推之可也淮南氾論訓夫絃歌鼓舞以爲樂盤旋揖讓以修禮厚葬久喪以送死孔子之所立也而墨子非之立亦謂立義也何氏注傳輒云春秋之制其實皆義而已定八年注定公從季氏假馬孔子曰君之於臣有取無假而君臣之義立易緯引孔子語美帝乙之嫁妹

順天地之道以立嫁娶之義義立則妃匹正妃匹正則王化全太史公自序云周家既衰諸侯恣行仲尼悼禮廢樂崩進修經術以達王道匡亂世反之於正見其文辭爲天下制義法又十二諸侯年表云孔子明王道上記隱下至哀之獲麟約其文辭去其煩重以制義法竝得聖人之旨而杜預說左氏以春秋多因周公舊例立義之旨不明孔子之道不章矣論衡超奇篇孔子得史記以作春秋及其立義刱意褒貶誅賞不復因史記者眇思自出於胸中也程子春秋傳立義二字屢見蓋本於此又程子云上古之時自伏羲堯舜歷夏商以至於周或文或質因襲損益其變既極其法既詳於是孔子參酌其宜以爲百王法度之中制斷之以義此其所以春秋作也所云參酌中制亦祇是立義耳語又見盟會要正貫等篇

天子祭天地諸侯祭社稷諸山川不在封內不祭僖三十一年傳天子祭天諸侯祭土天子有方望之事無所不通諸侯有不在封內則不祭也何注諸侯祭境內山川故魯郊非禮案此與王制合傳言祭土此言祭社稷是釋土爲社稷土爲本名社稷其神耳

有天子在諸侯不得專地桓九年傳漢書匡衡傳春秋之義諸侯不得專地所以壹統尊法制也

不得專封僖元年傳○天啟本無得字淩本同

不得專執天子之大夫隱七年戎伐凡伯於楚丘以歸傳[illegible]

何天子之大夫也此聘也其言伐之何執之也執之則其言伐之何大之也據此則董亦以戎爲衞何注中國者禮義之國也執者治文也君子不使無禮義制治有禮義**不得舞天子之樂**隱五年傳**不得致天子之賦不得適天子之貴**翟方進傳春秋之義王人微者序乎諸侯之上尊王命也盧云適與敵同**君親無將將而誅**莊三十二年傳**大夫不得世**昭三十一年五經異義引公羊穀梁說卿大夫世則權并一姓妨塞賢路專政犯君故經譏周尹氏齊崔氏也隱二年何注大同白虎通封公侯篇大夫不世位何股肱之臣任事者也爲其專權擅勢傾覆國家左氏說亦以爲卿大夫得世祿不得世位孟子告滕文公亦只言世祿世祿者文王之制按隱元年何注春秋時廢選舉之務置不肖於位然則譏世卿所以重選舉也漢魏相論宜損奪霍氏事奏言春秋譏世卿**大夫不得廢置君命**命字疑衍文十四年傳大夫之義不得專廢置君也**立適以長不以賢立子以貴不以長**隱元年傳白虎通封公侯篇曾子問曰立適以長不以賢何以言爲賢不肖不可知也尙書惟帝其難之立子以貴不以長防愛憎也光武建武十九年立東海王爲皇太子詔云春秋之義立子以貴○凌本無立子二字**立夫人以適不以妾**僖八年用

致夫人傳夫人何以不稱姜氏譏以妾爲妻也僖二十年西宮災何注僖公以齊媵爲適楚女廢在西宮而不見恤悲愁怨曠之所生也漢書五行志仲舒以爲釐娶於楚而齊媵之脅公使立以爲夫人西宮者小寢夫人之居也若曰妾何爲此宮誅去之意也劉向說略同案白虎通嫁娶篇云適夫人死更立夫人者不敢以卑賤承宗廟自立其娣者尊大國也春秋傳曰叔姬歸於紀叔姬者伯姬之娣也伯姬卒叔姬升於嫡經不譏也或曰嫡死不復更立明嫡無二防篡殺也祭宗廟攝而已以禮不聘爲妾明不升隱七年叔姬歸於紀何注叔姬者伯姬之媵也媵賤書者後爲嫡終有賢行紀侯爲齊所滅紀季以酅入於齊叔姬歸之能處隱約全竟婦道故重錄之又宣十六年郯伯姬來歸注嫁不書者爲媵也來歸書者後爲嫡也與白虎通前說合案錄之所以廣人類之恩譏之所以示人倫之正義可兩存范甯譏公羊以妾母稱夫人爲合不知其譏以妾爲妻也齊桓陽穀之會固曰無以妾爲妻則知春秋時蓋已患此考呂覽當務篇紂母之生微子啟與仲衍也尚爲妾已而爲妻而生紂是又不始於春秋殷以此亡尤可爲鑒其後魯哀立荊母既致有陘之孫霍光尊婢顯亦取滅族之誅爲人君臣者所以宜知春秋也漢孔鄉侯傅晏元壽二年坐亂妻妾位免徙合浦見外戚恩澤侯表唐律戶婚亦有以妾爲妻條並與春秋義合

天子不臣母后之黨來朝何注紀

稱侯者天子將娶於紀與之奉祖廟傳之無窮重莫大焉故封之百里月者明當尊而不臣所所以廣孝敬也白虎通王者不臣篇不臣妻父母何妻者與己一體恭承宗廟欲得其歡心上承先祖下繼萬世傳之無窮故不臣也春秋曰紀季歸於京師父母之於子雖爲王后尊不加於父母知王者不臣也又譏宋三世內娶於國中謂無臣也義又見嫁娶篇漢書外戚恩澤侯表序云后母據春秋襃杞之義帝舅緣大雅申伯之意寖廣博矣王莽傳有司皆白古者天子封后父百里尊而不臣以重宗廟孝之至也後漢李固傳今梁氏戚爲椒房禮所不臣獻帝皇后父伏完朝賀公庭議禮鄭元言天子所不臣三其一后之父母也天子尚有不臣者況於后乎並用此義又魏廢帝景元元年燕王表賀冬至稱臣詔曰古之王者或有不臣今王宜依此表不稱臣乎案廢帝爲燕王宇之子故以稱臣爲疑以古無明文引此推例耳**親近以來遠**○天啟本近作迎無遠字**未有不先近而致遠者也**管子版法解愛施之德雖行而無私內行不修則不能朝遠方之君是故正君臣上下之義飾父子兄弟夫婦之義飾男女之別別疏數之差使君德臣忠父慈子孝兄愛弟敬禮義章明如此則近者親之遠者歸之故曰召遠在修近○天啟本無也字官本未有上有故字云他本脫遠故二字**故內其國而外諸夏內諸夏而外夷狄言**

自近者始也成十五年傳曷爲殊會吳外吳也春秋內其國而外諸夏內諸夏而外夷狄王者欲一乎天下曷爲以內外之辭言之言自近者始也何注明當先正京師乃正諸夏諸夏正乃正夷狄以漸治之諸侯來朝者得褎○官本云他本侯誤作夏邾婁儀父稱字後漢李固傳春秋褒儀父以開義路貶無駭以閉利門滕薛稱侯隱十一年荆得人莊二十三年傳荆何以稱人始能聘也介葛盧得名僖二十九年內出言如諸侯來曰朝大夫來曰聘隱十一年滕侯薛侯來朝傳諸侯來曰朝大夫來曰聘何注春秋王魯王者無朝諸侯之義也故內適外言如外適內言朝聘所以別外尊內也王道之意也董子以尊內得王道之意何休遂以爲王魯○天啟本無也字誅惡而不得遺細大盧云但當云不得遺細而此及上文皆兼大言之者文便耳猶言急兼言緩急言無兼言有無是也諸侯不得爲匹夫興師定四年傳伍子胥復曰諸侯不爲匹夫復仇不得執天子之大夫執天子之大夫與伐國同罪執凡伯言伐獻八佾諱八言六鄭魯易地諱易言假桓元年鄭伯以

璧假許田傳其言以璧假之何易之也易之則其言假之何爲恭也**晉文再致天子諱致言狩**僖二十八年天王狩于河陽傳狩不書此何以書不與再致天子也**桓公存邢衞杞不見春秋內心予之行法絕而不予**之當與以王法言則不當予故不見於經僖元年傳所謂實與而文不與也以聖心言**止亂之道也非諸侯所當爲也**防臣下逼上專恣之漸也誅細惡以止亂春秋之義即制禮之意是故敬君者不蹵馬芻厚別者勿同椸枷齊女高節不轉於同庖箕子知微先唏於象箸此義不明而治尚簡率天下之亂釀於無形者多矣故曰百變之源皆出嫌疑纖微以漸浸稍長至於大又曰微邪者大邪之所生也欄衙夫寢處者一畝之宮而必欲厚藩垣以資禁衞廁足者數寸之土而不容墊廣大而致黃泉知此而聖人止亂之意幾可諭矣**春秋之義臣不討賊非臣也子不復讎非子也故誅趙盾賊不討者不書葬臣子之誅也**誅猶責**許世子止不嘗藥而誅爲弒父楚公子比脅而立而不免於死**俞云此本作楚公子比脅而立而不免於誅絕今誅絕二字傳寫誤入下文淺人遂臆補死字耳下文云齊桓晉文擅封致天子誅

絕繼絕存亡侵伐會同常爲本主按擅封是一事致天子是一事繼絕存亡是一事其間不得有誅絕二字明是上文奪去誤著於彼輿案死卽誅也玉杯篇今視其比皆不當死與此文正一律下文誅亂又是一事俞據誤文移之耳

齊桓晉文擅封致天子誅亂（○天啟本作誅絕淩本同）繼絕存亡（○官本云一作繼世）侵伐會同常爲本主（此間疑有脫文）曰桓公救中國攘夷狄卒服楚至爲王者事（僖四年傳楚有王者則後服無王者則先叛夷狄也而亟病中國南夷與北狄交中國不絕若綫桓公救中國而攘夷狄卒服荊以此爲王者之事也）晉文再致天子皆止不誅（不與之而已未嘗誅也）善其牧諸侯（○盧云牧本亦作救）奉獻天子而服周室春秋予之爲伯誅意不誅辭之謂也（防其逼上之漸故誅意錄其尊主之功故不誅辭子伯者春秋不得已之苦衷衷也後世有功王室之臣或遂終於篡竊知春秋慮患深矣）魯隱之代桓立（隱元年傳故凡隱之立爲桓立也）祭仲之出忽立突仇牧孔父荀息之死節公子目夷不與楚國此皆執權存國（以存國爲主故許其權義亦見玉英）

篇，行正世之義，守惓惓之心，春秋嘉氣義焉，氣疑其之誤。淩本作義氣，亦非。故皆見之，春秋見其名，傳見其事。復正之謂也。復正猶言反之正，亦見正貫篇。夷狄邾婁人、牟人、葛人，爲其天王崩而相朝聘也，此其誅也。桓十五年，天王崩，邾婁人、牟人、葛人來朝，傳：皆何以稱人？夷狄之也。何注：桓公行惡，而三人俱朝事之，三人爲衆，衆足責，故夷狄之。與董說異。孔廣森云：襄元年，簡王崩，於時邾婁來朝，甾剽交聘，而不復狄者，亦貶重從同之例。殺世子母弟直稱君，明失親親也。僖五年，晉侯殺其世子申生，傳：曷爲直稱晉侯以殺？殺世子母弟直稱君者，甚之也。何注：甚之者，惡殺親親也。春秋公子貫於先君，唯世子母弟以今君錄，親親也。今捨國體直稱君，知以親親責之。襄二十六年，宋公殺其世子痤，何注：痤有罪，故平公書葬。襄三十年，天王殺其弟年夫，何注：王者得專殺，書者，惡失親親也。未三年不去王者，方惡不思慕而殺弟，不與子行也。不從直稱君者，舉重也。莒殺意恢，以失子行錄。設但殺弟，不能書是也。不爲諱者，年夫有罪。與案：世子痤、年夫事不詳，傳以直稱君之例推之，則痤與年夫同爲無惡。莒殺意恢，不稱君，則知罪在意恢。春秋之義，貴人道，防亂端，二者並重。義在防亂，則雖季子殺母兄，亦爲之諱；義在重人，則雖天王殺弟同直稱爵白虎通誅伐篇父殺其子當誅何以爲天地之性人爲貴人皆天所生也託父母氣而生耳王者以養長而敎之故父不得專也春秋傳曰晉侯殺其世子申生直稱君者甚之也白虎通舉申生爲例以子無罪者言也康誥稱于父不能字厥子乃疾厥子刑茲無赦則知文王之法殺子有刑後漢楊終傳春秋殺太子母弟直稱君甚惡之坐失敎也終治公羊學補出失敎義是知子弟無罪父兄不得殺子弟雖有罪父兄抑不忍辭其咎所以明親親也聖人仁天下之義至此而盡矣唐律子孫違犯敎令而祖父母父母毆殺者徒一年半以刃殺者徒二年故殺者各加一等嫡繼慈養殺者又加一等明律改一年半爲滿杖二年爲一年嫡繼慈養殺致失嗣者絞較唐爲重違敎與故殺律分輕重得春秋意宋律父殺子徒一年程子云以理考之當徒二年雖是子亦天子之民也不當殺而專殺之是違制也違制徒二年今律祖父母父母故殺子孫杖六十徒一年其有刑一也僖元年夫人氏之喪至自齊何注貶置氏者殺子差輕於殺夫別順逆也是又可得尊卑等差之義矣

魯季子之免罪吳季子之讓國明親親之恩也免罪謂緩追慶父見精華篇

閽殺吳子餘祭見刑人之不可近襄二十九年傳君子不近刑人近刑人輕死之道也白虎通五刑篇古者刑殘之人公家不出大夫不養士與遇路不與語放諸墝埆不毛之地與禽獸

伍○凌云殺當作弑鄭伯髡原卒於會諱弑痛强臣專君君不得爲善也襄七年傳曷爲不言其大夫弑之爲中國諱也曷爲爲中國諱鄭伯將會諸侯於鄬其大夫諫曰中國不足歸也則不若與楚鄭伯曰不可其大夫曰以中國爲義則伐我喪以中國爲强則不若楚於是弑之○盧云他本從左氏作髡頑非今從程本衛人殺州吁隱四年傳其稱人何討賊之義也齊人殺無知莊九年明君臣之義守國之正也衛人立晉美得衆也君將不言率師重君之義也隱五年衛師人盛傳君將不言率師舉其重者也正月公在楚臣子思君無一日無君之意也襄二十九年公在楚傳何言乎公在楚正月以存君也○凌本意作義誅受令疑當作誅不受令恩衛葆以正囹圄之平也盧云文疑有誤脫俞云莊六年經齊人來歸衛寶惟左氏經作衛俘而傳亦作衛寶杜注云公羊穀梁經傳皆言寶此傳亦言寶惟此經言俘疑經誤然公羊傳文曰此衛寶也則齊人曷爲來歸之衛人歸之也其文雖是寶其義則皆可通何注寶者玉物之凡名於是始定爲寶玉字矣董子固傳公羊之學者而此有恩衛葆之文葆之與寶固得通用然葆從保聲保從𤓽省𤓽

郇古文孚字也則葆之與俘亦得通用若是衛葆不得言恩其下又言以正囹圄之平也則其爲俘因明矣竊謂字當作葆義當從俘何注未得斯旨與案金縢無隊天之降寶命魯世家寶作葆易繫辭聖人之大寶曰位釋文引孟喜本作保留侯世家集解引徐廣曰史記珍寶字皆作葆並葆寶字同之證漢五行志載桓公六年秋螟仲舒以爲先是齊侯會諸侯納朔許諸侯賂齊人歸衛葆魯受之貪利應也俞以葆義爲俘因不合董義胡安國春秋說援俘厥寶玉爲說以合經文黃震謂以俘獲爲賂然與正囹圄句仍未合當如盧說闕疑

言圍成甲午祠兵以別迫脅之罪誅意之法也莊八年甲午祠兵夏師及齊師圍成成降於齊師傳何言乎祠兵爲久也曷爲爲久吾將以甲午之日然後祠兵於是何注諱如久留使若無欲滅同姓之意又云言及者起魯實欲滅之案此所謂不誅辭而誅意也

作南門僖二十年

刻桷丹楹莊二十二年二十四年

作雉門及兩觀定二年

築三臺莊三十一年築臺于郎于薛于秦

新延廄莊二十九年

譏驕溢不恤下也後漢書楊終傳魯文公毀泉臺春秋譏之曰先祖爲之而已毀之不如勿居而已以其無妨害於民也襄公作三軍昭公舍之君子大其復古以爲不舍則有害於民也王應麟云春秋重民力謹土功新一廄築一臺必書

之示人君不可縱欲以病民也尪挴百故臧孫辰請糴於齊孔子曰君子爲國必有三年之積一年不熟乃請糴失君之職也莊二十八年傳誅犯始者省刑絕惡疾始也疾始如疾始滅譏始不親迎之類官本云他本無疾字案亦通言誅犯始者所以免人罪戾絕惡於未萌故曰省刑絕惡始也大夫盟於澶淵刺大夫之專政也襄三十年傳卿則其稱人何卿不得憂諸侯也諸侯會同賢爲主賢賢也如齊桓晉文是春秋紀纖芥之失反之王道說苑至公篇退而修春秋采毫毛之善貶纖芥之惡人事浹王道備追古貴信結言而已追古郎反古意不至用牲盟而後成約故曰齊侯衛侯胥命於蒲傳曰古者不盟結言而退桓三年荀子大略篇云故春秋善胥命而詩非屢盟其心一也宋伯姬曰婦人夜出傅母不在不下堂襄三十年傳列女宋恭伯姬傳君子曰禮婦人不得傅母夜不下堂行必以燭伯姬之謂也詩云淑愼爾止不愆於儀伯姬可謂不失儀矣漢書張敞傳奏諫皇太后遊獵云禮君母出門則乘輜軿下堂則從傅母藝文類聚二十三引魏

荀爽女誡云聖人制禮以隔陰陽七歲之男王母不抱七歲之女王父不持親非父母不與同車親非兄弟不與同筵是故宋伯姬遭火不下堂知必爲災傳母不來遂成於灰春秋書之以爲高也唐獨孤及議盧奕謚云伯姬待母而火死先禮後身也**曰古者周公東征則西國怨**盧云見僖四年傳亦當并引西征則東國怨一句文脫耳淩云曰上當有傳字輿案荀子王制篇故周公南征而北國怨曰何獨不來也東征而西國怨曰何獨後我也又見呂覽古樂篇

桓公曰無貯粟無鄣谷無易樹子無以妾爲妻僖三年傳

宋襄公曰不鼓不成列不阨人僖二十二年傳

莊王曰莊王上當有楚字**古者杅不穿皮不蠹則不出**宣十二年何注杅飲水器穿敗也皮裘也蠹壞也言杅穿皮蠹乃出四方古者出四方朝聘征伐皆當多少圖有所喪費然後乃行爾喻己出征伐士卒死喪固其宜也不當以是故滅鄭姚鼐云杅蓋枅之誤即干楯也言甲楯不必堅強欲以德禮勝人孔廣森云杅盂也皮所以爲幣杅積而穿器有餘也皮藏而蠹幣有餘也此與漢書粟陳腐不可食錢貫朽不可校其喻相類言師出則費財故國必餘富然後敢從四方之事王闓運云杅牟也禮記所謂敎梓夏日所用皮冬日之服言出必經時也案孔說爲長姚說迂甚**君子**

篤於禮薄於利，要其人不要其土，告從不赦不祥。盧云：見宣十二年傳。不祥作不詳，何注云：善用心曰詳。然詳古亦與祥通用，或此書自作祥字。淩云：祥詳通，作淮南說林訓：六畜生多耳目者不詳。高注：詳，善也。爾疋：祥，善也。強不陵弱，齊頃公弔死視疾，成八年傳。孔父正色而立於朝，人莫過而致難乎其君，桓二年傳。齊國佐不辱君命而尊齊侯，見成二年傳。此春秋之救文以質也。義見玉杯篇。太史公高祖贊曰：夏之政忠，忠之敝，小人以野，故殷人承之以敬，敬之敝，小人以鬼，故周人承之以文，文之敝，小人以僿，故救僿莫如以忠。三王之道若循環，終而復始。周秦之間，可爲文敝矣。秦政不改，反用酷刑，豈不謬乎？後漢張敏傳：臣聞師言，救文莫如質。並用春秋說。案：文質有以禮言者，有以政言者。孔子筮賁而不樂，林放問本而深贊，以禮言也。史公酷刑之說，此篇亡亂之鑒，以政言也。強暴之過謂之文敝，則知寬柔之過謂之質敝，可以得其相救之用矣。救文以質，見天下諸侯所以失其國者亦有焉。以下言不從質之失。潞子欲合中國之禮義，離乎夷狄，未合乎中國，所以亡也。宣十五年傳。吳王夫差行强於越臣人之主妾人之妻史記越王勾踐世家勾踐令大夫種行成于吳曰君王亡臣勾踐使陪臣種敢告下執事勾踐請爲臣妻爲妾○主天啟本作王　卒以自亡宗廟夷社稷滅其可痛也官本云夷他本作失孫詒讓云其當爲甚○　長王投死於戲豈不哀哉事並見史記吳世家　晉靈行無禮處臺上彈羣臣枝解宰人而棄之宣六年傳○天啟本本無之字凌本同漏陽處父之謀使陽處父死文六年傳及患趙盾之諫欲殺之卒爲趙盾所弒盧云弒靈公者趙穿此蓋從春秋所書○官本作趙穿弒作殺云穿他本誤作盾殺當作弒　晉獻公行逆理殺世子申生張斐律表云逆節絕理謂之不道案申生雖爲自殺然因獻公而死故以殺歸之事見左穀及說苑節士篇畧有異同　以驪姬立奚齊卓子立下疑有故字皆殺死國大亂四世乃定奚齊卓子惠公至重耳乃定淮南精神訓獻公豔驪姬之美而亂四世　幾爲秦所滅事在僖十五年○天啟本無滅字注云此下疑少一字　從驪姬起也○天啟本注云從一作徒非　楚平王行無度○天啟本

作昭王非淩本同殺伍子胥父兄蔡昭公朝之因請其裘昭公不與定四年傳吳王非之白虎通號篇蔡侯無罪而拘於楚吳有憂中國心興師伐楚諸侯莫敢不至舉兵加楚大敗之君舍乎君室大夫舍乎大夫室妻楚王之母定四年傳○天啟本王作君淩本同貪暴之所致也晉厲公行暴道殺無罪人一朝而殺大臣三人明年臣下畏恐晉國殺之成十七年晉殺其大夫郤錡郤州郤至十八年晉殺其大夫胥童庚申晉弑其君州蒲何注厲公猥殺四大夫臣下人人恐見及以致此禍陳侯佗淫乎蔡蔡人殺之桓六年傳古者諸侯出疆必具左右備一師以備不虞後漢光武十王臨淮懷公衡傳顯宗報曰凡諸侯出境必備左右○官本云一他本作二今陳侯恣以身出入民間至死閭里之庸甚非人君之行也閭里之庸謂閭里傭作之人庸與傭同或稱市傭或稱里傭以地別耳史記敬仲完世家厲公既立娶蔡女蔡女淫於蔡人數歸厲公亦數如蔡桓公之少子林怨厲公殺其父與兄乃令蔡人誘厲公而殺之林自立是爲莊公厲公之殺

以淫出國故春秋曰蔡人殺陳佗罪之也又見陳世家桓十一年何注蔡侯稱叔者不能防正其姑姊妹使淫於陳佗○陳侯各本竝誤作蔡侯今正官本云他本無民間二字

宋閔公矜婦人而心妬與大夫萬博萬譽魯莊公曰天下諸侯宜爲君者唯魯侯爾閔公妬其言曰此虜也爾虜焉故魯侯之美惡乎至○盧云此依公羊莊十二年傳文韓詩外傳文作爾虜焉知魯侯之美惡乎爲一句無至字此書舊本至作致餘與外傳同惡當音烏落切今大典本有至字自當從公羊以故字至字句絕惡音烏俞云按莊十二年公羊傳作爾虜焉故魯侯之美惡乎至傳文故字葢知字之誤此文致字當從傳作至古字通也爾虜焉知四字爲句魯侯之美惡乎至七字爲句惡音烏至猶甚也輿案故作知至作致是致屬下讀於義爲長萬怒搏閔公絕脰此以與臣博之過也說文博局戲也六箸十二棋也事見莊十二年傳何注傳本道此者極其禍生於博戲相慢易也

古者人君立於陰大夫立於陽所以別位明貴賤如君南面臣北面君西面則臣東面不同鄉而立禮郊特牲君之南鄉答陽之義也臣之北面答君也白虎通天地篇所以左旋右周者猶君臣相對之義也

文云日月五星比天爲陰故左行右行者猶臣對君也案此知古者正朝君臣皆立今所傳周公輔成王圖可證坐朝見荀子殆起於戰國人君之佚志與今與臣相對而博置婦人在側此君臣無別也故使萬稱他國卑閔公之意他國下疑有君字卑上疑有有字閔公藉萬而身與之博下君自置謂失其君之尊有辱之婦人之房有又同俱而矜婦人俱謂與同處獨得殺死之道也春秋傳曰大夫不適君遠此逼也宣十二年傳大夫不敵君敵適同○官本云他本逼作過梁內役民無已○役天啟本注云一作取其民不能堪使民比地爲伍一家亡五家殺刑僖十九年傳其自亡奈何魚爛而亡也何注梁君隆刑峻法一家犯罪四家坐之一國之中無不被刑者案史記高祖紀集解張晏云秦法一人犯罪舉家及鄰伍坐之蓋本梁法周禮地官令五家爲比使之相保先鄭注保猶任也疏云使五家爲一比則有下士爲比長主之使五家相保不爲罪過蓋有勸善之意而無坐惡之條今逃亡連坐違周法矣五家當從何注作四家其一家亡者不能追坐故下文云先亡者封其民曰先亡者封後亡者

刑君者將使民以孝於父母順於長老守丘墓承宗廟世世祀其先今求財不足行罰如將不勝殺戮如屠。天啟本注云屠一作從仇讐其民魚爛而亡。盧云本作則亡大典本作而止輿案大典本止爲亡之誤則作而是今從官本改國中盡空春秋曰梁亡亡者自亡也非人亡之也上敘陳宋梁三事文體一律疑與下爲別一篇文虞公貪財不顧其難快耳悅目受晉之璧屈產之乘假晉師道還以自滅僖二年傳虞公終假之道以取虢還四年反取虞宗廟破毀社稷不祀身死不葬僖五年晉人執虞公貪財之所致也故春秋以此見物不空來寶不虛出自內出者無匹不行自外至者無主不止盧云此二句見宣三年傳是論祭天地宗廟之事耳以證虞事殊不倫必有舛誤輿案二句又見白虎通郊祀篇自是古語不必專論祭祀蓋亦內感外應之旨傳引以見配祖之意祖者誠之所及天則藉祖以達其誠耳此文亦謂功效之相因先有欲利之緣然後有取敗之道故上云物不空來寶不虛出下云此其應也莊子天運篇中無主而不止外無止當爲而不行由中出者不受於外聖人不出由外入者無主於中聖人不隱名公器也不可多取又則陽篇云是以自外入者有主而不執由中出者有匹而不距淮南原道訓故從外入者無主於中不止從中出者無應於外不行與此處文義正合不必定屬祭祀言 **此其應也楚靈王行强乎陳蔡**昭八年楚滅陳十一年滅蔡 **意廣以武不顧其行**句 **慮所美內罷其眾**所美卽物女罷讀爲疲慮字疑誤 **乾谿有物女**俞云漢書郊祀志有物曰蛇注物謂鬼神東平思王字傳或明鬼神信物怪注物亦鬼然則物女殆亦鬼神之類輿案張晏傳贊太史公曰學者多言無鬼神然言有物物怪與鬼神對舉不得卽以爲鬼神 **水盡則女見水滿則不見靈王舉發其國而役三年不罷**昭十三年靈王爲無道作乾谿之臺三年不成 **楚國大怨**○官本云他本怨作怒 **有行暴意**有又同 **殺無罪臣成然**據左昭十三年傳靈王奪成然邑而使爲郊尹四族入楚蔓成然其一也昭十四年平王殺之今云靈王殺與左異史記楚世家鄖公之弟懷曰平王殺吾父集解服虔曰父蔓成然是古文說以爲平王殺也 **楚國大濊也**濊憒也 **公子棄疾卒令靈王**

父子自殺而取其國左昭十三年傳王聞群公子之死也自投於車下○凌本無父子二字虞不離津澤農不去疇土而民相愛也言取之易○凌本無而民相愛也五字此非盈意之過耶盈意猶言縱欲滿志魯莊公好宮室一年三起臺夫人內淫兩弟凌云謂牙與慶父與案見莊二十七年傳漢書五行志嚴公十八年日食仲舒以爲宿在東壁魯象也後公子慶父叔牙果通于夫人以弒公又嚴公二十六年日食劉向以爲時戎侵曹魯夫人淫于慶父叔牙將以殺君故比年再蝕以見戒又云公子慶父叔牙果通于夫人以劫公弟兄子父相殺莊公殺公子牙是兄弟相殺慶父殺子般閔公是子父相殺古者從父與兄弟之子通稱父子故蕭同姪子左氏傳直稱叔子漢疏廣傳父子竝爲師傅蔡邕傳欲陷臣父子是也國絕莫繼爲齊所存閔二年齊高子來盟傳莊公死子般弒閔公弒比三君死曠年無君設以齊取魯曾不興師徒以言而已矣桓公使高子將南陽之甲立僖公而城魯管子小匡篇魯有夫人慶父之亂而二君弒死國絕無後桓公聞之使高子存之男女不淫馬牛選具執五以見請爲關內之侯而桓公不使也夫人淫之過也妃匹貴妾可不慎邪此皆內自强

從心之敗己謂私心自用不稽古不從賢見自強之敗尚有正諫而不用卒皆取亡曹羈諫其君曰戎眾以無義君無自適莊二十四年傳戎侵曹傳曹羈諫曰戎眾以無義君請勿自敵也曹伯曰不可適與敵同○適天啟本注云一作敵君不聽果死戎寇伍子胥諫吳王以爲越不可不取吳王不聽至死伍子胥致子胥於死還九年越果大滅吳國據史記吳世家夫差十一年子胥死三十二年越滅吳則去子胥死十二年矣秦穆公將襲鄭百里蹇叔諫曰千里而襲人者未有不亡者也穆公不聽師果大敗殽中匹馬隻輪無反者○俞云僖三十三年公羊傳匹馬雙輪無反者釋文一本作易輪董仲舒云車皆不還故不得易輪轍然則董子原文必作易輪今作隻者後人所改也惟不易輪轍之義殊爲迂曲而董子所見傳文如此必當有說今按易者析之叚字析易疊韻故蝘蜓名蜥蜴而詩節南山胡爲虺蜴說文蟲部引作胡爲虺蜥然則易之通作析猶蜴之通作蜥矣說文木部析破木也其字亦或作㭊張選碑陽氣厥㭊是也又或作斯魯峻碑斯薪弗荷是也㭊斯竝從片則析輪猶

片輪也與馬之稱匹正同一律較隻輪之文爲優矣輿案釋文所引不似今董子文晉假道虞○盧云本或重道字淩云下道字讀導虞公許之宮之奇諫曰脣亡齒寒虞虢之相救非相賜也虢當從傳作郭君請勿許虞公不聽後虞果亡於晉僖二年傳案此事一篇兩見○於下各本脫晉字今補春秋明此存亡道可觀也春秋之文非徒爲譏刺而已將使後之王者觀其效以審其原察其文而修其實有以得存亡之樞要也○淩云道上當有之字觀乎蒲社○蒲天啟本作薄知驕溢之罰觀乎許田知諸侯不得專封觀乎齊桓晉文宋襄楚莊知任賢奉上之功觀乎魯隱祭仲叔武孔父荀息仇牧吳季子公子目夷知忠臣之效僖二十八年傳何賢乎叔武讓國也觀乎楚公子比知臣子之道效死之義觀乎潞子知無輔自詛之敗盧云詛字或是沮字淩云釋名詛阻也俞云詛當讀爲作言無無輔而自作也詩蕩篇侯作侯祝釋文作本作詛蓋作詛雙聲古得通用耳觀乎公在楚知臣子之恩

觀乎漏言知忠道之絶臣效忠而君漏言以喪其身則敢言者少故曰忠道絶觀乎獻六羽〇天啟本無獻字知上下之差觀乎宋伯姬知貞婦之信觀乎吳王夫差知强陵弱下有脱文觀乎晉獻公知逆理近色之過觀乎楚昭王之伐蔡知無義之反觀乎晉厲之妄殺無罪知行暴之報觀乎陳佗宋閔知妬淫之禍〇天啟本妬作嫉淩本同觀乎虞公梁亡知貪財枉法之窮觀乎楚靈知苦民之壤盧云壤猶傷也隱三年日有食之穀梁傳曰吐者外壤食者內壤闕然不見其壤有食之者也一曰壤與傷通觀乎魯莊之起臺知驕奢淫泆之失觀乎衛侯朔知不卽召之罪觀乎執凡伯知犯上之法觀乎晉郤缺之伐邾婁知臣下作福之誅文十四年晉人納接菑于邾婁弗克納傳此晉郤缺也其稱人何貶曷爲貶不與大夫專廢置君也觀乎公子翬知臣窺君之意隱四年傳公子翬諂乎隱公謂隱公曰百姓安子諸侯說子盍終爲君矣隱公

曰否吾使修塗裘吾將老焉公子翬恐若其言聞乎桓於是謂桓公曰吾爲子口隱矣隱曰吾不反也桓曰然則奈何曰請作難弒隱公於鍾巫之祭焉弒隱公也○天啟本注云窺一作規**觀乎世卿知移權之敗**隱元年尹氏卒傳譏世卿非禮也注爲其秉政久恩德廣大小人居之必奪君之威權故尹氏立王子朝齊崔氏弒其君也君子疾其末則正其本**故明王視於冥冥聽於無聲天覆地載天下萬國莫敢不悉靖其職受命者**其天啟本作共是淩本同案鹽鐵論孝養篇春秋曰士守一不移循理不外援共其職而已悉靖二字疑有一誤**不示臣下以知之至也**朝廷宣示風旨一秉於正而已縱一己之欲與干百姓之譽其敝皆足啟民臣輕侮之漸褻主尊而長亂萌明王不示人知非徒爲不可測也以抑天下之囂淩而圖治安也莊子天地篇論王德云視乎冥冥聽乎無聲冥冥之中獨見曉焉無聲之中獨聞和焉故深之又深而能物焉神之又神而能精焉淮南俶眞訓是故聖人託其神於靈府而歸於萬物之初視於冥冥聽於無聲冥冥之中獨見曉焉寂寞之中獨有照焉其用之也不以用其不用也而後能用之其知也乃不知其不知也而後能知之也與此文意大同**故道同則不能相先情同則不能相使此其**

教也養其威而不褻順於理而勿肆嚴上下之差定是非之正道自高情自善矣若以智術相勝使天下有輕量朝廷之思雖故示不測而人終得而測之貌相爲使而情不屬罔以馭羣倫保至尊非古明王之教也管子明法解主行臣道則亂臣行主道則危故上下無分君臣共道亂之本也故明法曰君臣共道則亂莊子天道篇上无爲也下亦无爲也是下與上同德下與上同德則不臣下有爲也上亦有爲也是上與下同道上與下同道則不主上必無爲而用天下下必有爲爲天下用此不易之道也淮南主術訓君臣異道則治同道則亂各得其宜處其當則上下有以相使也竝與此義相發　**由此觀之未有去人君之權能制其勢者也**移權於臣則有僭竊之患移權於民亦啟爭奪之禍天下有重臣亦有權臣天下有賢民亦有莠民大權下移必爲强者所持㝵懦無以自立相忌相殘而內難以作民受其殃矣迨釀亂已深朝廷卽欲制之勢已去而威令不行蓋無倖者故曰爲人君者固守其德以附其民罔執其權以正其臣本書保位權管子亦云威下繫於民而求上之無危不可得也鍾又云人君失勢則臣制之矣謚是以衛侯之結甯氏祭則寡人唐也之立節使遺問軍中君若贅旒亂亡相屬可以鑒矣**未有貴賤無差能全其位者也故君子慎之**○貴賤平等大亂之由盧云此篇逐便卽

言錯雜無次疑出後人所采輯輿案
自故明王以下疑是立元神篇文

春秋繁露義證卷第四

春秋繁露義證卷第五

漢廣川董仲舒撰
平江蘇　輿學

滅國上第七 錢云此本一篇不當分

王者民之所往白虎通號篇王者往也天下所歸往韓詩外傳王者往也天下往之謂之王春秋元命苞王者往也神之所輸向人之所樂歸案王往雙聲未有民不嚮往而能爲王者君者不失其羣者也周書謚法篇從之成羣曰君荀子王制篇能以使下謂之君君者善羣也君道篇君者何也能羣也韓詩外傳君者羣也白虎通三綱篇君羣也羣下之所歸心也呂覽長利篇羣之可聚也相與利之也利之出於羣也君道立也故君道立則利出於羣案君羣疊韻古者君以羣爲義故爾雅以林烝訓君字而自稱曰孤寡不穀又曰余一人見不敢君民之心又不敢必天下之羣己故孫言之○天啟本無也字故能使萬民往之而得天下之羣者無敵於天下弑君三十六亡

國五十二○盧云舊本作失國之君三十一亡國之君五十二誤輿案弑君上疑奪春秋二字小國德薄不朝聘大國不與諸侯會聚孤特不相守獨居不同羣遭難莫之救所以亡也○管子云國之存亡鄰國有焉盧云同羣本或作成羣非獨公侯大人如此生天地之間根本微者不可遭大風疾雨立鑠消耗韓詩外傳草木根荄淺未必橛也飄風暴雨隧則橛必先矣說苑建本篇樹本淺根荄不深未必橛也飄風至暴雨至拔必先矣衛侯朔固事齊襄而天下患之致王人不能救衛虞虢并力晉獻難之僖二十年傳晉獻揖荀息入而謀曰吾欲攻郭則虞救之攻虞則郭救之如之何虢當作郭晉趙盾一夫之士也無尺寸之土一介之衆也○天啟本一介上有無字凌本同而靈公據霸主之餘尊而欲誅之○天啟本主作王窮變極詐詐盡力竭禍大及身謂終被弑見宣六年傳推盾之心載小國之位孰能亡之哉推盾之心猶云推赤心置人腹中意下文云所託者誠也言嚮使靈公知盾賢而誠用盾

（載小國之位孰能亡之況於據霸主之尊哉荀子仲尼篇文王載百里地而天下一義與此同彼文楊注不誤而顧千里以載下爲脫之字誤矣○官本云他本載作戴）故伍子胥一夫之士也去楚干闔廬遂得意於吳（見定四年傳）所託者誠是何可禦邪楚王髡託其國於子玉得臣而天下畏之（僖二十八年何注子王得臣楚之驕蹇臣數道其君侵中國）虞公託其國於宮之奇晉獻患之（見僖二年傳）及髡殺得臣天下輕之（○淩本天下上有而字）虞公不用宮之奇晉獻亡之存亡之端不可不知也（善用人爲羣之本）諸侯見加以兵逃遁奔走至於滅亡而莫之救平生之素行可見也（不能用賢由於不能正身故又咎其素行孔子告哀公曰取人以身○盧云舊本作逃莫之救少八字今從大典本）隱代桓立所謂僅存耳使無駭帥師滅極內無諫臣外無諸侯之救載亦由是也宋蔡衛國伐之鄭因其力而取之（隱十年宋人蔡人衛人伐載鄭人伐取之傳其言伐取之何易

也其易奈何因其力也因誰之力因宋人蔡人衛人之力也此無以異於遺重寶於道而莫之守見者掇之也鄧穀失地而朝魯桓鄧穀失地不亦宜乎鄧穀朝魯在桓七年何注不月者失地君朝惡人輕也案魯桓弑立得罪明王鄧穀往朝無賢可知此篇首言王往君羣之義下乃諄諄於用賢可見君之得民惟在任賢以輔政不在徇眾以干譽賢者民之標準也

滅國下第八

紀侯之所以滅者乃九世之讎也一旦之言紀侯譖哀公致烹平周危百世之嗣故曰大去莊四年衛人侵成隱五年案成當作盛下同鄭入成隱十年及齊師圍成莊八年三被大兵終滅降於齊師莫之救所恃者安在齊桓公欲行霸道譚遂違命故滅而奔莒莊十年不事大而事小曹伯之所以戰死於位莊二十四年諸侯莫助憂者幽之會齊桓數合諸侯曹小未嘗

來也。魯大國，幽之會，莊公不往，莊十六年公羊經：公會齊侯、宋公、陳侯、衛侯、鄭伯、許男、曹伯、滑伯、滕子同盟于幽。穀梁無公字，有曹伯；左無公字，無曹伯。據此，則董所見公羊經實與左同，今本蓋誤衍。齊桓凡兩會幽，其一在二十七年，莊公嘗往，見下文。十六年之會，公不往，知遺徵者。戎人乃窺兵於濟西，莊十八年。由見魯孤獨而莫之救也。此時大夫廢君命專救危者。此閒似有奪誤。魯莊公二十七年，齊桓爲幽之會，衛人不來，會者宋、陳、鄭。〇淩本無之字。其明年，桓公怒而大敗之。及伐山戎，張旗陳獲以驕諸侯。莊三十一年：齊侯來獻戎捷。傳：旗獲而過我也。於是魯一年三築臺，亂臣比三起於內，公子牙成弑械，子般、閔公見弑。夷狄之兵仍滅於外，閔二年，狄入衛。僖二年，城楚丘，傳蓋狄滅之。案此處魯衛參錯，疑有誤文。衛滅之端，以失幽之會，〇官本云：他本無失字。亂之本，存親內蔽，亂上當有魯字，蔽疑作敝。亂起家庭，是自敝也。邢未嘗會齊桓也，附晉又微，晉侯獲於韓而背之，淮之會是也。僖十八年。齊桓卒，豎刁易牙之亂作○凌本齊桓作桓公邢與狄伐其同姓取之僖十八年邢人狄人伐衛其行如此雖爾親庸能親爾乎是君也其滅於同姓衛侯燬滅邢是也僖二十五年案以下文義似不相屬○官本云衛他本誤作魏齊桓爲幽之會衛不至桓怒而伐之三語已見上狄滅之桓憂而立之魯莊爲柯之盟劫汶陽莊十三年魯絕桓立之閔二年○官本云絕他本作滅凌本桓作威云避宋諱改邢杞未嘗朝聘齊桓見其滅率諸侯而立之用心如此豈不霸哉故以憂天下與之管子大匡篇五年宋伐杞桓公築緣陵以封之予車百乘甲一千明年狄人伐邢邢君出致於齊桓公築夷儀以封之予車百乘卒千人明年狄人伐衛衛君出致於虛桓公築楚邱以封之予車三百乘甲五千又小匡篇云桓公憂天下諸侯天下諸侯稱仁焉案自齊桓爲幽之會以下當是別一節文

隨本消息第九

文似與篇名不應凌云文選幽通賦大家注人之行各隨其命命者神先定之故爲徵兆

於前雖然亦在人消息而行焉天命祐善災惡非有爽也麻書黃帝建立五行起消息正義陽生爲息陰死爲消

顏淵死子曰天喪予子路死子曰天祝予西狩獲麟曰吾道窮吾道窮三年身隨而卒哀十四年傳顏淵死子曰噫天喪予子路死子曰噫天祝予西狩獲麟孔子曰吾道窮矣注祝斷也天生顏淵子路爲夫子輔佐皆死者天將亡夫子之徵麟者太平之符聖人之類時得麟而死此亦天告夫子將沒之徵故云爾階此而觀階猶由也因也又見奉本篇天命成敗聖人知之有所不能救命矣夫

先晉獻之卒○各本不提行今以與上不屬別爲一節文似與滅國相類天啟本獻下有公字凌本同齊桓爲葵丘之會再致其集僖九年先齊孝未卒一年魯僖乞師取穀僖二十六年○官本云他本無卒字晉文之威天子再致先卒一年魯僖公之心分而事齊晉文公卒在僖三十二年文公不事晉先齊侯潘卒一年文公如晉衛侯鄭

伯皆不期來齊侯已卒諸侯果會晉大夫於新城文十三年公如晉衛侯會於沓公及晉侯盟還自晉鄭伯會公於斐十四年齊侯潘卒六月公會宋公陳侯衛侯鄭伯許男曹伯晉趙盾癸酉同盟於新城魯昭公以事楚之故晉人不入○官本云楚他本作齊楚國强而得意一年再會諸侯伐强吳爲齊誅亂臣遂滅厲魯得其威以滅鄫昭四年楚子伐吳執齊慶封殺之遂滅厲九月取鄫○官本云他本威誤作滅其明年如晉無河上之難昭公五年公如晉○淩本難作患先晉昭之卒一年無難昭十六年晉昭卒十五年公如晉楚國內亂臣弑君諸侯會於平丘謀誅楚亂臣昭十三年昭公不得與盟大夫見執季孫隱如見執於晉並在昭十三年蓋先晉昭卒三年已有難矣此間敘次似與經違吳大敗楚之黨六國於雞父昭二十三年吳敗頓胡沈蔡陳許之師於雞父公如晉而大辱春秋爲之諱而言有疾見昭二十三年公如晉至河有疾乃復傳自昭公二年十二年十三年二十一年如晉皆至河乃復至此而五矣以上皆以魯

爲主文由此觀之所行從不足恃所事者不可不慎此亦存亡榮辱之要也已不自立而事人鮮足恃者先楚莊王卒之三年盧云楚莊王亦當作楚子旅○天啟本卒之作之卒晉滅赤狄潞氏及甲氏留吁宣十六年晉滅赤狄甲氏及留吁十八年楚子旅卒先楚子審卒之三年鄭服蕭魚襄十一年伐鄭會於蕭魚十三年九月楚子審卒晉侯周卒一年襄十五年晉侯周卒盧云此六字上下疑有譌脫先楚子昭卒之二年○盧云舊本作之卒年譌與陳蔡伐鄭而大克襄二十六年楚子蔡侯陳侯伐鄭二十八年楚子昭卒其明年楚屈建會諸侯而張中國襄二十七年卒之三年淩云三當作明諸夏之君朝於楚襄二十九年公在楚楚子卷繼之四年而卒昭九年其國不爲侵奪而顧隆盛強大中國不出年餘下當有脫文楚子卷卒之三年楚靈王會諸侯於申伐吳滅厲當指其事何也楚子昭葢諸侯可者也天下之疾其君者皆赴愬而乘之孟子天下之欲疾其君者皆欲

赴愬於王兵四五出常以眾擊少以專擊散義之盡也先卒四五年。淩本四下衍十字中國內乖齊晉魯衛之兵分守大國襲小○官本云他本無小字諸夏再會陳儀齊不肯往襄二十四年會於陳儀次年再會齊皆不與吳在其南而二君殺襄二十五年吳子謁見殺於巢門二十九年閽殺餘祭淩云殺當作弒下同中國在其北而齊衛殺其君襄二十五年齊崔杼弒其君光二十六年衛甯喜弒其君剽慶封劫君亂國石惡之徒聚而成羣襄二十七年傳曷爲殆諸侯爲衛石惡在是也曰惡人之徒在是矣衛衎據陳儀而爲諼襄二十五年傳陳儀者何衛之邑也曷爲不言入於衛諼君以弒也林父據戚而以畔襄二十六年。天啟本以作已宋公殺其世子襄二十六年魯大饑襄二十四年中國之行亡國之跡也先楚莊王卒至此以楚爲主文譬如於文宣之際○官本云他本無於字中國之君五年之中五君殺文十四年齊商人弒舍十六年宋弒杵臼十八年齊弒商人子卒莒弒庶其以晉靈之行使一

大夫立於斐林見宣元年○盧云春秋本或作棐林文十三年釋文云斐本又作棐是公羊本亦有作棐林者一本作蜚林誤輿案天啟本作棐林淩本同**拱揖指撝諸侯莫敢不出此猶隰之有泮也**以晉譬楚言皆乘中國喪亂得諸侯歸附當是時諸侯之視晉楚猶隰之有泮若泛水得涯也詩隰則有泮鄭箋云泮讀爲畔畔涯也言淇與隰皆有厓岸以自拱持今君子放恣心意曾無所拘制案董引此語不必定符本義然鄭箋拱持二字似取於此荀子富國篇拱揖指揮而強暴之國莫不趨使譬之是猶烏獲與焦僥搏也語意與此同議兵篇作拱揖指麾淮南覽冥訓拱揖指麾而海內賓服○天啟本泮作拔注云一作濕之有泮

盟會要第十

淩云總目作會盟要隱元年注凡書盟者惡之也爲其約誓太甚朋黨深背之生患禍重胥命於蒲善近正是也凡書會者惡其虛內務恃外好也古者諸侯非朝時不得踰境

至意雖難喻蓋聖人者貴除天下之患世日積而天下之患多聖人先除其患患除而利生矣荀子不苟篇國亂而治之者非案亂而治之之謂也去亂而被之以治人汙而修之者非案汙而修之之謂也去汙而易之以修

故去亂而非治亂也去汙而非修汙也又大畧篇云天子卽位上卿進曰如之何憂之長也能除患則爲福不能除患則爲禍**貴除天下之患故春秋重而書天下之患徧矣**○言書天下之患詳也盧本徧作偏今從淩本**以爲本於見天下之所以致患其意欲以除天下之患何謂哉**見天下之所以致患示鑒而已欲以除患則撥亂反正之義○官本云他本無之字**天下者無患然後性可善**性本有善端先滌其奇衺然後養育之道正可以永葆其善淩云者字當在何謂上**性可善然後清廉之化流清廉之化流然後王道舉禮樂興其心在此矣傳曰諸侯相聚而盟**○官本云他本盟作明**君子修國曰此將率爲也哉**俞云修國二字當在也哉之上君子曰此將率爲修國也哉言將相率而修治其國也上文曰以爲本於見天下之所以致患其意欲以除天下之患夫諸侯相聚而盟固欲相率而修治其國其意本以除天下之患而天下所以致患卽在於此此春秋所以善胥命也修國二字誤倒在上則文不可通輿案修國疑當作修之君子修之者聖人之意也語見莊七年傳率疑奚之誤言世衰道喪而後有聚盟之事桓三年傳古

者不盟結言而退穀梁隱八年傳誥誓不及五帝盟詛不及三王交質子不及二伯此云將奚爲者亦春秋譏參盟意也僖三年何注桓公功德隆盛諸侯咸曰無言不從曷爲用盟哉重政篇云君子之所甚惡也奚以爲哉語意正同或云君子修國亦通言君子治國不用此也**是以君子以天下爲憂也患乃至於弒君三十六**○天啟本六作一淺本同**亡國五十二細惡不絕之所致也**相聚而盟不與弒君亡國相期也自君子觀之患乃伏於彼微矣哉語亦見王道篇**辭已喻矣**除患之辭已喻乃進而正天下**故曰立義以明尊卑之分強幹弱枝以明大小之職**尚書大傳諸侯之義非天子之命不得動眾起兵殺不義者所以強幹弱枝尊天子卑諸侯也白虎通誅伐篇同春秋漢含孳強幹弱流天之道末注流猶枝也賈誼陳政事疏令海內之勢如身之使臂臂之使指莫不制從諸侯之君不敢有異心輻輳而歸命天子太史公漢興以來諸侯年表序云漢郡八九十形錯諸侯間犬牙相臨秉其阨塞地形彊本幹弱枝葉之道也尊卑明而萬事各得其所矣並本春秋義**別嫌疑之行以明正世之義**正世之義亦見王道篇**采摭託意以矯失禮**采摭古人之行事貶之褒之於受者之身無與也託

意微耻矯來者之失禮耳善無小而不舉惡無小而不去以純其美舉小善使之擴充去小惡絕其萌芽新語術事篇春秋上不及五帝下不及三王述齊桓晉文之小善魯之十二公至今之爲政足以知成敗之效何必於三王別賢不肖以明其尊親近以來遠語亦見王道及十指篇因其國而容天下雖有內外之分而無相殘之見語亦見俞序篇○天啟本注云因亦作自名倫等物不失其理見精華篇公心以是非賞善誅惡而王澤洽始於除患正一而萬物備始於除患終於反正荀子不苟篇千人萬人之情一人之情是也又云推禮義之統分是非之分總天下之要治天下之衆若使一人故操彌約而事彌大五寸之矩盡天下之方也故君子不下室堂而海內之情舉積此者則操術然也故曰大矣哉其號大矣哉春秋之名號○天啟本號作別兩言而管天下此之謂也兩言謂褒貶管鍵也荀子儒效篇聖人者道之管也天下之道管是也百王之道一是矣

正貫第十一淩云荀子百王之無變足以爲道貫一廢一起應之以貫理貫不亂不知貫不知應變貫之

體未嘗亡也亂生其差治盡其詳故道之所善中則可從畸則不可爲

春秋大義之所本耶治天下之大義出於春秋六者之科六者之恉之謂也然後援天端隱元年疏天端卽春也布流物而貫通其理則事變散其辭矣本之天布諸萬物以貫其理因而散著其辭於事變故志得失之所從生而後差貴賤之所始矣貴賤之差明則得否則失故因得失之所從生而知天地尊卑之義論罪源深淺定法誅然後絕屬之分別矣論罪本之深淺定法誅之輕重宜絕宜續因而別之立義定尊卑之序而後君臣之職明矣春秋立義甚多尤以辨上下爲亟語又見上篇載天下之賢方表謙義之所在方法也賢方猶賢法謙義卽讓德春秋首隱公貴讓是也○盧云天下舊本作定下謙義本亦作兼義則見復正焉耳復正亦見王道篇幽隱不相踰而近之則密矣踰疑作諭言幽隱之與顯明不相諭也而聖人智究天人亦可引而近之以致其密句中疑尚有誤字而後萬變之應無窮者○盧云變大典本作

物故可施其用於人而不悖其倫矣幽贊神明彌綸萬變故施諸人而不悖是以必明其統於施之宜故知其氣矣然後能食其志也志生於氣食猶養也知其聲矣而後能扶其精也精不可見於聲驗之知其行矣而後能遂其形也審其履行之所安而後能暢遂其形質○盧云形舊本作刑知其物矣然後能別其情也物事也本其事因別其情故倡而民和之動而民隨之是知引其天性所好而壓其情之所憎者也引其天性所好謂引之於善淮南泰族訓先王之制法也因民之所好而爲之節文者也因其好色而制昏姻之禮故男女有別因其喜音而制雅頌之聲故俗不流因其甯家室樂妻子教之以順故父子有親因其喜朋友而教之以悌故長幼有序然後修朝聘以明貴賤饗飲習射以明長幼時搜振旅以習用兵也入學庠序以修人倫此皆人之所有於性而聖人之所匠成也如是則言雖約說必布矣○天啟本注云說一作德事雖小功必大矣聲響盛化運於物散入於理有一物即有一理聖人因其散著而聚之握其本統以施諸治則萬物靡

不得其理矣禮樂記萬物之理各以類相動也德在天地神明休集並行而不竭盈於四海而訟詠○盧云訟與頌同大典本作頌聲詠周本同輿案天啟本同大典本官本云頌他本誤作訟無聲字書曰八音克諧說文龤下引虞書作龤無相奪倫神人以和乃是謂也故明於情性乃可與論爲政○天啟本無情字不然雖勞無功夙夜是寤○淩本是作無思慮惓心猶不能睹故天下有非者此知本之論言不明情性爲政雖勞天下猶有非之者符瑞篇云極理以盡情性之宜○天啟本作天不有罪者三示當中孔子之所謂非尚安知通哉盧云文訛難曉

十指第十二

此篇六科十指何休則用三科九旨殆胡母生條例別與

春秋二百四十二年之文天下之大事變之博無不有也雖然大略之要有十指○官本云他本無之字十指者事之所繫也○官本云他本無所字王

化之所由得流也，舉事變見有重焉一指也春秋重民竹林篇云戰攻侵伐必一二書傷其害所重也見事變之所至者一指也事發於此而變見於彼君子不可不察因其所以至者而治之一指也強幹弱枝大本小末一指也別嫌疑異同類一指也莊十八年葬我先君桓公傳讐在外也何注春秋別嫌原情弊罪於齊歸恨於莊不深責婦人又閔二年何注春秋謹於別尊卑理嫌疑䁲敵異同類蓋謂嚴夷夏之防自天祝之則人族皆同類也春秋以禮野之故別而異之如吳魯同姓而鍾離殊會以外之是其例也論賢才之義別所長之能一指也俞云義者宜也言賢才各有宜輿案此卽春秋譏世卿之旨以見公卿大夫士當論材而官選賢而用親近來遠同民所欲一指也近遠雖殊民情則一承周文而反之質一指也承文反質所以救敝時若質敝又合反文木生火火爲夏天之端一指也火由木而生百物皆本於春春秋首書春所以正天端也切刺譏之所罰考變異之所加天之端一指也對策云春秋之所譏災害之所加也春秋之所惡怪異之所施也書邦家之過兼災異之變以此見人之所爲其美惡之極乃與天地流通而往來相應**舉事變見有重焉則百姓安矣見事變之所至者則得失審矣**○官本云則得他本作得則**因其所以至而治之則事之本正矣**疾滅國則先貶宋衛之入鄭治貪鄙則上譏天子之求車皆正本之意也隱元年尹氏卒傳世卿非禮也僖二十五年宋殺其大夫傳何以不名宋三世內娶也何注並云君子疾其末故正其本**強幹弱枝大本小末則君臣之分明矣**白虎通誅伐篇誅不避親戚何所以尊君卑臣強幹弱枝明善善惡之義也春秋傳曰季子殺其母兄何善爾誅不避母兄君臣之義也後漢宗意傳諫寵二王云春秋之義諸父昆弟無所不臣所以尊尊卑卑強幹弱枝者也陛下德業隆盛當爲萬世典法不宜以私意損上下之序失君臣之正與案春秋作於封建之世而兢兢天澤之辨葢聖人已燭其敝矣傳開章言大一統不主封建自明李斯以制諸侯爲不便實原春秋說漢初懲秦孤立之敝而欲復古至文帝終采賈晁諸人說漸削諸王葢強幹弱枝之旨固人主所樂聞尾大不掉之敝亦趨勢所必至是以兩漢封建卒不復行唐與明偶一行之有利焉而不勝其害故曰春秋幾君子之前覩也左桓二年傳引師服亦云本大而末小是以能固其他篇亦

屢及此旨賈逵條奏左氏事云凡所以存先王之道者要在安上理民而已今左氏崇君父卑臣子强榦强枝勸善戒惡至明至切至直至順所謂同公羊者十有七八也別嫌疑異同類則是非著矣論賢才之義別所長之能則百官序矣承周文而反之質則化所務立矣政化所施得其歸要親近來遠同民所欲則仁恩達矣木生火火爲夏則陰陽四時之理相受而次矣董子數五行始木木主春故云四時相受而次切刺譏之所罰考變異之所加則天所欲爲行矣天之所欲順民而已惕災修行民受其福是天意得行統此而舉之○官本云他本行矣下有切譏次之四字無統此二字仁往而義來仁義法篇仁謂往義謂來德澤廣大衍溢於四海陰陽和調萬物靡不得其理矣說春秋凡用是矣此其法也

重政第十三

第一二節似與篇名不相應

惟聖人能屬萬物於一而繫之元也終不及本所從來而承之不能遂其功是以春秋變一謂之元元猶原也其義以隨天地終始也故人惟有終始也而生不必應四時之變故元者爲萬物之本而人之元在焉安在乎乃在乎天地之前故人雖生天氣及奉天氣者不得與天元本天元命而共違其所爲也故春正月者承天地之所爲也繼天之所爲而終之也其道相與共功持業安容言乃天地之元天地之元奚爲於此惡施於人大其貫承意之理矣義見玉英篇

能說鳥獸之類者○各本不提行今以與上文不類別爲一節 非聖人所欲說也博物之學聖人雖知之而不欲說孔叢雜訓篇子思曰夫子之敎必始於詩書而終於禮義雜說不與焉案孔子學詩亦云多識蓋視爲餘事

不侈浩博觀古今注所載芍藥蟬蟻之答論衡所紀識重常之鳥知董未嘗以博物爲非程子以記誦博識爲玩物喪志亦畏其得小而遺大也○官本云他本無欲字**聖人所欲說在於說仁義而理之知其分科條別貫所附**理猶分也以仁安人以義正我其分別之大要也若爲仁若爲義施之各有其處是分科條別也仁與義亦有相濟之用故又必貫其所附貫上疑有脫字或云科條卽條例似非**明其義之所審勿使嫌疑**別是非於微眇**是乃聖人之所貴而已矣不然傳於眾辭**○盧云傳疑當作傅**觀於眾物說不急之言而以惑後進者君子之所甚惡也奚以爲哉**此教人治經之法掇拾煩碎所謂能說鳥獸之類不急之言耳以此爲教尙惑後進況於附合經術造詞荒誕以淆亂觀聽者哉荀子天論篇無用之辨不急之察棄而不治若夫君臣之義父子之親夫婦之別則日切磋而不舍也韓詩外傳大同孔叢嘉言篇宰我問君子尙辭乎孔子曰君子以禮爲尙博而不要非所察也繁辭宿說非所聽也惟智者不失理徐幹中論治學篇六籍者羣聖相因之書也其人雖亡其道猶存今之學者勤心以求之亦足以到昭明而成博達矣故凡學者大義爲先物名爲後大義舉而物名從之然鄙儒

之博學也務於物名詳於器械政於訓詁摘其章句而不能統其大義之所極以獲先王之心此無異於女史誦詩內豎傳令也故使學者勞思慮而不知通費日月而無成功並與此旨相發至董子非不尙訓詁如仁人義我君羣王往性生心柢皆以形聲說之質文執贄深察名號等篇亦未嘗非名物實皆以明義理爲歸異於後人之徒以章句訓詁爲事者**聖人思慮不厭晝日繼之以夜然後萬物察者仁義矣**此似用孟子義**由此言之尙自爲得之哉故曰於乎爲人師者可無愼邪夫義出於經經傳大本也**博物志聖人制作曰經賢人著述曰傳此經謂春秋傳爲門弟子所傳述之義公羊其一也後人多列經名則有以傳爲經者矣互見玉杯篇定元年傳主人習其讀而問其傳何注讀爲經傳謂訓詁○公羊序疏引繁露云能通一經曰儒生博覽羣書號曰鴻儒疑是此篇中脫文論衡超奇篇亦云能說一經者爲儒生博覽古今者爲通人**棄營勞心也**也字疑衍句中尙疑有誤字**苦志盡情頭白齒落尙不合自錄也哉**自錄言自省錄意漢時經師已有以不急之言說春秋失聖人意者故諷之如此

人始生有大命是其體也所謂正命與下隨遭爲三命○各本不提行今以與上文不類別爲一節有變命存其間者其政也盟會要篇天下無患然後性可善卽此旨○官本云政他本誤作致政不齊則人有忿怒之志若將施危難之中而時有隨遭者神明之所接絕屬之符也遭世不辰哀時懼變人不能自遂其生說苑政理篇無事則遠罪遠罪則民壽公孫弘對策云形和則無疾無疾則不夭故古之歌詠盛治者必曰物極其性人永其壽莊子列禦寇篇達大命者隨達小命者遭白虎通壽命篇命有三科以記驗有壽命以保度祭法疏引援神契作有受命以保慶有遭命以遇暴詗低摘暴祭法疏作謫有隨命以應行[illegible][illegible]督行作壽命者上命也隨命者隨行爲命若言怠棄三正天用劕絕其命矣又欲使民務仁立義無滔天滔天則司命舉過言則用以弊之遭命者逢世殘賊若上逢亂君下必災變暴至天絕人命沙鹿崩水襲邑是也冉伯牛危行正言而遭惡疾論衡命義篇引傳言三命爲正命隨命遭命說畧異潛夫論論榮篇故論士苟定於志行勿以遭命卜列篇行有招召命有遭隨後漢來歙中刺光武賜策曰遭命遇害此所云隨遭卽所云隨命遭命言政不齊則得其正命少也盧云絕屬猶言絕續亦有變其間使之不齊如此亦字疑誤

不可不省之省之則重政之本矣○以下文不相類隨本消息顏淵死至命矣夫一段疑是錯類文

攝以爲一○各本不提行今別爲一節上下當有脫文進義誅惡絕之本見王道篇義疑作善之與其同而以其施謂以春秋之敎施之以字疑有誤此與湯武同而有異○官本云他本無同字湯武用之治往故湯武治其人之身追其旣往春秋則明王法治來者絕惡以復性○官本往作仁云他本作往淩本同以仁字絕句似非春秋明得失差貴賤本之天王之所失天下者失上疑有以字使諸侯得以大亂之說而後引而反之故曰博而明深而切矣知其失天下而使諸侯大亂之故然後能因其失而矯之哀十四年傳撥亂世反之正莫近諸春秋

春秋繁露義證卷弟五

春秋繁露義證卷第六

漢廣川董仲舒撰

平江蘇　輿學

服制像第十四

○御覽三百五十六黃氏日鈔引像竝作象

天地之生萬物也以養人故其可適者以養身體其可威者以爲容服禮之所爲興也荀子禮論篇禮者養也芻豢稻粱五味調盉所以養口也椒蘭芬苾所以養鼻也鐘鼓管磬琴瑟竽笙所以養耳也雕琢刻鏤黼黻文章所以養目也疏房檖貌越席牀笫几筵所以養體也故禮者養也史記禮書同程子云古人有聲音以養其耳文章物采以養其目威儀以養其四體舞蹈以養其血脈今之人只有義理以養心又不知求○適官本作食云作適誤案食義較隘今改從天啟本劍之在左青龍之象也玉海云輿服志注通志竝引此語刀之在右白虎之象也古者士夫必佩刀劍唯庶人則否見賈子周禮攷工記桃氏爲劍身長五其莖長謂

之上制上士服之宋李公麟畫孔子弟子象多攜長劍韓非子問辨篇儒服帶劍者衆而耕戰之士寡漢世猶存其制吳志孫權傳建安二十五年下令諸將曰夫存不忘亡安必思危古之善教昔雋不疑漢之名臣於安平之世而刀劍不離於身蓋君子之於武備不可以已

韍之在前赤鳥之象也說文市鞸也上古衣蔽前而已市以象之天子朱市諸侯赤市卿大夫赤市二字段衍据蔥衡篆文市作韍又鞸下云韍也所以蔽前者以韋下廣二尺上廣一尺其頸五寸一命緼鞸再命赤鞸鄭注禮云古者佃漁而食之衣其皮先知蔽前後知蔽後後王易之以布帛而獨存其蔽前者不忘本也○韍盧本作韍云韍即黻黻蔽膝也舊本訛作鉤今以黃氏日鈔校改淩本作鉤云盧改非詩汎歷樞古者劍在左刀在右鉤在前輿案淩說非盧据日鈔亦誤字當爲韍今據續漢輿服志注玉海百五十一引改正

冠之在首玄武之象也東方木色青故曰青龍西方金色白故曰白虎赤鳥玄武皆依方位而名赤鳥即朱雀月令章句天官五獸之於五事也左有蒼龍大辰之貌右有白虎大梁之文前有朱雀鶉火之體後有玄武龜蛇之質中有大角軒轅麒麟之信

四者人之盛飾也夫能通古今別然不然乃能服此也盧云然不即然否下然字疑衍玉篇博通古今辨然不謂之上俞云下然字後人誤加苟

子哀公篇性情者所以理然不取舍也大戴記哀公問五義篇亦衍然字失與此同輿案白虎通爵篇傳曰通古今辨然否謂之上古者服以學別莊子田子方篇周聞之儒者冠圜冠者知天時履句履者知地形緩佩玦者事至而斷說苑修文篇知天道者冠鉥知地道者履蹻能治煩決亂者佩觿能射御者佩韘能正三軍者搢笏竝與此可參證竊又疑古者士服本無定制故林既衣韋衣而朝齊景說苑善說宋鈃尹文作華山之冠以自表魯哀公見孔子鄉服即詫以爲儒服而大戴禮哀公問載孔子曰生乎今之世志古之道居今之俗服古之服舍此而爲非者不亦鮮乎哀公曰然則今夫章甫句屨紳帶而搢笏者此皆賢乎孔子曰否不必然今夫端衣玄裳冕而乘路者志不在於食葷斬衰菅屨杖而歠粥者志不在於飲食故生乎今之世志古之道居今之俗服古之服舍此而爲非者雖有不亦鮮乎荀子哀公問意大同此儒服異于常服之證子路雞冠豭佩而孔子道之儒服以消其勇鄙[illegible]遂爲大賢鹽鐵論殊路篇大夫謂孔子外變二三子之服而不能革其心不知被服其外亦所以制其中也莊子言墨者以裘褐爲衣以跂蹻爲服識爲大觳而說劍篇又以短後之衣爲劍服與儒服別許行被褐織席而談竝耕孟子辭而距之吳子首篇云吳起儒服以兵機見魏文侯服之有取如此漢高辱儒叔孫通乃變儒服而服短衣楚製本傳諸客之冠儒冠者高祖至解冠溲溺蓋輕儒則

竝惡其服武帝時董生諸人出儒術始尊矣于是士夫褒衣博帶被服儒雅而文學與大夫以儒衣儒冠互相刺譏見鹽鐵論刺議利議等篇大夫譏文學稱周公之服是以儒服本周公也壽王以八百石服儒衣而作祇言見劾矣見漢書律歷志漢書匡張孔馬傳贊亦云蔡義等以儒宗居宰相位服儒衣冠傳先王語然則漢世儒服仍有異矣程伊川愛衣綿緘博褶緼襖又嘗自製紗帽其後譏誚伊川學徒者謂其大袖方頂可見其服亦有異處○天啟本注云一作通古作今然後能服此也**蓋玄武者貌之最嚴有威者也**禮記曲禮後玄武疏云軍後須殿悍故用玄武玄武龜也龜有甲能禦侮用也○御覽六百八十四引無有字也字初學記二十六同**其像在後**○天啟本後作右注云一作後淩云作後是與案初學記二十六御覽六百八十四引竝作後**其服反居首**○御覽六百八十四作反居首者無其服二字初學記二十六無其字**武之至而不用矣**用宜作害甲以禦侮是即用矣不害謂不害物也執贄篇云義而不害哀十五年何注說麟云設武備而不害所以為仁也正此義古書害用多互誤○御覽六百八十四矣上有者字**聖人之所以超然**○官本云他本無之字**雖欲從之末由也已**盧云三句後人安竄刪之文義乃得通貫**夫執介胄而後能拒敵者故非聖人之所貴也**○御覽三百五十六拒作距故

作固無聖字**君子顯之於服而勇武者消其志於貌也矣**言徒有勇武者見君子之服消其悍志淩本作武勇○**故文德爲貴而威武爲下此天下之所以示全也**

於春秋何以言之孔父義形於色而姦臣不敢容邪桓二年傳**虞有宮之奇而獻公爲之不寐**僖二年傳**晉厲之强中國以寢尸流血不已**成十七年晉殺其大夫郤錡郤州郤至十八年晉殺其大夫胥童盧云中國國中也淩云寢臥也輿案於春秋下數語疑是後人羼入此篇自說服制不關春秋

故武王克殷裨冕而搢笏虎賁之士說劍淩云原注搢一作晉說一作稅樂記鄭注裨冕衣裨衣而冠冕也裨衣袞之屬也搢猶插也釋名笏勿也君有敎命所啟白則書其上備忽忘也禮記鄭注賁憤怒也孔安國曰若虎賁獸言其甚猛○天啟本搢作晉**安在勇猛必在武殺然後威是以君子所服爲上矣故望之儼然者亦已至矣豈可不察乎**子夏曰君子有三變望之儼然○官本矣作哉云他本作矣

二端第十五

春秋至意有二端不本二端之所從起亦未可與論災異也○淩本本作分小大微著之分也夫覽求微細於無端之處誠知小之將爲大也微之將爲著也吉凶未形聖人所獨立也雖欲從之末由也已此之謂也盧云聖人所獨立也數句與上不相承接又引論語語其爲妄竄竝顯然輿案雖欲三句妄竄無疑獨立二字疑文誤耳故王者受命改正朔不順數而往必迎來而受之者授受之義也白虎通三正篇三正之相承若順連環也孔子承周之弊行夏之時知繼十一月正者當用十三月也檀弓疏推鄭君義云伏羲以下女媧以十二月爲正神農以十一月黃帝以十三月少昊以十二月高陽以十一月高辛以十三月堯以十二月舜以十一月夏以十三月殷以十二月周以十一月是三王之相承若循環也所謂迎來而受漢初承秦繼周十一月而以十月爲歲首失其序矣文選典引注漢承周後當就夏正以十三月爲歲首是也三今本誤作二故聖人能繫心於微而致

之著也白虎通正朔有三何本天有三統謂三微之月也三微者何陽氣始施黃泉動微而未著也此推之正朔以明微者之義漢書律歷志三微而成著三著而成象易乾鑿度云三微而成一著三著而成一體是故春秋之道以元之深正天之端以天之端正王之政以王之政正諸侯之即位以諸侯之即位正竟內之治五者俱正而化大行○錢云自是故春秋之道以下似玉英篇論元年脫文說見前故書日蝕○天啟本故作然星隕有蜮山崩地震夏大雨水冬大雨雹○雹天啟本淩本作雪案此疑是誤文說在王道篇隕霜不殺草自正月不雨至於秋七月有鸛鵒來巢春秋異之以此見悖亂之徵亦見王道篇是小者不得大微者不得著因其小者微者謹之不使大且著雖甚末亦一端慎之則爲末不慎則有人事之變尋至著大故孔子以此爲驗謹而志之○天啟本注云雖甚末一作其本末官本云他本無一字孔子以此效之吾所以貴微重始是也貴微重始春秋之大義也以疑作謂○官本云他本脫微字因

惡夫推災異之象於前然後圖安危禍亂於後者非春秋之所甚貴也此最得聖人志裁異深意程子云大抵春秋所書災異皆天人響應有致之之道如石隕於宋而言隕石夷伯之廟震而言震夷伯之廟此天應之也但漢儒言災異皆牽合不足信儒者因盡廢之輿案觀此數語則可無疑于漢儒矣○官本云他本脫貴字然而春秋舉之以爲一端者亦欲其省天譴而畏天威內動於心志外見於事情修身審己明善心以反道者也豈非貴微重始愼終推效者哉白虎通災變篇天所以有災變何所以譴告人君覺悟其行令悔過修德深思慮也說苑敬愼篇妖孽者天所以警天子諸侯也輿案必仁且智篇其大畧之類一段與此篇文相類說詳彼篇

符瑞第十六

此篇文似未全

有非力之所能致而自至者西狩獲麟受命之符是也對冊云天之所大奉使之王者必有非人力所能致而自至者此受命之符也案左傳正義引孔舒元公羊西狩獲麟傳本云然則孰爲而至爲孔子之

作春秋今本無此文五經異義引公羊說哀十四年獲麟此受命之瑞周亡失天下之異左氏說則以孔子爲春秋者禮修以致其子故麟爲孔子瑞陳欽說以爲孔子立言之應從左氏說尹更始劉向等說以爲吉凶不竝災瑞不兼麟爲周亡天下之異則不得復爲漢瑞知應孔子而至[illegible]射[illegible]辭說苑至公篇孔子退而修春秋人事浹王道備精和聖制上通於天而麟至論衡指瑞篇春秋曰西狩獲麟儒者說之以爲天以麟命孔子孔子不王之聖也蓋漢初學者以春秋當一代之治故謂獲麟爲受命作春秋之符其後因端獻媚緯書傳會乃云獲麟爲庶姓劉季受命之符如何注言獲者以兵戈文也言漢姓卯金刀以兵得天下之類是也鄭元六藝論云孔子既西狩獲麟自號素王爲後世受命之君制明王之法又駁異義云云賤者獲之則知有庶人受命而得之受命之徵已見則於周將亡事勢然也鄭參用古今文說亦不免有篤時之惑矣程子云始隱周之衰也終麟感之始也麟不出春秋亦須作但因麟而發耳案說文麟大牝鹿也王莽傳冠麟韋之弁李奇注謂鹿皮冠禮注所謂麟皮鼓郊天亦爲鹿皮鼓耳西狩所獲當作麐四靈之一○天啟本至作致

然後託乎春秋正不正之間而明改制之義

明王者改制不易道義詳楚莊王篇聖人不見用於時乃以治世之道託乎春秋即其正不正之間以見義劭公乃謂託王于魯而黜周不知

董固明云一統乎天子矣治其流者甚且謂三代之制亦皆託也不已愼乎**一統乎天子而加憂於天下之憂也**孟子曰春秋天子之事也崔述謂春秋所關者天下之治亂所正者天下之名分不可仍以諸侯之史目之故曰天子之事其說最確蓋當是時上無明王下無方伯而春秋爲之褒譏貶絕明得失貴賤反之乎王道卽行事以治來世是故春秋亦憂患之書也文中子魏徵問聖人有憂乎曰天下皆憂吾獨得無憂**務除天下所患而欲以上通五帝下極三王以通百王之道而隨天之終始**春秋法古而奉天始於除患終於反正義亦見盟會要篇百王之道謂五帝三王以前九皇六十四民之類或云百王謂後世之王亦通○官本云務除他本作除務脫患字**博得失之效而致命象之爲**命謂天命象謂天象吉凶○官本云致他本誤作攻**極理以盡情性之宜**極理猶言窮理**則天容遂矣**體天心故天容遂天容又見人副天數篇**百官同望異路一之者在主率之者在相**錢云三句不知何篇之文脫在此

俞序第十七

淩云俞答也輿案此篇說春秋大旨蓋亦自序之類董子元書散亡藉此窺見著書次第得其

用心讀者當寶貴之○天啟本作俞予

仲尼之作春秋也，上探正天端王公之位，萬民之所欲，天啟本注云探一作深欲一作始萬下衍物字輿案探疑援之誤援天端又見正貫篇正字當在王公上正王公之位先言王正月而後公即位是也欲當從一本作始隱元年何注文王周始受命之王天之所命故上繫天端方陳受命制正月故假以爲王法又云王者始受命改制布政施教於天下自公侯至於庶人莫不一一繫於正月故云政教之始下明得失，起賢才，以待後聖。得失之義定後人有所則象而賢才出焉哀十四年傳制春秋之義以俟後聖故引史記所謂不修春秋也隱元年疏閔因序云使子夏等十四人求周史記得百二十國寶書理往事，正是非，見王公。王公疑緣上而誤當作見王心隱元年何注春秋上刺王公下譏卿大夫而逮士庶人見或刺之誤耶○淩本見作序云王本誤作也史記十二公之間，皆衰世之事，故門人惑。孔子曰：吾因其行事而加乎王心焉，對冊云然而功不加於百姓者殆王心未加焉案行事猶往事後人多誤解詳見王念孫讀書襍志漢書陳湯傳王應麟云請討陳恆之年春秋終爲夫子之譎詭也將覽之行事譎詭不從然後託之空言細闡六案王以行事爲實行其事未得漢詁此言聖人因衰世往事加以明王致治之深心是故世衰而文自治○天啟本注云一無曰吾字盧云乎字當如後文作吾

以爲見之空言不如行事博深切明

空陳古聖明王之道不如因事而著其是非得失知所勸戒太史公自序子曰我欲載之空言不如見之于行事之深切著明也趙岐孟子題詞云仲尼有云我欲託之空言不如載之行事之深切著明也程子春秋傳云詩書載道之文春秋聖人之用詩書如藥方春秋如用藥治病聖人之用全在此書所謂不如載之行事深切著明者也又云他經論其義春秋因其行事是非較著故窮理爲要胡安國云孟子目春秋爲天子之事者周道衰微乾綱解紐亂臣賊子接跡當世人欲肆而天理滅矣仲尼以爲天理之所在不以爲己任而誰可五典弗悖己所當敘五禮弗庸己所當秩五服弗章己所當命五刑弗用己所當討故曰我欲載之空言不如見之行事之深切著明也空言獨能載其理行事然後見其用蹴鷂斷徬賕讞是故假魯史以寓王法撥亂世反之正孔廣森云理不窮其變則不深事不當其勢則不切高論堯舜之道而無成敗之效則不著不明故近取諸春秋因亂世之事季俗之情漸裁以正道庶賢者易勉不肖者易曉亦致治太平之所由基也○官本云他本脫明字

故

子貢閔子公肩子言其切而爲國家資也史記仲尼弟子列傳公堅定字子中索隱引家語通典引史記竝作公肩茲復姓當即此人唐贈新田伯宋大觀中補贈梁父侯說苑建本篇公扈子曰有國家者不可以不學春秋生而尊者驕生而富者傲生而富貴又無鑑而自得者鮮矣春秋國之鑑也春秋之中弒君三十六亡國五十二諸侯奔走不保其社稷者甚眾未有不先見而後從之者也公扈疑亦公肩之誤又昭三十年傳公扈子者邾婁之父兄也習乎邾婁之故此當別是一人也切謂切於人事○盧云資本或作賢輿案官本作賢其爲切而至於殺君亡國奔走不得保社稷凌云殺當作弒下同其所以然是皆不明於道不覽於春秋也故衛子夏言有國家者不可不學春秋不學春秋則無以見前後旁側之危太史公引董生云故有國者不可以不知春秋前有讒而勿見後有賊而不知蓋述子夏語則不知國之大柄君之重任也○官本云之他本作子故或脅窮失國揜殺於位一朝至爾○凌本揜作擒苟能述春秋之法致行其道豈徒除禍哉乃堯舜之

德也說苑君道篇春秋作而後知周道亡也故上下相虧也猶水火之相滅也人君不可不察而大盛其臣下此私門盛而公家毀也人君不察焉則國家危殆矣筦子曰權不兩錯政不二門故曰脛大於股者難以步指大於臂者難以把本大末小不能相使也**故世子曰功及子孫光輝百世聖人之德莫美於恕**盧云漢藝文志有世子二十一篇名碩七十子之弟子此所引卽其人也淩云王充論衡周人世碩以爲人性有善有惡在所養焉作養書一篇宓子賤漆雕開公孫尼子之徒亦論性情與世子相出入皆言性有善有惡據此則世子周人而藝文志注作陳人○淩本作聖王之道**故子先言春秋詳己而畧人**俞云下文有故子夏言子池言則此文子字必子字之誤子先未知何人殆亦七十子之弟子歟此篇所稱引皆七十子之微言惜多奪誤難以盡通孫詒讓云此篇文多難通似是董子著書之序若淮南子要畧及法言自序之類後云故次以天心又云故次以言怨人不可邇云云又云云故言楚靈王晉厲公云云又云故善宋襄公云云又云故次以春秋緣人情赦小過又云故始言大惡殺君亡國終言赦小過皆述其文先後序次之意惜今篇第缺互無可推校耳輿案孫說是**因其國而容天下**語又見盟會要篇略人容天下所謂恕也詳己而先治其國自厚之謂也己不

自治則無以治人何容之有春秋之道大得之則以王小得之則以霸故曾子
子石仲尼弟子列傳公孫龍字子石少孔子五十三歲未知即此人否集解鄭元曰楚人家語云衞人孟子注云趙人案唐宋
封爵從鄭作楚人趙公孫龍談堅白者別一人盛美齊侯安諸侯尊天子上無王則姑取霸而美其安尊
亦以見尊王之指霸王之道皆本於仁仁天心故次以天心春秋之旨以仁爲歸仁者
天之心也呂覽不二篇孔子貴仁本書王道通三篇仁之美者在於天天仁也愛人之大者莫大於思患
而豫防之思患豫防仁之至也又見仁義法篇故蔡得意於吳魯得意於齊而春秋
皆不告鹽鐵論刑德篇魯以楚師伐齊而春秋惡之故次以言怨人不可邇○官本云他本邇作
通敵國不可狎攘竊之國不可使久親皆防患爲民除患之意也
親攘竊之國使吾民潛移外化或且據以爲利而患莫大於此不愛民之漸乃至於死亡故言楚
靈王晉厲公生弒於位不仁之所致也故善宋襄公不厄人不由

其道而勝不如由其道而敗春秋貴之將以變習俗而成王化也

司馬法曰逐奔不過百步從綏不過三舍明其禮也不窮不能而哀憐傷病明其仁也成列而鼓明其信也爭義不爭利明其義也仁禮信義所謂王化者與春秋撥亂反正去詐歸仁王者不可見苟足見王心者已貴之矣故持其極端以爲雖敗而不可改此道傳以爲雖文王之戰不過此不以成敗論也故曰矯枉不過其正弗能直知此而義畢矣時嚴安輩習春秋類以五伯功利爲賢惟董子勤勤於王化劉向稱爲王佐者以此淮南泰族訓泓之戰軍敗君獲而春秋大之取其不鼓不成列也太史公宋微子世家贊云襄公既敗於泓而君子或以爲多傷中國缺禮義褒之也宋襄之有禮讓也竝用董義此蓋仁之至盡聖人之極思也然非其時而用之則悔禍所謂猶以鄉飲酒之禮理軍市耳其究足以亡國若宋徐禧之敗于西夏又其失之顯者耳傳二十二年何注云有帝王之君宜有帝王之臣有帝王之臣宜有帝王之民未能醇粹而守其禮所以敗也輿謂能足以自治智足以防患而後可以言宥物之仁此春秋言治次第也貴宋襄者蓋節取之

故子夏言春秋重人

○官本云他本脫子字

諸譏皆本此

春秋之譏多矣本在重民

或奢侈使人憤怨或暴虐賊害人終皆禍及

身故子泄言魯莊築臺丹楹刻桷晉厲之刑刻意者皆不得以壽終上奢侈刑又急皆不內恕求備於人故次以春秋緣人情赦小過隱元年何注所傳聞之世外小惡不書莊七年傳一災不書何注明君子不以一過責人陳湯傳劉向疏曰昔齊桓公前有尊周之功後有滅項之罪君子以功覆過而爲之諱行事韋玄成傳春秋棄桓之過而錄其功而傳明之曰君子辭也宣十二年葬陳靈公傳討此賊者非臣子也何以書葬君子辭也孔子明得失見成敗疾時世之不仁○天啟本注云一無時字失王道之體○天啟本無道之體三字故緣人情赦小過傳又明之曰君子辭也○故緣人情天啟本作孔子曰故因行事官本作故因行事云他本脫道之下七字誤衍孔子曰吾緣人情七字今校正與案盧本作故緣人情今從之竊疑故緣下十六字竝衍文孔子曰吾因行事加吾王心焉假其位號以正人倫隱元年何注因儀父先與隱公盟可假見褒賞之法莊十年注春秋假行事以見王法聖人爲文辭孫順善善惡惡不可正言其罪因周本有奪爵稱國氏人名字之例故加州文備七

等以進退之若自記事者書人姓名主人習其讀而問其傳則未知己之有罪焉爾猶此類也程子云平王之時王道絕矣春秋假周以正王法**因其成敗以明順逆**因成知順桓文是因敗知逆魯莊晉厲是亦有因敗而得其順者宋襄是也假位號因成敗此聖人作春秋之意因故事以明王義事不虛而義則傳貫凡以維綱紀定是非始于止亂終于致治**故其所善則桓文行之而遂**句**其所惡則亂國行之終以敗故始言大惡殺君亡國終言赦小過是亦始於麤粗終於精微**由大惡進於小過則惡絕矣乃可言赦有大惡則小過不暇責○盧云別本作麤糲非也今從周本粗音才古切論衡正說篇云畧正題目麤粗之說以照篇中微妙之文莊子則陽篇釋文引司馬云鹵莽猶麤粗也亦作麤觕與粗音義同漢藝文志敘數術云庶得麤觕何休公羊隱元年注用心尚麤觕文四年亦同何休之說卽根據於此輿案天啟本作粗糲莊十年傳觕觕者曰侵精者曰伐何注觕麤也精猶精密也**教化流行德澤大洽天下之人人有士君子之行而少過矣**成十五年會吳鍾離傳何注至于所聞世可得殊又卓然有君子之行潛夫論德化篇民蒙善化則人有上君子之心**亦譏二名**

之意也定六年傳曷爲謂之仲孫忌譏二名二名非禮也何注春秋定哀之間文致太平欲見王者治定無所復爲譏唯有二名故譏之此春秋之制也隱元年注于所傳聞之世見治起于衰亂之中用心尙麤觕故內其國而外諸夏先詳內而後治外錄大畧小內小惡書外小惡不書大國有大夫小國畧稱人內離會書外離會不書是也於所聞之世見治升平內諸夏而外夷狄書外離會小國有大夫宣十一年秋晉侯會狄于欑函襄二十三年邾婁鼻我來奔是也至所見之世著治太平夷狄進至于爵天下遠近大小若一用心尤深而詳故崇仁義譏二名晉魏曼多仲孫何忌是也案王莽用公羊說禁人二名東漢時猶循之

離合根第十八 篇目似與文義不應互見天地之行篇

天高其位而下其施易雲行雨施藏其形而見其光高其位所以爲尊也下其施所以爲仁也藏其形所以爲神見其光所以爲明故位尊而施仁藏神而見光者天之行也荀子天論篇不見其事而見其功夫是之謂神皆知其所以成莫知其無形夫是之謂天功故爲人主者法天之行是故內深藏所以爲神

外博觀所以爲明也任羣賢所以爲受成盧云疑衍所爲二字乃不自勞於事所以爲尊也韓詩外傳夫霜雪雨露殺生萬物者也天無事焉猶之貴天也執法厭文治官治民者有司也君無事焉猶之尊君也汎愛群生不以喜怒賞罰不以一己喜怒爲賞罰所以爲仁也故爲人主者以無爲爲道以不私爲寶立無爲之位而乘備具之官乘因也百官備具因以爲治足不自動而相者導進口不自言而擯者贊辭淮南主術訓是故心知規而師傅諭導口能言而行人稱辭足能行而相者先導耳能聽而執正進諫御覽七十六引愼子云昔者天子手能衣而宰夫設服足能行而相者導進口能言而行人稱辭故無失言失禮也淩云禮器故禮有擯詔樂有相步注擯詔告道賓主者也相步扶工也心不自慮而群臣效當晉語注當猶任也淮南說林訓高注當厎泿猶實也二義竝通故莫見其爲之而功成矣此人主所以法天之行也爲人臣者法地之道以臣道比地道原易文言暴其形出其情以示人高下險易堅耎剛柔

肥臞美惡累可就財也盧云財與裁同○天啓本注云一無累字官本云他本與誤作要故其形宜不宜可得而財也爲人臣者比地貴信而悉見其情于主主亦得而財之故王道威而不失爲人臣常竭情悉力而見其短長管子乘馬篇君舉事臣不敢誣其所不能君知臣臣亦知君知己也故臣莫敢不竭力又君臣篇云明主之舉其下盡知其短長又云有道之君執本相執要大夫執法以牧其羣臣羣臣盡智竭力以役其上李斯告二世云臣主之分定上下之義明則天下賢不肖莫敢不盡力竭任以徇其君矣是以主獨制于天下而無所制也○盧云本一作長天啓本注云短一作所使主上得而器使之而猶地之竭竟其情也故其形宜可得而財也天啓本注云一無形字案一本是宜下當依上文有不宜二字臣之短長可得而財猶地之宜不宜可得而財也荀子天論篇所志于地者已見其宜之可以息者矣宜謂土宜也

立元神第十九 與離合根大旨同

君人者國之元元與本同發言動作萬物之樞機樞機之發榮辱之端也天下人心向背即人君發言之榮辱易繫詞言行君子之樞機樞機之發榮辱之主也失之豪釐駟不及追太史公自序故易曰差以豪釐謬以千里○天啟本豪作毫故為人君者謹本詳始敬小慎微志如死灰莊子何居乎形固可使為槁木而心可使為死灰乎淮南道應訓形如槁骸心如死灰形如委衣呂覽開春論故曰堯之容若委衣裘以言少事也淮南原道訓其縱之也若委衣其用之也若發機案委衣但陳衣而已言其無為文選任彥昇為蕭揚州薦士表注引列仙傳晏子曰治天下若委裘用賢委裘之實委裘與委衣義同安精養神寂莫無為○淩本莫作寞休形無見影揜聲無出響數語當出古道家○盧云響周本作嚮古通用輿案天啟本作響虛心下士觀來察往謀於眾賢考求眾人謀賢所謂謀及卿士考眾所謂謀及庶民管子君臣篇夫民別而聽之則愚合而聽之則聖雖有湯武之德復合於市人之言是以明君順人心安情性而發于眾心之所聚是以令出而不稽刑設而不用先王善與民為一體則是以國守國以民守民也然則民不便為非矣雖有明

君百步之外聽而不聞間之堵墻窺而不見也而名爲明君者君善用其臣臣善納其忠也**得其心偏見其情**○官本云偏他本作偏**察其好惡以參忠佞考其往行驗之於今**大戴禮文王官人篇以其前占其後潛夫論考績篇百郡千縣令因其前以謀其後**計其蓄積受於先賢**考其所積證其受於先賢之道爲淺爲深或合或否**釋其讎怨視其所爭**文王官人篇小讓而好大爭隱于仁質也**差其黨族所依爲臬**盧云臬本一作宗宗與爭協韻疑是輿案天啟本注云一作宗論語因不失其親亦可宗也**據位治人用何爲名**疑有誤字何或當爲言謂因所言以爲名而責其實也考功名篇云擥名責實不得虛言管子心術篇督言正名故曰聖人韓非二柄篇君以其言授之事專以其事責其功功當其事事當其言則賞功不當其事事不當其言則罰故羣臣其言大而功小者則罰非罰小功也罰功不當名也羣臣其言小而功大者亦罰非不悅於大功也以爲不當名也害甚於有大功故罰羣書治要引申子大體篇云名自正也事自定也是以有道者自名而正之隨事而定之也又云聖人貴名之正也主處其大臣處其細以其名聽之以其名視之以其名命之○天啟本注云何一作荷名一作明**累日積久何功不成**

對冊云且古所謂功者以任官稱職爲差非所謂積日累久也故小材雖累日不離於小官賢材雖未久不害爲輔佐與此義異說見考功名篇**可以內參外可以小占大**內外猶表裏大戴禮文王官人篇以其見占其隱以其小占其大**必知其實是謂開闔**此開闔之術也淮南主術訓上操其名以責其實臣守其業以效其功以上言察士官人之法疑皆古語**君人者國之本也**○後漢書酷吏傳注引無人字**夫爲國其化莫大於崇本崇本則君化若神不崇本則君無以兼人**○後漢書酷吏傳注引則下無君字**無以兼人雖峻刑重誅而民不從是所謂驅國而棄之者也患孰甚焉何謂本曰天地人萬物之本也天生之地養之人成之天生之以孝悌地養之以衣食人成之以禮樂三者相爲手足合以成體不可一無也無孝悌則亡其所以生無衣食則亡其所以養**古人之於民非不爲之謀生計也地官言教民而兢兢于山林陵麓之事朱子所謂也須是教他有飯喫有衣著是也**無禮樂**

則亡其所以成也三者皆亡則民如麋鹿各從其欲說苑修文篇傳曰觸情縱欲謂之禽獸家自爲俗父不能使子君不能使臣民生而有欲聖人範之以禮爲之立父子兄弟之等以致其嚴爲之冠昏以厚其別爲之喪祭以致其哀所以防其縱而暢其情也苟從欲之所極則食色視爲性成檢閑苦爲多事違禽獸焉不遠家無良子弟君亦安得有良民臣哉故政教之本必在家庭庠序之義首申孝悌雖有城郭名曰虛邑如此其君枕塊而僵淩云國語野人枕塊以與之注塊璞也國策注僵偾也莫之危而自危莫之喪而自亡是謂自然之罰自然之罰至裹襲石室分障險阻猶不能逃之也治在重本故孝悌禮樂視之與衣食同如越句踐商君輩專重衣食淪於無敎雖號稱驟强究不可終日矣淮南子覽冥篇上天之誅也雖在壙虛幽閒遼遠隱匿重襲石室界障險阻無所逃之亦明矣語意與此同此分字疑界之誤介界同隸書介分相似傳寫易混故書傳多分界互譌說見王氏雜志淮南繆稱篇○天啟本裹作裏明主賢君必於其信信實也是故肅愼三本郊祀致敬共事祖禰共讀曰恭舉

顯孝悌表異孝行所以奉天本也漢初孝悌與三老力田並置鄉官而孝與悌賞賚有別文帝賜孝者帛人五匹悌一匹武帝賜孝者帛人五匹悌三匹是其表異之處秉耒躬耕採桑親蠶墾草殖穀開闢以足衣食所以奉地本也開闢謂墾治荒曠立辟廱庠序修孝悌敬讓明以教化○盧云明以他本倒感以禮樂禮樂非强人之具所以作其善心起其佚志故云感所以奉人本也淩云大戴禮禮有三本天地者性之本也先祖者類之本也君師者治之本也無天地焉生無先祖焉出無君師焉治三者偏亡無安之人故禮上事天下事地宗祀先祖而寵君師是禮之三本也三者皆奉則民如子弟不敢自專邦如父母不待恩而愛不須嚴而使邦疑君雖野居露宿厚於宮室如是者其君安枕而臥莫之助而自强莫之綏而自安是謂自然之賞以天治君賞罰君者天也民視聽即天視聽自然之賞至雖退讓委國而去百姓褓負其子隨而君之君亦不得離也故以德爲國

者甘於飴蜜固於膠漆是以聖賢勉而崇本而不敢失也君人者

國之證也君采眾謀於下而決機要於上若爲國之證驗而已盧云證疑本是徵字宋人諱避改不可先倡

感而後應故居倡之位而不行倡之勢不居和之職而以和爲德

常盡其下常使下竭竟其情故能爲之上也淮南主術訓主道員者運轉而無端化育如神虛無因循常後而不先也臣道員者運轉而無方論是而處當爲事先倡守職分明以立成功也是故君臣異道則治同道則亂愼子云君逸樂而臣任勞臣盡智力以善其事而君無與焉仰成而已

體國之道○天啟本不提行淩本同在於尊神尊者所以奉其政也神者所以就其化也故不尊不畏不神不化夫欲爲尊者在於任賢欲爲神者在於同心賢者備股肱則君尊嚴而國安同心相承則變化若神莫見其所爲而功德成是謂尊神也君不能自尊自神任賢同心則百事舉

天積衆精以自剛，淩云：淮南子天地之襲精爲陰陽，陰陽之專精爲四時，四時之散精爲萬物。積陽之熱氣生火，火氣之精者爲日；積陰之寒氣爲水，水氣之精者爲月；日月之淫爲精者爲星辰。聖人積衆賢以自强；呂覽季夏紀凡生非一氣之化也，長非一物之任也，成非一形之功也。故衆正之所積，其福無不及也；衆邪之所積，其禍無不逮也。天序日月星辰以自光，聖人序爵祿以自明。白虎通封公侯篇：天雖至神，必因日月之光；地雖至靈，必有山川之化；聖人雖有萬人之德，必須俊賢。天所以剛鹽鐵論相刺篇：天設三光以照記，天子立公卿以明治。者，非一精之力；聖人所以強者，非一賢之德也。鶡冠子道端篇：夫寒温之變，非一精之所化也；天下之事，非一人之所能獨知也。是以明主之治世也，急於求人，不獨爲也。故天道務盛其精，聖人務衆其賢。盛其精而壹其陽，衆其賢而同其心。壹其陽，然後可以致其神；同其心，然後可以致其功。是以建治之術，貴得賢而同心。南有嘉魚鄭箋云：君子下其臣，故賢者歸往。趙岐孟子公孫丑章句云：大聖之君，由采善於人，故計及天下者無遺策，舉及衆者無廢功隱元年何注君敬臣則臣自重君愛臣則臣自盡○淩本治作制爲人君者其要貴神神者不可得而視也不可得而聽也管子心術篇是故有道之君其處也若無之其應物也若偶之靜因之道也韓非子難三云術者藏之於胸中以偶衆端而潛御羣臣者也是故視而不見其形聽而不聞其聲聲之不聞故莫得其響不見其形故莫得其影非無聲形也以臣言爲聲臣事爲形故人君若神耳案聲之不聞疑當作不聞其聲莫得其影則無以曲直也莫得其響則無以清濁也無以曲直則其功不可得而敗無以清濁則其名不可得而度也所謂不見其形者非不見其進止之形也言其所以進止不可得而見也所謂不聞其聲者非不聞其號令之聲也言其所以號令不可得而聞也不見不聞是謂冥昬能冥則明能昬則彰能冥能昬是謂神人君貴居冥而明其位處陰而向陽

王道篇古者人君立於陰大夫立於陽管子心術篇人主者立於陰陰者靜故曰動則失位陰則能制陽矣靜則能制動矣**惡人見其情而欲知人之心是故爲人君者執無源之慮行無端之事**管子九守篇人主不周則羣臣下亂寂乎其無端也外內不通安知所怨關閉不開善否無原**以不求奪以不問問**○淩云原注一作鬪**吾以不求奪則我利矣彼以不出出則彼費矣**○官本云他本上出誤作見**吾以不問問則我神矣彼以不對對則彼情矣**情猶實也黃震疑此數語非儒者之言**故終日問之彼不知其所對終日奪之彼不知其所出吾則以明而彼不知其所亡**亡疑作芒言彼不知吾意之所萌也白虎通五行篇芒之爲言萌也韓非子主道篇亟掩其跡匿其端下不能原去其智絕其能下不能意南面篇人主欲爲事不通其端末而以明其欲案不通端末卽彼不知其所芒以明其欲卽吾則以明**故人臣居陽而爲陰人君居陰而爲陽陰道尚形而露情陽道無端而貴神**荀子正論篇論主道利周一段與此微異司馬談論六家要旨

云儒者則不然以爲人主天下之儀表也主倡而臣隨如此則主勞而臣逸此篇頗參道家之旨然歸之用賢故是正論說苑君道篇師曠曰人君之道清淨無爲務在博愛趨在任賢卽此指漢初老學盛行此二篇疑是葢公諸人之緒論而時師有述之者或董子初亦兼習道家如賈生本儒術而所箸書時稱引黃老家言太史公受道學其父談終乃歸本於儒者亦風會使然耶

保位權第二十

此篇頗參韓非之旨

民無所好君無以權也權當作勸下同管子權脩篇民輕其祿賞則上無以勸民民無所惡君無以畏也無以權無以畏則君無以禁制也無以禁制則比肩齊勢而無以爲貴矣君民齊勢亂之端也管子明法解明主之治也縣爵祿以勸其民民有利於上故主有以使之立刑法以威其下下有畏於上故主有以牧之故無爵祿則主無以勸民無刑罰則主無以威眾故聖人之治國也因天地之性情孔竅之所利以立尊卑之制以等貴賤之差天地

有自然之尊卑，聖人因而制禮。孔竅所利，謂順民欲。量錯傳：情之所惡不以彊人，情之所欲不以禁民。蕭望之議：以為民函陰陽之氣，有仁義欲利之心。孔竅二字亦見韓非解老篇。○等，天啟本注云一作異。設官府爵祿，利五味，盛五色，調五聲，以誘其耳目；禮樂之所由作。○天啟本聲作音。自令清濁昭然殊體，榮辱踔然相駮，以感動其心；盧云：踔疑當作焯。輿案：踔，古灼字，見漢書楊雄傳注。說苑君道篇：廓然遠見，踔然獨立。字亦作踔。此云踔然相駮，卽灼然別異之意。淸濁榮辱，以人品等差言之。務致民令有所好。有所好，然後可得而勸也，○天啟本有上有必字。故設賞以勸之。有所好，必有所惡；有所惡，然後可得而畏也，故設罰以畏之。○凌本罰作法，下同。既有所勸，又有所畏，然後可得而制。制之者，制其所好，是以勸賞而不得多也；制其所惡，是以畏罰而不可過也。人情好爵賞而惡刑戮。賞不可僭，僭則人賤名器，而激勸之道窮；罰不可濫，濫則人輕刑辱，而是非不出于朝廷矣。左襄二十六年傳：賞僭則懼及淫人，刑濫則懼及善人。○盧云：大典本可作得**所好多則作福，所惡多則作威**韓非子喻老篇君見賞臣則損之以爲德君見罰臣則益之以爲威人君見賞而人臣用其勢人君見罰而人臣乘其威**作威則君亡權，天下相怨**管子版法篇君若使威利之權不專在君而有所分散則君日益輕而威利日衰侵暴之道也說苑君道篇宋君行賞賜而與子罕刑罰國人知刑罰之威專在子罕也大臣親之百姓附之居期年子罕逐其君而專其政**作福則君亡德，天下相賊**爵賞多則必有援附之私所謂拜爵公廷感恩私室且援附者苟得人人皆有攫取富貴之思相傾相軋以成乎隳廉喪恥之風故曰天下相賊書洪範曰臣之有作福作威玉食人用側頗僻民用僭忒案此文先威後福與書異據劉向傳向上封事王商傳張匡對後漢第五倫傳倫上疏楊震傳震上疏李固傳馬融誣奏固襄楷傳楷上疏張衡傳衡上疏魏志蔣濟傳戰國策高注隋梁毘論楊素封事竝先威後福是今文尚書本如此此正用書意**故聖人之制民，使之有欲，不得過節；使之敦朴，不得無欲。**此欲字與嗜欲之欲微別說文欲貪也貪欲也樂記鄭注欲邪淫也易君子以懲忿窒欲禮飲食男女人之大欲存焉此嗜欲之謂也說文歎意有所欲也此欲望之義與此欲字合韓非外儲說太公望誅居士狂矞華士曰無求於人者是望不得以賞罰勸禁也荀子正論篇古之人以人之情爲欲多而不欲寡故賞貴以富厚而罰以殺損也是百王之所同也今子宋子以是之情爲欲寡而不欲多也然則先王以人之所不欲者賞而以人之所欲者罰耶亂莫大焉輿案欲者聖人所不能無但有節以制之由是推己所欲以達人立人推己所不欲以毋加於人本書此數語最精戴氏震遂以欲爲本然中正動靜胥得則似失之楊龜山言饑食渴飲手持足行便是道朱子已譏其認欲爲理陸象山亦詆天理人欲不是至論若天是理人是欲則是天人不同此戴氏所本○官本云民使他本作使民無欲有欲各得以足而君道得矣國之所以爲國者德也君之所以爲君者威也故德不可共威不可分德共則失恩威分則失權失權則君賤失恩則民散○凌本賤下散下並有矣字民散則國亂君賤則臣叛是故爲人君者固守其德以附其民固執其權以正其臣聲有順逆必有清濁形有善惡必有曲直故聖人聞其聲則別其清濁見其形則異其曲直管子宙合篇景不爲曲物直響不爲惡物美於濁之中必知其清於清之中

必知其濁○官本知作見云他本作知於曲之中必見其直於直之中必見其曲不獨別其清濁曲直又從清濁曲直中析其微眇○官本見作知淩本同於聲無小而不取○天啟本作於聲之中而不取於形無小而不舉不以著蔽微不以眾揜寡各應其事以致其報黑白分明然後民知所去就民知所去就然後可以致治是爲象則襄三十一年傳其臣畏而愛之則而象之故能有其國家○天啟本注云則一作副爲人君者居無爲之位行不言之教道經是以聖人處無爲之事行不言之教又見淮南主術訓寂而無聲靜而無形執一無端爲國源泉因國以爲身因臣以爲心以臣言爲聲以臣事爲形韓非主道篇有言者自爲名有事者自爲形形名參同君乃無事焉故曰君無見其所欲君見其所欲臣自將雕琢君無見其意君見其意臣自將表異有聲必有響有形必有影淩云列子黃帝書曰形動不生形而生影聲動不生聲而生響聲出於內響報於外形立於上影應於下○天

啟本應作報響有清濁影有曲直響所報非一聲也影所應非一形也故爲君虛心靜處聰聽其響明視其影以行賞罰之象自處於虛靜而以聰明察其臣○官本云影他本作形盧云以行趙疑以爲其行賞罰也響清則生清者榮響濁則生濁者辱影正則生正者進影枉則生枉者絀寄影響於臣下清濁正枉又在任人當否淩云東漢劉愷議濁其源而望流清曲其形而欲影直不可得也肇名考質以參其實○官本云他本肇作責賞不空施罰不虛出人君之所以馭其臣者賞罰而已周太保等所以勉新陟王者無他惟曰畢協賞罰說苑政理篇夫誅賞者所以別賢不肖而列有功與無功也故誅賞不可以謬誅賞謬則美惡亂矣夫有功而不賞則善不勸有過而不誅則惡不懼善不勸惡不懼而能以行化乎天下者未得聞也管子立政篇國有德義未明於朝而處尊位者則良臣不進有功力未見於國而有重祿者則勞臣不勸又七法篇云有功必賞有罪必誅傅子云治國有二端一曰賞二曰罰人所以畏天地者以其能生而殺之也爲治審持二柄能使生殺不妄則威德與天地竝矣韓非子云賞有功罰有罪而不失其當乃能生

功止過也凌本施作行○是以羣臣分職而治各敬而事凌云而猶乃也爭進其功顯廣其名而人君得載其中此自然致力之術也聖人由之故功出於臣名歸於君也董論陰陽五行亦多此旨

春秋繁露義證卷第六

春秋繁露義證卷第七

漢廣川董仲舒撰

平江蘇　輿學

考功名第二十一

隱五年何注禮司馬主兵司徒主教司空主土春秋撥亂世以黜陟爲本仲舒集有詣丞相公孫弘記室書云謹奉春秋署置術殆即此類

考績之法考其所積也尚書大傳積不善至于幽六極以類降故黜之積善至于明五福以類相生故陟之對冊云長吏多出于郎中中郎吏二千石子弟選郎吏又以富貲未必賢也且古所謂功者以任官稱職爲差非所謂積日累久也故小材雖纍日不離於小官賢才雖未久不害爲輔佐是以有司竭力盡知務治其業而以赴功今則不然累日以取貴積久以致官是以廉恥貿亂賢不肖渾殽未得其眞案此篇所陳仍不廢積累之法大氐法立敝生人情百變舍此別無澄清之方古今一也不以時日則賕請奔競滋損風化賢材不次之拔擢繫於朝廷知人之明可偶舉而不可爲常典仲舒言此蓋酌其行之可久者不

必疑其與對冊違也後漢郡國貢舉多非功次守職懈而吏事疏潛夫著考績及貢實篇亦此意矣天道積聚衆精以爲光聖人積聚衆善以爲功荀子儒效篇積善而全盡謂之聖人故聖人者人之所積也故日月之明非一精之光也聖人致太平非一善之功也語意與立元神篇大同明所從生不可爲源善所從出不可爲端善不積不成猶明不積不光故無端源可言量勢立權因事制義言積善之法故聖人之爲天下興利也其猶春氣之生草也各因其生小大而量其多少生大則受春氣多生小則受春氣少事小則利小事大則利大其于功一也其爲天下除害也若川瀆之寫於海也○盧云寫舊本作瀉今據黃氏日鈔改各順其勢傾側○黃氏日鈔勢下有之字上其生下同而制於南北故異孔而同歸孔道也殊施而鈞德其趣於興利除害一也是以興利之要在於致之不在於多少除害之要在於去之不在於南北以與利除

害爲考善之法置官吏者所以安民氓也去害在因時地不能一術故云不在於南北白虎通攷黜篇諸侯所以攷黜何王者所以勉賢抑惡重民之意也**考績絀陟計事除廢**除廢猶用舍○廢天啟本注云一作費**有益者謂之公**淩云韓非五蠹篇蒼頡之作書也自環者謂之私背私謂之公**無益者謂之煩**無益之事擾民故曰煩**擧名責實**○官本云他本擧作挈**不得虛言有功者賞有罪者罰功盛者賞顯罪多者罰重不能致功雖有賢名不予之賞官職不廢雖有愚名不加之罰**管子明法解國之所以亂者廢事情而任非譽也○谷中正云抑功實而隆虛名長浮華而廢考績魏盧毓奏古者敷奏以言明試以功今考績之法廢而以毀譽相進退故眞僞渾雜虛實相蒙因作考課法○淩本加作予**賞罰用於實不用於名賢愚在於質不在於文故是非不能混**○天啟本注云一作詐奇不能枉**喜怒不能傾姦軌不能弄**潛夫論考績篇官長不考功則吏怠而姦宄興○弄天啟本注云一作算**萬物各得其冥**○盧云本一作眞輿案天啟本注云

一作貴非則百官勸職爭進其功潛夫論考績篇羣僚司尹咸有典司各居其職以責其效

考試之法大者緩小者急貴者舒而賤者促鄧立誠云大緩小急貴舒賤促以漢法況之縣課丞尉郡課縣州課郡公卿課羣吏縣之課丞尉也令長於秋冬歲盡各計縣戶口墾田錢穀入出盜賊多少上其集簿丞尉以下歲詣郡課校其功多尤爲最者於廷尉勞勉之以勸其後負多尤爲殿者於後曹別責以糾怠慢諸對詞窮尤困收主者掾史關白太守使取法丞尉縛責以明下轉相督敕爲民除害其郡守課縣秋冬遣無害吏按訊諸四平其罪法論課殿最歲盡遣吏上計州刺史課郡國以六條問事常以八月巡行所部郡國錄囚徒考殿最御史中丞總領州郡奏事課第諸刺史丞相典天下誅討賜奪天子受相國之安其有日食星變諸陰陽不和丞相不勝任使者奉敕書駕驪駱馬即時布衣出府免爲庶人又按試若丞相設四科之辟以博選異德名士稱才量能皆試以能信然後官之之試此即對策所謂使者列侯郡守二千石各責其吏民之賢者歲貢各二人以給宿衞毋以日月爲功實試賢能爲上者也

諸侯月試其國州伯時試其部四試而一考淩云諸侯一歲三考州伯一歲一考天子歲試天下三試而一考前後三

考而絀陟路史注引書大傳曰三歲小攷正職而行事九歲大攷黜無職賞有功也一之三以至九年天數窮矣陽德終
矣史記五帝紀三載攷一功三攷黜陟文元年天王使毛伯來錫
公命何注古者三載考績三考黜陟幽明文公新即位功未足施
而錫之非禮也竝與董同白虎通攷黜篇所以三歲一攷績何三
年有成故於是賞有功黜不肖尚書曰三載攷績三考黜陟何以
知始攷輒黜之尙書曰三年一攷少黜以地書所謂三考黜陟者
謂爵土異也潛夫論三式篇是故三公在三載之後宜明考績黜
陟竝以爲一考即黜陟殆今文異說晉傳玄傳虞書曰三載考績
三考黜陟幽明是謂九年之後君有遷敘也後魏孝文太和中詔
曰三載考績自古通經三考黜陟已彰能否今若待三考然後黜
陟可黜者不足爲遲可進者大成賒緩是以朕今三載一考考即
黜陟欲令愚滯無妨於賢者才
能不壅於下位用白虎通說命之曰計周禮太宰八曰官計以
弊邦治鄭司農云謂三
年則大計羣吏之治而誅賞之鄭元云官計謂小宰之六計與案
周時小宰宰夫之命羣吏有月終旬終歲終大計以備考成
可想見其考察之密葢考羣吏詳而考天下畧亦舒促之義也元
初令官吏計日月考殿最明制有考滿考察二法考察通天下內
外官計之其目八曰貪曰酷曰浮躁曰不及曰老曰疾曰罷曰不
謹分致仕降調閒住爲民有差考滿論一身歷俸分稱職平常不

稱職三等三年初考六年再考九年通考其分年三考之典沿古法也我　朝考績之法在內曰京察在外曰大計各以三年爲期武職曰軍政[illegible]名雖畧殊計典一也內外通限三年軍政不過五年較漢法寬而視古密矣

考試之法。天啟本不提行合其爵祿并其秩積其日陳其實史記積日曰閱實謂功狀也案爵以位言秩以食言日以資言實以勞言祿與秩分者祿有定而秩無定祿麗於爵秩敘於職也此即後世年勞之法雖考功罪兼計資格及其徹也則有資格而無賢否之分計功量罪以多除少罪多則除功功多則除罪漢書陳湯傳劉向上疏言昔齊桓公前有尊周之功後有滅項之罪君子以功覆過而爲之諱行事東漢朱勃上書訟馬援臣聞春秋之義罪以功除詩氓鄭箋云士有百行可以功過相除桓十一年何注祭仲知國重君輕君子以存國除逐君之罪雖不能防其難罪不足而功有餘故得爲賢又莊三年注紀季稱字言之者以存先祖之功則除出奔之罪莊四年注賢襄公爲諱以復讎之義除滅人之惡莊六年注齊當以讓除惡故善起其事昭二十年注以喜時之讓除會之叛猶叔術功惡相除裁足通濫耳僖十年注桓公功大善惡相除足封有餘文公功少嫌未足除身篡而有討功故爲之諱此亦春秋多少相除之例以名定實先內弟之盧云弟古第字下同輿案內第謂先就一人之功罪定其等次然後外集合計天下而殿最之內第當如明世考滿法外集如明世考察法○天啟本弟作定淩本以下有爲字其先比二三分以爲上中下俞云比二皆衍文以考進退然後外集○官本云以他本誤移在後字下通名曰進退增減多少有率爲弟句九分三三列之亦有上中下以一爲最五爲中九爲殿淩云漢書宣帝紀承相御史課殿最以聞顏注凡言殿最者殿後也最凡要之首也課居先也唐六典四善爲上上一最三善爲上中一最二善爲上下無最有二善爲中上無最有一善爲中中職事粗理善惡不聞爲中下愛憎任情處斷乖理爲下上背公向私職務廢缺爲下中居官諂詐貪濁有狀爲下下有餘歸之於中中而上者有得中而下者有負淩云漢書注晉灼曰令丞尉治一縣崇教化亡犯法者輒遷有盜賊滿三日不覺者則尉事也令覺之自除二尉負其二率相準如此法得少者以一益之至於四負多者以四減之至於一皆逆行計取算法乘除爲名此爲得負乘除法未詳其式三四十二而成於計得滿計者絀

陟之次次每計各逐其弟以通來數○官本云他本逐作遂初次再計次次四計各不失故弟而亦滿計絀陟之初次再計謂上弟二也次次四計謂上弟三也九年爲一弟二得九并去其六爲置三弟六六得等爲置二并中者得三盡去之并三三計得六并得一計得六此爲四計也絀者亦然盧云未詳與案此法漢時似未通行故人但知京房考功課吏法今史文不詳無由訂董京異同得失矣

通國身第二十二謂通治國於治身呂覽審分篇夫治身與治國一理之術也

氣之清者爲精○後漢李固傳精作神人之清者爲賢治身者以積精爲寶○御覽四百二作治身以鍊神爲寶固傳治作養積精作練神治國者以積賢爲道○御覽無者字身以心爲本國以君爲主精積於其本則血氣相承受賢積於其主則

上下相制使血氣相承受則形體無所苦上下相制使則百官各得其所形體無所苦然後身可得而安也百官各得其所然後國可得而守也夫欲致精者必虛靜其形欲致賢者必卑謙其身形靜志虛者精氣之所趣也謙尊自卑者仁賢之所事也易繫辭謙尊而光故治身者務執虛靜以致精治國者務盡卑謙以致賢能致精則合明而壽○盧云本或有仁字疑衍輿案天啟本無仁字能致賢則德澤洽而國太平潛夫論思賢篇是故養壽之士先病服藥養世之君先亂任賢是以身常安而國永永也上醫醫國其次醫身夫人治國固治身之象疾者身之病亂者國之病也身之病待醫而治國之病待賢而治治身有黃帝之術治世有孔子之經輿案待病求醫待亂求賢晚矣所謂醫與賢者又未必果其人也惟董子之言爲得其本

三代改制質文第二十三

禮器三代之禮一也民共由之或素或青益言禮同而文質之相變

也史記孔子世家觀殷夏所損益曰後雖百世可知也以一文一質周監二代郁郁乎文哉吾從周故書傳禮記自孔氏論語子張問十世可知也集解引孔曰文質禮變漢書兒寬傳寬上壽曰臣聞三代改制屬象相因間者聖統廢絕陛下發憤合指天地祖立明堂辟雍宗祀泰一六律五聲幽贊聖意神樂四合各有方象以丞嘉祀爲萬世則天下幸甚後漢魯恭傳王者質文不同四時之政行之若一輿案三代殊制見於禮記明堂位檀弓禮器祭法祭義諸篇者甚多如子服景伯子游爭立孫立弟檀弓爭葬之別合曾子子夏爭殯之東西子游子夏之裼襲不同孟子公羊爵之三等五等祿之三品二品以及小斂之奠或云東方或云西方同母異父昆弟或云爲之齊衰或云大功皆師說所傳異制學者質文隨習不必盡合儀禮士冠禮鄭注云凡醴事質用糟文者用淸亦以質文說禮者故白虎通問曰異說並行則弟子疑焉孔子有言吾聞擇其善者而從之多見而志之知之次也文武之道未墜於地天之將喪斯文也樂亦在其中矣聖人之道猶有文質所以擬其說述所聞者亦各傳其所受而已本篇所紀但述師說至以春秋當新王諸義不見於傳蓋爲改正而設與春秋義不必相屬自何休取以注傳轉令經義支離爲世詬病矣黃震疑黃帝之先謚四帝之後謚舜法商禹法夏湯法質文法文諸語不[illegible][illegible]

理其實商夏亦文質之代名先諡後諡尤不必疑也觀跡推四法一節乃緯家說疑爲羼入○玉海四十列目作三代改制與前篇目同云一作文質疑此篇名一作三代改制一作三代文質而後人誤合之也

春秋曰王正月傳曰王者孰謂謂文王也周自文王受命而王故孔子從周必宗文王論語文王既沒文不在茲乎固以身任紹文之文矣中庸仲尼祖述堯舜憲章文武鄭云此以春秋之義說孔子之德孔子所述堯舜之道而制春秋則斷以文王武王之法度鄭蓋用公羊家說王愆期遂以文王爲孔子謬說流馳滋誤後學公羊成十年疏孔子爲後王蓋沿用愆期說且立義可託王正正朔服色不可託王也文九年何注引文王者文王始受命制法度孫星衍以爲魯隱公元年與文王改元之歲同在己未故稱文王舉周魯通符之歲以紀年託始見平津館文稿公羊以春王爲斅王恐非春秋義○官本云下謂字他本誤移在文王也之下今改正**曷爲先言王而後言正月王正月也**以上引傳文**何以謂之王正月曰王者必受命而後王王者必改正朔易服色制禮樂一統於天下所以明易姓非繼人**○人各本作仁今改**通以己受之於天也王者受命**

而王制此月以應變應天革命故作科以奉天地○故字疑衍故謂之王正月也隱元年何注以上繫於王知王者受命布政施教所制月也王者受命必徙居處改正朔易服色殊徽號變犧牲異器械明受之於天不受之於人王者改制作科奈何曰當十二色年十二月故云十二色每月物色各不同歷各法而正色而疑當作其於十二色中取三微之月各法其一以爲正色而改麻也通典七十四注云三正者天地人也三正之道由三微之月受命之正各法其一後漢書章帝紀元和二年詔曰春秋于正每月書王者重三正愼三微也注引斗威儀云三微者三正之始萬物皆微物色不同故王者取法焉又陳寵傳奏曰三微成著以通三統注引三禮義宗云三微三正也王者奉而成之各法其一以改正朔通典百六十九引同白虎通三正篇不以二月後爲正者萬物不齊莫適所統故必以三微之月也逆數三而復錢云復上脫相字輿案白虎通三正篇引禮三正記曰正朔三而改文質再而復案逆數者如夏以十三月孟春爲正殷以十二月季冬爲正周以十一月仲冬爲正推之以前皆然繼周者則當復以孟春月爲正乃合逆數也互見二端篇白虎通又云天質地文質者據質文者據文周反統天正何也質文再而復正朔三而改三微質文數不相配故

正不隨文質也紬三之前曰五帝白虎通號篇五帝者何謂也禮曰黃帝顓頊帝嚳帝堯帝舜五帝也與董合見下文董以三代定三統故以前云紬淩云古今注程雅問董仲舒自古何謂稱三皇五帝對曰三皇三才也五帝五常也帝迭首一色順數五而相復此五行更王之義如黃帝土德以黃爲首色是也後世因之有歷代所尙之色大氐取五行生剋爲義至元明服御專用黃色國朝因而不改始歸五德舊說矣禮樂各以其法象其宜淩云史記趙世家及至三王隨時制法因事制禮法度制令各順其宜衣服器械各便其用故禮也不必一道而變國不必古聖人之興也不相襲而王夏殷之衰也不易禮而滅順數四而相復俞云此言五帝不得言四而相復其上當有脫文輿案疑郎本篇之所謂一商一夏一質一文故云四而復咸作國號遷宮邑易官名制禮作樂以上推明古王者改制有三復五復四復之不同董所主則以三統爲說故湯受命而王○盧云王舊作正誤應天變夏作殷號時正白統親夏故虞紬唐謂之帝堯○盧云舊本作故親夏虞今以下文親周故宋之例改轉以神農爲赤帝錢云董子法以三代定三統追前五代爲五帝又追前三代爲九皇凡九

代三統移於下則九皇五帝遷於上商爲白統幷夏虞爲三代絀唐爲帝唐爲五帝之末則神農爲五帝之首而庖羲爲九皇此當有推庖羲以爲九皇句文脫耳**作宮邑於下洛之陽名相官曰尹**伊尹是也說文伊下云殷聖人阿衡尹治天下者从人从尹○天啟本注云一作名相曰宮尹**作濩樂制質禮以奉天文王受命而王應天變殷作周號時正赤統**班書高帝紀贊云漢承堯運德祚已盛斷蛇著符旗幟尚赤協子火德應天統矣班彪王命論云劉氏承堯之祚氏族之世著于春秋劉向頌高祖謂爲出自唐帝昭帝元鳳三年符節令眭弘上書亦言漢承堯後故或援左傳士會之帑處爲劉氏文及士匃蔡墨劉氏系出陶唐之語以傅會之賈逵至以此請光武崇左氏在董子時尚無此說故取赤統不始唐堯眭弘自稱董爲先師而用古文傅會之說斯爲舛矣**親殷故夏**○作濩下三十字原脫參用盧文弨張惠言說補**絀虞謂之帝舜**絀虞原作爵字盧云爵字詘當作絀虞二字今改**以軒轅爲黃帝**○天啟本無以字爲作曰**推神農以爲九皇**玉海四十云通鑑外紀引此語**作宮邑於豐名相官曰宰作武樂制文禮以奉天**文王作武又見楚莊王篇**武王受命**

作宮邑於鄗鄗與鎬同周本紀注鎬在上林昆明北有鎬池去豐二十五里皆在長安南制爵五等作象樂繼文以奉天墨子三辨篇武王勝殷殺紂環天下自立因先王之樂又自作樂命曰象文王世子鄭注象周武王伐紂之樂周公輔成王受命作宮邑於洛陽○天啟本無邑字成文武之制作汋樂以奉天汋內則及漢書禮樂志作勺殷湯之後稱邑禮樂記投殷之後於宋示天之變反命對冊云治亂廢興在於已非天降命不可得反故天子命無常子疑作之唯命是德慶疑作唯德是慶故春秋應天作新王之事時正黑統王魯尚黑作新王事即春秋為漢制作之說所由昉魯為侯國漢承帝統以侯擬帝嫌于不恭故有託王之說云黑統則託秦尤顯蓋漢承秦統學者恥言故奪黑統歸春秋餘一是讖已以為繼春秋非繼秦也易通卦驗云秦為赤驅非命王漢書王莽傳贊昔秦燔詩書以立私議莽誦六藝以文奸言皆亢龍絕氣非命之運聖王之驅除云爾此亦漢世不以秦為受命王之證不以秦為受命王斯不得不歸之春秋以當一代尊春秋即所以尊漢也晉尊二王之後只及周漢不數秦正用漢儒義文帝十四年魯人公孫臣上書陳終始傳五德事言方

今土德應黃龍見當改正朔易服色制度丞相議推以爲今水德始明正十月尚黑事罷其言覗絨紀太史公于張丞相傳贊咎其紬賈誼公孫臣等言正朔服色事而不遵明用秦顓頊厤蓋不以漢尚黑統爲然也然則推董生之說當何從曰董主三統迭用既以春秋當一代正黑統漢當親黑統正白統矣呂覽應同篇云代火者必將水天且先見水氣水氣勝故其色尚黑其事則水水氣至而不知數備將徙于土呂意蓋以周火德王七百有餘歲其中間已見水氣後當以土德王也其後始皇仍用水德已失呂意此云春秋正黑統亦與先見水氣畧合殆周秦間有此學說耶五德終始之說鄒衍已說之惟一主五行生剋一主三統遞用太初改制仍用五行相勝與董氏春秋說不同故兒寬司馬遷諸人采用臣誼之言未嘗條引董說也問者曰春秋有周改月而不改夏時之說信乎曰朱子辨之矣其言曰胡文定春秋說夫子以夏時冠周月以周正紀事謂如公即位依舊是十一月只是孔子改正作春正月某便不敢信據今周禮有正月有正歲則周實是元改作春正月夫子所謂行夏之時只是爲他不順欲改從建寅如孟子說七八月之間旱遂斷然是五六月十一月徒杠成十二月輿梁成遂分明是九月十月又王應麟玉海云三代雖不改時與月而春秋紀春無氷爲異則固以周正紀事也左傳記鄭祭足取麥穀鄧來朝三事經傳所記有例差兩月者是經用周正傳取國史有自用夏正者

失於更改也詩多用夏正書金縢秋大熟亦是夏時此不改時月之驗但孟子謂七八月乃五六月謂十一十二月乃九十月此當闕之又六經天文編引易氏曰夏正建寅謂之正歲周正建子謂之正月建子爲時王之正正月示萬民以更新之意故太宰縣治象于正月吉而復斂于挾日建寅爲民時之正歲吏治于是乎始故小宰帥治官之屬觀治象于已斂之後又引張氏曰周官于布治言正月之吉此周正也而以夏正爲正歲所謂正歲十有二月令斬冰此其明證又七月言月皆夏時而以周之正爲一之日觀此可見兼存之法輿案春秋用周正改時月無疑而王者間用夏時便民邁周書周月篇所云敬授民時巡狩祭享猶自夏焉是也列國之史亦間有存夏商正者不關孔子春秋之旨此云改統自是一時師說與春秋不相蒙也○盧云舊本正字王字互易今改從上文之例

絀夏親周故宋盧云親周何休注公羊作新周然以春秋當新王不當更云新周且上文云親夏故虞下文又云親赤統親黑統可證親字之是輿案隱元年疏何氏作文謚例云三科九旨者新周故宋以春秋當新王此一科三旨也莊二十七年杞伯來朝注杞夏後不稱公者春秋黜杞新周而故宋以春秋當新王僖二十三年杞子卒注始見稱伯卒獨稱子者微弱爲徐莒脅不能死位春秋伯子男一也辭無所貶貶稱子者春秋黜杞不明故以其一等貶之明本非伯乃公也宣十六年成周

宣榭災傳云新周也注孔子以春秋當新王上黜杞下新周而故宋何用董義並作新周樂動聲儀云先魯後殷新周故宋亦作新史記孔子世家云乃因史記作春秋上自隱公下訖哀公十四年十二公據魯親周故殷運之三代約其文辭而指博新周作親周不誤此文以春秋當新王乃說春秋者假設之詞有繼有親有故新王之典禮宜然史公學於董生故其說頗與之合蓋差世遠近以爲親疏推制禮以明作經之旨理自可通由一代言之則有所聞所見傳聞之不同由異代言之則有本代前代之不同其歸一也春秋紀魯元以繫事故史公云據魯于周則親于宋則故詞義明顯索隱云時周雖微而親周者以見天下之有宗主也解親字卻不盡關董意劭公昧於董兼盲於史既動引此文以釋經傳杞伯義本此篇新周則何妄推又因王魯造爲黜周之說晉王接傳已言何休訓釋甚詳而黜周王魯大體乖戾且志通公羊往往還爲公羊疾病而後人並以譏吾董子則誣矣至傳言新周與此言親周截然二義孔廣森以新絳新鄭例傳是也惡足以溷此文陳澧乃謂公羊新周二字自董生以來將二千年至巽軒乃得其解此爲何注所誤讀董子未明也見東塾讀書記十劉申受諸人所釋則尤近詭誕矣如王使來聘書使內詞耳而以爲與諸侯同文者爲新周或以傳王者謂文王爲新周之類文多不具引又故宋二字不出公羊見穀梁桓二年傳范注孔子舊是宋人然與此義別史記之故殷乃此故宋義詩商頌三家詩以爲正考父美宋襄禮樂記[illegible]

注商宋詩也左傳哀九年杜注子商宋也國語韋注商宋也逸周書王會解有商公夏公莊子天運篇及韓非子均有商太宰商郎宋也殷商同爲宋故名故史公云故殷漢成帝紀綏和元年詔曰蓋聞王者必存二王之後所以通三統也昔成湯受命列爲三代而祭祀廢絕考求其後莫正孔吉其封吉爲殷紹嘉侯三月進爵爲公及周承休侯皆爲公漢自爲一代上封殷周不及夏后正用此紬夏故宋親周之説晉成帝咸康二年求周漢之後繼承其祀亦沿用漢制不數秦其以孔子孫奉湯祀則兼采梅福匡衡議雖推迹古文以左氏穀梁世本禮記相明然公羊家説實亦如此繼宋之與繼殷固無大別也成帝時古文學興又梅福治穀梁穀梁言孔子殷後故推本之耳平帝元始元年封孔子後孔均爲褒成侯四年改殷紹嘉公曰宋公光武建武五年封殷後孔安爲殷紹嘉公建武十三年又以殷紹嘉公孔安爲宋公采用董説也我朝康熙三十八年聖祖致奠明陵諭曰古者夏殷之後周封之於杞宋即今本朝四十八旗蒙古亦皆元之子孫朕仍沛恩施依然撫育明之後世應酌授一官俾司陵寢仝祖望三后聖德詩置恪篇云三統之禮發自遺經以存三微其義最精輿謂紬夏親周故宋猶今云紬宋親明故元古者易代則改正故有存三統三微之説後世師春秋遺意不忍先代之遽從紬滅忠厚之至也知此文之紀典禮則諸傳會之説可廓然矣

樂宜親招武故以虞錄親

此論語樂則韶舞之旨宜者商畧之詞非謂實如是也招武卽韶舞招韶字通武爲舞之訛上親字疑用之誤以虞錄親猶商帝神農周帝軒轅之例錄義如下文錄五帝以小國之錄然尚疑有誤文**樂制宜商合伯子男爲一等**盧云樂制疑當作制爵輿案春秋伯子男一也見桓十一年傳白虎通爵篇所以合子男從伯者王者受命改文從質無虛退人之義故上就伯也荀子正名篇刑名從商爵名從周文名從禮與此異**然則其略說柰何曰三正以黑統初**僉云三正以黑統初初謂三正以黑爲始也初下有闕文當據下文補正黑統柰何曰正黑統者麻十一字**正日月朔於營室斗建寅**禮月令孟春之月日在營室注孟春者日月會於娵訾而斗建寅之辰也春秋感精符人統十三月建寅火生之瑞謂之人統夏以爲正**天統氣始通化物物見萌達其色黑**白虎通三篇引三正記云十三月之時萬物始達孚甲而出皆黑人得加功故夏爲人正色尚黑**故朝正服黑首服藻黑正路輿質黑馬黑**明堂位夏后氏駱馬黑鬣**大節綬幘尚黑**劉逢祿云綬他本誤作緩節符節董巴輿服志曰古者君佩玉尊卑有序及秦以采組連結于璲謂之綬漢承秦制因而勿改續漢輿服志下千石六百石黑綬三采又自黑

緌以下𦃓皆長三尺與緌同采而首半之應劭漢官曰緌長一丈二尺法十二月廣三尺法天地人也續漢輿服志幘者賾也頭首嚴賾也注獨斷曰幘古者卑賤執事不冠者之所服也董仲舒止雨書曰執事者皆赤幘知不冠者之所服也方言曰覆髻謂之幘

旗黑大寶玉黑禮稽命徵天命以黑故夏有元珪**郊牲黑**明堂位夏后牲尚黑**犧牲角卵**卵者角始萌達如卵言其小也大戴禮夏小正云納卵蒜卵蒜也者本如卵者也卵蒜卽小蒜知夏時有此稱**冠于阼**冠義故冠于阼以著代也據此則所稱蓋夏禮士冠禮適子冠于阼庶子冠于房外疑亦雜說三代禮匡衡疏適子冠乎阼禮之用醴衆子不得與列所以貴正體而明嫌疑也非虛加其禮文而已乃中心與之殊異故禮探其情而見之於外也**昏禮逆于庭**隱二年注夏后氏逆于庭徐疏引尚書大傳云夏后氏逆于廟庭據此知親迎之禮其來已久文王親迎于渭沿夏禮而又加隆與

喪禮殯於東階之上檀弓夏后氏殯于東階之上**祭牲黑牡**檀弓夏后氏尚黑大事斂用昏戎事乘驪牲用玄**薦尚肝**明堂位夏后氏祭心殷祭肝周祭肺與此不同案明堂位以相勝爲義如夏尚黑勝赤故祭心殷尚白勝青故祭肝周尚赤勝白故祭肺此則各祭其所尚之色**樂器黑質法不刑有懷任新產**後漢

章帝元和二年正月詔曰令云人有產子者復勿算三歲令諸懷姙者賜胎養穀人三斛復其夫勿算一歲著以爲令加恩懷任新產義本于此今產婦有罪猶以百日後行刑以下文例之有下脫身字○盧云此下一本有者字案淩本有

是月不殺盧云是月疑提月卽閏月也下同淩云王者養微故懷任新產之月雖有罪法所不刑俞云上云法不刑有懷任新產者其義已足無取申說下云法不刑有身懷任又云法不刑有身重懷藏以養微夫既以養微說之則是不殺不連上事明矣今按是月不殺與下文聽朔廢刑發德相次是月謂晦日也僖十六年經曰是月六鷁退飛過宋都公羊傳以爲晦日其明證矣與案是月經傳有兩訓讀如字者謂此月讀如提者謂月盡檀弓是月禫亦讀爲提不獨公羊爲然此仍當讀如字是月謂建正之月也易冬至卦氣爲中孚其象曰君子以議獄緩死是周以建子之月緩獄也推之歷代當同後漢章帝詔曰春秋於春每月書王者重三正愼三微也律十二月立春不以報囚月令冬至之後有順陽助生之文而無鞫獄斷刑之政其定律無以十一月十二月報四正用此義諸說皆非

聽朔廢刑發德具存二王之後也二王謂唐虞禮郊特牲存二王之後尊賢不過二代○官本云發他本誤作法下同

親赤統故日分平明平明朝正尚書大傳夏以平旦爲朔樂稽耀嘉[illegible]

寅爲朔隱元年何注夏以斗建寅之月爲正平旦爲朔法物見色尚黑正白統奈何曰正白統者歷正日月朔于虛斗建丑月令季冬之月日在婺女注季冬者日月會於元枵而斗建丑之辰也春秋感精符地統十二月建丑地助生之端謂之地統商以爲正逸周書周月篇夏數得天百王所同其在商湯用師於夏順天革命改正朔變服殊號一文一質示不相沿以建丑之月爲正亦越我周政伐于商改正異械以垂三統至於敬授民時巡狩祭享猶自夏焉天統氣始蛻化物物始芽尚書大傳周以至動殷以萌夏以芽隱元年何注夏法物見殷法物芽周法物萌並與此異其色白白虎通十二月之時萬物始芽而白白者陰氣故殷殷爲地正色尚白也故朝正服白首服藻白正路輿質白殷本紀孔子曰殷路車爲善而色尚白馬白明堂位殷人白馬黑首大節綏幘尚白旗白明堂位殷之大白大寶玉白郊牲白明堂位牲白牡犧牲角繭王制祭天地之牛角繭栗冠于堂昏禮逆于堂隱二年注殷人逆于堂疏引尚書大傳同喪事殯于楹柱之間盧云似當作喪禮殯于兩楹之間檀弓殷人殯于兩楹之間祭牲白牡檀弓殷人尚白大事斂用日中

戎事乘翰牲用白薦尚肺樂器白質法不刑有身懷任身與娠同是月不殺聽朔廢刑發德具存二王之後也二王謂虞夏親黑統故日分鳴晨鳴晨朝正尚書大傳殷以雞鳴爲朔隱元年何注殷以斗建丑之月爲正雞鳴爲朔法物芽色尚白○盧云下鳴晨舊本倒正

赤統奈何曰正赤統者歷正日月朔于牽牛斗建子天統氣始施化物物始動其色赤故朝正服赤首服藻赤正路輿質赤馬赤月令仲冬之月日在斗注仲冬者日月會于星紀而斗建子之辰也春秋感精符天統十一月建子天始施之端也謂之天統者周以爲正白虎通十一月之時陽氣始養根株黃泉之下萬物皆赤赤者之氣也故周爲天正色尚赤也尚書大傳周以至動注至動冬日至物始動也○歷正下四十字原脫依盧文弨說補大節綏幘尚赤旗赤明堂位周之大赤大寶玉赤郊牲騂檀弓周人尚赤大事斂用日出戎事乘騵牲用騂犧牲角栗較繭微大冠于房士冠禮庶子冠于房外然則嫡子冠于房與昏禮逆于戶隱二年注周人逆于戶疏引尚書大傳同通典五十八周制親迎于

尸注引何休云後代漸文而迎于尸示其親喪禮殯于西階之上檀弓周人殯于西階之上祭牲騂牡，薦尚心，樂器赤質，法不刑有身重懷藏以養微。孫詒讓云重卽有身也素問奇病篇云人有重身九月而瘖王注重身謂身中有身則懷妊也此前後文並複贅未詳厥指輿案身字當絕句重懷藏以養微總釋其義也此似以有身懷任新產分爲三事故詳畧不同桓四年公狩于郎何注月者譏不時也周之正月夏之十一月陽氣始施鳥獸懷任草木萌芽非所以養微養微二字本此是月不殺，聽朔廢刑發德，具存二王之後也。二王謂夏殷親白統，故日分夜半，夜半朝正。尚書大傳周以夜半爲朔白虎通同隱元年何注周以斗建子之月爲正夜半爲朔法物萌色尚赤改正之義，奉元而起。奉元疑作奉天古之王者受命而王，改制稱號正月，各正其月謂之正朔服色定，然後郊告天地及羣神，○官本云神他本作臣遠追祖禰，祭告先尊而後親○盧云遠追舊作近遠錢據大典本改然後布天下。諸侯廟受，受天子之正朔于廟以告社稷宗廟山川，桓二年何注質家右宗廟上親親文家右社稷上尊尊然後感應一其司天下同稟正朔然後授時有定序氣候有常推三統之變近夷遐方無有生煞者獨中國天以中爲主煞同殺猶生剋然而三代改正必以三統天下漢書律麻志三統者天施地化人事之紀也其於三正也黃鐘子爲天正林鐘丑爲地正太簇寅爲人正三正之始詩緯推度災云軒轅高辛夏后氏漢皆以十三月爲正少昊有唐有殷皆以十二月爲正高陽有虞有周皆以十一月爲正通典引尚書中候同是夏商以前有三正矣通典五十五引孫盛晉陽秋論云孔子修春秋列三統爲後王法今仍舊非也晉爲金行服色尚赤考之古道乖違甚矣伊川程子云三王不足四無四三王之理如忠質文之所尚子丑寅之所建歲三月爲一時之理秦强以亥爲正畢竟不能行案此言三統亦是闢秦則漢之不宜繼秦益顯矣天下上疑有奪字或當重統字曰三統五端五端卽五始化四方之本也天始廢始施廢舊施新地必待中是故三代必居中國法天奉本執端要以統天下朝諸侯也是以朝正之義天子純統色衣沈欽韓云士昏禮女從者畢袗元左傳僖五年均服振振續漢書輿服志郊祀之服皆以袀元鄭所謂上

下皆元杜所謂上下同服此云朝正之義又云明乎天統以漢人言漢制則爲袀元明矣此統字不可解葢天色元循天統之義則衣之色用天統尚元也統字非誤其文質爾輿案于文疑當作統衣純色統衣者謂循天統以爲衣色下句作統衣是其證純色者如尚元則上服純元元衣而元緣也尚書大傳云山龍純青華蟲純黃作會宗彝純黑藻純白火純赤卽此純字之義後漢書明帝紀永平二年注引董巴輿服志曰顯宗初服冕衣裳以祀天地衣裳以玄上纁下徐廣車服注曰漢明帝案古禮備其服章天子郊廟衣皂上絳下衣畫而裳繡是漢時諸儒所考古制皆以上衣純用一色隋書禮儀志五經博士陸瑋等云六冕之服皆玄上纁下今宜以玄繒爲之其制式如裘其裳以纁皆無文繡證以此文似猶不失禮意董通言古制不專於漢沈說過泥

諸侯統衣纏緣紐纏緣聲義並同疑衍一纏字玉藻注緣飾邊也深衣純袂緣純邊廣各寸半鄭注純謂緣之也緣錫也緣邊衣裳之側廣各寸半廣雅釋詁紐束也輿意天子純玄諸侯則各以元色緣邊而紐系之所以明降殺也存此說以俟攷孫詒讓云纏當作纁諸侯玄衣而纁緣又以纁爲帶紐降于天子不得純玄也

大夫士以冠大夫士則但以冠別之而已禮天子與其臣元冕以視朔諸侯與其臣皮弁以視朔又大夫冕而祭于公士弁祭于公知非服別

參近夷以綏劉逢祿云

綏他本作緌按玉藻緇布冠繢綏諸侯之冠也鄭注諸侯緇布冠有綏尊者飾也對上大夫言故云尊者孫詒讓云參疑衍文綏緌之借字謂以玄爲冠綏輿案參有朝見義唐世朝參之義本此近夷略沾王化其來朝見但以綏別示不純臣如後世藩屬之比

遐方各衣其服而朝白虎通王者不臣篇夷狄者與中國絕域異俗非中和氣所生非禮義所能化故不臣也尚書大傳曰正朔所不加即君子所不臣也漢書韓安國傳自三代之盛夷狄不與正朔服色非盛不能制彊弗能服也以爲遠方絕地不牧之民不足煩中國也案正朔所不加故使之各服其色不必合于統衣孫詒讓云此董子所定三統服制之差與三禮冕弁冠諸服不相應

所以明乎天統之義也其謂統三正者曰正者正也統致其氣萬物皆應而正統正其餘皆正凡歲之要在正月也白虎通三正篇正朔有三何本天有三統謂三微之月也明王者當奉順而成之故受命各統一正也敬始重本也

法正之道正本而末應正內而外應說苑指武篇內治未得不可以正外本惠未襲不可以制末是以春秋先京師而後諸夏先諸華而後夷狄

動作舉錯靡不變化隨從可謂法正也正統既更則文質隨異故

云變化隨從故君子曰武王其似正月矣周受命雖自文王而大其業使天下應而正者武王也故曰武王似正月說苑君道篇孔子曰文王似元年武王似春王周公似正月與此異說苑又云武王正其身以正其國以正天下伐無道刑有罪一動天下正其事正矣春致其時萬物皆及生君致其道萬人皆及治周公戴已而天下順之其誠至矣義與此文正合家語觀思篇孔子曰王者有似乎春秋云云卽竊用說苑文○天啟本似作以春秋曰杞伯來朝王者之後稱公杞何以稱伯春秋上絀夏下存周以春秋當新王新王與殷周合爲三代故絀夏夏爲帝春秋當新王者奈何曰王者之法必正號句絀王謂之帝句封其後以小國使奉祀之二代前不追尊使小國奉祀而已下存二王之後以大國使服其服行其禮樂稱客而朝郊特牲云王者存二代之後猶尊賢也隱三年宋公和卒何注王者封二王後地方百里爵稱公客待之而不臣也詩云有客宿宿有客信信是也案史記五帝本紀禹踐天子位堯子丹朱舜子商均皆有疆土以奉先祀服其服禮樂如之以客見天子天子弗臣示不敢專也此王禮所本五經異義公羊

說存二王之後所以通天三統之義毛詩正義引鄭云所存二王之後者命使郊天以天子之禮祭其始祖受命之王自行其正朔服色此之謂通天三統鄭亦用今文義白虎通三正篇王者所以存二王之後何也所以尊先王通天下之三統也明天下非一家之有謹敬謙讓之至也故封之百里使得服其正色行其禮樂永事先祖鉤命決云不臣二王之後謂觀其法度故尊其子孫也劉向疏云王者通三統明天命所授者博非獨一姓也顏注言王者象天地人之三統故存三代也三代當作二代左傳隱三年春王三月疏引服注云孔子作春秋于每月書王以統三王之正蓋服氏猶知此義

故同時稱帝者五稱王者三所以昭五端通三統也

凡二王以前皆稱帝合新王爲三尚書大傳王者存二代之後與己爲三所以通三統立三正隱三年經春王二月何注二月三月皆有王者二月殷之正月三月夏之正月也王者存二王之後使統其正朔服其服色行其禮樂所以尊先王通三統師法之義恭讓之禮于是可得而觀之白虎通王者不臣篇不臣二王之後者尊先王通天下之三統也○盧云五端見上文本或作五瑞非

是故周人之王尚推神農爲九皇而改號軒轅謂之黃帝

史記封禪書蓬萊士高世比德于九皇又見周禮小宗伯及都宗人注賈疏案史記伏羲以前九皇

六十四民並是上古無名號之君則九皇之說於古已有但董不用三皇之說以周推神農爲九皇說有異耳蓋世遠而號愈尊故由王而帝而皇過此以往則民之矣又據此知黃帝爲周人追謚非本號或造爲黃神河圖握矩黃雲春秋演孔圖黃星拾遺記等語以傅會者妄也黃帝以前尙有九皇則以爲中國族類肇于黃帝者又妄也○盧云舊本缺周字錢補尙上通黃帝舊作皇帝古亦通因存帝顓頊帝嚳帝堯之帝號絀虞而號舜曰帝舜此篇絀堯舜自是三統通義其道則春秋所隆也公羊末篇云其諸君子樂道堯舜之道與何注春秋以王次春敬授民時崇德致麟乃得稱太平道同者相稱德合者相友故曰樂道堯舜之道妄者遂謂春秋始文王終堯舜爲改制微言夫孔子之所以亟稱堯舜爲其道德巍巍足以立君道之極示人倫之至耳故鹽鐵論大論篇曰孔子生於亂世思堯舜之道東西南北灼頭濡足庶幾世主之悟本書仁義法俞序身之養篇竝言堯舜意亦如此錄五帝以小國以小國奉祀下存禹之後于杞杞號東樓公見史記正義存湯之後于宋以方百里以疑地爵號公隱三年何注宋稱公者殷後也皆使服其服行其禮樂稱先王客而朝春秋作新王之事變周之制當正

黑統當正黑統者亦設爲是說與前宜字例同非謂孔子已如是也**而殷周爲王者之後**此亦春秋爲漢制作之意時尚未封殷周後也漢眭弘傳云先師董仲舒有言雖有繼體守文之君不害聖人之受命漢家堯後有傳國之運漢帝宜差求天下求索賢人而退自封百里如殷周二王後以承順天命弘以此書伏誅案董未嘗以漢爲堯後蓋自弘册而向歆因之耳且殷周二王皆易代若如弘說則欲漢禪位易世安得不害受命與董說悖矣弘蓋借其受命之語造爲異說自是以後圖讖煩興經學雜矣**絀夏改號禹謂之帝**盧云帝下當又有一禹字**錄其後以小國故曰絀夏存周以春秋當新王不以杞侯弗同王者之後也**夏黜爲帝故其後不得與王者同○盧云舊脫杞字錢補案天啟本侯作俟注云恐是侯**稱子又稱伯何見殊之小國也**以小國奉祀不以大國故云殊之小國子伯雖同以漸而黜何注引竝見前**黃帝之先謚四帝之後謚何也**白虎通號篇黃帝先黃後帝者何古者質生死同稱各持行合而言之美者在上黃帝始制法度得道之中萬世不易後世雖聖莫能與同也後世德與天同亦得稱帝不能制作故不得復稱黃帝通典引通義云帝堯帝舜先號後謚也帝者德盛與天同號

諡雖美終不過天也淩云諡在帝上故曰先諡諡在帝下故曰後諡曰帝號必存五句帝代首天之色○官本云他本帝代作代帝案帝疑作黃黃者首天之色帝者首天之號號至五而反周人之王句軒轅直首天黃號○官本云他本黃作皇案黃疑作之直疑作宜故曰黃帝云黃帝同天天不可屈故首黃號帝號尊而諡卑故四帝後諡也諡別善惡而已不妨紬帝號下非若黃代天色必當首稱帝尊號也錄以小何言以小國奉其後曰遠者號尊而地小近者號卑而地大親疏之義也故王者有不易者不改道有再而復者文質案白虎通三教篇言忠法人敬法天文法地此篇言文質天地不用三教之說宋志引推度云三而復者正朔也二而復者文質也文選答賓戲李善注引元命包云一質一文據天地之道天質而地文曰正朔三而改文質再而復有三而復者正朔有四而復者一商一夏一質一文有五而復者五帝有九而復者九皇明此通天地陰陽四時日月星辰山川人倫德侔天地者稱皇帝言明于不易與九復之道智究天人

德侔天地則可以稱皇稱帝古帝王皆以學著故號爾尊者德爾高白虎通號篇德合天地者稱帝仁義合者稱王別優劣也禮記謚法曰德象天地稱帝仁義所生稱王帝者天號王者五行之稱也皇者何謂也亦號也皇君也美也大也天人之總美大之稱也時質故總稱之也號之爲皇者煌煌人莫違也煩一夫擾一士以勞天下不爲皇也不擾匹夫匹婦故爲皇風俗通皇者天天不言四時行百物生焉三皇垂拱無爲設言而民不違道德玄泊有似皇天故稱曰皇藝文類聚十一引帝王世紀云孔子稱天子之德感天地洞八方是以化合神者稱皇德合天地者稱帝仁義合者稱王案秦稱皇帝據此則皇帝連稱自古所無美其德故爲追尊秦誤用耳呂刑兩言皇帝趙岐注孟子引並無皇字見困學紀聞引及曲阜孔氏所刻孟子本墨子引呂刑有皇字趙訓帝爲天僞孔訓皇帝爲帝堯與此合自周溯唐故名之爲帝耳○初學記引繁露無帝字藝文類聚十一引有

天佑而子之號稱天子成八年何注王者號也德合元者稱皇孔子曰黃象元逍遙術無文字德明謚德合天者稱帝河洛受瑞可放仁義合者稱王符瑞應天下歸往天子者爵稱也聖人受命皆天所生故謂之天子白虎通爵所以稱天子何王者父天母地爲天之子也故援神契曰天覆地載謂之天子御覽七十六引孝經鉤命決云接上稱天子明以爵事天接下稱帝王明以號令臣下帝王世

紀云天子至尊之定名也應神受命爲天所子故謂之天子○天啟本佑作祐**故聖王生則稱天子**白虎通爵篇帝王之德有優有劣所以俱稱天子者何以其俱命於天而王治五十里內也**崩遷則存爲三王**合本代爲三**絀滅則爲五帝**遞三代者謂之絀滅據此則知虞書稱堯舜爲帝爲周世追錄之詞蒼頡製字王居門中爲閏大傳惟十有三祀帝乃稱王而入唐注謂舜也是黃帝堯舜當時並稱王矣自秦以後古義泯絕遂自尊爲帝史公生漢代于殷周紀義稱帝而周稱王正用董說左傳二十五年傳周禮未改今之王古之帝也尚知此義曲禮措之廟立之主曰帝鄭注同之天神然則生而稱帝者違古義矣獨斷云上古天子庖犧氏神農氏稱皇堯舜稱帝殷周稱王稱謂不同明德有優劣也亦誤以爲生稱**下至附庸絀爲九皇**自五帝已上則絀爲九皇錄五帝以小國則錄九皇合附庸矣**下極其爲民**推九皇而上之則殺爲民周禮小宗伯鄭司農注四類三皇瑞作五帝九皇六十四民咸祀之疏云案史記云九皇氏沒六十四民興六十四民沒三皇興都宗人鄭注都或有山川及因國無主九皇六十四民之祀與案此所謂民卽六十四民也董以九皇前爲民與疏引史記不合漢舊儀祭三王五帝九皇六十四民皆古帝王凡八十一姓與董說同是所謂民者漢時固列祀典也禮坊記

先民有言鄭注先民上古之君也用此義羅泌路史前紀改六十四民之民爲氏大誤誤有與又同一猶同也言極其爲民又同謂之先代耳**有一謂之三代**三疑先之**故雖絕地**由大國而小國而附庸至于民則地絕**廟位祝牲猶列于郊號**荀子禮論郊者幷百王于上天而祭祀之據此則董以郊爲祭天亦兼百王矣**宗于代宗**周禮都宗人掌都祭祀之禮凡都祭祀致福于國鄭注所謂國無主之祀是也司馬相如封禪文繼韶夏崇號謚畧可道者七十有二君代宗卽岱宗宗于岱宗猶云尊之于岱宗謂封禪也後漢張純傳請封禪奏引書至于岱宗語風俗通正失篇謹案尚書天子巡狩歲二月至于岱宗孔子稱封泰山禪梁父可得而數者七十有二又山澤篇云岱者胎也宗者長也萬物之始陰陽交代王者受命易姓改制應天功成封禪以告天地白虎通封禪篇于岱宗何明知易姓也刻石紀號知自紀于百王也又論五嶽篇東方爲岱宗者何言萬物更相代于東方也**故曰聲名魂魄施於虛極壽無疆**禮郊特牲魂氣歸于天形魄歸于地故祭求諸陰陽之義也白虎通性情篇魂猶紜紜也行不休也少陽之氣故動不息于人爲外主于情也魄者猶迫然著人也此少陰之氣象金石著人不移主於性也與案魂魄附于人及其死也則施于虛施于虛猶言復歸于天地朱子語類云

魂氣歸于天是消散了正如火煙騰上去處何歸只是消散了又云聖人安于死卽消散亦與此施虛義合極壽無疆者謂德盛則聲名永久如精靈常在耳**何謂再而復四而復春秋鄭忽何以名春秋曰伯子男一也辭無所貶**之曰字疑衍桓十一年何注春秋改周之文從殷之質合伯子男爲一辭無所貶皆從子夷狄進爵稱子是也合三從子者制由中也白虎通爵篇殷爵三等謂公侯伯也所以合子男從伯者何王者受命改文從質無虛退人之義故上就伯也尙書曰侯甸任衞作國伯謂殷也春秋傳曰合伯子男爲一爵或曰合從子貴中也以春秋名鄭忽忽者鄭伯也此未踰年之君當稱子嫌爲改伯從子故名之也案或說與何注大同武帝紀元鼎四年封姬嘉爲周子南君南與男同正用春秋子男同等之義元帝始進爲承休侯平帝時又進鄭公以三等遞進也**何以爲一曰周爵五等春秋三等**史記三王世家昔五帝異制周爵五等春秋三等皆因時而序尊卑王莽傳莽奏言今制禮作樂實考周爵五等地四等有明文殷爵三等有其說無其文請諸將帥當受爵邑者爵五等地四等莽用劉歆說故不從今文家言且以爲無其文也王制疏引鄭志云張逸問殷爵三等公侯伯尙書有微子箕子何答曰微子箕子實是圻內采地之爵非圻外治民之君故云子也**春秋**

何三等凌云何下當有以字曰王者以制以疑作之一商一夏一質一文說苑修文篇文德之至也德不至則不能文商者常也常者質質主天夏者大也大者文也文主地故王者一商一夏再而復者也正朔三而復者也味尚旨聲尚宮一而復者故三王術如循環故夏后氏教以忠而君子忠矣小人之失野救野莫如敬故殷人教以敬而君子敬矣小人之失鬼救鬼莫如文故周人教以文而君子文矣小人之失薄救薄莫如忠故聖人之聖也如矩之三雜規之三雜周則又始窮則反本也詩曰雕琢其章金玉其相文質美也白虎通三正篇尚書大傳曰王者一質一文據天地之道禮三正曰質法天文法地也又云王者必一質一文者何所以承天地順陰陽陽之道極則陰道受陰之道極則陽道受明二陰二陽不能相繼也商質者主天夏文者主地春秋者主人故三等也桓十一年何注質家爵三等者法天之有三光也文家爵五等者法地之有五行也白虎通爵有五等以法五行也或三等者法三光也或法三光或法五行何質家者據天故法三光文家者據地故法五行含文嘉曰殷爵三等周爵五等各有宜也大戴禮注引含文嘉又曰質以天德文以地德殷據天而王周據地而王王制疏引含文嘉又云殷爵三等殷正尚白白者兼中正故三等夏尚黑亦從三等是今文家又以夏文[illegible]

三等與董義殊而董不以春秋爲主地而云主人又異說也**主天法商而王其道佚陽**佚𡖖猶溢陽謂盛陽也**親親而多仁樸**桓十一年注故王者始先本天道以治天下質而親親而不尊故後王起法地道以治天下文而尊尊及其衰也蔽其失也尊尊而不親故反之于質白虎通三正篇帝王始起先質後文者順天地之道本末之義先後之序也多猶尚也○官本云他本作仁多樸**故立嗣予子篤母弟**隱七年齊侯使其弟年來聘傳其稱弟何母弟稱弟母兄稱兄何注分別同母者春秋變周之文從殷之質質家親親明當親厚異于羣公子也孔叢雜訓篇穆公問于子思曰立太子有常乎答曰有之在周公之典公曰昔文王舍適而立其弟是何法子思曰殷人質而尊其尊故立弟周人文而親其親故立子亦各其禮也文質不同其禮則異文王舍適立次權也公曰苟得行權豈唯聖人唯賢與愛立也子思曰聖人不以權教故立制垂法順之爲貴若必欲犯何有於異公曰舍賢立聖何如子思曰唯聖立聖其文王乎不及文王者則各賢其所愛不殊於適何以限之必不能審賢愚之分請父兄羣臣卜於祖廟亦權之可也左襄三十一年傳穆叔曰太子死有母弟則立之蓋亦參用商法史記梁孝王世家上廢栗太子竇太后心欲以孝王爲後嗣大臣及袁盎等有所關說於景帝竇太后義格褚先生云蓋聞梁王西入

朝謁竇太后燕見與景帝俱侍坐于太后前語言私說太后謂帝曰吾聞殷道親親周道尊尊其義一也罷酒出帝召袁盎諸大臣通經術者曰太后言如是何謂也皆對曰太后意欲立梁王爲帝太子帝問其狀袁盎等曰殷道親親者立弟周道尊尊者立子殷道質質者法天親其所親故立弟周道文文者法地尊者敬也敬其本始故立長子周道太子死立適孫殷道太子死立其弟帝曰於公何如皆對曰方今漢家法周周道不得立弟當立子故春秋所以非宋宣公宋宣公死不立子而與弟弟受國死復反之與兄之子弟之子爭之以爲我當代父後即刺殺兄子以故國亂禍不絕故春秋曰君子大居正宋之禍宣公爲之案宋爲商後宋宣讓弟正是法商

妾以子貴隱元年傳母以子貴何注禮妾子立則母得爲夫人夫人成風是也輿案隱母稱夫人子氏而仲子以貴妾告於天子而來賵亦是妾以子貴並用商法春秋譏以妾爲妻而取妾母之可貴蓋以妾爲妻在商法已不行呂覽當務篇紂之同母三人其長曰微子啟其次曰中衍其次曰受德受德乃紂紂也甚少矣紂母之生微子啟與中衍也尚爲妾已而爲妻而生紂紂之父紂之母欲置微子啟以爲太子太史據法而爭之曰有妻之子而不可置妾之子紂故爲後用法若此不如無法是其證也

昏冠之禮字子以父別眇淩云郊特牲冠而字之敬其名也輿案郊特牲諸侯之有冠禮義亦見王道篇

夏之末造也別眇二字無義疑屬下讀眇微也別眇猶別微夫婦有別始昏之時由媵御道接而坐儀禮士昏禮鄭注所云夫婦始接情有廉恥媵御交道其志者是已郊特牲執贄以相見敬章別也

夫婦對坐而食

儀禮士昏禮婦至主人揖婦以入及寢門揖入升自西階媵布席于奧夫入于室即席婦尊西南面媵御沃盥交御布對席贊啓會卻于敦南對敦于北贊告具揖婦即對筵皆坐皆祭贊爾黍授肺脊皆食以湆醬皆祭舉食舉也疏云壻東面以南為右婦西面以北為右是儀禮所云亦夫婦對坐合商禮也

喪禮別葬

檀弓季武子曰合葬非古也自周公以來未之有改也是周初仍別葬自周公時復有合葬者故曰周公蓋祔又云衛人之祔也離之魯人之祔也合之衛尚沿商法與

祭禮先膴

周禮內饔夏行腥鱐膳膏臊注鄭司農云膏臊豕膏也案禮器夏立尸而卒祭殷坐尸此亦祭禮文質之可考者

夫妻昭穆別位

據此則古者婦人于廟有主漢儀載天子主一尺二寸后主七寸在皇帝主右則漢主猶夫婦各為昭穆也文二年穀梁疏載麋信引衛次仲云宗廟主皆用栗右主八寸左主八寸八疑七廣厚三寸右主謂父左主謂母也亦別位之證詩斯干似續妣祖載芟烝畀祖妣是周制相沿夫妻同廟而祭朱子語類祫祭考妣之位如何曰太祖東向則昭穆之南向北向者當以西方為上則昭之位次高祖西而妣東祖西

而妣東是祖母與孫並列于
體爲順案所言可推別位法**制爵三等祿士二品制郊宮**祭法殷
人禘嚳
而郊冥漢書終軍傳神明之敬奉
燔瘞于郊宮顏注謂泰畤及后土**明堂員**明堂度數見
蔡邕明堂儀**其屋高嚴**
侈員周禮典同鄭注侈謂中央約也
疏云謂鍾口揔寬此侈字義同**惟祭器員**盧云惟字衍孫詒
讓云疑當作楕屬
上諸後文云具
屋如倚廇員楕**玉厚九分白藻五絲**九五並從奇數法陽道也禮
玉藻鄭云雜采曰藻孔疏藻
謂雜采之絲
繩以貫于玉**衣制大上首服嚴員**冠尚高
員形**鸞輿尊蓋法天列象垂**
四鸞淩云通考有虞氏因形車而制鸞車注鸞有和鸞也大戴禮
古之爲路車也蓋員以象天二十八橑以象列星軫方以象
地三十輻以象月故仰則觀天文俯則察地理前視則
睹鸞和之聲側聽則觀四時之運此巾車教之道也**樂載鼓**淩
云
書鈔鼓所以檢樂爲羣音之長也按商頌猗與那與置我鞉鼓傳
夏后氏足鼓殷人置鼓周人縣鼓箋多其改夏之制乃始置我殷
家之樂鞉與鼓也今董云載鼓設鼓縣鼓
楻鼓見王者受命必改樂器而異其制也**用錫儛**淩云錫舞蓋于
舞也通考朱干
白金以飾其背記
曰朱干設錫是也**儛溢員**淩云溢與佾同漢書禮樂志郊祀歌曰
羅舞成八溢與案白虎通佾者列也以

八人爲行列八八六十四人也諸公六六爲行諸侯四四爲行隱五年何注同蓋以人數如佾數董意當同服虔左氏說則以八人爲列六佾爲四十八人四佾爲三十二人也○官本云他本脫儛字

先毛血而後用聲淩云詩執其鸞刀以啓其毛取其血膋箋毛以告純也血以告殺郊特牲毛血告幽全之物貴純之道也祭統夫祭有三重焉獻之屬莫重于祼聲莫重于升歌武莫重于武宿夜此周道也

正刑多隱親戚多諱文王世子公族之罪雖親不以犯有司正術也所以體百姓也刑于隱者不與國人慮兄弟也所謂隱諱者耶文十五年傳父母之于子雖有罪猶若其不欲服罪然○盧云戚舊本作㦧或作𢦟蓋古戚字有相近者隸釋載漢夏承碑云君之羣慼又郭仲奇碑云貴𢧵肅承是其證非文王世子之所謂纖剸也今定爲戚字下同

封禪于尚位尚上同

主地法夏而王其道進陰陽過矣則進于陰

尊尊而多義節以義斷恩○王本天啟本竝作節義

故立嗣與孫篤世子隱元年何注嫡子有孫而死質家親親先立弟文家尊尊先立孫檀弓仲子舍其孫而立其子檀弓曰何居我未之前聞也伯子曰仲子亦猶行古之道也昔者文王舍伯邑考而立武王微子舍其孫腯而立衍也子游問諸孔子孔子曰否立孫家語子夏問篇竝孫上加周制二字是孔子閒主夏法然如周桓王

繼平王太子洩未立而死，是亦周祖孫相繼之故事也。檀弓注周禮適子死立適爲後。五經異義公羊說云：質家立世子弟，文家立世子子，而春秋從質，故得立其弟。此云與孫，文家法也。**妾不以子稱貴號**五經異義引公羊說妾子立爲君，母得稱夫人，故上堂稱妾，屈于嫡，下堂稱夫人，尊行國家，父母者子之天也，子不得爵命父母，則士庶起爲人君，母亦不得稱夫人。鄭駮之云：魯僖公妾母爲夫人者，乃緣莊公夫人哀姜有殺子般閔公之罪，應貶故也。近漢呂后殺戚夫人及庶子趙王，不仁，廢不得配食，文帝更尊其母薄后，非其比耶？妾子立者得尊其母，禮未之有也。案鄭所據文家法。**昏冠之禮字子以母**儀禮冠禮見母畢，冠者立于西階東面，賓字之，此云字子以母，或以母命之與？○以各本作而，今從天啟本改。**別眇夫婦同坐而食**禮昏義共牢而食，疏云壻東面，婦西面，共一牲牢而同食，不異牲。案東西仍是對坐，然則夏禮並東面與？**喪禮合葬**白虎通崩薨篇：合葬者何？所以同夫婦之道也。故詩曰穀則異室，死則同穴。檀弓孔子少孤，不知其墓，殯于五父之衢，問于鄹曼父之母，然後得合葬于防。晏子外篇孔子門人盆成括母死，家貧身老，子孺，恐力不能合祔，是以悲。是孔子用夏法合葬也。**祭禮先亨**盧云古烹字。○官本云他本無禮字。**婦從夫爲昭穆**以陰爲上，故母可以字子，夫婦不別。

位程子云程氏家祭只是男女異位及大有害義者稍變得一二佗所未遑也蓋主別位制爵五等祿士三品制郊宮明堂方其屋卑汚方汚同窪下也祭器方玉厚八分白藻四絲衣制大下首服卑退後漢書注引三禮圖冕前圓後方前下後高有俛仰之形欲人之位彌高而志彌下案卑退當取此義鸞輿卑法地周象載垂二鸞樂設鼓用纖施儛淩云未詳俞云此卽所爲旄舞也周官樂師有旄舞鄭司農注旄舞者氂牛之尾又春官序旄人鄭注旄旄牛尾舞者所持以指麾此稱爲纖施者據周書王會篇樓煩以星施孔晁注施所以爲麾羽珥然則纖施舞之卽旄舞舞明矣魯公子尾字施父亦可爲證儛溢方先亨而後用聲正刑天法執法稱天而行不避親戚孟子所謂瞽瞍殺人執之而已夫有所受之也左氏傳云大義滅親皆是也封壇於下位盧云壇當作襢與禪通下同輿案史記正義泰山上築土爲壇以祭天報天之功故曰封泰山下小山上除地服地之功故曰禪言禪者神之也後漢志注項威曰除地爲墠後改墠曰禪神之矣此作壇疑尙是本字壇墠同主天法質而王其道佚陽親親而多質愛至親無文故立嗣予子

篤母弟妾以子貴昏冠之禮字子以父別眇夫婦對坐而食喪禮別葬祭禮先嘉蔬曲禮稻曰嘉蔬○官本云他本脫別葬祭禮四字又誤於嘉蔬下衍夫別葬祭禮五字夫婦昭穆別位制爵三等祿士二品制郊宮明堂內員外楕○天啟本注云楕音妥圓長曰楕一作隨盧云案鄭康成儀禮注隋方曰篋賈氏疏云狹而長也又算家有楕圓之術非正方正圓通謂之楕其屋如倚靡員楕漢書司馬相如傳離靡廣衍顏注離靡謂相連不絕也倚靡猶離靡矣祭器楕玉厚七分○天啟本注云一無玉字白藻三絲衣長前衽首服員轉全圓形鸞輿尊蓋備天列象備疑作法垂四鸞樂桯鼓方言榻前几謂之桯趙魏之間謂之榹其高者謂之虡虡之言舉也所以舉物也義與筍虡近郭注以爲卽筍虡非也說文桯牀前几也廣韻牀長几也此云桯鼓言鼓有器以舉之狀若長几置而不縣也孫詒讓云桯與楹字通考工記輪人爲蓋鄭司農注桯蓋杠也讀如丹桓宮楹之楹程鼓卽明堂位云殷楹鼓鄭注楹謂之柱貫中上出也蓋植楹以建鼓故謂之桯矣此云主天法質故鼓亦用殷制○桯各本作程今正用羽籥儛淩云通考籥箾

祭祀鼓羽籥之舞詩曰左手執籥右手秉翟蓋籥所以爲聲翟所以爲容也按翟羽可以爲儀儛溢棈先用玉聲而後烹淩云詩依我磬聲箋磬玉磬也郊特牲殷人尚聲臭味未成滌蕩其聲樂三闋然後出迎牲聲音之號所以詔告于天地之間也○烹天啟本注云一作亨正刑多隱親戚多赦文王世子公族有罪有司讞于公公曰宥之及三宥不對走出公又使人赦之以不及反命公素服不舉而爲之變穀梁隱元年傳緩追逸賊親親之道也封壇於左位主地法文而王其道進陰尊尊而多禮文故立嗣予孫篤世子妾不以子稱貴號昏冠之禮字子以母別眇夫妻同坐而食喪禮合葬祭禮先秬鬯郊特牲周人尚臭灌用鬯臭既灌然後迎牲致陰氣也婦從夫爲昭穆制爵五等祿士三品制郊宮明堂內方外衡衡同横其屋習而衡易習坎釋文習重也攷工記匠人四阿重屋鄭注重屋複笮也○官本云他本而作其祭器衡同作秩機○盧云秩疑作旋官本云他本作佚玉厚六分白藻三絲衣長後衽首服習而垂流流與旒同白虎

通紼冕篇禮器云天子麻冕朱綠藻垂十有二旒者法四時十二月也諸侯九旒大夫七旒士爵弁無旒○天啟本作服首注云一無首字**鸞輿卑備地周象載**備疑作法**垂二鸞樂縣鼓**明堂位周縣鼓**用萬舞**宣八年傳萬者何干舞也何注干謂楯也萬者其篇名**僻溢衡**員方楕衡隨其所尚知綴兆不必正方矣**先烹而後用樂正刑天法**○天啟本天法作文公注云未詳淩云據上文當作天法然天法亦誤似缺多隱親戚云云六字**封壇於左位**左當作右帝王有作天之正朔人之典禮物之聲色臭味形質皆有自然之變遷以懲其敝而易其用然而所以範圍此法制與倫紀者則百王同道不可易矣否則無以繫天下之人心而弭其畔亂强欲治之而不可終日故曰王者有改制之文無變道之實伊川程子云三王之法各是一王之法故三代損益文質隨時之宜孔子所立之法乃通萬世不易之法孔子於他處亦不見說獨答顏回云行夏之時乘殷之輅服周之冕樂則韶舞此是於四代中舉這一箇法式使後人就上脩之輿謂不易者止是道

四法修於所故祖於先帝錢云四法即夫子所以答顏淵者王魯故也其前當有脫文俞云四法即上文

所謂主天法商而王，主地法夏而王，主天法質而王，主地法文而王也。錢說殊失其旨。○官本云：他本修作條。故四法如四時然，終而復始，窮則反本。四法之天施符授聖人，之疑則誤。王法則性命形乎先祖，大昭乎王君。故天將授舜，主天法商而王，祖錫姓爲姚氏。至舜形體大上而員首，而明有二童子，童同瞳。性長于天文，純於孝慈。天將授禹，主地法夏而王，祖錫姓爲姒氏。至禹生發於背，楚世家注：脩已背坼而生禹，簡狄破胸而生契。形體長，長足肵，疾行先左，隨以右，淩云：尚書大傳畧說：禹其跳，其跳者，踦也。注：其，發聲也。踦步，足不能相過也。○官本云：先，各本誤作光。勞左佚右也。性長於行，習地明水。淩云：尚書刑德考：禹長於地理水泉九州，得括象圖，故堯以爲司空。天將授湯，主天法質而王，祖錫姓爲子氏。謂契母吞玄鳥卵生契，契先發於胷，先當爲生。性長於人倫。至湯體長專小，盧云：專讀曰團。足左扁而右便，淩云：尚書大傳畧說湯扁扁枯也勞右佚左也性長於天光質易純仁光字疑衍天將授文王主地法文而王祖錫姓姬氏謂后稷母姜原履天之跡而生后稷后稷長於邰土語疑有誤播田五穀至文王形體博長孫詒讓云博當爲搏考工記梓人鄭注搏圜也上云湯體長專小周禮大司徒其民專而長注云專圜也專搏字亦通有四乳而大足淩云帝王世紀文王龍頭虎眉身長十尺有四乳性長於地文勢語疑有誤故帝使禹皋論姓知殷之德陽德也故以子爲姓知周之德陰德也故以姬爲姓淩云殷之德至以姬爲姓見樂稽耀嘉故殷王改文以男書子○天啟本作書始以男注云一作以男書子今從注本改淩本亦從原注云他本作書始以男周王以女書姬故天道各以其類動非聖人孰能明之此篇卽感生之說所本說文姓字下云古者神聖母感天而生子故曰天子又時見于緯書並今文家說然疑非董子元文

官制象天第二十四

後漢書李元傳李淑上書曰夫三公上應台宿九卿下括河海故天工人其代之論衡紀妖篇天官百二十與地之王者無以異也地之王者官屬備具法象天官稟取制度春秋說云立三台以爲三公北斗九星是爲九卿二十七大夫內宿部衞之列八十一紀以爲元士凡百二十官焉案建官法天今古文說同董明陰陽大義故不用星紀而用四時

王者制官三公九卿二十七大夫八十一元士此與王制合鄭氏康成以爲夏制不知所據大傳云古者天子三公每一公三卿佐之每一卿三大夫佐之每一大夫三元士佐之故有三公九卿三十七大夫八十一元士所與爲天下者若此而已鄭注亦云自三公至元士凡百二十此夏時之官也說苑君道篇湯問伊尹曰三公九卿二十七大夫八十一元士知之有道乎似商制亦如此白虎通封公侯篇三公九卿二十七大夫八十一元士凡百二十官下應十二子桓九年何注同又見禮記昏義篇及異義引今文尚書夏侯歐陽說淮南泰族訓云故舉天下之高以爲三公一國之高以爲九卿一縣之高以爲二十七大夫一鄉之高以爲八十一元士〇盧云周本作員士下同輿案天啟本亦作員凡百二十人而

列臣備矣吾聞聖王所取儀金天之大經盧云金字訛疑是於字俞云金字無義下文云何謂天之大經又云三而一成天之大經也不言金天此金字乃法字之誤言聖人所取者無不儀法乎天之大經也法古文作金因誤作金矣輿案黃帝誨顓頊云有大圜在上大矩在下汝能法之爲民父母蓋古聖初起無所師法觀陰陽而知性情驗春夏而施刑政配五行而立仁義禮智信至于設官制器莫不取象于天亦其勢然也故曰天因人聖因天後聖因前聖三起而成四轉而終時以三月而成年以四時而終官制亦然者此其儀與三人而爲一選文選謝元暉和伏武昌登孫權故城詩帷帟畫謀選注引鄭元毛詩箋曰選者謂于倫等之中最上也管子小匡篇登以爲上卿之佐名之曰三選與此選字義同儀於三月而爲一時也四選而止儀于四時而終也五經異義古者聖賢言事亦有效三者取象天地人四者取象四時五者配象五行三公者王之所以自持也三公太師太傅太保天以三成之王以三自持說文王部云三天地人之道也立成數以爲植而四重之其可以無失矣位尊者主要位卑者主詳相扶以爲治備天數

以參事治謹於道之意也此百二十臣者皆先王之所與直道而行也說苑臣術篇三公之事常在于道九卿之事常在于德大夫之事常在于仁列士之事常在于義案諸臣以道德相輔愆謬相糾故云直道而行○凌本直道作正直是故天子自參以三公三公自參以九卿九卿自參以三大夫三大夫自參以三士白虎通封公侯篇一公置三卿故九卿也天道莫不成於三天有三光日月星地有三形高下平人有三等君父師故一公三卿佐之一卿三大夫佐之一大夫三元士佐之天有三光然後能徧照各自有三法物成于三有始有中有終明天道而終之也說苑臣術篇伊尹曰三公者所以參五事也九卿者所以參三公也大夫者所以參九卿也列士者所以參大夫也故參而有參是謂事宗事宗不失外內若一案參猶輔也○官本云他本無是字三人爲選者四重自三之道以治天下若天之四重自三之時以終始歲也一陽而三春非自三之時與俞云王道焜本作一陽而三者當從之陽卽春也董子原文本作一春而三者非自三之時與晉人避諱改春爲陽若春秋之稱陽秋矣校正者不知一陽之卽一春而反疑

三者之爲三春易其文曰一陽而三春不可通矣輿案三春不誤言陽氣一也而散爲三月文選琴賦注引纂要云一時三月謂之三春又詠懷詩注引春秋元命苞云陽氣數成於三故時別三月陽數極于九故三月一時九十日而天四重之其數同矣天有四時時三月王有四選選三臣○官本云他本有作者是故有孟有仲有季一時之情也○官本云他本情作精下同有上有下有中一選之情也三臣而爲一選四選而止人情盡矣人之材固有四選如天之時固有四變也聖人爲一選君子爲一選善人爲一選正人爲一選依下文正人當作正直荀子哀公篇孔子曰人有五儀有庸人有士有君子有賢人有大聖由此而下者不足選也四選之中各有節也是故天選四堤十二而人變盡矣句疑有誤堤天天啟本注云一作堪輿案疑當云天選四時終十二而天變盡矣盡人之變合之天唯聖人者能之所以立王事也何謂天之大經三起而成日三日而成規

三旬而成月三月而成時（白虎通日月篇援神契曰月三日而成魄三月而成時）三時而成功寒暑與和三而成物日月與星三而成光天地與人三而成德由此觀之三而一成天之大經也以此爲天制是故禮三讓而成一節（淮南天文訓天地三月而爲一時祭祀三飯以爲禮喪紀三踊以爲節兵重三罕以爲制）官三人而成一選三公爲一選三卿爲一選三大夫爲一選三士爲一選凡四選三臣應天之制凡四時之三月也是故其以三爲選取諸天之經其以四爲制取諸天之時（周以天地四時命六卿亦取諸天○官本云原本作四時爲制据文義時是衍字今刪）其以十二臣爲一條取諸歲之度其至十條而止取之天端（錢云當作取諸天之端）何謂天之端（○淩本之字在天上）曰天有十端十端而止已（○官本云他本作止而已）天爲一端地爲一端陰爲一端陽爲一端火爲一端金

爲一端木爲一端水爲一端土爲一端人爲一端凡十端而畢天之數也天數畢於十王者受十端於天而一條之率○官本云他本衍一條字率作畢每條一端以十二時時疑當作臣如天之每終一歲以十二月也十者天之數也十二者歲之度也用歲之度條天之數十二而天數畢是故終十歲而用百二十月○官本云他本作是終故而誤作百條十端亦用百二十臣以率被之○官本云他本被作彼皆合於天其率三臣而成一愼御覽六百二十一治道部引韋昭釋名臣愼也愼于其事以奉上也故八十一元士爲二十七愼以持二十七大夫二十七大夫爲九愼以持九卿九卿爲三愼以持三公三公爲一愼以持天子天子積四十愼以爲四選○官本云他本四十下脫愼字選一愼三臣皆天數也○凌本一誤作十是故以四選率之率計也則

選三十人，三四十二，百二十人，亦天數也。〇官本云：他本作人百二十。以十端四選，俞云：上文是故以四選率之，此當云以十端率之，四選二字涉上而誤。十端積四十愼，愼三臣，三四十二，百二十人，亦天數也。以三公之勞率之，俞云：勞當讀爲僚，僚從尞聲，與勞聲相近。膫亦從尞聲，而或體作膋，從勞省聲，即其例也。昭七年左傳「隸臣僚」，服注：僚，勞也。是僚之與勞聲近而義通。則公四十人，三四十二，百二十人，亦天數也。故散而名之爲百二十臣，選而賓之爲十二長。賓，敬也。三公九卿是爲十二長。所以名之雖多，莫若謂之四選十二長，然而分別率之，皆有所合，無不中天數者也。求天數之微，莫若於人。人之身有四肢，每肢有三節，三四十二，十二節相持而形體立矣；天有四時，每一時有三月，三四十二，十二月相受而歲數終矣。淮南天文訓：蚑行喙息，莫貴於人，孔竅肢體皆通于天。天有九重，人亦有九竅；天有四時以制十二月，人亦有四肢以使十二節天有十二月以制三百六十日人亦有十二肢以使三百六十節故舉事而不順天者逆其生者也官有四選每一選有三人三四十二十二臣相參而事治行矣以此見天之數人之形官之制相參相得也人之與天多此類者而皆微忽不可不察也古者制度始㭊率取法象于天故無虛設之數然天之四時三月亦由人定疑聖人先因人之四肢三節然後推之于天考之以度所謂人生于天而體天之節也說文尺下云周制寸尺咫尋常仞度諸度量皆以人之體爲法大戴禮天圓篇曾子曰天之所生上首地之所生下首上首之謂圓下首之謂方盧注人首圓足方因繫之天地因謂天地爲方圓也此亦先人後天之說後世制作日繁近師前代隨時適變所謂天之數者亦不能密合矣○官本云他本皆上無而字天地之理分一歲之變以爲四時四時亦天之四選已○淩本已作也是故春者少陽之選也夏者太陽之選也秋者少陰之選也冬者太陰之選也白虎通五行篇木者少陽金者少陰四選之中各有孟仲季是選之中有選故一

歲之中有四時，一時之中有三長，天之節也。人生於天，而體天之節，故亦有大小厚薄之變，人之氣也。官本云：他本「變」作「節」。先王因人之氣而分其變以爲四選，是故三公之位，聖人之選也；三卿之位，君子之選也；三大夫之位，善人之選也；三士之位，正直之選也。分人之變以爲四選，選立三臣，如天之分歲之變以爲四時，時有三節也。天以四時之選與十二節相和而成歲，淩云：「成」下舊有「就」字，衍。王以四位之選與十二臣相砥礪而致極，盧云：「臣」字舊脫，今校補。淩本「位」誤「時」。道必極於其所至，然後能得天地之美也。

堯舜不擅移湯武不專殺第二十五 此篇非董子文

堯舜何緣而得擅移天下哉？孝經之語曰：「事父孝，故事天明。」事天與父同禮也今父有以重子子不敢擅予他人重謂承宗爲後也莊二十五年大夫宗婦覿何注繼重者爲大宗旁統者爲小宗管子幼官篇十年重適入正禮義注重適謂承重也適諸侯之世子也後漢書桓帝紀永惟大宗之重深思嗣續之福今世稱嫡孫攝父猶爲承重蓋通上下並得稱之人心皆然則王者亦天之子也天以天下予堯舜堯舜受命於天而王天下猶子安敢擅以所重受於天者予他人也俞云此有缺文當云子猶不敢擅以所重受於父者與他人堯舜安敢擅以所重受於天者與他人也輿案受於天疑當作受於父○天啟本猶子倒於天作天子天有不以予堯舜漸奪之故漸官本云他本作斬案作斬是堯舜均不傳子故云斬奪之言天所以斬奪之必有其故孟子言非人之所能爲也天也或云故當下屬有讀爲又亦通明爲子道則堯舜之不私傳天下而擅移位也無所疑也儒者以湯武爲至聖大賢也○官本云他本至作大以爲全道究義盡美者故列之堯舜謂之聖王如法則之荀子正論篇聖人備道全美者也○

盧云舊本謂之倒今改正如與而同今足下以湯武爲不義然則足下之所謂義者何世之王也曰弗知弗知者以天下王爲無義者耶其有義者而足下不知耶則答之以神農應之曰神農之爲天子與天地俱起乎將有所伐乎盧云自此已下伐字俱疑當作代輿案作代是史記儒林傳代立踐南面非弒而何又云高帝代秦即此義神農氏有所伐可湯武有所伐獨不可何也且天之生民非爲王也而天立王以爲民也故其德足以安樂民者天予之其惡足以賊害民者天奪之詩云殷士膚敏祼將于京侯服于周天命靡常言天之無常予無常奪也故封泰山之上禪梁父之下易姓而王德如堯舜者七十二人王者天之所予也其所伐皆天之所奪也今唯以湯武之伐桀紂爲不義則七十二王亦有伐也推足

下之說將以七十二王爲皆不義也也耶同故夏無道而殷伐之殷無道而周伐之周無道而秦伐之秦無道而漢伐之有道伐無道此天理也所從來久矣寍能至湯武而然耶盧云能字疑衍夫非湯武之伐桀紂者亦將非秦之伐周漢之伐秦○盧云本脫此四字今案當有非徒不知天理又不明人禮禮子爲父隱惡今使伐人者而信不義當爲國諱之豈宜如誹謗者此所謂一言而再過者也君也者掌令者也令行而禁止也今桀紂令天下而不行禁天下而不止安在其能臣天下也果不能臣天下何謂湯武弑此篇非董子文董惡秦特甚而此云周爲無道而秦代之與湯武相提並論黃東發已譏之不合一也春秋家推征伐之事往往舉文王伐崇以配伐桀茲乃湯武並舉不合二也史記儒林傳孝景時轅固生爲博士與黃生爭論湯武受命事于景帝前景帝曰食肉不食馬肝不爲不知味言學者無言湯武受命不

爲愚遂罷是後學者莫敢明受命放殺者董生篤學豈容忽先帝遺言爲此雷同之論不合三也史公與董生習使有此論不當云是後學者莫敢明受命放殺者矣不合四也末云桀紂不能臣天下與孟子及荀子正論篇合而其前又云伐人不義宜爲國諱是矛盾之詞不合五也疑此卽轅固生與黃生爭論語後人誤采入繁露如轅固生難黃生云必若所云是帝代秦卽天子之位非耶與此誹謗云云正合又其證也

服制第二十六

度爵而制祿以下全用管子立政篇服制章文

率得十六萬國三分之錢云上有脫文此首二句亦與服制無涉則各度爵而制服量祿而用財管子權修篇朝廷不肅貴賤不明長幼不分度量不審衣服無等上下淩節而求百姓之尊主政令不可得也又云爵服加於不義則民賤其爵服民賤其爵則人主不尊人主不尊則令不行矣荀子富國篇禮者貴賤有等長幼有差貧富輕重皆有稱者也故天子袾褘衣冕諸侯玄褘衣冕大夫裨冕士皮弁服德必稱位位必稱祿祿必稱用由士以上則必以禮樂節之衆庶百姓則必以法數制之量地而立國計利而畜民度人力而授事使民必勝事事必出利利足以生民皆使衣食百用出入相

揜必時藏餘謂之稱數故自天子通於庶人事無大小多少由是推之故曰朝無幸位民無幸生此之謂也**飲食有量**

衣服有制王制八政飲食衣服事爲異別度量數制尚書大傳天子衣服其文華蟲作續宗彝藻火山龍諸侯作續宗彝藻火山龍子男宗彝藻火山龍大夫藻火山龍士山龍故書曰天命有德五服五章哉又云天子服五諸侯服四次國服三大夫服二士服一說苑修文篇士服黻大夫黼諸侯火天子山龍德彌盛者文彌縟中彌理者文彌章也案衣服之制又散見於禮玉藻諸篇

宮室有度自天子以至士有九雉至三雉之分見尚書大傳又禮器鄭注宮室之飾士首本大夫達棱諸侯斵而礱之天子加密石焉

畜產人徒有數管子畜產作六畜荀子王制篇衣服有制宮室有度人徒有數喪祭械用皆有等宜楊注人徒謂士卒胥徒也

舟車甲器有禁爾雅天子造舟諸侯維舟大夫方舟士特舟庶人乘舟尚書大傳古之帝王必有命民命于其君然後得乘飾車駢馬衣文錦未有命者不得衣不得乘乘車者有罰韓詩外傳刚見說苑修文篇並同潛夫論浮侈篇古者必有命民然後乃得衣繒綵而乘車馬攷工記輿人疏引殷傳未命爲士者不得乘飾車外紀卷二成湯令未命之爲士者車不得朱軒及有飛軨不得乘飾車駢馬衣文繡命然後得以順有德通志器服畧說同是此制至殷猶然矣俞云甲

乃申字之誤申與陳通詩大雅文王篇陳錫哉周商頌烈祖篇申錫無疆陳錫申錫一也申器即陳器定四年穀梁傳從陳器范注陳器樂縣也是也管子立政篇正作舟車陳器輿案甲器當作用器王制所謂用器不中度不粥于市也管子作陳器亦不誤彼禁下修字當據此刪之**生有軒冕之服位貴祿田宅之分**上之字衍貴祿管子作穀祿○淩本脫服字**死有棺槨絞衾壙襲之度**壙襲當從管子作壙壟喪服雖有襲制然不得云壙襲形近誤也禮喪大記君松槨大夫柏槨士雜木白虎通崩薨篇引王制曰天子棺槨九重衣衾百二十稱公侯五重衣衾九十稱大夫有大棺三重衣衾五十稱士再重無大棺衣衾三十稱單袷備爲一稱又引含文嘉云天子墳高三仞樹以松諸侯半之樹以柏大夫八尺樹以欒士四尺樹以槐庶人無墳樹以楊柳周禮冢人注引漢律云列侯墳高四丈關內侯以下至庶人各有差潛夫論浮侈篇景帝時武原侯衛不害坐葬過律奪國明帝時桑民摐湯侯坐冢過制髡削**雖有賢才美體**管子作賢身貴體**無其爵不敢服其服雖有富家多貲**管子作貲**無其祿不敢用其財**晉語叔向云絳之富商韋藩木楗以過於朝唯其功庸少也韋注言無功庸雖富不得服尊服過于朝說苑修文篇其民雖有餘財侈物而無仁義

功德則無所用其餘財侈物故其民皆興仁義而賤財利御覽六百三十七引韓詩傳云古者必有命民有能敬長憐孤取舍好讓者命于其君然後敢飾車駢馬未得命者不能乘車乘車皆有罰是故其民雖有錢財侈物而無禮義功德卽無所用其錢財故其民皆興仁義而賤不爭貴强不陵弱衆不暴寡是唐虞之所以象典刑而民莫敢犯也漢書貨殖傳昔先王之制自天子公侯卿大夫士至于阜隸抱關擊柝者其爵祿奉養宮室車服棺槨祭祀死生之制各有差品小不得僭大賤不得踰貴夫然故上下序而民志定漢書成帝紀永始四年詔曰聖王明禮制以序尊卑異車服以章有德雖有其財而無其尊不得踰制故民興行上義而下利

天子服有文章不得以燕公以朝將軍大夫不得以燕將軍大夫以朝官吏命士止於帶緣盧云舊本作天子服有文章夫人不得以燕饗公以廟將軍大夫不得以燕饗以廟將軍大夫以朝官吏以命士止于帶緣殊爲訛錯今依文義正之輿案天啟本與舊本同惟饗以廟作卿以廟管子作天子服文有章而夫人不敢以燕以饗廟將軍大夫以朝官吏以命士止于帶緣今以兩文參互正之則舊本亦不盡譌但燕饗下衍公字明官吏上將軍大夫四字當衍明官吏當作朝官吏以命士衍以字耳其文當云天子服有文章夫人不得以燕饗以廟將軍大夫

不得以燕饗以廟朝官吏命士止於帶緣管子以燕以饗廟亦當作以燕饗以廟以命士以字當衍賈誼傳云古者天子后服所以廟而不宴者也言天子與夫人禮服不用之以燕饗但以廟耳將軍大夫朝服亦只用之於祭祀與朝官吏命士止於帶緣者玉藻士練帶率下辟注辟讀如裨冕之裨裨謂以繒采飾其側人君充之大夫裨其紐及末士裨其末而已**散民不敢服雜采**玉藻庶人無文飾漢成帝永始四年詔青綠民所常服且勿止顏注然則禁紅紫之屬**百工商賈不敢服狐貉**狐貉大夫服其他惟服犬羊管子狐貉作長鬈貂漢書高帝紀八年詔賈人毋得衣錦繡綺縠絺紵罽操兵乘騎馬閭合古制**刑餘戮民不敢服絲玄纁乘馬**管子絲作絻注云一本作絲玄纁乘馬作不敢畜連乘車案古者父老里正皆受倍田得乘馬覲輴倫涇是古以乘馬爲榮也**謂之服制**服制二字用管子荀子王制篇云夫是之謂復古是王者之制也案李悝著法經雜律中有淫侈踰制律覿逮劉漢世當承用之然觀鹽鐵論散不足篇及潛夫論浮侈篇則兩漢風俗侈靡可知此在于上位之倡導禮教之漸摩非獨律令之所能禁止也是以賈誼董生劉向之言治先于此兢兢焉

春秋繁露義證卷第七

春秋繁露義證卷第八

漢廣川董仲舒撰

平江蘇　輿學

度制第二十七

易曰節以制度不傷財不害民度制猶制度對冊云人欲之謂情情非度制不節賈誼疏云今世以侈靡相競而上亡制度棄禮誼捐廉恥可謂月異而歲不同矣逐利不耳慮非顧行也又新書瑰瑋篇云世淫恥矣飾知巧以相詐利者爲知士取犯法禁昧大姦者爲識理故邪人務而日起姦詐繁而不可止罪人積下衆多而無時已君臣相冒上下無辨此生于無制度也後漢書荀爽傳爽對策云今臣僭君服下食上珍宜畧依古禮尊卑之差及董仲舒制度之別嚴督有司必行其命此則禁亂善俗足用之道注引前書董仲舒曰王者正法度之宜別上下之序以防欲也王應麟云制度之別必有其書非但正法度別上卞之對也今春秋繁露有度制篇闕攪二紀與案此篇不過大畧荀謂制度之別則董嘗日尚有詳條今殆亡之然禮經所散見者畧可推知也○盧云舊注一名調均篇與案黃氏日鈔

作調均

孔子曰不患貧而患不均故有所積重則有所空虛矣大富則驕大貧則憂大同泰憂則爲盜驕則爲暴此衆人之情也董子說武帝言秦用商鞅之法改帝王之制除井田民得賣買富者田連阡陌秣耔耘穤[illegible]佰畎貧者無立錐之地漢興循而未改古井田法雖難卒行宜少近古限民名田以贍不足塞并兼之路然後可善治也哀帝時師丹亦言之王莽傳莽定受田制度曰古者設廬井八家一夫一婦田百畝什一而稅則國給民富而頌聲作秦爲無道厚賦稅以自供奉罷民力以極欲壞聖制廢井田是以兼并起貪鄙生强者規田以千數弱者曾無立錐之居漢氏減輕田租三十而稅一而豪民侵陵分田劫假厥名三十稅一實什稅伍也父子夫婦終年耕芸所得不足以自存故富者犬馬餘菽粟驕而爲邪貧者不厭糟糠窮而爲奸語意正與此同荀悅論限田云昔文帝十三年六月詔除人田租且古者什一而稅以爲天下之中正今漢人田或百一而稅可謂鮮矣然豪富强人占田逾多其賦太半官收百一之賦而人輸豪强大半之賦官家之惠優於三代豪强之暴酷於亡秦是以惠不下通而威福分於豪人也今不正其本而務除租稅

適足以貧富强也孝武皇帝時董仲舒嘗直言限人占田至哀帝時乃限人占田不得過三十頃雖有其制卒難施行然三十頃又不平矣且夫井田之制不宜於人衆之時田廣人寡苟爲可也然欲廢之于寡立之于衆土田布列在豪强卒而革之並有怨心則生紛亂制度難行由是觀之若高祖初定天下光武中興之後人衆稀少立之易矣既未悉備井田之制宜以口數占田爲之立限人得耕種不得賣買以贍貧弱以防兼并且爲制度張本不亦宜乎（案禁民賣買之說王莽嘗行之然不久而罷）雖古今異制損益隨時然紀綱大畧其致一也輿案井田既廢均財之說勢所難行卽限田亦不易王莽及宋賈似道公田之制可鑒也董子時去古未遠以均貧富爲急因欲復古田制以抑奢淫厚風俗卒不能行（魏禧以二年成限論二篇審其難行）細繹其意唯有示儉示禮之說足以貫古今而無弊耳故此篇調均之法專以禮言

聖者則於衆人之情見亂之所從生故其制人道而差上下也使富者足以示貴而不至於驕（古者制井田采邑以贍身家制爵祿服用以限等差苟無其祿不敢用其財富者謂曾貴而受祿之人下云大人卽此）**貧者足以養生而不至於憂**（○天啟本兩至字並作致）**以此爲度而調均之是以財不匱而上下相安故易治也**

坊記子云小人貧斯約富斯驕約斯盜驕斯亂禮者因人之情而爲之節文以爲民坊者也故聖人之置富貴也使民富不足以驕貧不至於約貴不慊于上故亂益亡管子八觀篇國侈則用費用費則民貧民貧則姦智生姦智生則邪巧作故姦邪之所生生於匱不足匱不足之所生生於侈侈之所生生於無度故曰審度量節衣食儉財用禁侈泰爲國之急也白虎通禮樂篇禮者盛不足節有餘使豐年不奢凶年不儉貧富不相懸也

今世棄其度制而各從其欲欲無所窮而俗得自恣其勢無極

說苑雜言篇孔子曰中人之情有餘則侈不足則儉無禁則淫無度則失縱欲則敗飲食有量衣服有節宮室有度畜聚有數車器有限以防亂之源也故夫度量不可不明也善欲不可不聽也漢書王吉傳古者衣服車馬貴賤有章以褒有德而別尊卑今上下僭差人人自制是以貪財誅利不畏死亡程明道論十事劄子有云古者冠婚喪祭車服器用等差分別莫敢踰僭故財用易給而民有恆心今禮制未修奢靡相尚卿大夫之家莫能中禮而商販之類或踰王公禮制不足以檢飭人情名數不足以旌別貴賤既無定分則詐姦攘奪人人求厭其欲而後已豈有止息者哉此爭亂之道也竝與此合

大人病不足於上

孟子曰說大人則藐之墨子貴義篇今農夫入其稅於大人大人爲酒醴粢盛以祭上帝鬼神

又見公孟篇後漢明帝紀注引韓詩薛君章句云今時大人內傾於色賢人見其萌故詠關雎大人並謂貴者**而小民羸瘠於下則富者愈貪利而不肯為義貧者日犯禁而不可得止是世之所以難治也**荀子正論篇王公則病不足於上庶人則凍餒羸瘠于下於是焉桀紂羣居而盜賊擊奪以危其上矣鹽鐵論錯幣篇禮義弛崩風俗滅息故自食祿之君子違於義而競於財大小相吞激轉相傾此所以或儲百年之餘或無以充虛蔽形也

孔子曰君子不盡利以遺民以餘利遺民**詩云彼有遺秉此有不斂穧伊寡婦之利**盧云此錯引不依詩之本文與案此與坊記同鹽鐵論錯幣篇古之仕者不穡田者不漁抱關擊柝皆有常秩不得兼利盡物如此則愚智同功不相傾也詩云彼有遺秉此有滯穗伊寡婦之利言不盡物也鹽鐵論引詩與今毛傳同知坊記錯引不關今古文**故君子仕則不稼田則不漁食時不力珍**坊記鄭注食時謂食四時之膳也力猶務也天子諸侯有秩膳**大夫不坐羊士不坐犬**鄭云古者殺牲食其肉坐其皮不坐犬羊

是不無故殺之詩曰采葑采菲無以下體德音莫違及爾同死本書竹林篇引此詩以爲取其一美與詩意合此用坊記文蓋借取爲不盡利之證所謂詩無違詁也鄭注禮記云采葑菲之菜者采其葉而可食無以其根美美則并取之苦則棄之并取之是盡利也又云此詩故親今疏者言人之交當如采葑采菲取一善而已云云是亦不以此爲詩本義以此防民防當爲坊民猶忘義而爭利以亡其身以上引坊記文天不重與有角不得有上齒故已有大者不得有小者天數也大戴禮易本命四足者無羽翼戴角者無上齒呂覽博志篇有角者無上齒淮南墬形訓四足者無羽翼戴角者無上齒無角者膏而無前有角者趾而無後對冊云夫天亦有所分予予之⿰上齒爲齒者去其角傅其翼者兩其足是所受大者不得取小也夫已有大者又兼小者天不能足之況人乎○官本云足他本作是故明聖者象天所爲爲制度使諸有大奉祿亦皆不得兼小利與民爭利業乃天理也對冊云古之所予祿者不食於力不動於末是亦受大者不得取小與天同意者也夫已受大又取小天不能足況人乎此民之所以囂

嚣不足也身寵而載高位家溫而食厚祿因乘富貴之資力以與民爭利於下民安能如之哉是故衆其奴婢多其牛羊廣其田宅博其產業蓄其積委務此而亡已以迫蹵民民日削月朘寖以大窮富者奢侈羨溢貧者窮極愁苦窮極愁苦而上不救則民不樂生民不樂生尚不避死安能避罪此刑罰之所以蕃而姦邪不可勝者也故受祿之家食祿而已不與民爭業然後利可均布而民可家足此上天之理而亦大古之道天子之所宜法以爲制大夫之所當循以爲行也故公儀子相魯之其家見織帛怒而出其妻食於舍而茹葵慍而拔其葵曰吾已食祿又奪園夫紅女利虖古之賢人君子在列位者皆如是是故下高其行而從其化民化其廉而不貪鄙及至周室之衰其卿大夫緩於誼而急於利亡推讓之風而有爭田之訟故詩人疾而刺之曰節彼南山惟石巖巖赫赫師尹民具爾瞻爾好誼則民鄉仁而俗善爾好利則民好邪而俗敗由是觀之天子大夫者下民之所視效遠方之所四面而內顧也近者視而放之遠者望而效之豈可以居賢人之位而爲庶人行哉夫皇皇求財利常恐乏匱者庶人之意也皇皇求仁義常恐不能化民者大夫之意也易曰負且乘致寇至乘車者君子之位也負擔者小人之事也此言居君子之位而爲庶人之行者其患禍必至也若居君子之位當君子之行則舍公儀休之相魯亡可爲者矣晉書食貨志朱暉議云王制天子不言有無諸侯不言

多少食祿者不得與百姓爭利江統傳云樊遲匹夫請學爲圃仲尼不荅魯大夫臧文仲使妾織蒲又譏其不仁公儀子相魯則拔其園葵言食祿者不與貧賤之人爭利也秦漢以來風俗轉薄公侯之尊莫不殖園圃之田而收市井之利漸冉相放莫以爲恥乘以古道誠可媿也

凡百亂之源○天啟本不提行皆出嫌疑纖微以漸寖稍長至於大聖人章其疑者別其微者絕其纖者不得嫌不使有幾微之嫌以蚤防之聖人之道眾隄防之類也禮經解夫禮禁亂之所由生猶坊止水之所自來對冊云萬民之從利也如水之走下不以教化隄防之不能止也是故教化立而姦邪皆止者其隄防完也教化廢而姦邪並出刑罰不能勝者其隄防壞也謂之度制謂之禮節謂與爲同故貴賤有等衣服有制○淩本制作別朝廷有位鄉黨有序則民有所讓而不敢爭所以一之也聖人不禁民之爭而教之以讓則民俗自美○盧云舊本而下有名字衍書曰轝服有庸誰敢弗讓敢不敬應此之謂也尚書

古文作車服以庸弗作不後漢左雄傳鹽鐵論通有篇漢樊安碑並作與服與此同潛夫論考績篇仍作車知今文兩作也此借推賢讓能之義證

民之有禮讓

凡衣裳之生也爲蓋形煖身也然而染五采飾文章者非以爲益肌膚血氣之情也墨子七患篇故聖人爲衣服適身體和肌膚而足矣非榮耳目而觀愚民也呂覽孟春紀其爲輿馬衣裘也足以逸身煖骸而已矣淮南齊俗訓明王制禮義而爲衣分節行而爲帶衣足以覆形從典墳虛循撓便身體適行步不務于奇麗之容隅眥之削帶足以結紐收衽束牢連固不亟于爲文句疏短之鞻○黃氏曰鈔引末句作非以爲有益於肌膚血氣也**將以貴貴尊賢而明別上下之倫使教亟行使化易成爲治爲之也**爲治民而設晏子春秋諫下篇三代作服爲益敬也管子法法篇先王制軒冕足以著貴賤不求其美設爵祿所以守其服不求其觀也荀子富國篇古者先王分割而等異之也故使或美或惡或厚或薄或佚或樂或劬或勞非特以爲淫泰夸麗之聲將以明仁之文通仁之順也故爲之雕琢刻鏤黼黻文章使足以辨貴賤而已不求其觀爲之鍾鼓管磬琴瑟竽笙使足以辨吉凶

合歡定和而已不求其餘爲之宮室臺榭使足以避燥溼養德辨輕重而已不求其外詩曰雕琢其章金玉其相亹亹我王綱紀四方此之謂也賈子服疑篇制服之道取至適至和以予民至美至神進之帝奇服文章以等上下而差貴賤白虎通衣裳篇聖人所以制衣服何以絺綌蔽形表德勸善別尊卑也

若去其度制使人人從其欲快其意以逐無窮是大亂人倫而靡斯財用也賈生道術篇費弗過適謂節反節爲靡失文采所遂生之意矣遂猶由也上下之倫不別其勢不能相治故苦亂也嗜欲之物無限其勢不能相足故苦貧也今欲以亂爲治以貧爲富非反之制度不可知要之論均田不易行制度則可行也後漢書和帝紀永元十一年詔曰吏民踰僭厚死傷生是以舊令節之制度安帝紀元初五年詔曰舊令制度各有科品欲令百姓務崇節約我　朝康熙中左都御史陳廷敬疏言官員士庶冠服衣裘飾用之制婚喪之禮有宜更定者斟酌損益務合於中其淺近易行如貂猞猁猻昔有官品之分今則庶人服之矣如緞綢昔有官民之別今則雜然無辨矣並宜釐正使永遠遵行正合制度之意

古者天子衣文諸侯不以

燕孫星衍云諸侯亦有文但爲祭服不用之燕居耳可證禮器之諸侯大夫士黼黻之衣爲讓尊者降等之差其祭服各自有山龍矣大夫衣祿○盧云衣祿舊本訛作祿今改正與案說文無祿字字當作緣說文衣純也淩本作緣云疑作織詩箋大夫以上衣織士不以燕○天啟本士作亦庶人衣縵說文縵繒無文從糸曼聲漢律曰賜衣者縵表白裏案引申之凡無文者皆謂之縵此其大畧也

爵國第二十八

周禮太宰注爵謂公侯伯子男卿大夫士也故此言地列官制謂之爵國白虎通爵篇公卿大夫者何內爵也又諡篇附庸所以無諡何卑小無爵也王制曰古者之制祿爵凡五等附庸不在其中明附庸無爵也攷黜篇謂附庸以德封卪見又云爵主有德封主有功爵與封別據董此篇附庸亦不在爵中

春秋曰會宰周公僖九年又曰公會齊侯宋公鄭伯許男滕子又曰初獻六羽盧云六字宜衍淩云天子三公云云在初獻六羽傳內非衍文傳曰天子三公稱公王者之後稱公其餘大國稱侯小國稱伯子男隱五年傳凡五等故周爵

五等士三品本云士他本作上上士中士下士○官文多而實少春秋三等合伯子男爲一爵注見前案左昭十三年傳鄭伯男也而使從公侯之貢國語周語鄭伯南也王而卑之是不尊貴也蘇輿似時王之制卽已合爲一爵左氏說與公羊合士二品上士下士文少而實多○官本云他本作上二等文多而實少春秋曰荆句傳曰氏不若人人不若名名不若字凡四等盧云莊十年傳云荆者何州名也州不若國國不若氏氏不若人人不若名名不若字字不若子凡七等此但以人氏名字分得地之多寡故所引不全命曰附庸白虎通爵篇小者不滿爲附庸附庸者附大國以名通也案庸與墉同城也王莽傳當賜爵關內侯者更名曰附城王制鄭注小城曰附庸附庸者以國事附于大國正義庸城也三代共之然則其地列奈何曰天子邦圻千里圻與畿同公侯百里伯七十里子男五十里與孟子王制同白虎通爵篇百里兩爵公侯共之七十里一爵五十里復兩爵何公者加尊二王之後侯者百里之正爵上有可次下有可第中央故無二五十里有兩爵者所以加勉進人也小國下爵猶有尊卑亦以勸人也又云殷家所以令公居百里侯居七十里何也

封賢極于百里其政也不可空退人示優賢之意欲褒賢而上之此所言與殷制異**附庸字者方三十里名者方二十里人氏者方十五里**字名人氏傳以夷狄言据此知傳以附庸例之也附庸有二說尚書大傳云古者諸侯始受封則有采地百里諸侯以五十里七十里諸侯以二十里五十里諸侯以十五里其後子孫雖有罪黜其采地不黜使其子孫賢者守之世世以祠其始受封之人此之謂興滅國繼絕世韓詩外傳同惟云五十里諸侯以十里蓋脫五字此以附庸爲采地也白虎通攷黜篇盛德之士亦封之所以尊有德也以德封者必試之爲附庸三年有功因而封之五十里元士有功者亦爲附庸世其位大夫有功成封五十里卿功成封七十里公功成封百里潛夫論班祿篇天子三公采視公侯蓋方百里卿采視伯方七十里大夫視子男方五十里元士視附庸方三十里功成者封此言附庸以德封也董此篇以爵國名當是謂以德封者順命篇言其無德於天地之間者州國人氏則謂諸侯黜滅者蓋開國之初天子有餘地以廣封自後諸侯幷兼其制漸廢但有采地之附庸耳莊元年紀季以酅入于齊傳曰請後五廟以存姑姊妹知國滅而附庸猶有地得立廟以祠其受封之人矣○十五各本作五十今從天啟本改

春秋曰宰周公傳曰天子三公隱五年傳天子三公者何天子之相

也天子之相則何以三自陝而東者周公主之自陝而西者召公主之一相處乎內僖九年宰周公者何天子之爲政者也案爲政謂以三公領大宰者**祭伯來傳曰天子大夫**隱元年傳孔廣森云蓋天子之中大夫與案據董例疑是上大夫蓋即天子之卿周禮有卿而無上大夫王制言天子三公卿大夫元士似亦以卿爲上大夫與此合**宰渠伯糾傳曰下大夫**桓四年莊云春秋志天子之大夫上下列其等威疏異其分父子之恩長幼之序靡不畢見以三公兼官惟志冢宰耳諸侯之臣雖內大夫不稱其官官之志惟宋耳**石尚傳曰天子之士也**定十四年何注天子上士以名氏通**王人傳曰微者謂下士也**僖八年傳王人者何微者也**凡五等**隱元年何注天子上士以名氏通中士以官錄下士畧稱人孔廣森云春秋凡王之下士爲王人中士錄名宰晅是也上士加氏石尚是也下大夫書字家父叔服渠伯糾是也中大夫以伯仲書祭仲南季仍叔等是也上大夫以子書尹子單子劉子是也三公稱公周公祭公虞公是也竝主上中下爲說按董用五等無中大夫及中士與周禮異何注與董異**春秋曰作三軍傳曰何以書譏何譏爾古者上卿下卿上士下士凡四等**襄十一年傳何注古者諸侯有司徒

司空上卿各一下卿各二司馬事省上下卿各一上士相上卿下士相下卿足以爲治案王制諸侯五等上大夫卿下大夫上士中士下士凡五等與此異**小國之大夫與次國下卿同次國大夫與大國下卿同大國下大夫與天子下士同**此四等例與他書並異大夫卽上卿下大夫卽下卿故下文云次國上卿位比大國下卿小國上卿位比大國下卿又云大國上卿位比天子元士則下卿當比下士矣左成三年傳臧宣叔曰次國之上卿當大國之中中當其下下當其上大夫杜注云降一等又云小國之上卿當大國之下卿中當其上大夫下當其下大夫杜注云降二等案左傳與王制合此文則小國視次國次國視大國降一等大國視天子降二等**二十四等**天子卿大夫上士下士凡四等通佐上卿下卿上士下士凡四等諸侯大國上卿下卿上士下士凡四等次國上卿下卿上士下士凡四等小國上卿下卿上士下士凡四等附庸宰丞士秩士凡四等是謂二十四等蓋天子三公最尊諸侯通佐附屬故不入等附庸雖不得達于天子其官固視諸侯爲差矣**祿八差**○盧云祿下舊本有等字案淩本連下有字上屬劉逢祿云疑作祿入有差**有大功德者受大爵土功德小者受小爵土**疑當作小功德者爵與上別土謂封也**大**

材者執大官位執疑作受小材者受小官位如其能宣治之至也墨子尚賢篇以德就列以官服事以勞殿賞量功而分祿故官無常貴而民無終賤有能則舉之無能則下之韓非子八姦篇賢材者處厚祿任大官功大者有尊爵受重賞官賢者量其能賦祿者稱其功是以賢者不誣能以事其主有功者樂進其業故事成功立傅子夫爵者位之級而官者祿之實也級有等而稱其位實足利而用其官此立爵祿之分也爵祿之分已定必明選其人而重用之德貴功多者受重爵大位厚祿尊官德淺功寡者受輕爵小位薄祿卑官○錢云大典本至作主輿案如上疑有脫字或當作官如其能治之至也宣爲官誤又倒在下耳故萬人者曰英千人者曰俊百人者曰傑十人者曰豪淮南泰族訓故智過萬人者謂之英千人者謂之俊百人者謂之豪十人者謂之傑英俊豪傑各以大小之材處其位得其宜由本流末以重制輕上唱而民和上動而下隨四海之內一心同歸背貪鄙而向義理其於化民也若風之搖草木無之而不靡白虎通聖人篇引禮別名記曰百人曰俊千人曰英倍英曰賢萬人曰傑萬傑曰聖說文俊才過千人也傑才過萬人也書皋陶俊乂在官鄭注云才德過千人爲俊百人爲乂呂覽高注千人爲傑萬人爲俊鶡冠子博選篇德萬人者謂之雋德千人者謂

之豪德百人者謂之英與此小異案俊字不當作雋雋肥肉也門乃弓横體引弓射佳故曰得雋**豪傑俊英不相陵故治天下如視諸掌上**白虎通封禪篇王者使賢不肖位不相踰則平路主於庭輿案尊卑如其能大小當其分則人絕徼幸之思士羿奔競之習事無不舉才無不成否則積時累月以貲爲績亦尚可以澄官方效職守若不量能而授不考績而舉賄成勢競廉恥道亡其始足以壞人才隳庶事其究足以亡天下矣**其數何法以然曰天子分左右五等三百六十三人法天一歲之數**兪云下文天子三公九卿二十七大夫八十一元士二百四十三下士合之適得三百六十三人**五時色之象也**春夏秋冬中央故云五時色**通佐十上卿與下卿而二百二十人**○官本云下二他本作六兪云上十乃七字之誤據下文云有七上卿有通作又三公九卿外又有七上卿即所謂通佐也故知十上卿當爲七上卿矣二百二十人當作二百八十人六與八形似而誤今本二十則後人依既誤之下文改之也說詳後輿案官本作二據下文通佐之數盧本作四據下文倍諸侯之數以三三相復推之兪說是**天庭之象也**淩云春秋原命苞太微爲天庭五帝以合時紫微宮爲大帝中有五帝佐五帝合明**倍**

諸侯之數也諸侯之外佐四等百二十人三卿九大夫亦名下卿二十七上士八十一下士凡四等百二十人法四時六甲之數也通佐五與下文不全或當作上士與下士脫去三字而六十人五通大夫當有十五上士四十五下士凡六十人法日辰之數也佐之必三三而相復何曰時三月而成大辰三而成象諸侯之爵或五何法天地之數也五官亦然五官謂天子左右五等然則立置有司分指數柰何指數卽人數猶後人稱百人爲千指矣○官本云他本無然字曰諸侯大國四軍古之制也其一軍以奉公家也凌云諸經皆言大國三軍春秋之制方伯二師從無四軍者攷小司徒注百里之國凡四都一都之田稅入於王古者計夫出稅有稅則有夫以其奉公家也故不言四軍而言三軍其實暗中有一軍也俞云諸經皆言大國三軍無言四軍者凌注雖似合下文一軍以奉公家之說然奉公家非奉王家也則與小司徒注所稱稅入于王者本非一事未可援以爲說今以本文考之四軍實當爲三軍下文曰大國十六萬口而立口軍三又曰定率得十六萬口三分之則各五萬三千三百三十口爲大缺

字口軍三此公侯也然則以十六萬口三分之而爲三軍不得更立一軍矣其下又曰天子地方千里爲方百里者百亦三分除其一定得田方百里者六十六與方十里者六十六定率得千六百萬口九分之各得百七十七萬七千七百七十七口爲京口軍九三京口軍以奉王家然則天子九軍以三軍奉王家大國三軍以一軍奉公家皆與數適合奉王家之三軍卽在九軍之中則奉公家之一軍亦卽在三軍之中不得有四軍也古三四字皆積畫往往致誤儀禮覲禮四享鄭注四當爲三古書作三四或皆積畫字相似由此誤也周官內宰疏引鄭注純四职四當爲三古三四積畫是以三誤爲四並其證與案本篇軍字不必依萬二千五百人定數疑卽周禮分都之意故於小國及附庸亦云立口軍口師三也以一軍奉公家盛時之制至春秋時非其舊矣○官本云他本無也字

凡口軍三者何計口立軍謂之口軍猶計口而爲井田謂之口井口井見王莽傳○盧云舊本三下又有口字當是衍文曰大國十六萬口而立口軍三何以言之曰以井田準數之盧云准之正字爲準而周書文子管子莊子呂覽淮南皆有准字則相沿省文已久矣方里而一井一井而九百畝而立口凌云王制方一里者爲田九百畝注一里方三百步疏案論語云步百爲畝是長一百步闊一

步畝百爲夫是一頃也長闊一百步夫三爲屋是三頃也闊三百步長一百步屋三爲井是九百畝也長闊一里方里八家一家百畝以食五口宜十五年注是故聖人制井田之法而口分之一夫一婦受田百畝以養父母妻子五口爲一家○凌本無一家二字上農夫耕百畝食九口次八人次七人次六人次五人多寡相補率百畝而三口周禮大司徒上地家七人中地家六人下地家五人鄭注以七人六人五人爲率者有夫有婦然後爲家是併男女計之此云食九口八人七人六人五人者併男女言之百畝三口則專計男蓋立軍以男爲限食養則無分男女合計男口而區爲軍則正羨皆在其內所謂人人皆兵也據周禮及司馬法率百畝而取一人爲正軍方里而二十四口方里者十得二百四十口方十里爲方里者百得二千四百口○凌本方里衍作方百里方百里爲方里者萬得二十四萬口○盧云方百里下舊本有爲方里者千得二萬四千口方千里計十四字係衍文錢校刪法三分而除其一城池郭邑屋室閭巷街路市官府園囿萎圈臺沼椽采盧云萎圈與委巷同

椽采疑有誤或當是林麓汙萊之類皆在所除也輿案王制山陵林麓川澤溝瀆城郭宮室塗巷三分去一與此法同街路市疑衍一字○官本云他本萎誤作姜案淩本官作宮得艮田方十里者六十六與方里六十六方百里應得艮田方十里者百除其一分得方十里者六十六外餘方十里者一復除其一得方里者六十六外餘一方里不計奇零故畧之○官本與上有十字云十字當在方字之下里下當有者字輿案十字衍文定率得十六萬口依上田數得十五萬九千九百八十四口幷餘數該之應得十六萬又八口餘數除其一適得今數三分之則各五萬三千三百三十三口餘一口不計舉大畧○各下疑脫得字官本云他本脫五字爲大口軍三大下缺一國字此公侯也天子地方千里爲方百里者百亦三分除其一定得田方百里者六十六與方十里者六十六定率得千六百萬口九分之各得百七十七萬七千七百七十七口三分除一得方百里者六十六外餘方百里者一再除其一得方十里者六十六外餘方十里者一應得方里者六十六不言方里文畧也下並同爲京口

軍九句**三京口軍以奉王家**畱三京口軍以自衞餘以禦侮綴邊淩云內官畧見如此**故天子立一后一世夫人中左右夫人**淩云漢書外戚傳妾皆稱夫人又有美人良人八子七子長使少使之號焉獨斷天子一娶十二女象十二月三夫人九嬪**四姬**漢書文帝紀臣瓚注漢秩祿令及茂陵書姬並內官也秩比二千石位次婕妤下在八子上顏注姬本周姓貴於衆國之女所以婦人美號皆稱姬後因總謂衆妾爲姬史記高祖居山東時好美姬是也若姬是官號不應云幸姬戚夫人且外戚傳列后妃職官無姬也興案据此則姬在周已爲官號不始於漢瓚引漢秩祿令及茂陵書不誤也但不知何時始以妾爲姬史記始皇本紀言見呂不韋姬是秦時已然詩陳風彼美淑姬孔疏云姬姜二姓之後子孫昌盛其家之女美者尤多左傳引逸詩云雖有姬姜無棄憔悴是以姬姜爲婦人美稱也蓋其始以姬爲婦人通稱因以爲官名又因以爲妾稱輾轉沿譌而姬之名賤矣宋徽宗改稱公主爲帝姬則用詩王姬而誤**三良人**淩云漢書外戚傳良人視八百石比右庶長顏注良人謂妾也檀弓注帝嚳立四妃帝堯因焉至舜不告而娶不立正妃餘三妃而已謂之三夫人夏后氏增以三三而九合十二人春秋說云天子娶十二即夏制也按合一后一世夫人中左右夫人四姬三良人符十二人之數蓋用夏制也興案此是周

制王莽傳請考五經定取禮三十二女之義以廣繼嗣立一世子三公九卿二十七大夫八十一元士二百四十三下士有七上卿二十一下卿六十三元士百二十九下士張惠言云有七上卿以下二百二十人所謂通佐也通佐之官他書不見俞云三七二十一二十一而三之得六十三爲元士之數六十三而三之得一百八十九爲下士之數今乃云百二十九下上文之誤也於是上文言通佐二百八十人亦改爲二百二十人矣王后置一大傅大母盧云似當作置一大傅母次大字衍輿案襄三十年傳傅至矣母未至也何注禮后夫人必有傳母所以輔正其行衞其身也選老大夫爲傅選老大夫妻爲母是傅與母爲二傅傅母母保母大字非衍三伯三丞世夫人四姬三良人各有師傅○各本世作二十凌云世字之誤今據改下同世子一人太傅三傅三率三少凌云漢舊儀太傅一人眞二千石禮如師亡新更爲太子師三公三少見賈誼治安策輿案人字衍以下文例之當云世子一太傅少傅三率二下率或以少士爲句謂郎下率似非士入仕宿衞天子者比下士下士者如上士之下數張惠言云士入宿衞

者如周官次舍之人民淩云三輔黃圖漢有長水中壘屯騎虎賁越騎步兵射聲胡騎宿衛王宮周廬值宿元紀初元五年顏注衛尉有八屯衛候司馬主衛士徼巡宿衛本傳臣愚以爲宜使諸列侯郡守二千石各擇其吏民之賢者歲貢各二人以給宿衛俞云案下文言大國次國並云士宿衛公者比上卿者有三人下卿六人比上下士者如上下之數則此文亦當云士入仕宿衛天子者比上卿者有三人下卿六人比上下士者如上下之數傳寫脫誤輿案仕字疑衍王后御衛者上下御各五人淩云周禮女御注昏義所謂御妻御猶進也侍也疏凡后下御皆是后宮進在王寢侍息宴輿案此上下御疑是后宮宿衛如漢時長樂宮屯衛建章衛尉之比非御妻也世夫人中左右夫人四姬上下御各五人三良人各五人世子妃姬及士衛者如公侯之制王后傅上下史五人三伯上下史各五人少伯史各五人據上文少伯卽丞世子太傅上下史各五人少傅亦各五人三率三下率亦各五人○官本云他本無亦字三公上下史各五人卿上下史各五人大夫上下史各五人元

士上下史各五人此處疑脫下士上下史各五人句大國下士止有史以通佐例之則天子下士當有上下史五人也上下卿上下士之史上下亦各五人此謂通佐之史卿大夫元士臣各三人下士無臣大國以下則唯卿有之故公侯方百里三分除其一○凌本除下無其字定得田方十里者六十六與方里六十六定率得十六萬口三分之爲大國口軍三而立大國一夫人一世婦凌云獨斷公侯有夫人有世婦左右婦三姬二良人立一世子三卿九大夫二十七上士八十一下士亦有五通大夫立上下士張惠言云通大夫上下士所謂通佐也此不言人數下文次國小國云五上士十五下士計其二十五人與前言六十人不相應天子通佐二百二十人諸侯不應若是之少且非三三相復之率疑當云五通大夫十五上士四十五下士凡六十五人六十者舉大數也或前文脫五字上卿位比天子之元士今八百石凌云今八百石者以漢制況之國策云自三百石吏而効之子之注大事記以石計祿始見于此下卿六百石

上士四百石，下士三百石。夫人一傅母，謂一傅一母。三伯三丞，世婦左右婦三姬二良人，各有師保。世子一上傅丞，謂一上傅一丞。士宿衞公者，比公者，三字衍。比上卿者有三人，下卿六人，比上下士者，如上下之數。夫人衞御者，凌云：上王后作御衞。上下御各五人，世婦左右婦上下御各五人，二卿御各五人，世子上傅上下史各五人，丞史各五人，三卿九大夫上士史各五人，下士史各五人，通大夫士上下史各五人，卿臣二人。此公侯之制也。公侯賢者爲州方伯，凌云：王制：二百一十國以爲州，州有伯。注：凡長皆因賢侯爲之，殷之州長曰伯。錫斧鉞，置虎賁百人。凌云：莊元年注：禮有九錫，一曰車馬，二曰衣服，三曰樂則，四曰朱戶，五曰納陛，六曰虎賁，七曰弓矢，八曰鈇鉞，九曰秬鬯，皆所以勸善扶不能。言命不言服者，重命不重其財物。禮，百里不過九命，七十里不過七命，五十里不過五命。故伯七十里，七七四十九，四千九百方里。案此等蓋俗語算數三七二十一蘇秦說齊王語漢書律厤志劉歆典領鍾律奏亦云八八六十四又淮南書亦有之知其來已久三分除其一定得田方十里者二十八與方十里者六十六定率得十萬九千二百一十二口爲次國口軍三而立次國以前文例之當云得方十里者三十二與方里者六十六此文有誤統計得田方里者三千二百六十六定率得七萬八千三百八十四口三分之得二萬六千一百二十八口一夫人世婦左右婦三良人二孺子左哀三年南孺子杜注云季桓子妻据此則孺子疑是妾稱韓非子外儲說右齊威王夫人死有十孺子皆貴于王列女傳貞順篇夫人謂傅妾曰孺子養我甚謹是周末尚稱妾爲孺子也立一世子三卿三大夫二十七上士八十一下士與五通大夫五上士十五下士其上卿位比大國之下卿今六百石下卿四百石上士三百石下士二百石夫人一傅母傅一母一三伯三丞世婦左右婦三良人二御人漢書王莽傳和人三位視公嬪人九視卿美人二十七視大夫御人八十一視

元士凡百二十人御人之稱本此○官本云御各本誤作卿各有師保世子一上下傅士盧云上下與後文同本或作下士非輿案下字疑衍上傅卽丞末士字當下屬爲句衞衞公者比上卿者三人下卿六人比上下士如上下之數○官本云他本之上衍士字夫人御衞者上下御各五人○天啟本御上有士字淩本同世婦左右婦上下御各五人二御各五人世子上傅上下史各五人丞史各五人三卿九大夫上下史各五人下士史各五人○天啟本無各字淩本同通大夫上下史各五人據此則次國以下通大夫之上下士皆無史卿臣二人故子男方五十里五五二十五爲方十里者六十六定率得四萬口淩云疑有誤輿案六十六衍上六字五五二十五爲二千五百方里三分除一得方十里者十六外餘方十里者一再除得方里者六十六統計得田方里者一千六百六十六定率得四萬口三分之爲一萬三千三百三十三口爲小國口軍三而立小國夫人世婦左右婦淩云夫人上當

有一字三昃人二孺子立一世子三卿九大夫二十七上士八十一下士與五通大夫五上士十五下士其上卿比次國之下卿今四百石下卿三百石上士二百石下士百石夫人一傅母傅一母一○官本云他本母誤作氏三伯三丞世婦左右婦三昃人一御人一當爲二○官本云一御他本作二卿誤各有師保世子一上下傅下字疑衍士宿衛公者比上卿者三人下卿六人夫人御衛者上下御各五人○盧云舊本缺夫人二字趙校增世婦左右婦上下御各五人二御人各五人世子上傅上下史各五人三卿九大夫上下史各五人士各五人通大夫上下史亦各五人○天啟本注云通一作五卿臣二人此周制也此篇所說與他書所載周制互有異同蓋一代法制因革不常故紀載參差不能合一此確爲井田未湮時舊制非春秋所有而通佐之名無徵於古姬昃人之號下同于漢八百石六百石之類竝取況今

制當是采述舊聞證以漢法禮書散亡此殆師說僅存者可寶也○二淩本作三春秋合伯子男爲一等
故附庸字者地方三十里三三而九九百方里淩云而如通三分而除其一
定得田方十里者六六百方里○天啟本作六十衍十字淩本同定率得一萬四千四
百口爲口師三三分之爲四千八百口而立一宗婦二妾一世子宰丞盧云不疑
一丞一○官本云丞他本作承士一秩士五人宰視子男下卿今三百石宗
婦有師保師一保一御者三人妾各二人世子一傳士宿衛君者比上
卿下卿一人此疑有誤附庸之宰視子男下卿而已宿衛安有比上下卿者上下各如其數此語亦疑
有誤世子傅上下史各五人下良五盧云三字非誤卽衍稱名善者地方半字
君之地俞云善衍字蓋卽者字之誤而衍也上云附庸字者方三十里名者方二十里而此云稱名者地方半字君之地則
正方十五里與上文不符九半之文亦不可曉據云四分除一定
得田方十里者三則適是方二十里之地蓋方二十里之地爲方

十里者四四分除一則是方十里者三矣然則此云半字君之地者必誤也**九半**句有誤**三分除其一**○天啟本三分作四分淩本同案據本篇例當作三分然以二十里計之則四分適與下田數口數合疑有誤文**定得田方十里者三定率得七千二百口**方二十里實得四百方里四分除一得方十里者三三三分除一定得田方十里者二方里者六十六**一世子宰今二百石**下有脫文當有丞有士有秩士**下四半三半二十五**盧云此八字疑誤幷疑下有脫文輿案此下當云稱人氏者方十五里**三分除其一定得田方十里者一與方里者五**天啟本作方里者五十淩本同案有十字是地方十五里應得田二百二十五方里三分除一定得田百五十方里俞云文譌難讀據云三分除其一定得田方十里者一與方里者五十則是方十五里之地爲方五里者九三分除一則爲方五里者六幷四箇方五里之地作爲方十里者一則餘兩箇方五里之地各爲方里者二十五幷之爲五十矣上云附庸字者方三十里名者方二十里人氏者方十五里則此所說者必是附庸稱人氏之制上文所謂半字君之地者宜移之於此矣**定率得三千六百口**○盧云定下脫率字今補**一世子宰今百石史**

五人宗婦仕衛世子臣盧云下有脫文輿案以類推之當爲宗婦一人妾二人世子一人仕衛爲士宿衛君者之殘文世子臣則世子官屬之殘文也○天啟本仕上有士字

仁義法第二十九

莊子天地篇孔子往見老聃繙十二經以說釋文一云春秋十二公經也老聃曰願聞其要孔子曰要在仁義按禮表記引子言仁者天下之表也義者天下之制也又云仁有數義有短長小大易繫辭云立人之道曰仁與義韓非子外儲說右子路曰所學於夫子者仁義也而論語中無仁義兼言者孟子言仁始多以義配賈子道術篇心兼愛人謂之仁反仁爲戾行充其宜謂之義反義爲懜亦以仁義分晰爲韓愈原道所祖此篇所云本厚躬薄責之指且三引論語以證明實孔子法也他篇言春秋要旨在仁此恐施政者偏於治人而不知自治故著其法○淩本法作發誤

春秋之所治人與我也所以治人與我者仁與義也以仁安人以義正我漢杜欽對策云王者法天地非仁無以廣施非義無以正身克己就義恕以及人六經之所上也宋蘇軾云春秋之

義立法貴嚴而責人貴寬竝與此合**故仁之爲言人也義之爲言我也言名以別矣**以與已同名猶字也仁從人義從我是字形別也禮中庸仁者人也表記同注人也讀如相人偶之人人耦二字又見儀禮注及詩鄭箋耦偶同以人意相存問之言國語魯語季文子曰人之父兄食麤衣惡而我美妾與馬無乃非相人乎猶言不相仁也孟子曰仁也者人也合而言之道也禮祭義仁者仁此者也下仁疑作人春秋元命苞仁者情志好生愛人故其爲人以仁其立字二人爲仁注二人言不專於己念施與也釋名人仁也仁生物也說文仁親也從人二又尸古文仁或從尸尸即篆體人字東方之國好仁故古夷字亦作尸蓋仁者有對待之稱無二人則仁無所見故从二人以別於我莊子大宗師彼方且與造物者爲人淮南齊俗訓上與神明爲友下與造物爲人以人與友對尤爲明顯曾子云人非人不濟左襄七年傳韓穆子贊韓起之賢云與田蘇游而曰好仁又云參和爲仁參和者與人相親之謂國語周語言仁必及人又云愛人能仁詩鄭風齊風之譽人也竝云美且仁亦謂其與人相親愛之貌孟子曰愛人不親反其仁韓詩外傳引古訓愛由情出謂之仁是古釋仁爲愛人無異說也惟義訓我則董郱說董好以字形說義如性之名爲生三畫連中爲王二巾爲患之類王安石字說仿董破不如其精其他篇言禮義義理及單言義者固不盡如此訓然呂覽言責人以仁自責以義俔則董此義亦有所本樂記仁以愛之義以正之緇衣

身不正言不信則義不壹行無類也以義訓正亦與此近說文誼人所宜也義己之威儀也從我從羊漢人多以仁義作誼威儀作義細繹許說則義字實參董訓己之威儀即正我意下文云爲禮不敬知威儀包括在內又云宜在我則兼誼訓是董於義誼不分許兼采之耳本傳正其誼不謀其利誼原當作義今本蓋班氏所改墨子旨在兼愛無我其書義俱作羛見說文今本而本旨湮矣王應麟引劉原父云仁字從人義字從我豈造文之意耶愚謂告子仁內義外之說孟子非之若以人我分仁義是仁外義內其流爲兼愛爲我矣困學紀聞八案兼愛與泛愛正我與爲我截然不同兼愛者無等泛愛者能容正我者自克爲我者自私不可混淆且孔子告樊遲之問仁也曰愛人何嫌於仁外乎謝上蔡不欲以愛爲仁蓋闢佛氏割愛之弊故云儒之仁佛之覺又曰義以爲質何嫌於義內乎劉王所慮似爲未達

仁之於人義之與我者不可不察也衆人不察乃反以仁自裕而以義設人桓十一年傳何注設施也莊子山木篇子何術之設與此設字義同**詭其處而逆其理鮮不亂矣**孔子曰躬自厚而薄責於人易以乾自強以坤容物並古聖賢處己治世之方○天啟本句末注云一作必亂**是故人莫欲亂而大抵常亂凡以闇於人我之分而不省仁義之**

所在也是故春秋爲仁義法仁之法在愛人不在愛我○天啟本作我愛義之法在正我不在正人注襄九年宋災傳內不言火者甚之也何責故小有火如大有災哀十三年注譏二名復就晉見者明先自正而後正人正人將先正大以帥小昭二十五年注子家駒先說正法下引時事以諫者欲使昭公先自正以正季氏案莊子則陽篇柏矩曰古之君人者以得爲在民以失爲在己以正爲在民以枉爲在己亦此義我不自正雖能正人弗予爲義人不被其愛雖厚自愛不予爲仁○官本云愛他本作澤昔者晉靈公殺膳宰以淑飲食彈大夫以娛其意非不厚自愛也然而不得爲淑人者不愛人也質於愛民以下至於鳥獸昆蟲莫不愛不愛奚足謂仁質實也言實心愛民不遺庶物蓋聖人之仁博矣始於自愛推於愛人極於愛物此春秋之志也程子云至仁則天地爲一身而天地之間品物萬形爲四肢百體夫人豈有視四肢百體而不愛者哉聖人仁之至者也獨能體是心而已曷嘗支離多端求之自外乎醫書有以手足風頑謂之四體不仁爲

其疾痛不以累其心故也夫手足在我而疾痛不與知焉非不仁而何　聖祖庭訓格言曰仁者無不愛凡愛人愛物皆愛也故其所愛甚深所及甚廣與董義相發○官本云他本闕不愛二字奚作其謂作爲案不愛奚足謂仁天啟本作方足謂仁**仁者愛人之名也巂傳無大之之辭自爲追**盧云當有也字僖二十六年齊人侵我西鄙公追齊師至巂弗及傳曰侈也莊十八年公追戎於濟西傳曰大其爲中國追也又曰大其未至而豫禦之也今案此亦當有公追戎於濟西六字方可接下文又巂舊本作鄰與左氏同今從公羊去邑與案自爲追指濟西言盧說是但當合則善爲句不當有也字不加六字似亦可通○淩云原注追亦作近官本云傳他本誤作得**則善其所恤遠也兵已加焉乃往救之則弗美**謂巂之役**未至豫備之則美之**謂濟西之役盧云兩美字俱當作大○天啟本備下注云一作衛**善其救害之先也夫救蚤而先之**蚤疑作害**則害無由起而天下無害矣然則觀物之動而先覺其萌絕亂塞害於將然而未形之時春秋之志也**易惕履霜詩歌未雨皆斯志矣荀子大略篇天子即位中卿進曰配天而有下士者先事慮事

謂之接接則事優成先患慮患謂之豫豫則禍不生事至而後慮者謂之後後則事不舉患至而後慮者謂之困困則禍不可禦授天子二策白虎通諫諍篇諷諫者智也知禍患之萌深睹其事未彰而諷告焉此智之性也○各本春秋之志也上衍春秋之時四字今從天啟本淩本刪形淩本作行**其明至矣**○官本云他本至作智**非堯舜之智知禮之本孰能當此**禮之本起於別嫌疑謹纖微故妨患未形智之至也**故救害而先知之明也**公之**所恤遠而春秋美之**○盧本而作如字同今從官本**詳其美恤遠之意則天地之間然後快其仁矣**智精於妨微而仁快於及遠所以體天地覆幬之德也**非三王之德選賢之精孰能如此**言仁而推極於豫除患害深微之論**是以知明先**句**以仁厚遠**○官本下以字作而**遠而愈賢近而愈不肖者愛也**愛之爲道愈及遠則愈賢愈近則愈不肖言廣狹之異**故王者愛及四夷**隱二年何注王者不治夷狄桓三年注後治夷狄白虎通禮樂篇聖人不治外國王者制夷狄樂不制夷狄禮雖然以天地之仁推暨之固在愛育中矣**霸者愛及諸侯安者愛及封內危者**

愛及旁側謂左右密邇之人亡者愛及獨身獨身者雖立天子諸侯之位一夫之人耳無臣民之用矣○民天啟本注云一作人輿案依本書例當作民臣如此者莫之亡而自亡也春秋不言伐梁者而言梁亡蓋愛獨及其身者也虐民自裕故日愛獨身故曰仁者愛人不在愛我此其法也義云者非謂正人謂正我雖有亂世枉上猶枉君莫不欲正人奚謂義昔者楚靈王討陳蔡之賊齊桓公執袁濤塗之罪非不能正人也然而春秋弗予不得爲義者我不正也僖四年傳陳人不欲其反由己者師不正故也五行志僖五年日食仲舒以爲齊桓不內自正而外執陳大夫闔廬能正楚蔡之難矣而春秋奪之義辭不以義辭予之○官本云楚他本作陳以其身不正也潞子之於諸侯無所能正春秋予之有義其身正也宣十六年傳潞子之爲善也躬足以亡爾雖然君子不可不記也離乎夷狄而未能合乎中國趨

而利也盧云本或無此四字輿案天啟本作趨利而也疑本作趨利而已語當在以其身不正也下言楚靈齊桓吳闔盧皆有所利而爲之耳故曰義在正我不在正人此其法也夫我無之求諸人○黃氏日鈔求上有而字我有之而誹諸人晏子問上論佞人之行云有之己不難非之人無之己不難求之人潛夫論交際篇凡品則不然論人不恕己動作不思心無之己而責之人有之己而譏之彼○盧云誹本亦作非下同輿案黃氏日鈔一作非天啟本注云誹一作非字並通人之所不能受也其理逆矣何可謂義義者謂宜在我者○官本云他本謂誤作得宜在我者而後可以稱義也中庸義者宜也祭義義者宜此者也案義有制事之宜有治身之宜孟子以仁爲親親義爲敬長急君從兄讎斷儺又云非其有而取之非義此制事之宜也其以羞惡之端爲義則治心之宜所以治身也書傳所說多主制事宋儒本之然朱子注孟子云義者心之制事之宜似兼用二義其實治心得宜而後可以制事理未嘗不通也董專言其本故言義者合我與宜以爲一言以此操之義之爲言我也○官本云他本無之字故曰有爲而得義者謂之自

得有爲而失義者謂之自失人好義者謂之自好人不好義者謂之不自好以此參之義我也明矣是義與仁殊仁謂往義謂來施諸外故曰往責諸己故曰來仁往義來又見十指篇管子小稱篇明王往喜民來懼身桀紂往怒民來驕身正與此來往義同仁大遠義大近愛在人謂之仁義在我謂之義上義字疑作宜仁主人義主我也故曰仁者人也義者我也此之謂也君子求仁義之別以紀人我之間淮南高注紀節也然後辨乎內外之分而著於順逆之處也是故內治反理以正身反之義理以正其身據禮以勸福廣雅釋詁勸助也○天啟本禮作祉注云一作禮福下注云一作贍外治推恩以廣施寬制以容眾孔子謂冉子曰○天啟本無曰字治民者先富之而後加教語樊遲曰治身者先難後獲以此之謂治身之與治民所先後者不同焉矣詩曰飲之食之教之誨

之先飲食而後教誨謂治人也荀子大略篇不富無以養民情不教無以理民性故家五畝宅百畝田勿奪其時所以富之也立大學設庠序修六禮明十教所以道之也詩云飲之食之教之誨之王事具矣此引詩以證先富後教義與荀同又曰坎坎伐輻彼君子兮不素餐兮先其事後其食謂治身也餐疑當作食此引詩第二章天啟本謂下有之字淩本同○春秋刺上之過而矜下之苦小惡在外弗舉在我書而誹之隱十年傳春秋錄內而略外於外大惡書小惡不書於內大惡諱小惡書何注於內大惡諱於外大惡書者明王者起當先自正內無大惡然後乃可治諸夏大惡內小惡書外小惡不書者內有小惡適可治諸夏大惡未可治諸夏小惡明當先自正然後正人中論修本篇孔子之制春秋也詳內而略外急己而寬人故於魯也小惡必書於眾國也大惡始筆夫見人而不自見者謂之矇聞人而不自聞者謂之聵慮人而不自慮者謂之瞀故明莫大乎自見聰莫大乎自聞睿莫大乎自慮天啟本注云誹一作非○凡此六者兪云六字衍以仁治人義治我躬自厚而薄責於外此之謂也隱二年注所傳聞之世外離會不書書內離會者春秋王魯明當先自持

正躬自厚而薄責於人故略外也又云內逆女常書外逆女但疾始不常書者明當先自正躬自厚而薄責於人故略外也僖二十七年公子遂帥師入杞注曰者杞屬修禮朝魯雖無禮君子躬自厚而薄責於人不當乃入之故錄責之且論已見之而人不察論謂論語張禹合考魯論齊論號張侯論覩隋何晏序論語集解稱古論新論是論語但稱論也論衡正說篇孔子孫孔安國以教魯人扶卿始曰論語又見必仁且智篇曰君子攻其惡不攻人之惡今論語不作無不攻人之惡非仁之寬與自攻其惡非義之全與此謂之仁造人義造我何以異乎故自稱其惡謂之情情猶實也宣十五年傳是何子之情也墨子非攻篇情不知其不義也故書其言以遺後世謂實不知其不義也莊子天道篇此仁義之情也謂此仁義之實也荀子法行篇瑕適竝見情也竝與此義同稱人之惡謂之賊求諸己謂之厚求諸人謂之薄自責以備謂之明責人以備謂之惑學者知此可以自淑可以涉世呂覽舉難篇故君子責人則以人當作仁自責則以義責人以人當作仁則易足易足則得人自責以義則難爲非難爲非則行飾故任天地而有餘不肖者則不然責

人則以義自責則以人當作仁責人以義則難贍難贍則失親自責以人當作仁則易爲易爲則行苟故天下之大而不容也身取危國取亡焉此桀紂幽厲之行也　**是故以自治之節治人是居上不寬也以治人之度自治是爲禮不敬也**釋論語極精正我而歸本於禮可見董所得絕高國語周語行禮不疚義也　**爲禮不敬則傷行而民弗尊**○天啟本弗作不淩本同　**居上不寬則傷厚而民弗親弗親則弗信弗尊則弗敬二端之政詭於上而僻行之則誹於下**盧云而僻行以下八字趙疑當作則非僻之行口於下輿案或是而非僻之行則於下胡思敬云上有僻行民則而法之所以爲世論所誹不倒字亦通○官本政詭作正詭云他本作政詭　**仁義之處可無論乎**言處己處人不可誤施宜究圖也　**夫目不視弗見心弗論不得**○孫詒讓云論黃氏日鈔引作慮義較長輿案日鈔引下文仍作論　**雖有天下之至味弗嚼弗知其旨也雖有聖人之至道弗論不知其義也**韓詩外傳雖有旨酒嘉殽不嘗不知其旨雖有善道不學不達其功故學然後知不足教然後知不究又見禮

學記篇

必仁且智第三十

前篇以仁配義以體言此篇以仁配智以用言

莫近於仁莫急於智 淩云淮南子凡人之性莫貴於仁莫急於智仁以爲質智以行之 不仁而有勇力材能則狂而操利兵也 ○天啟本材作財注云一作材 不智而辯慧獧給則迷而乘良馬也 呂覽仲冬紀辯而不當論信而不當理勇而不當義法而不當務惑而乘驥也狂而操吳干將也大亂天下者必此四者也淮南主術訓故不仁而有勇力果敢則狂而操利劍不智而辨慧獧給則棄驥而不式 故不仁不智而有材能將以其材能以輔其邪狂之心而贊其僻違之行 盧云次以字衍邪狂疑當作邪枉 適足以大其非而甚其惡耳 荀子儒效篇故人無師無法而知則必爲盜勇則必爲賊云能則必爲亂察則必爲怪辨則必爲誕與此可參證 其強足以覆過其禦足以犯詐 詩云不畏強禦據此則強與禦別禦與禦人以口給之禦同孔疏強梁禦善亦以二字分疏家語始誅篇其談說足以飾褒瑩

眾其強禦足以返是獨立此乃人之姦雄者也其慧足以惑愚，其辨足以飾非，其堅足以斷辟，辟法也斷辟謂破壞法紀其嚴足以拒諫，此非無材能也，其施之不當而處之不義也。有否心者不可藉便埶，其質愚者不與利器。淮南主術訓故有野心者不可借便勢有愚質者不可與利器論之所謂不知人也者，恐不知別此等也。論語不知言無以知人也仁而不智，則愛而不別也；智而不仁，則知而不為也。知其善而無怛惻之意以行之故云知而不為故仁者所以愛人類也，淮南主術訓偏愛羣生而不愛人類不可謂仁案類所以為界限也就內外言之則有族類之異就天地言之惟有物類人類之異智者所以除其害也。以仁愛類以智除害除害亦所以愛人也

何謂仁？仁者憯怛愛人，禮表記中心憯怛愛人之仁也白虎通性情篇仁者不忍也施生愛人也中庸肫肫其仁鄭注肫肫懇誠貌案憯怛即懇誠之意論語樊遲問仁子曰愛人朱子云仁者愛之理心之德朱訓專以體言韓非解老篇云

仁者謂其中心欣然愛人也此誼前於董極爲精粹莊子天地篇孔子曰中心物愷兼愛無施此仁義之情也莊所引亦仁字眞際而仁義不分晰在宥篇引夫子語愛人利物謂之仁卻與董合義又見前。天啟本憯怛作惻怛**謹翕不爭**翕合也言與物以和**好惡敦倫**仁者不能有好而無惡但各得其正無所偏僻斯厚於倫類矣**無傷惡之心無隱忌之志無嫉妬之氣無感愁之欲無險詖之事無辟違之行故其心舒。**舒天啟本注云一作倫**其志平其氣和其欲節其事易其行道**依道而行**故能平易和理而無爭也如此者謂之仁**說仁字義最博後儒所釋不能外此

何謂之智先言而後當凡人欲舍行爲皆以其智先規而後爲之先知後行故程子曰未能知說甚行雖然所知有是有非故又必先有辨別之功**其規是者其所爲得其所事當其行遂其名榮其身故利而無患福及子孫德加萬民湯武是也其規非者其所爲不得其所事不當其行不遂其名辱害**

及其身絕世無復俞云疑作後殘類滅宗亡國是也俞云是也上當有桀紂二字故曰莫急於智智者見禍福遠其知利害蚤物動而知其化事興而知其歸見始而知其終言之而無敢譁立之而不可廢取之而不可舍前後不相悖終始有類思之而有復左昭五年傳叔向云敬始思終終無不復及之而不可厭其言寡而足約而喻簡而達省而具少而不可益多而不可損其動中倫。倫天啟本注云一作禮其言當務如是者謂之智

其大略之類。天啟本不提行凌本同天地之物有不常之變者謂之異不常猶非常釋名釋天異者異於常也小者謂之災災常先至而異乃隨之災者天之譴也異者天之威也譴之而不知乃畏之以威詩云畏天之威殆此謂也韓詩外傳三兩引此詩外傳八一引此詩凡三見一文王因地動而謹飾二殷湯見共穀而齊戒一晉君因梁山崩素服

卒羣臣而哭並以畏威爲畏災異凡災異之本盡生於國家之失國家之失乃始萌芽而天出災害以譴告之胡思敬云乃始疑作方始。官本云他本闕下國家之失四字譴告之而不知變乃見怪異以驚駭之驚駭之尚不知畏恐其殃咎乃至以此見天意之仁而不欲陷人也對冊云國家將有失道之變而乃先出災害以譴告之不知自省又出怪異以警懼之尚不知變乃傷敗至以此見天心之仁愛人君而欲止其亂也孔光傳疏云臣聞師曰天右與王者故災異數見以譴告之欲其改更若不畏懼有以塞除而輕忽簡誣則凶罰加焉其至可必詩曰敬之敬之天惟顯思命不易哉又曰畏天之威於時保之皆謂不懼者凶懼之則吉也谷永傳臣聞災異皇天所以譴告人君過失猶嚴父之明誡畏懼敬戒則禍銷福降忽然簡易則咎罰不除後漢皇甫規傳天之於王者如君之於臣父之於子也誡以災妖使從福祥與此文義大同白虎通災變篇災異者何謂也春秋潛潭巴曰災之言傷也隨事而誅異之言怪也先發感動之也又云天所以有災變何所以譴告人君覺悟其行欲令悔過修德深思慮也。天啟本無之仁下十六字淩本殃作殆謹案災異以見天意天意有欲也有不欲也所欲所不欲者人內以自省宜有懲於心外以觀其事宜有驗於國故見天意者之於災異也畏之而不惡也以為天欲振吾過救吾失故以此報我也國語注：振，救也。史記蒙恬傳：過可振而諫可覺。荀子堯問篇：天使夫子振寡人之過也。○盧云：報，舊本作救，訛。春秋之法上變古易常應是而有天災者謂幸國宣十五年傳：蝝生不書，此何以書？幸之也。上變古易常，應是而有天災，其諸則宜於此焉變矣。何注：言宣公於此天災饑後，能受過變寤，明年復古行，中冬大有年，其功美過於無災，故君子深為喜而僥倖之。孔子曰天之所幸有為不善而屢極盧云：文似不了。輿案：疑奪其罪二字，下當更有奪文。楚莊王以天不見災地不見孽○盧云：楚莊王以四字，舊本作且莊王曰，訛，今改正。則禱之於山川曰天其將亡予邪○說苑君道篇作天其將忘予與。不說吾過極吾罪也以此觀之天災之應過而至也異之顯明可畏也此乃天之所欲救也春秋之所獨幸也。莊王所以禱而請也。聖主賢君尚樂受忠臣之諫，而況受天譴也。

也與邪同。春秋感精符云魯哀政亂絕無日食天不譴告也陳蕃疏云昔春秋之末周室衰微數十年間無復災眚者天所棄也後漢明帝永平三年詔曰昔楚莊無災以致戒懼魯哀禍大天不譴告今之動變儻尚可救並用此義董生高廟園災對云季氏亡道久矣前是天不見災者魯未有聖賢臣雖欲去季氏其力不能昭公是也至定哀乃見之其時可也不時不見天之道也立詞微異其有政善而災異見者本書煖燠孰多篇所謂禹水湯旱爲適遭之變是也論衡明雩篇德豐政得災猶至者無妄也蓋衰政失變應至者政治也亦有政亂而禎祥見者竇武疏云間者有嘉禾芝草黃龍之見夫瑞生必於嘉士福至則由善人在德爲瑞無德爲災陛下所行不合天意不宜稱慶漢儒好言災異必兼此數義乃通夫災異之說委曲傅會如此在先哲非不知其然也然而尊君之義已定以民臣折之則嫌於不順以天臨之則不嫌於逆要在儆戒人主而已張禹說成帝無信災異之說於是惕懼意弛而王氏遂張王安石毀春秋倡天變不足畏之說而熙甯新政爲世詬病熙甯八年交趾入寇彗星見安石自作勅榜有云天示助順已兆布新之象亦未始不言天至南渡以後汪藏以雷雨疏請備金洪适以霖雨乞罷孝宗隆興二年且以郊祀爾雷用漢制罷葉顒魏杞相蓋已不用安石說有明徵矣荀子天論篇云夫日月之有蝕風雨之不明怪星之黨見是無世而不常有之上明而政平則是雖世起無傷也上闇而政險則是雖無一至者無益也物之已至者人祆則可畏也苟歸重人祆與漢儒說可相輔韓詩外傳與荀同○錢云後一段疑本在三端篇脫在此

春秋繁露義證卷第八

春秋繁露義證卷第九

漢廣川董仲舒撰

平江蘇　輿學

身之養重於義第三十一

貢禹疏言武帝時亡義而有財者顯于世欺謾而善書者尊于朝俗皆曰何以孝弟爲多財而光榮何以禮義爲史書而仕宦謂居官而置富者爲雄桀處奸而得利者爲壯士兄勸其弟父勉其子俗之壞敗迺至于是故董子痛切言之胡思敬云此篇與孟子養其小體爲小人養其大體爲大人相發明○黄氏日鈔重上有莫字

天之生人也使人生義與利○盧云使人本或作使之**利以養其體義以養其心**宋程子言義理養心心本此孟子曰義理之説我心猶芻豢之説我口**心不得義不能樂體不得利不能安**君子爲道非徒自苦固有利用安身之術正義不謀利士夫之所自飭富貴利達營求同於妾婦君子恥之以其擾

擾而不安也義者心之養也利者體之養也體莫貴於心故養莫重於義義之養生人大於利。天啟本有矣字凌本同奚以知之。天啟本奚作何凌本同今人大有義而甚無利。凌本大有倒雖貧與賤尚榮其行以自好而樂生原憲曾閔之屬是也新語本行篇賤而好德者尊貧而有義者榮列女傳齊相御妻曰吾聞盜榮於義而賤不虛驕以貴潛夫論論榮篇幽厲之貴天子也而又富有四海顏原之賤匹庶也而又凍餒屢空論若必以位則是兩王爲世士而二處爲愚陋也故曰仁重而勢輕位蔑而義榮盧云榮俗本多作容錢據計臺本校正。人甚有利而大無義雖甚富盧云疑當有且貴二字則羞辱大惡惡深禍患重胡思敬云上惡字疑怨之誤非立死其罪者卽旋傷殃憂爾盧云數語疑有賸字莫能以樂生而終其身刑戮天折之民是也。天啟本作折天夫人有義者雖貧能自樂也。天啟本能在雖上而大無義者雖富莫能自存注云人一作民。官本云他本作無大吾以此實義之養生人大於利而厚於財也實猶驗也楊子脩身篇公儀子董仲剛儔克爾司馬光注云仲舒云皇皇求財利常恐乏匱者庶人之意也皇皇求仁義常恐不能化民者大夫之意也此所以爲高儔克爾誰能如此舍利而取義也朱子語類亦云仲舒所立甚高後世之所以不如古人者以道義功利關不透耳輿案此利字與功利微別宋玉九辨云獨耿介而不隨兮願慕先生之遺敎處濁世而顯榮兮非予心之所樂與其無義而有名兮寗窮處而守高食不媮而爲飽兮衣不苟而爲溫竊慕詩人之遺風兮願託志而素餐于董子之旨庶乎近之民不能知而常反之皆忘義而殉利去理而走邪以賊其身而禍其家○黃氏日鈔賊作賤此非其自爲計不忠也則其知之所不能明也今握棗與錯金以示嬰兒嬰兒必取棗而不取金也淩云以金銀飾物曰錯食貨志有錯刀直一千契刀無鏤而錯刀用金鏤之故名錯也○各本不疊嬰兒字據黃氏日鈔引補握一斤金與千萬之珠以示野人野人必取金而不取珠也盧云千萬之珠謂其價値千萬也本或無之字者非故物之於人小

者易知也其於大者難見也呂覽孟冬紀今以百金與搏黍以示兒子兒子必取搏黍矣以龢氏之璧與百金以示鄙人鄙人必取百金矣以龢氏之璧道德之至言以示賢者賢者必取至言矣其知彌精其所取彌精其知彌觕其所取彌觕○黃氏日鈔見作知今利之於人小而義之於人大者者字疑衍日鈔無無怪民之皆趨利而不趨義也固其所闇也孔子曰君子喻于義小人喻于利以其所見之大小異也君子謂士夫小人謂民士夫而民行則小矣潛夫論遏利篇知利之可娛己也不知其積而必有禍也前人以病後人以競庶民之愚而衰闇之至也聖人事明義以照燿其所闇故民不陷詩云示我顯德行此之謂也韓詩外傳載魯有父子訟孔子止康子殺亦引此詩云昔之君子道其百姓不使迷是以威厲而刑措不用也故形其仁義謹其教道使民目晰焉而見之使民耳晰焉而聞之使民心晰焉而知之則道不迷而民志不惑矣詩曰示我顯德行與案南山詩云四方是維天子是庳俾民不迷亦此義○說郛載詩緯汜麻樞聖人事明義云云與此文同先王顯德以示民民樂而歌之以爲詩詩敬之鄭箋云示道我以顯明之德行是詩以爲成王望羣臣

示之以顯德行此云顯德行以示民民歌之爲詩蓋今文說說而化之以爲俗故不令而自行不禁而自止從上之意不待使之若自然矣故曰聖人天地動四時化者非有他也其見義大故能動○天啟本作大義淩本同動故能化化故能大行化大行故法不犯法不犯故刑不用刑不用則堯舜之功德此大治之道也功德慕堯舜法度守文王春秋志也論衡儒增篇儒書稱堯舜之德至優至大天下太平先聖傳授而復也所謂先聖後聖同揆故孔子曰誰能出不由戶何莫由斯道也淩云出謂出室也凡宮室之制外爲堂內爲室室之南壁東爲戶西爲牖凡所以通出入者堂前則有門堂後則有闈入者以向室爲至故或不由門出者以室爲始故不能不由戶今不示顯德行民闇於義不能炤迷於道不能解因欲大嚴憯以必正之謂齊以刑法老子云古之善爲道者非以明民將以愚之其流遂爲商韓慘刻矣直殘賊天民而薄主德耳其勢不行仲尼曰國有道

雖加刑無刑也無可刑之人○官本云他本也字在無字上國無道雖殺之不可勝也其所謂有道無道者示之以顯德行與不示爾

對膠西王越大夫不得爲仁第三十二盧云本傳作江都王

命令相曰盧云命令疑是令問輿案本傳天子以仲舒爲江都相事易王大夫蠡大夫種范蠡見越世家注吳越春秋引高誘注大夫文種字會楚鄒人今呂覽高注誤作鄞人王應麟黃震皆沿其誤全祖望有辨大夫庸卽本傳及吳越春秋之泄庸國語吳語之舌庸漢紀及人表之后庸大夫臯大夫車成盧云臯卽皋字謂皋如也車成卽苦成輿案皋如苦成竝見吳語潛夫論志氏姓篇云苦成城名也在鹽城東北後人書之或爲枯齊人聞其音則書之曰庫成燉煌見其字呼之曰車成其在漢陽者不喜枯古之字則更書之曰古成氏然則車苦古音本近越王與此五大夫謀伐吳遂滅之雪會稽之恥卒爲霸主范蠡去之越世家當是時越兵橫行于江淮東諸侯畢賀號稱霸主范蠡遂去種死之越世家或讒種且作亂越王乃賜種劍曰子敎寡人伐吳七術寡人用其三而

敗吳其四在子子爲我從先王試之種遂自殺寡人以此二大夫者爲皆賢孔子曰殷有三仁今以越王之賢與蠡種之能〇天啟本以作有淩本同此三人者寡人亦以爲越有三仁其於君何如盧云本傳以泄庸與種蠡同爲三仁輿案此以一去一死與越王雪恥爲三仁本傳雖引泄庸種蠡三人未必卽以三仁屬之當据此訂正顏注之失否則睪與車成皆五大夫何獨遺耶桓公決疑於管仲寡人決疑於君仲舒伏地再拜對曰仲舒智褊而學淺不足以決之雖然王有問於臣臣不敢不悉以對禮也〇盧云王舊本訛作主案春秋時大夫稱主仲舒必不對王稱主臣仲舒聞昔者魯君問於柳下惠曰我欲攻齊何如柳下惠對曰不可退而有憂色曰吾聞之也謀伐國者不問於仁人也此何爲至於我此下當有言字本傳作吾聞伐國不問仁人此言何爲至於我哉但見問而尚羞之而況乃與爲詐以伐吳乎其不宜明矣爲詐猶設詐〇

官本云他本爲詐作詐僞以此觀之越本無一仁而安得三仁仁人者正其道不謀其利修其理不急其功本傳作正其誼不謀其利明其道不計其功黃氏日鈔引此同本傳朱子易本義釋復之六四引此二語又語類問正其義者凡處此一事但當處置使合宜而不可謀利有占便宜之心明其道則處此事便合義是乃所以爲明其道而不可有計後日功效之心正義不謀利在處事之先明道不計功在處事之後如此看可否曰恁地說也得他本是合掌說看來也須微有先後之序輿案據此文正其道是體修其理是用先後之序顯然修與循同謂行事循理之所當然不急急見功也致無爲而習俗大化可謂仁聖矣三王是也春秋之義貴信而賤詐詐人而勝之雖有功君子弗爲也○黃氏日鈔引人上有其字是以仲尼之門五尺童子言羞稱五伯大戴禮王言篇布指知寸布手知尺舒肘知尋古者側手鋪指一指廣寸五指則五寸非以指節豎量也五尺當今之二尺五寸耳故成人曰丈夫童子曰五尺白虎通號篇五霸有三說一爲昆吾大彭豕韋齊桓晉文一爲齊桓晉文秦穆楚莊吳闔廬又見漢書諸侯王表注一爲齊桓晉文秦穆宋襄楚莊案董用公羊當是主

第三說蓋皆見褒於傳者荀子言五伯則以爲齊桓晉文楚莊吳闔廬越句踐此雖因越事言之然句踐在仲尼後知董意不然也**爲其詐以成功苟爲而已也**本傳作爲其先詐力而後仁義也○淩本也作矣**故不足稱於大君子之門**本傳注張晏曰仲尼之門故稱大也劉向校上荀子敘云孟子孫卿董先生皆小五伯以爲仲尼之門五尺童子皆羞稱五伯**五伯者比於他諸侯爲賢者**者字疑衍**比於仁賢何賢之有**○盧云仁賢本或作聖賢輿案天啟本作聖賢淩本同本傳作其比三王據上文當是仁聖**譬猶碔砆比於美玉也**盧云碔砆漢書作武夫淩云山海經會稽之上多砆石郭注武砆石似玉今長沙臨湖縣出之青地白文色葱蘢不分了也**臣仲舒伏地再拜以聞**

觀德第三十三

天地者萬物之本先祖之所出也荀子禮論篇天地者生之本也先祖者類之本也對冊云天者羣物之祖也故徧覆包函而無所殊案大傳王者禘其祖之所自出鄭云大祭其先祖所由生謂郊祀天也又馬融注書文祖云文

祖天也天爲文萬物之祖葢本此義古者享帝與享親竝重享帝則知天地萬物皆吾一體春秋所以治人物而推及山川草木昆蟲也享親則知吾形體所自來聖人所以敬祖親親由一身而推及九族百姓萬國也孔子曰志在春秋行在孝經孝經所以立天下之大本春秋所以經天下之大經注本鄭孝經原於親春秋原於天皆所以廣治也墨子知天而不知祖故愛無差等而衆生平等之說蔓延於今且以家族之義爲私矣董子兩明其義所爲得聖人之純也又見順命及爲人者天篇　**廣大無極其德昭明**○天啟本昭作炤淩本同　**歷年衆多永永無疆天出至明**○天啟本注云一作炤　**衆知類也**○盧云知本或作之輿案作知是天之明所以辨別衆類　**其伏無不炤也地出至晦星日爲明不敢闇君臣父子夫婦之道取之此**臣道子道婦道皆地道也爲人君父夫所器使雖居陰闇之地而不敢不竭情悉力使用我者得而裁察之如星日之照臨下上也義互見本書離合根立元神諸篇又基義篇云君臣父子夫婦之義皆取諸陰陽之道　**大禮之終也臣子三年不敢當**見文九年傳大禮之終謂君喪也舊讀皆上屬失之○官本云年他本誤作子　**雖當之必稱先君必稱先人不敢**

貪至尊也莊四年傳古者諸侯必有會聚之事相朝聘之道號辭必稱先君以相接百禮之貴皆編於月春秋者禮義之宗凡所紀皆關於禮故云百禮之貴○官本云他本於作之月編於時時編於君君編於天此卽屈君伸天之旨白虎通三軍篇王法天誅者天子自出者以爲王者乃天之所立而欲謀危社稷故自出重天命也天之所棄天下弗祐桀紂是也○下各本誤子今從淩本天子之所誅絕臣子弗得立蔡世子逢丑父是也盧云襄三十年蔡世子般弒其君固至昭十一年夏楚子虔誘般殺之至冬滅蔡執蔡世子有以歸用之傳曰此未踰年之君也其稱世子何不君靈公不成其子也靈公卽般也逢丑父事在成二年詳第二卷中輿案此疑是謂齊頃公已受虜辱不宜立爲君王父父所絕子孫不得屬也屬猶續○官本云他本無下父字魯莊公之不得念母衛輒之辭父命是也盧云莊元年三月夫人孫於齊傳曰不與念母也哀三年齊國夏衛石曼姑師師圍戚傳曰不以父命辭王父命故受命而海內順之猶眾星之共北辰流水之宗滄海也況生天地之間法太祖先人

之容貌則其至德取象衆名尊貴○盧云尊貴本一作尊賢輿案二句疑有誤字是以聖人爲貴也泰伯至德之侔天地也上帝爲之廢適易姓而子之讓其至德海內懷歸之俞云讓字衍文上帝爲之廢適易姓而子之謂天與之也其至德海內懷歸之謂人歸之也中間不得有讓字泰伯三讓而不敢就位三讓猶云固讓古人數多用三伯邑考知羣心貳自引而激順神明也激疑退之誤泰伯伯邑考二事漢世多類引之霍光傳郎有上書言周太王廢泰伯立王季文王舍伯邑考立武王唯在所宜廢長立少可也○盧云自泰伯至德以下至此文參錯難曉至德以受命豪英高明之人輻輳歸之高者列爲公侯下至卿大夫濟濟乎哉皆以德序所謂豪傑英俊不相陵孟子曰小德役大德是故吳魯同姓也○盧云故字各本無大典有文勢似亦難貫鍾離之會不得序而稱君殊魯而會之爲其夷狄之行也盧云成十五年叔孫僑如會晉士燮以下會吳於鍾離傳曰曷爲殊會吳外吳也雞父之戰吳不得與

中國爲禮盧云昭二十三年七月戊辰吳敗頓胡沈蔡陳許之師于雞父傳曰曷爲以詐戰之辭言之不與夷狄之主中國也然則此爲禮當作爲主輿案爲禮不誤宣十二年傳不與晉而與楚子爲禮義同又見下文至於伯莒黄池之行變而反道乃爵而不殊盧云定四年蔡侯以吳子及楚人戰於伯莒傳曰吳何以稱子夷狄也而憂中國又哀十三年公會晉侯及吳子于黄池傳曰吳何以稱子吳主會也召陵之會魯君在是而不得爲主避齊桓也盧云僖四年楚屈完來盟于師盟於召陵傳曰其言來何與桓爲主也魯桓即位十三年齊宋衛燕舉師而東紀鄭與魯勠力而報之後其日以魯不得偏避紀侯與鄭厲公也盧云經于公會紀侯鄭伯之下書己巳之戰傳曰曷爲後日恃外也舊本訛作後其已今改正俞云偏乃偏之誤偏者偏戰也春秋之例詐戰月偏戰日桓十年傳注偏一面也結日定地各居一面然則魯不言偏者言不得獨當一面也是時齊宋衛燕伐我魯不能獨當與紀鄭勠力然後結日定地各居一面與之偏戰偏戰然後得書日故傳曰得紀侯鄭伯然後能爲日也是可知魯不得紀鄭之助不能爲日不能爲日者但能詐戰不能偏戰之謂也故曰魯不得

偏春秋常辭夷狄不得與中國爲禮至邲之戰夷狄反道中國不得與夷狄爲禮避楚莊也在宣十二年詳見竹林篇○反道各本作反背盧云疑當作反道今從淩本改邢衛魯之同姓也狄人滅之春秋爲諱避齊桓也盧云僖元年齊師宋師曹師次於聶北救邢傳曰不及事也邢已亡矣孰亡之蓋狄滅之曷爲不言狄滅之爲桓公諱也又二年城楚丘傳曰城衛也曷爲不言城衛滅也文大略與上同○官本云他本爲作得盧云舊本作春春秋不爲諱衍不字今刪當其如此也惟德是親中國夷狄以德爲準春秋非漫然進夷狄其皆先其親皆上其字疑有誤是故周之子孫其親等也而文王最先史記三王世家制曰康叔親屬有十而獨尊者褒有德也周公祭天命郊故魯有白牡騂剛之牲羣公不毛賢不肖差也四時等也而春最先十二月等也而正月最先德等也則先親親隱十一年何注春秋質家親親先封同姓荀子富國篇賢齊則其親者先貴能齊則其故者先官魯十二公等也而定哀最尊哀定時近孔子所身事猶之遠祖祖雖尊而事祖父禮尤隆以其近接於身

也故云最尊下文所謂宗定哀以爲考妣宗亦尊也衞俱諸夏也善稻之會獨先內之爲其與我同姓也盧云襄五年仲孫蔑衞孫林父會吳於善稻無傳蓋不殊林父所謂內之也而何氏以爲見使於晉卑故不殊失之矣○天啟本先作見凌本同吳俱夷狄也柤之會獨先外之爲其與我同姓也襄十年公會晉侯以下會吳于柤無傳案殊會吳所以外之與成十五年鍾離之會同○外各本作內今從凌本改滅國十五有餘獨先諸夏隱二年無駭帥師入極傳疾始滅也是先記諸夏之滅人魯晉俱諸夏也譏二名獨先及之盧云定六年季孫斯仲孫忌帥師圍運傳曰此仲孫何忌也曷爲謂之仲孫忌譏二名二名非禮也又哀十三年晉魏多帥師侵衞傳曰此晉魏曼多也曷爲謂之晉魏多譏二名○舊本魯作曹誤盛伯郜子俱當絕而獨不名爲其與我同姓兄弟也盧云莊八年師及齊師圍成成降於齊師傳曰盛也盛則曷爲謂之成諱滅同姓也文十二年盛伯來奔傳曰盛伯者何失地之君也何以不名兄弟辭也又僖二十年郜子來朝傳亦與上同外出者衆以母弟出獨大惡之爲其亡母背骨肉也盧云昭元

年秦伯之弟鍼出奔晉傳曰仕諸晉也有千乘之國而不能容其母弟故君子謂之出奔又定十年宋公之弟辰暨宋仲佗石彄出奔陳無傳**滅人者莫絕衛侯燬滅同姓獨絕賤其本祖而忘先也**本祖猶言同祖盧云僖二十五年衛侯燬滅邢傳曰何以名滅同姓也○天啟本莫作不**親等從近者始**春秋內魯卽此旨**立適以長母以子貴先**盧云下有脫文輿案天啟本注云或有母字案有母字是先謂秩序在前也立適以長禮經之常然或有無適立庶者則母隨子之貴而先之隱元年何注禮妾子立則母得升爲夫人夫人成風是也東晉太元十九年詔追崇鄭太后太常臣允等議以春秋之義母以子貴故仲子成風咸稱夫人又宋庾蔚之謂公羊明母以子貴者明妾貴賤若無嫡子則妾之子爲先立又子既得立則母隨貴豈謂可得與嫡同邪成風稱夫人非禮之正**甲戌己丑陳侯鮑卒書所見也而不言其闇者**事在桓五年以二日卒事在曖昧言其卒而已闕其所以卒之由**隕石於宋五六鷁退飛耳聞而記目見而書或徐或察皆以其先接於我者序之**僖十六年傳曷爲先言隕而後言石隕石記聞聞其磌然視之則石察之則五曷爲先言六而後言鷁六

鴿退飛記見也視之則六察之則鴿徐而察之則退飛飛輿案此喻詞起下會盟先接於我者其於會朝聘之禮亦猶是凌云會下當有盟字諸侯與盟者眾矣而儀父獨漸進盧云隱元年公及邾婁儀父盟於眛傳曰儀父者字也褒之也爲其與公盟也鄭僖公方來會我而道殺春秋致其意謂之如會盧云襄七年公會晉侯以下于鄬鄭伯髡原如會未見諸侯丙戌卒於操傳曰未見諸侯言如會致其意也潞子離狄而歸黨以得亡春秋謂之子以領其意歸義如孟子歸墨歸楊之歸黨猶所也或云黨親也上奪無字亦通宣十五年晉師滅赤狄潞氏以潞子嬰兒歸傳曰離於夷狄而未能合於中國晉師伐之中國不救狄人不有是以亡也漢書功臣表春秋列潞子之爵許其慕諸夏也○李兆洛云王本亡誤作上包來首戴洮踐土與操之會陳鄭去我謂之逃歸盧云操之會即襄七年會鄬之事時陳侯逃歸陳哀公溺也又僖五年公及齊侯以下會王世子于首戴鄭伯逃歸不盟傳曰不可使盟也何氏云安居會上不肯從桓公盟此鄭伯乃文公捷也○天啟本無鄭字凌本同鄭處而不來謂之乞盟盧云僖八年公會王人齊侯以下盟於洮鄭伯乞盟

傳曰處其所而請與也○官本云他本處作去陳侯後至謂之如會盧云僖二十八年公會晉侯以下盟于踐土陳侯如會傳曰後會也莒人疑我貶而稱人盧云隱八年公及莒人盟于包來傳曰公曷爲與微者盟稱人則從不疑也諸侯朝魯者衆矣而滕薛獨稱侯隱十一年注春秋王魯王者無朝諸侯之義故內適外言如外適內言朝聘所以別外尊內也州公化我奪爵而無號盧云在桓六年詳見玉杯篇吳楚國先聘我者見賢國上疑有奪字襄二十九年吳子使札來聘傳吳何以有君有大夫賢季子也又莊二十三年荊人來聘傳荊何以稱人始能聘也曲棘與鞌之戰先憂我者見尊盧云昭二十五年宋公佐卒于曲棘傳曰諸侯卒其封內不地此何以地憂內也憂魯昭公見逐而欲納之也又成二年鞌之戰有曹公子手傳曰曹無大夫公子手何以書憂內也○官本尊作賢云他本作尊

奉本第三十四

禮者繼天地體陰陽而慎主客人者天之繼也人非禮無以立故曰繼天地君臣父子夫婦之道取

之陰陽故曰體陰陽施之人我各有其處昧之則逆於理故曰慎主客○盧云主舊本作至誤序尊卑貴賤大小之位而差外內遠近新故之級者也以德多爲象禮之制不專尚德然古者官以德序位不相淩故云以德多爲象○淩本外內作內外新故作新舊萬物以廣博衆多歷年久者爲象其在天而象天者莫大日月繼天地之光明莫不照也星莫大於大辰昭十七年有星孛于大辰傳其言于大辰何在大辰也大辰者何大火也大火爲大辰伐爲大辰北辰亦爲大辰何注大火謂心伐謂參伐也大火與伐天所以示民時早晚天下所取正故謂之大辰辰時也北辰北極天下之中也常居其所迷惑不知東西者須視北辰以別心伐所在北斗常星○官本此下衍北斗常星四字淩本同部星三百衛星三千大火二十六星伐十三星孫詒讓云史記天官書故紫宮房心權衡咸池虛危列宿部星此天之五官坐位也張守節正義五官部內之星也史記部星蓋通指五官恆星此部星則當專指中官之星詁用蓋天謂凡蓋以部爲中與張守節說異衛星謂東南西北外四官之星也晉書天文志載太史令陳卓總甘石巫咸三家所著星圖大凡二百八十三官一千

四百六十四星則三百三千蓋約舉之非實測也大火二十六星者爾雅釋天云大辰房心尾也大火謂之大辰今考房四星心三星尾九星共十有六星此衍二字伐十三星者史記天官書參爲白虎三星直者是爲衡石下有三星兌曰罰爲斬艾事其外四星左右肩股也小三星隅置曰觜觿爲虎首主葆旅事柾儀鉉云罰此云十三星者蓋通參三星外四星罰三星及觜觿三星計之猶考工記說伐六星此并數參三星而不計外四星觜觿三星晉天文志李播天文大象賦說參七星此并數外四星不計罰伐及觜觿今天官家說並同古今分合不同也○官本云他本十三作十六

北斗七星史記天官書北斗七星索隱引徐整長歷北斗七星星間相去九千里其二陰星不見者相去八千里也春秋運斗樞云斗第一天樞第二琁第三璣第四權第五衡第六開陽第七搖光第一至第四爲魁第五至第七爲杓合而爲斗文耀鉤云斗者天之喉舌

常星九辭盧云九辭不可曉并疑下有脫文衍文孫詒讓云常星九疑當作常星五郎謂五緯也韓非子解老篇云五常得之以常其位列星得之以端其行五常亦指五星言之此下文別有部星衞星明常星與他書言恆星者異也惟辭字無義當是衍文輿案九辭二字疑並衍文五行志仲舒云常星二十八宿者人君之象也

二十八宿周禮馮相氏掌二十有八星之位賈疏云若指星體而言謂之星日月會於其星即名宿淮南天文訓星分度角十二九

九氏十五房五心五尾十八箕十一四分一斗二十六牽牛八須女十二虛十危十七營室十六東壁九奎十六婁十二胃十四昴十一畢十六觜巂二參九東井三十三輿鬼四柳十五星七張翼各十八軫十七凡二十八宿也**多者宿二十八九**句疑有誤**其猶蓍百莖而其一本**大傳蓍之爲言蓍也百年一本生百莖此草木之壽亦知吉凶者聖人以問鬼神藝文類聚八十二引逸禮云蓍千歲三百莖者先知也又引史記云天下和平蓍莖長一丈其聚生百莖共根**龜千歲而人寶**盧云而下當有爲字輿案初學記引書傳云龜之爲言久也千歲而靈禽獸而知吉凶者也○淩本歲作載**是以三代傳決疑焉**白虎通蓍龜篇聖人獨見先覩必問蓍龜何示不自專也或曰清微無端緒非聖人所及聖人亦疑之**其得地體者莫如山阜人之得天得衆者莫如受命之天子下至公侯伯子男海內之心懸於天子疆內之民統於諸侯日月食竝告凶不以其行**此當是用十月詩文荀悅漢紀六引詩日月告凶不用其行今毛詩以亦作用以用同義非闕今古異文鄭箋告凶告天下以凶亡之徵行道度也不用之者謂相干犯也○天啟本淩本告作吉誤**有星**

茀于東方哀十三年于大辰昭十七年○天啟本作泰辰無于字入北斗文十四年○天啟本入在北斗下常星不見莊七年地震昭十九年梁山沙鹿崩僖十四年宋衛陳鄭災昭十八年王公大夫篡弒者春秋皆書以爲大異不言衆星之茀入霣雨莊七年恆星不見夜中星霣如雨傳恆星者何列星也徐疏天子常宿故謂之恆星恆星與衆星別也故特書之原隰之襲崩一國之小民死亡不決疑於衆草木也唯田邑之稱多著主名盧云昭元年傳此大鹵也曷爲謂之太原地物從中國邑人名從主人與案桓元年諱周田稱許田是田著主名之例君將不言臣臣不言師盧云隱五年傳將尊師衆稱某率師將尊師少稱將將卑師衆稱師將卑師少稱人君將不言率師書其重者也王夷君獲不言師敗盧云成十六年晉侯及楚子鄭伯戰于鄢陵楚子鄭師敗績傳曰楚何以不稱師王痍也末言爾言無取于師敗績也又僖十五年獲晉侯傳曰君獲不言師敗績也孔子曰唯天爲大唯堯則之則之者大也大疑作天巍巍乎其有成功也言其尊大以

成功也尊大疑作尊天齊桓晉文不尊周室不能霸三代聖人不則天地不能至王階此而觀之可以知天地之貴矣○盧云大典本階作自輿案天啟本作自注云一作階義竝同夫流深者其水不測尊至者其敬無窮是故天之所加雖爲災害猶承而大之其欽無窮震夷伯之廟是也僖十五年震夷伯之廟傳季氏之孚則微者其稱夷伯何大之也曷爲大之天戒之故大之也天無錯舛之災無疑作有地有震動之異天子所誅絕所敗師雖不中道而春秋者不敢闕謹之也例如莊六年衞侯朔爲天子所絕而書公至自伐衞傳以爲不敢勝天子是也故師出者眾矣莫言還至師及齊師圍成成降于齊師○天啟本成作郕獨言還其君切外不得已故可直言也莊八年傳還者何善辭也此滅同姓何善爾病之也曰師病矣曷爲病之非師之罪也何注明君之使重在君非師自汲汲至於他師皆其君之過也言他師未嘗非君之過而師固皆爲之受罪若夫圍成非師罪

者以其久於外上已有師夾于郎及祠兵之文君意顯然著明故直言之○天啟本過作適案適與讁同猶過過也**而曰非師之罪是臣子之不爲君父受罪罪不臣子莫大焉**臣子不肯爲君父受罪是即不臣子之罪大○上子字官本作下云他本誤作莫**夫至明者其照無疆至晦者其闇無疆今春秋緣魯以言王義**盧云說公羊者相承有此言何氏隱元年注云春秋託新王受命于魯與案此類語何注屢見如云春秋王魯託隱公以爲始受命王隱元年春秋託王於魯因假以見王法成二年春秋託王者始起所當誅也隱二年春秋王魯以魯爲天下化首隱元年春秋王魯故言莅以見王義又云因魯都以見王義僖二年春秋王魯因見王義莊三十一年內其國者假魯以爲京師成十五年皆是論衡正統篇實孔子紀十二公者以爲十二公事適足以見王義耶王義二字本此緣魯言王義者正不敢自居創作之意孔子曰其義竊取謂竊王者之義以爲義也託魯明義猶之論史者借往事以立義耳聖人以明王之治期于撥反故義曰王義心曰王心化曰王化言曰王言大戴禮意曰王意論衡超奇道曰王道事曰王事制曰王制法曰王法賈逵長義乃云隱公人臣而虛稱以王周天子見在上而黜公侯是非名正而言順也案如董所云則春秋託魯言王義未嘗尊魯爲王黜周爲公侯也

何氏直云王魯遂啟爭疑**殺隱桓以爲遠祖宗定哀以爲考妣**義見首篇隱元年何注所以三世者禮爲父母三年爲祖父母期爲曾祖父母齊衰三月立愛自親始故春秋據隱錄哀上治祖禰**至尊且高**君父諱過多微詞不敢犯至尊○官本云他本且誤作尚**至顯且明**臣子爲君父所伏制惟其尊高是以顯明觀德篇云地出至晦星日爲明不敢暗卽此義**其基壤之所加潤澤之所被條條無疆**條條曁達之意本書加天之爲篇陰陽之氣其在人者亦宜行而無留若四時之條條然也此言治化四達澤被無疆王道洽于遐遠**前是常數十年鄭之幽人近其墓而高明**盧云文訛不可曉劉逢祿云語當有脫誤**大國齊宋離不言會**盧云桓五年齊侯鄭伯如紀傳曰外相如不書此何以書離不言會也案此在所傳聞之世而下文卽言所見之世文不相蒙疑有脫文此齊宋當作齊鄭與案隱元年桓五年注並云于所傳聞之世內離會書外離會不書于所聞之世書外離會宣十一年晉侯會狄于攢函注離不言會言會者見所聞世治近升平內諸夏而詳錄之殊夷狄也然則所見聞世遠近大小若一當書外離會審矣此文蓋衍不字天啟本注云一無不字一本是也定十四年經書齊侯宋公會于洮蓋卽其例盧据誤本改字合

之非也。桓二年注二國會曰離孔廣森云離儷也儷兩也記曰離坐離立毋往參焉二謂之離三謂之參漢律有離載下帷言二人共載也禮用兩鹿皮古文冠禮云離皮射以二人爲耦三朝記謂之置離楚公子圍使二人執戈謂之離衞諸云離者其義如此

微國之君卒葬之禮録而辭繁哀三年冬十月癸卯秦伯卒注哀公著治太平之終小國卒葬極于哀哀公者皆卒日葬月**遠夷之君內而不外**昭十五年注戎曼稱子者入昭公見王道太平百蠻貢職夷狄皆進至其爵又哀十三年黃池之會吳亦進稱子漢書匈奴傳贊載董子論匈奴主和親班固反之以爲春秋內諸夏而外夷狄又曰外而不內親而不疏太史公天官書云及至五家三代紹而明之內冠帶外夷狄分中國爲十二州應劭駮開募鮮卑事云鮮卑隔在漠北朝家外而不內所謂外之者擯之不得與於和會猶周語所謂狄無列於王室也並用春秋前義與謂以治理言則主漸進故春秋外夷狄至其終也內而不外雖政交于中國亦暨訖之道有然顧自秦漢以來變日亟矣然而倫彝攸敘禮敎相沿有不隨國而俱亡者存焉故春秋立其極于禮義以爲華夷進退之機杞越聖裔習于用夷而夷矣潞子赤狄離于夷而許其慕夏矣循是以往六合之外有進於中國而胥爲大同者亦天地之仁所許也苟先自棄禮義以蹈傳所謂新夷狄之識則將爲進於禮義者所治

而君子之憂愈切矣當此之時魯無鄙彊諸侯之伐哀者皆言我盧云哀八年書吳伐我十一年書齊國書帥師伐我正以莊十九年書齊人等伐我西鄙而此不言鄙故也鄙字句彊字屬下讀本或作彊非淩云無鄙彊言王化所及者遠盧讀大謬朱一新云魯無鄙彊卽王道浹人事備廣魯於天下之意非謂魯之鄙彊果遠也盧校彊爲彊誤果如其說上文之條條無彊又當作何解與案所傳聞之世來接內者書其小惡其不來者不治明化自近始有界域至於近則內外漸進而從同矣故云無鄙彊此所謂王義也○天啟本彊作彊邾婁庶其鼻我邾婁大夫其於我無以親以近之故乃得顯明盧云襄二十一年邾婁庶其以漆閭丘來奔二十三年邾婁鼻我來奔昭二十七年邾婁快來奔其漆閭丘傳曰重地也下兩傳乃云以近書疑庶其衍文鼻我下當有快字無以親疑當作無親親與案董以哀定昭爲所見世顏安樂斷自孔子生後以襄二十三年鼻我與昭二十七年同傳爲證此文引鼻我蓋參用顏說庶其又在孔子未生以前盧以爲有衍有脫是也襄二十三年注所傳聞世見治始見外諸夏錄大略小大國有大夫小國略稱人所聞之世內諸夏治小如大廩廩近升平故小國有大夫治之漸也見於邾婁者自近始也隱桓親春秋之先人也以親

言之則春秋之先人益師卒而不日隱元年于稷之會言其成宋亂以遠外也○遠各本作通盧云稷會在桓二年書以成宋亂舊本於稷之會下有不日二字因上而誤衍也又脫成宋二字今訂補益師不日見君恩之厚薄此斥言成亂見君恩之薄厚故二事相比也傳曰遠也通外疑當作遠外輿案盧說是今從淩本改作遠黃池之會以兩伯之辭言不以爲外以近內也哀十三年公會晉侯及吳子于黃池傳曰會兩伯之辭也重吳也吳在是則天下諸侯莫敢不至也案董意以吳進稱子爲遠近大小若一之微○一本有春秋公羊二十一年邾庶其以漆閭邱來奔左氏曰庶其非卿也公羊曰邾庶其者何邾婁大夫也二十三年邾婁鼻我來奔杜注卑我是庶其之黨同有竊邑叛君之罪公羊作鼻我邾婁大夫也穀梁作畀七十九字官本云據文義乃舊時繁露注文原本他本俱作正字今校正輿案天啟本無此文尚不誤

春秋繁露義證卷第九

春秋繁露義證卷第十

漢廣川董仲舒撰

平江蘇　輿學

深察名號第三十五

本書郊語篇聖人正名名不虛生天地陰陽篇名號之由人事起也儀禮喪服傳名者人治之大者也左氏傳名以制義釋名名明也名實使分明尹文大道篇形以定名名以定事事以檢名察其所以然則形名之與事物無所隱其理矣名有三科一曰命物之名方圓白黑是也二曰毀譽之名善惡貴賤是也三曰況謂之名賢愚愛憎是也案名家之學以綜微覈實爲功以正名析詞爲本此卽名學也荀子亦有正名篇春秋治人必先正名穀梁于五石六鷁之詞發其微公羊學蓋與之同

治天下之端在審辨大辨別也審事物之所以別異與其大綱故曰辨大下云目者徧辨其事凡者獨舉其大正釋二字之義事能辨則治故辨亦可訓治書曰辨章百姓史記禮書治辨之極也荀子禮論君者治辨之主也楊注謂能治人

使有辨別也又見王霸榮辱等篇蓋辨者治之條理大者治之要綱禮樂記其功大者其樂備其治辨者其禮具亦以辨大對文或以辨大爲辨其大者失之矣**辨大之端在深察名號**荀子正名篇今聖王沒名守慢奇辭起名實亂則雖守法之吏誦數之儒亦皆亂也若有王者起必將有循於舊名有作於新名然則所爲有名與所緣以同異與制名之樞要不可不察也異形離心交喻異物名實玄紐貴賤不明同異不別如是則志必有不喻之患而事必有困廢之禍故智者爲之分別制名以指實上以明貴賤下以辨同異貴賤明同異別如是則志無不喻之患事無困廢之禍此所爲有名也**名者大理之首章也**理者分也見樂記鄭注又白虎通云禮義者有分理分者必有以括之首章所以括其大分也古人著書當有綱領列之首章故此言事物有名猶大理之首章也後人議事亦以首章爲綱要**錄其首章之意以窺其中之事則是非可知逆順自著其幾通於天地矣是非之正取之逆順逆順之正取之名號名號之正取之天地天地爲名號之大義也**釋名天顯也在上高顯也地底也其體底下載萬物也案崇效天卑法地君臣父子夫婦之義皆本於此聞其名則喻其實逆夫人心之所受則禮

法可以爲禁故分曰名分教曰名教分與教皆生於名俾天下懍然而不敢犯此此治世之要樞也略視名號而世變亟矣古之聖人謞而效天地謂之號○盧云謞舊音火角切案集韻許教切大嗥也莊子齊物論激者謞者釋文云謞音孝李軌虛交反此與效號聲相諧則當從釋文集韻所音爲得之鳴而施命謂之名中論貴驗篇引子思日事自名也聲自呼也○盧云施命舊本倒作命施非名之爲言鳴與命也號之爲言謞而效也此以聲爲訓謞而效天地者爲號鳴而命者爲名名號異聲而同本皆鳴號而達天意者也○盧云鳴號之號平聲亦疑本是謞字天不言使人發其意弗爲使人行其中名則聖人所發天意不可不深觀也名起於字積字爲名故名亦訓字字所以別事物明上下其造作本於天意故造書者謂之聖人受命之君天意之所予也故號爲天子者宜視天如父事天以孝道也敬天法祖愛民是謂天子之孝○視淩本作事號爲諸侯者宜謹視所候奉之天子也白虎通爵篇侯者候也候逆順也公羊疏

引元命苞云侯之言候候逆順兼伺候王命**號爲大夫者宜厚其忠信敦其禮義使善大於匹夫之義足以化也**白虎通爵篇大夫之爲言大扶扶進人者也故傳曰進賢達能謂之卿大夫案此別一義**士者事也**白虎通爵篇士者事也任事之稱也說文士事也數始於一終於十从十一孔子曰推十合一爲士**民者瞑也士不及化可使守事從上而已**士者民之秀者也民亦其有士之材質但未及盡化於道不能達事理塵可使靜守法制從上令而已合天下之眾百姓固宜有此賢愚差等子曰民可使由之不可使知之正此義也論語鄭注民冥也其見人道遠由從也言王者設教務使人從之若皆知其本末則愚者或輕而不行案鄭注所言近於術不如董義之純程子已陰闢之朱子釋論語云民可使之由於事理之當然而不能使之知其所以然正用董義賈子大政篇夫民之爲言也瞑也萌之爲言也盲也故惟上之所扶而以之民無不化也故曰民萌民萌哉直言其意而爲之名也夫民者賢不肖之材也賢不肖皆具焉史記禮書人域是域此域衍文字士君子也外是民也知士民以德與學分○官本云他本下衍丑字**五號自讚各有分**自天子至於民各有分義**分中委曲曲有名**分中各有應盡之職事得其委曲然後可以各

稱其名矣下曲字疑各之誤名眾於號號其大全凡猶大名也者名其別離分散也萬物總總藉名以散殊之○上名字天啟本作瞑淩本同今從盧本兪云此本作號其大全名其別離分散也故下文曰號凡而略名詳而目正承此而言瞑也者三字當在上文案上文云士者事也民者瞑也士不及化可使守事從上而已此下當有瞑也者云云乃釋民者瞑也之義傳寫奪之又誤著在後耳號凡而略名詳而目疑作名目而詳僖五年傳一事而再見者前目而後凡也亦以凡目對舉案傳無號名之分惟穀梁桓二年郜大鼎傳引孔子曰名從主人物從中國而襄五年善稻傳昭元年大原傳竝作號從中國名從主人此以名號分釋亦春秋家說目者徧辨其事也凡者獨舉其大也○天啟本事作大淩本徧作偏官本大下有事字云他本無大字享鬼神者號者與之同○官本云他本無者字一曰祭祭之散名春曰祠夏曰礿秋曰嘗冬曰烝桓七年傳獵禽獸者號一曰田田之散名春苗秋蒐冬狩夏獮祭與田所謂凡也號也祠礿嘗蒸苗蒐狩獮所謂目也名也舉此爲例爾盧云此從公羊說故與周禮左氏傳爾雅異然公羊桓四年傳竝無夏獮之文何休

云不以夏田者春秋制也以謂飛鳥未去於巢走獸未離於穴恐傷於幼穉故於苑囿中取之則此夏獮二字當是後人妄加以爲衍文可也輿案說苑修文篇春秋曰正月公狩於郎傳曰春曰蒐夏曰苗秋曰獮冬曰狩苗者奈何曰苗者毛也取之不圍澤不掩羣取禽不麛卵不殺孕重者春蒐者不殺小麛及孕重者冬狩皆取之百姓皆出不失其馳不抵禽不詭遇逐不出防此苗獮蒐狩之義也故苗獮蒐狩之禮簡其戎事也故苗者毛取之蒐者搜索之之狩者守畱之夏不田何也曰天地陰陽盛長之時猛獸不攫鷙鳥不搏蝮蠆不螫鳥獸蟲蛇且知應天而況人乎哉是以古者必有豢牢其謂之畋何聖人舉事必反本五穀者以奉宗廟養萬民也去禽獸害稼穡者故以田言之聖人作名號而事義可知也案向用穀梁當爲春田夏苗秋蒐冬狩今雖不釋獮義而列獮名必有所本孔廣森以爲周禮四時皆田傳舉三時者諸侯之制闕一以下于王据繁露證公羊師說亦有四時田然則夏獮非衍文也又大傳云鮮者何也秋取嘗也秋取嘗何以也習鬥也鮮獮字同御覽八百三十一引韓詩內傳春曰畋夏曰獀秋曰獮冬曰狩是亦今文說有獮號之證

無有不皆中天意者物莫不有凡號號莫不有散名如是

荀子正名篇散名之加於萬物者則從諸夏之成俗曲期遠方異俗之鄉則因之而爲通散名之在人者生之所以然者

謂之性性之和所生精合感應不事而自然謂之性性之好惡喜怒哀樂謂之情情然而心爲之擇謂之慮心慮而能爲之動謂之僞慮積焉能習焉而後成謂之僞正利而爲謂之事正義而爲謂之行所以知之在人者謂之知知有所合謂之智智所以能之在人者謂之能能有所合謂之能性傷謂之病節遇謂之命是散名之在人者也是後王之成名也故王者之制名名定而實辨道行而志通則慎率民而一焉**是故事各順於名名各順於天天人之際合而爲一**聖人因天以制名後王循名以責實實治所以事天**同而通理動而相益順而相受謂之德道**德道猶道德**詩曰維號斯言有倫有迹此之謂也**盧云今詩作有倫有脊輿案迹脊字通義同毛傳倫道脊理也王篇迹跡也理也鄭箋維民呼號而發此言皆有道理所以至然者非徒苟妄爲誣辭案董以號爲名號輿鄭異然以之解詩義尤婉曲言古之君子順名號而發言皆有倫理不相誣妄哀今之人胡爲如虺蜥然詭言誣陷變亂是非使人局蹐天地之間也故下文云欲審是非莫如引名○天地陰陽篇名者所以別物也至復而不厭者道也一段疑是此處文

深察王號之大意其中有五科淩云後漢桓譚傳校定科比注科謂事條輿案號其凡也科其目也

君王各科並依聲起可以識文字聲義相生之旨皇科方科匡科黃科往科合此五科以一言謂之王積五義而成一字王者皇也王者方也王者匡也王者黃也王者往也是故王意不普大而皇○天啟本無而字淩本同則道不能正直而方白虎通號篇皇者何謂也亦號也皇君也美也大也天人之總美大之稱也時質故總言之也號之爲皇者煌煌人莫違也煩一夫擾一士以勞天下不爲皇也不擾匹夫匹婦故爲皇道不能正直而方則德不能匡運周徧廣雅釋詁匡滿也德不能匡運周徧則美不能黃白虎通黃者中和之色自然之性萬世不易又云美者在上黃帝始制法度得道之中萬世不易後世雖聖莫能與同也通典注云黃者中和美色黃承天德最盛湻美易文言君子黃中通理正位居體美在其中而暢於四肢發於事業美之至也所云美在其中正謂黃中董此言葢本易義美不能黃則四方不能往四方不能往則不全於王言於王道有缺○官本云他本則下衍可字故曰天覆無外地載兼愛盧云本亦作兼受謂地能持載又能容納義亦可通風行令

而一其威兩布施而均其德王術之謂也

深察君號之大意其中亦有五科元科原科權科溫科羣科合此五科以一言謂之君君者元也君者原也○官本云他本缺此四字君者權也君者溫也君者羣也是故君意不比於元則動而失本對冊云春秋謂一爲元者視大始而欲正本也動而失本則所爲不立所爲不立則不效於原本書玉英篇元猶原也其義以隨天地終始也案原元一義而分別言之者元是正本之義原是不息之義故下云自委舍不效於原則自委舍盧云委舍即委卸也自委舍則化不行用權於變則失中適之宜經所不及則以權平之是權亦中也若以行權爲濟變則必至于失中盧云用權於變上有脫文失中適之宜則道不平德不溫道不平德不溫則衆不親安衆不親安則離散不羣離散不羣則不全於君○以上文例之此處文未完玉英篇是故治國之端在正名名之正興五

世五傳之外美惡乃形可謂得其眞矣非子路之所能見三十六字當爲本篇錯簡或卽是此處文

名生於眞○天啟本不提行淩本同**非其眞弗以爲名名者聖人之所以眞物也**管子心術篇名者聖人之所以紀萬物也荀子正名篇名者所以期累實也**名之爲言眞也**先有物而後有名象形而爲字辨聲以紀物及其繁也多所假借原其始皆以其眞**故凡百譏有黮黮者各反其眞則黮黮者還昭昭耳**說文黮桑葚之黑者廣雅黑也因桑葚黑引申爲凡黑之稱說文口部名自命从口从夕夕者冥也冥不相見故以自名案冥亦取黮義凌云文選注聲類曰黮深黑色**欲審曲直莫如引繩**禮經解繩墨誠陳不可欺以曲直荀子勸學篇木受繩則直**欲審是非莫如引名名之審於是非也猶繩之審於曲直也詰其名實觀其離合則是非之情不可以相讕已**名與實相麗故詰名實而義之爲離爲合可見盧云玉篇讕落干力但二切誣言相加被也輿案天啟本讕下注云力但切誣言相加案說文讕詆讕也類篇引詆作抵又云詆讕誣言也漢書文三王傳王陽被詆讕顏注誣諱也谷永傳欲末殺災異滿

讕誣天此云相讕猶言相誣情猶實也○俞云此下當接春秋辨物之理至五石六鷁之辭是也六十三字下有脫簡在玉英篇其文曰是故治之端在正名至非子路之所能見三十六字深察名號篇至此已畢篇首云治天下之端在審辨大辨大之端在深察名號末云是故治國之端在正名首末正相應也今定其文當云詰其名實觀其離合則是非之情不可以相讕已春秋辨物之理以正其名名物如其眞不失秋毫之末故名霣石則後其五言退鷁則先其六聖人之謹於正名如此君子之於其言毋所苟而已五石六鷁之辭是也是故治國之端在正名名之正興五世五傳之外美惡乃形可謂得其眞矣非子路之所能見

今世闇於性言之者不同胡不試反性之名性之名非生與此以字形言也論語公冶長皇疏性生也樂記鄭注性之言生也古亦通用周禮大司徒辨五土之物生杜子春讀生爲性大戴記君子之性非異也荀子勸學篇性作生秦策生命壽長史記范雎傳生作性莊子達生篇達生之情者不務生之所無以爲淮南生作性又莊子德充符幸能正生以正衆生正生謂正性也大宗師篇相遺乎道者無事而生定生定謂性定也晏子春秋問上地不同生謂不同性也皆借字此類甚多

如其生之自然之資謂之性莊子庚桑楚及孝經緯皆以性爲生之質而莊

子則陽篇以生而美者喻聖人愛人之性尤與此旨適合蓋莊亦主性善也告子云生之謂性荀子正名篇云生之所以然者謂之性性之和所生精合感應不事而自然謂之性白虎通性情篇性者生也韓愈云性者與生俱生並與此同朱子云性者人之所得於天之理生者人之所得於天之氣伊川亦云性即理因分理與氣為二始分生與性為二故又云言人性善性之本也生之謂性論其所稟也孔子言性相近若論其本豈可相近只論其所稟也又云生之謂性止訓所稟受也天命之謂性此言性之理也明道則云生之謂性性即氣氣即性生之謂也所言與此合

性者質也此以字義言宋儒所謂氣質之性本此禮樂記民有血氣心知之性血氣心知其質也孝經鉤命決性者生之質此語鄭君取以注中庸天命之謂性若木性則仁金性則義火性則禮土性則信水性則智也荀子云情者性之質也國語齊語韋注質性也案董謂性情為一瞑荀以性為惡故以情為性質不知性亦質也孝經云毀不滅性

詰性之質於善之名能中之與中猶合也**既不能中矣而尚謂之質善何哉性之名不得離質離質如毛則非性已不可不察也**如毛言其微言略離質則非性董所謂性專就氣質言○俞云此下當接栣眾惡於內云云自此以下即為實性上篇董子論性必反求諸性

之名故曰性之名非生與論心必反求諸心之名故曰心之爲名栣也蓋古人言義理不離聲音訓詁即孔子正名之義實性篇與深察名號篇所以相次也後人因兩篇之文有相近者遂將篇首今世闇於性云云誤羼入深察名號篇春秋辨物之理一節之上而兩篇遂不可分矣今定此爲實性上篇而孔子曰名不正則言不順以下則爲實性下篇庶不失董子之舊乎輿案荀子正名篇亦言性情則此在深察名號中不誤但文有錯簡耳實性篇中語多與此複疑出後人綴輯俞分爲上下篇似未當也

春秋辨物之理以正其名名物如其眞不失秋毫之末故名霣石則後其五言退鷁則先其六聖人之謹於正名如此君子於其言無所苟而已莊十一年譚子奔莒傳國已滅矣無所出也何注別於有國出奔者孔子曰君子於其言無所苟而已矣**五石六鷁之辭是也**僖十六年穀梁傳君子之於物無所苟而已石鶂且猶盡其辭而況於人乎故五石六鶂之辭不設則王道不亢矣此義與之合蓋師說同也孔叢子平原君曰至精之說可得聞乎答曰其說皆取之經傳不敢以意春秋記六鷁退飛覩之則六察之則鷁

栣眾惡於內弗使得發於外者心也盧云栣說文作栠如甚切弱皃

蓋惡强肆見於外故欲馴之使無暴卽下云損其欲輟其情者是也俞云王本注云栣疑衽衽如甚切榒也然衽不訓榒說文木部栠弱貌則榒仍衽字之訓耳非其旨也今案衽者衣襟也襟有禁禦之義釋名釋衣服襟禁也交於前所以禁禦風寒也衽亦有任制之義釋名釋喪制小要又謂之衽衽任也任制際會使不解也任制與禁禦其義相通栣眾惡於內弗使得發於外正取任制之義下文曰天有陰陽禁人有情慾栣栣禁對文然則栣卽禁也亦猶衽卽襟也原注所訓未達其旨輿案天啟本注云栣疑衽如甚切㑭也案㑭當爲弱淮南詮言訓注衽柔弱也**故心之爲名栣也人之受氣苟無惡者心何栣哉**此以聲言之心息林切栣如甚切古音同在七部白虎通性情篇心之爲言任也任于思也廣雅釋親心任也任栣亦同聲字言性固有善質而受氣未嘗無惡其卒能栣之者則仍善質爲之子曰苟志於仁矣無惡也惡非聖人所諱但苟偏以性爲惡則失之耳**吾以心之名得人之誠**誠猶實也言因名以得其實**人之誠有貪有仁仁貪之氣兩在於身**氣卽質也仁善貪惡此言善惡皆具於身非謂有惡無善也論衡本性篇云周人世碩以爲性有善有惡舉人之善性養而致之則善長性惡養而致之則惡長如此則情性各有陰陽善惡在所養焉作養書一篇宓子賤

漆雕開公孫尼子之徒亦論情性與世子相出入皆言性有善有惡董旨蓋與之近孔子言性近習遠相近者亦以性兩有仁貪之氣所稟不齊但相近而已故朱子以為兼氣質言是董說與孔子合也程子則謂孔子非言性之本豈有聖人之言獨遺其本者哉黃震云言性之說至本朝而精以善者為天地之性以不能盡善者為氣質之性此說既出始足完孟子性善之說世之學者乃周此陰陋吾夫子之說而不敢明言其非則曰性相近是指氣質而言若曲為之回護者則孟子之言性何其精而夫子之言性何其粗耶竊意天命之謂性所謂天地之性是推天命流行之初而言也推性之所從來也所謂氣質之性是指既屬諸人而言也斯其謂之性者也夫子之言性亦指此而已本朝之言性特因孟子性善之說揆之人而不能盡合故推測其已上者以完其義耳言性豈有加于夫子之一語哉案黃氏亦調停之說荀子偏言性惡與董殊科而後人同稱董荀非其實矣司馬光性辨云孟子以仁義禮智皆出乎性者也不知暴慢貪惑亦出乎性又楊子修身篇云人之性也善惡混修其善則為善人修其惡則為惡人司馬光注亦云孟以為性善其善者外物誘之也荀以人性惡其善者聖人教之也是皆得其一偏而忘其本實性者人之所受於天以生善與惡必兼有之猶陰之與陽也是故雖聖人不能無惡雖愚人不能無善其所受多少之間則殊矣必曰聖人無惡則安用學必曰愚人無善則安用教譬之於田稻粱藜秀相與並生善治田者耨其藜秀而養其稻粱不善治田者反之楊子以人之性善惡混混者善惡雜處於心之謂也顧人所擇而修之何如耳正用董說程子宗孟子言性善而云性無不善而有不善者才也性卽是理理則自堯舜至于塗人

一也才稟於氣氣有清濁稟其清者爲賢稟其濁者爲愚學而知之則氣無清濁皆可至於善而復性之本湯武身之是也孔子所言下愚不移者則自暴自棄之人也又曰人生氣稟理有善惡然不是性中元有此兩物相對而生也有自幼而善有自幼而惡是氣稟有然也善固性也然惡亦不可不謂之性也又云天下善惡皆天理謂之惡者非本惡但或過不及便如此興案程云氣有清濁卽此所云仁貪之氣兩在於身而所云惡亦不可不謂之性尤與本篇脗合但添出理字以性之本詮性善而言理又反而求之有生以前故程子又云人生而靜以上不容說才說性時便已不是性所以救其說之窮也然不如言理善而性有善惡之爲直捷矣張子亦云形而後有氣質之性善反則天地之性存焉氣質之性君子有勿性者焉夫善反是也有性有勿性分別爲二理似難通若善是天地之性一成人形卽有氣質之善惡雜又何必言人性善乎程子駁王介甫因物之性而生之直內之敬也云是物先有性然後坤因而生之可乎案如張子言是性先有性也其可乎朱子云氣質所稟雖有不善不害性之本善正所謂仁貪兩備但亦離氣質與性而二之又云性雖本善不可無省察矯揉之功矯揉二字取荀之隱括烝矯云矯揉則知性未全善仍與董說合矣夫性具於生初有形斯有質有質斯有氣離氣質與性而二之說之所以日紛也王陽明以爲無善無惡性之體有善有惡性之用亦因宋儒二性之說而小變之鄭注禮

運故人者其天地之德數語云言人兼此氣性純也又注故人者天地之心也數語云此言兼氣性之效可見漢儒論性皆兼言氣**身之名取諸天天兩有陰陽之施身亦兩有貪仁之性天有陰陽禁身有情欲栣與天道一也**天道好陽而惡陰此云陰陽禁蓋謂禁陰不使干陽文便耳栣情欲之惡不使傷善斯善勝矣治己之所以貴克也阮元性命古訓引西伯戡黎不虞天性鄭注云不度天性又引召誥云節性惟日其邁解之云度性與節性同意言節度之也又云性中有味色聲臭安佚之欲是以必當節之輿謂虞之節之正合此性有仁貪之說栣其情欲正節度之實功也易言成性盡性詩言彌性孟子言忍性皆此誼**是以陰之行不得干春夏而月之魄常厭於日光乍全乍傷**凌云月令疏月爲陰精日爲陽精故周含云日猶火月猶水火則外光水則辟景故月光生於日所照魄生於日所蔽當日則光盈就日則光盡〇黃氏日鈔作乍傷作全**天之禁陰如此安得不損其欲而輟其情以應天天所禁而身禁之故曰身猶天也**語亦見人副天數篇**禁天所禁非禁天也**天禁陰而身禁貪是禁天之所當禁非自禁其身使之束

縛也故曰非禁天○官本云他本非下無禁字**必知天性不乘於教終不能栣**荀子云枸木必將待檃括烝矯然後直鈍金必將待礱厲然後利今人之性惡必將待師法然後正得禮義然後治今人無師法則偏險而不正無禮義則悖亂而不治古者聖王以人之性惡以爲偏險而不正悖亂而不治是以爲之起義理制法度以矯世人之情性而正之以擾化人而導之也始皆出於治合於道者也董荀言性不盡同而歸重政教則一也天性二字疑情欲之誤天性不當言栣**察實以爲名無教之時性何遽若是**○盧云舊本性字下有禁天所禁非天也七字係因上文而衍本無者是何遽舊本作何據下篇又作何處皆訛今改正**故性比於禾善比於米米出禾中而禾未可全爲米也善出性中而性未可全爲善也**此言善出性中但未全耳非謂性本惡而別取善以矯之所由與荀子異也本書言性善者多矣實性篇云性有善質而未能爲善也玉英篇云凡人之性莫不善義又云爲而安性平心者經禮也竹林篇云天之爲人性命使行仁義而羞可恥又云今善善惡惡好榮憎辱非人能自生此天施之在人者也盟會要篇云天下者無患然後性可善正貫篇云是知引其天性所好而壓其情之所憎也立元神云無孝弟則忘其所以

生皆以性爲善之徵惟性有善端故教易成惟善而不全故非教不可善與米人之所繼天而成於外非在天所爲之內也此所謂善成德之謂乃若其端則固在天之內故可繼而成易曰繼之者善也成之者性也正合此義○官本云他本在天倒天之所爲有所至而止有善之端而已止之內謂之天性○天啟本作天之性宋實性篇無性字止之外謂之人事謂政教事在性外而性不得不成德人事雖在性外而有性中之善端故易以成德民之號取之瞑也使性而已善則何故以瞑爲號以賓者言官本云他本作以賓言者輿案當作以瞑言者胡思敬云賓作瞑言屬下讀亦通弗扶將則顛陷猖狂安能善○天啟本無則字凌本同性有似目目臥幽而瞑凌云文選李善注瞑古眠字待覺而後見當其未覺可謂有見質而不可謂見今萬民之性○盧云今萬民之字下俗間本誤以下文言無驗之說至故謹於正名名非四百六字隔性字之上今从官本移正有其質而未能覺譬如瞑者待覺教之然後善當其

未覺可謂有善質而不可謂善○天啟本質上無善字淩本同與目之瞑而覺一概之比也說文斅覺悟也从教冂冂尚矇也釋名瞑泯也無知泯泯也按矇瞑一義程子云人之知識未嘗不全其蒙者猶寐也呼而覺之斯不蒙矣又朱子論語注人性皆善而覺有先後後覺者必效先覺之所爲乃可以明善而復其初也蓋本於此賈子先醒篇懷王問賈君曰人謂知道者先生何也曰爲先醒也世主未學忳忳然猶醉也學問不倦昭然先寤故曰先醒韓詩外傳六問者曰古之知道者曰先生何也猶言先醒也靜心徐察之其言可見矣性而瞑之未覺盧云而與如通天所爲也效天所爲爲之起號故謂之民民之爲言固猶瞑也○宮本云他本猶誤作有隨其名號以入其理則得之矣是正名號者於天地天地之所生謂之性情爲人者天篇人之性情有由天者矣性情相與爲一瞑情亦性也謂性已善奈其情何白虎通性情篇六情者何謂也喜怒哀樂愛惡謂六情所以扶成五性禮記疏引賀瑒云性之於情猶波之於水靜時是水動則是波靜時是性動則是情韓愈云情者接於物而生也程子云或

問性善而情不善乎曰情者性之動也要歸之正而已亦何得以不善名之孟子乃若其情則可以爲善矣朱子注云情者性之動也人之情本但可以爲善而不可以爲惡則性之本善可知輿案孟子意言雖惡人而有可以爲善之情是亦善也非謂不可以爲惡其云人無有不善者謂雖有不善而仍皆有善端也若性情皆不可爲惡惡惡於何起乎此云性情一瞑是謂性與情皆中含善質而情欲所發不全於善非有教以繼之則善不可葆謂性已善則情亦已善必不然矣已與未對文知情有未善則知性亦未善亦非謂性情皆惡也荀子云堯問舜曰人情何如舜對曰人情甚不美又何問焉妻子具而孝衰於親嗜欲得而性衰於友爵祿盈而忠衰於君人之情乎甚不美又何問焉荀專以情爲惡不如董說周備程子又云纔有生識便有性有性便有情無性安得情又云人性中只有四端又豈有許多不善底事然無水安得波浪無性安得情與董合

故聖人莫謂性善累其名也聖人謂孔子性善之說始孟子**身之有性情也若天之有陰陽也言人之質而無其情猶言天之陽而無其陰也**白虎通性情篇性者陽之施情者陰之化也故鉤命決曰情生於陰欲以時念也性生於陽以就理也陽氣者仁陰氣者貪故情有利欲性有仁也說文云情天之陰氣有欲者性人之陽氣

性善者也論衡本性篇仲舒覽孫孟之書作情性之說曰天之大經一陰一陽人之大經一情一性性生於陽情生於陰陰氣鄙陽氣仁曰性善者是見其陽也謂惡者是見其陰者也若仲舒之言謂孟子見其陽孫卿見其陰也處二家各有見可也不處人情性情性有善有惡未也夫人情性同生於陰陽其生於陰陽者有渥有泊玉生于石有純有駁性情于陰陽安能純善語疑有誤仲舒之言未能得實所引董說與今書異充意以爲性情有善有惡非性純善而情純惡也案陽尊陰卑篇云善之屬盡爲陽惡之屬盡爲陰固以陰陽分善惡矣此篇以天禁陰與人椎情欲對舉是亦以陰喻情然又云身亦兩有仁貪之性又云性情一瞑情亦性也則是謂性與情同出于質情有貪欲即性有仁不能無貪之證猶天之有陽即有陰似非以情截然屬陰屬惡性截然屬陽屬善充之所云未足爲難然董說性情兩有貪仁而以陰喻情者情欲之貪易見性中之仁難顯耳本性篇又引劉子政云性生而然者也在于身而不發情接于物而然者也出形于外形外則謂之陽不發者則謂之陰案劉以性爲陰情爲陽與董不同而以陰陽言情性則本於董

窮論者無時受也以此窮論者不能受駁詰**名性不以上不以下以其中名之**盧云絕句本或作中民之性連下讀下篇如此然此處非也與案天啟本不誤此適合孔子之旨所謂上智與下愚不移

也劉原父公是先生弟子記云永叔問曰人之性必善然則孔子所謂上智與下愚可乎劉子曰可智愚非善惡也興謂原父說是矣然上智得天厚而清則不墮於惡下愚得天薄而昏則終自絕于善故不可名性上者不待教下者不可教賈子連語篇所謂材性上主不足憂材性下主不可勝憂可憂者惟中主也禮中庸孔疏云得其清氣備者則爲聖人得其濁氣簡者則爲愚人降聖以下愚人以上所稟或多不可言一故分爲九等孔子云唯上智與下愚不移二者之外逐物移矣故論語云性相近習相遠也亦据中人七等也論衡本性篇云孟軻言人性善者中人以上者也孫卿言人性惡者中人以下者也楊雄言人性善惡混者中人也韓愈原性云性之品有上中下三上焉者善焉而已矣中焉者可導而上下也下焉者惡焉而已矣蓋即本此爲說下篇云聖人之性不可以名性斗筲之性又不可以名性名性者中民之性詞義尤顯後漢書楊終傳云上智下愚謂之不移中庸之民要在教化申鑒政體篇云教化之廢推中人而墜於小人之域教化之行引中人而納於君子之塗亦是此義

性如繭如卵卵待覆而成雛○天啟本覆作復淩本同**繭待繅而爲絲性待教而爲善此之謂眞天**迨其全善則合乎天矣故云眞天朱一新云董子長於言陰陽五行而短於言性知性禾善米亦知禾之中固有米而無

稂莠乎知性如繭如卵卵亦知絲在繭中苟無絲何有繭雛在卵中苟無卵何有雛乎卵之不能爲雛繭之不能爲絲理也惟性之不能爲惡亦理也謂性與善各有主名不容以性爲善然則性與惡亦各有主名獨可以性爲惡乎有物必有則猶之有繭必有絲有卵必有雛也繼之者善成之者性人性之善猶水之就下聖賢所斤斤致辨者曷嘗混性與善而爲一如欲深察名號則水自就下不可卽以水爲下容得謂水之不就下乎性自皆善不可卽以性爲善容得謂性之非本善乎譬諸繭自出絲卵自出雛不可卽以繭爲絲以卵爲雛容得謂繭非始於絲卵非始於雛有雛種而後成卵有絲種而後成繭有繼善而後成性是董子之言反若與孔孟相發明而又何疑焉且董子明陰陽五行旣知身有性情猶天之有陰陽盍亦思陰助陽以生物陽之德固主生而不主殺乎謂性不皆善是必天地不以生物爲心而後可也天道無不善則稟乎天以爲性者安有不善董子但知善出於性而不知性實出於善已顯與繫辭相悖乃漫援善人有恒爲喻善人者成德之稱豈性善之謂乎輿案朱說辨矣但董未嘗以性爲惡未嘗以性爲非本善亦未嘗以爲性不皆善但以爲性未全善而有善之端待於教而後成如卵不能自爲雛繭不能自爲絲耳與荀所謂性惡絕異朱以董荀同詆蓋誤讀劉向荀子序向序云孟子者亦大儒以人之性善孫卿後孟子百餘年孫卿以爲人之性惡故作性惡一

篇以非孟子云云下又云至漢興江都相董仲舒亦大儒作書美孫卿向意謂董先生言王道羞五伯與荀卿同非關性惡旨也至性之不能爲惡此朱子之說孟子所不言輿竊有疑焉無卵則無雛無絲則無繭性無善則不能成善理也然荀性不能爲惡又何以有惡乎孟子以人之可使爲不善比之激水又曰誦桀言行桀行是桀而已又曰人之所以異於禽獸者幾希又曰操之則存舍之則亡其危如此今曰性不能爲惡是怠人修省而使之自放曰任吾性自然固不能爲惡也彼有治世長民之責者亦且曰民性固不能爲惡無待吾之敎化政令也又安取矯揉之說乎且董云性未全善未嘗云性可以爲不善則更無所用其疑辨蓋其與孟異者在善之分量不在性之善惡孟子言惻隱羞惡恭敬是非之心人皆有之又云凡有四端于我者知皆擴而充之所謂人皆有之卽謂人皆有善端擴而充之是卽不全於善有待於已之擴充與董云待敎而爲善何異至繫辭繼善之語董前引原不相悖善人成德之稱則董所自詮如此尤不足以相難韓詩外傳云繭之性爲絲弗得女工燔以沸湯抽其統理不成爲絲卵之性爲雛不得良雞覆伏孚育積日累久則不成爲雛夫人性善非得明王聖主扶攜內之以道則不成爲君子又淮南泰族訓載此數語亦大同是董子此喩本古說也

天生民性有善質而未能善此語最晰未能者勉人之詞**於是爲**

之立王以善之此天意也此董子勸時主以敎化厚俗之意自春秋以來王敎廢墜在下之君子起而明之而其力常微董生歸敎化之責于王欲政敎合一而其化易行也管子云君道立然後下從下從然後敎可立而化可成也亦此意

民受未能善之性於天而退受成性之敎於王王承天意以成民之性爲任者也對冊云天令之謂命命非聖人不行質樸之謂性性非敎化不成人欲之謂情情非制度不節是故王者上謹於承天意以順命也下務明敎化民以成性也正法度之宜別上下之序以防欲也脩此三者而大本舉矣○盧云本或作以成民之善性爲任也今從大典本

今案其眞質而謂民性已善者是失天意而去王任也萬民之性苟已善則王者受命尙何任也盧云此也讀若耶本亦作矣輿案孟子重學故謂人性本善皆可爲堯舜所以歆動學者也董子重政故謂人性未能善待王者而後成所以歆動爲君師者也孟子生當戰代値人心陷溺已深上無所冀於明王故立詞不同而扶世之心不異

其設名不正故棄重任而違大命非法言也大疑作天

春秋之辭內事之待外者從外言

之如夷伯之廟內事也待雷而後震則先書震以起外詞宋之有螺內事也待雨而後墜則先書雨以起外詞皆其例也今萬民之性待外教然後能善善當與教不當與性性之不關人事者不必辨也以善與教則教者奮而無教者知危與性則多累而不精謂設名多累自成功而無賢聖此世長者之所誤出也非春秋爲辭之術也凌云韓子曰厚重日尊謂之長者○官本云者他本作古不法之言無驗之說君子之所外何以爲哉荀子正名篇無稽之言不見之行不聞之謀君子慎之○官本云他本誤接未行所始如之何十一字於不法之下或曰性有善端心有善質尚安非善應之曰非也繭有絲而繭非絲也卵有雛而卵非雛也比類率然有何疑焉有同又天生民有六經疑有誤字或云六當爲大言性者不當異然其或曰性也善也蓋已之誤董意不在性善性惡而在已善未善之判若與性善對舉則下當云性不善矣或曰性未善則所謂善者各異意也性有善端動之愛

父母動疑作童孟子孩提之童無不知愛其親也動或書作動因下文有動其端之語遂誤爲動矣善於禽獸則謂之善此孟子之善○天啟本作言淩本同循三綱五紀白虎通號篇古之時未有三綱六紀又綱紀篇三綱者何謂君臣父子夫婦也六紀者謂諸父兄弟族人諸舅師長朋友也故含文嘉曰君爲臣綱父爲子綱夫爲妻綱又曰敬諸父兄諸父有善諸舅有義族人有序昆弟有親師長有尊朋友有舊何謂綱紀綱者張也紀者理也大者爲綱小者爲紀所以張理上下整齊人道也人皆懷五常之性有親愛之心是以綱紀爲化若羅綱之有紀綱而萬目張也詩云亹亹文王綱紀四方又云六紀爲三綱之紀者也案三綱又見本書基義篇太玄云三綱得於中極漢谷永云動三綱之嚴蓋本於此五紀據白虎通本作六紀然莊子盜跖篇云子張曰子不爲行卽將疏戚無倫貴賤無義長幼無序五紀六位將何以利乎則古人亦自有五紀之稱周語五義紀宜韋注五義謂父義母慈兄友弟恭子孝未知卽此五紀否通八端之理孟子四端仁義禮智此云八端未詳忠信而博愛敦厚而好禮乃可謂善此聖人之善也是故孔子曰善人吾不得而見之得見有常者斯可矣○天啟本常作恒淩本同由是

觀之聖人之所謂善未易當也○盧云本或作亦未易當也非善於禽獸則謂之善也使動其端善於禽獸則可謂之善善奚爲弗見也奚上疑有人字夫善於禽獸之未得爲善也猶知於草木而不得名知○上知讀智官本下有於字云知於他本作之有萬民之性善於禽獸而不得名善十三字疑衍知之名乃取之聖知疑作善○官本云他本知之倒聖人之所命天下以爲正正朝夕者視北辰正嫌疑者視聖人聖人以爲無王之世不教之民莫能當善○盧云民上舊本有名字係衍文善之難當如此而謂萬民之性皆能當之過矣質於禽獸之性則萬民之性善矣質於人道之善則民性弗及也萬民之性善於禽獸者許之此許孟子之所謂善也聖人之所謂善者弗許吾質之命性者異孟子孟子下質於禽獸之所爲故曰性已善

吾上質於聖人之所爲，故謂性未善。凌云：謂性善則民思盡性矣，謂性未善則民思化性爲善矣。上質下質雖不同，其待上明善則一也。輿案：化性出荀子性惡，故宜化性；有善則擴充之而已。凌亦誤混荀董爲一。荀子惟不知辨別及此，以孟子所云性善爲正理平治之善，故務與之相反。然云塗之人可以爲禹，皆有可以知仁義法正之質，皆有可以能仁義法正之具，固知性有善端矣。董子此數語，足使孟義豁如。黃震反据此譏其未明本然之性，是習于程張分天地氣質爲二性者也。**善過性，聖人過善。**以名言之，善過於性，聖過於善。**春秋大元，故謹於正名。名非所始，如之何謂未善已善也。**張惠言云：救世之論，與孟子並行不悖。輿案：未善二字當衍。本篇固云性未可全爲善，又云性有善質而未能善矣，至與孟子並行不悖者，荀卿性惡之說是已。董與孟異者，在解釋善名，不在論性之異。孟以性端善于禽獸，即謂之善；董以善當極於聖賢，不當名性爲善。其實一也。善於禽獸而已，故須擴充至於聖賢，故曰人皆可以爲堯舜。可以者，其質也；有待於擴充也，非謂人生而堯舜也。董所謂待教而成者，此也。性有善端，心有善質，是萬民之性異於禽獸無疑。孟子之言性是也。特董孟解善字有輕重之差耳。董習春秋，因春秋正名，論及性字善字主名之別，謂性未善，非謂性不善也。至於孟主擴充荀主矯揉董主教化其進人於善豈有異哉孫星衍原性云古之言性者多異孔子言性相近周人世碩宓子賤漆雕開公孫尼子之徒言性有善惡孟子言性善告子言人性無分於善不善荀子言性惡董仲舒言性有善質而未能盡善何以核其實也古者性與天道通不明於陰陽五行不可以言性民受天地之中以生在天曰命在人曰性故神農經言養命以應天養性以應人天爲陽主性地爲陰主情天先成而地後定故情欲後於性命五六天地之中合性有五常情有六欲五常者仁義禮智信六欲者喜怒哀樂好惡也陽者善故性善陰者欲故情有不善陽極生陰故性之動爲情陰極勝陽故情之動爲欲性動而之情變而之欲變者情也情動而有欲變而之不善化而復遷於善善者性也性對情則性爲陽情爲陰單言性則性有陰陽猶以天地言之天爲陽地爲陰以天地分言之天地各有陰陽鬼區臾言天有陰陽地亦有陰陽是也以四時言之春夏爲陽秋冬爲陰以孟仲季言之一時又各有陰陽鬼區臾言陽中有陰陰中有陽也以五行言之木火爲陽土金水爲陰以八卦言之陽木震陰木巽陽土艮陰土坤陽金乾陰金兌離火陽含陰坎水陰含陽也故言性兼陰陽者性中五常皆屬陽五常分仁禮爲陽義智爲陰信爲陽情亦有陰陽者情中六欲皆屬陰六欲又分喜好樂爲陽怒惡哀爲陰也孔子言性兼陰陽又言性善又言性待教而爲善易曰一陰一

陽之謂道成之者性也繼之者善也又曰成性存存道義之門又曰和順於道德而理於義窮理盡性以至於命又曰將以順性命之理立人之道曰仁與義夫言性中有道德有仁有義則是謂其本善言成言盡言順則待教而爲善然則孔子他日言性相近習相遠後漢書釋云言嗜欲之本同而遷染之途異其云上智與下愚者上智謂生而知之下愚謂困而不學言不移者中黄子所云人有五位智人與愚人不同位或者以智愚爲美惡誤矣賈誼引孔子曰少成若天性習慣如自然又云習與智長故切而不愧況與心成故中道若性夫言習慣如自然則非本然之性又云中道若性則非天命之性故祖伊言王不虞天性者不度其善性也惟僞尚書伊尹曰習與性成則似性中有惡魏晉人之言不足深辨矣孔子以陰陽言性者不對情而言實則性質爲陽世子之徒言性有善有惡者兼性之動而言實則情之惡荀子言性惡直誤以情爲性告子言人性無分於善不善則不分陰陽孟子言性善而良知良能亦不教之性蓋名不正則言不順善乎許叔重之言性曰人之陽氣性善者也其言情曰人之陰氣有欲者其言酒曰所以就人性之善惡夫言性陽曰善論其質也言情不曰有惡而曰有欲者欲有善有惡也言酒則言性有善惡者酒屬欲欲有善惡麥陰黍陽相得動而爲酒人之性得酒而動許君以酒觀人性據其動而言則性兼情故有善惡其善者性也惡者情之欲也謂欲

有惡而不可謂情有惡謂情有惡尤不可謂性有惡譬如夏至陰生而夏不得謂之冬冬至陽生而冬不得謂之夏也許君說本孝經鈎命決曰情生於陰性生於陽陽氣者仁陰氣者貪故情有利欲性有仁也緯書出於漢末多本孔子之言文子書曰人生而靜天之性也感物而動性之欲也管子曰凡民之生也必以正平所以失之也必以喜怒哀樂漢詔曰夫人之性皆有五常及其少長耳目牽於嗜欲故五常銷而邪心作情亂其性利亂其義張晏曰性者所受而生也情者見物而動者也董仲舒曰命者天之令也性者生之質也情者人之欲也又曰謂性已善奈其情何此言性與情皆得之矣何以言情亦有善也禮記之言喜怒哀樂曰未發謂之中發而皆中節謂之和管子曰好不迫於惡惡不失其理欲不過其情是情未嘗不善故易曰利貞者性情也孟子曰乃若其情則可以爲善矣情有善將欲與貪利亦善乎欲與貪利卽情之有喜有樂發而中節則無不善也孔子曰我欲仁又曰己欲立達而立達人大己欲立達貪利也能立達人則貪利亦善故公劉太王之好百姓同之孔子曰飲食男女人之大欲存焉欲未嘗不善也欲勝則能亂性故曰欲焉得剛又曰欲不行爲仁欲可以至於不善而欲之名則無不善也張弨雲云欲與貪利亦善語未安夫就性之善推到情之善又就情之善推到欲之善方足破浮屠斷欲去愛之說自是快論但欲字有二義我欲仁與己欲立達之欲字猶之欲爲君盡君道之欲字只作虛字解之不得與人之大欲並觀欲原在情之中未嘗不善孟子曰養心莫善于寡欲又曰無欲其所不欲夫不欲者既非善則所

欲者善矣特當寡之以養心卽所謂欲勝則能亂性也至欲之外又添出貪利二字則欲竟是私欲不得爲善貪利亢不得爲善所云公劉太王之好以爲貪利亦善之證究與上下文隔斷且未明確卽己欲立達貪利也之句亦覺未安與案本書保位權篇云聖人之制民使之有欲不得過節使之敦樸不得無欲是董亦未嘗以欲爲不善之名人不能有性而無情天不能有陽而無陰天之時若卽人之中節也案此卽董所云身有性情猶天有陰陽浮屠之言曰斷欲去愛又曰愛欲交錯心中興濁清淨無垢卽自見性夫不斷不善而斷愛欲則獨陽不生亢而有悔反可以至於不善故彼教離五常所謂不教之性剛健而失中正也何以言性待教而爲善易言天道陰陽地道柔剛人道仁義后以裁成輔相左右民禮記言盡人物之性與天地參書云剛克柔克正直剛屬性柔屬情平康之者教也禮記言天命謂性率性謂道修道謂教教者何性有善而教之以止於至善故禮記之言明德也曰新民曰止於善止者如文王止於仁敬孝慈信卽性中之五常必教而能之學而知之也孟子以孩提之童愛其親敬其長是也然童而愛其親非能愛親慈母乳之而愛移敬其長非能敬長嚴師朴之而敬移然則良知良能不足恃必教學成而後眞知愛親敬長也故董仲舒之言性待教而爲善是也又曰善如米性如禾禾雖出米而禾未可謂米也性雖出善而性未可謂善也又曰今按聖人言中本無性善名而有善人吾不得而見之矣使萬民之性皆已善善人者何爲不見也又曰聖人之性不可以名性斗筲之性又不可以名性名性者中民之性又曰善出於性而性不可謂善按

此諸說董欲正名而名愈不正也夫人生皆中民也已教則性勝情謂之聖人失教則情勝性謂之斗筲非性有三等按董言本於孔子上智下愚之說若皆中民何以有生知孔子言善人者謂已教之性猶稱道盛德至善故難得見也禾雖出米而未可謂米固也然亦不可謂之中無米也此亦董之疏也按董言禾未可全爲米以喻性未可全爲善禾當云中無米此驗亦疏至告子以食色爲性食色者情也荀子以爲好利而欲得者人之情性又云人之性生而好利疾惡有耳目之欲有好聲色周書謂喜怒欲懼憂爲五氣大戴改五氣爲五性是皆以情爲性然則後儒之不通陰陽不能正名情性甚矣或曰商臣越椒生而惡形梟鳥食母蒼鷹搏擊此皆性惡也答曰此形惡非性惡也爲其情將成於惡故形先見人之爲不善也必以長而貪欲其貪欲者情也其少而不知貪欲未至於爲不善者性也梟鷹之惡也以求食而動亦欲也是情之惡不可謂性也聖人之治性情也以禮樂禮節性樂防情其用性情也以忠恕忠率性恕推情其善性情也以道德道其情之中和謂之道得其性之至善謂之德道德忠恕皆本五常之敎舍五常則虛位也五常以格物而能止於善格者蒼頡篇曰量度也物者事也格物猶言量事量其事之至善即五常之事也或言格正也格物言正名其事而後能擇善知其事之至善故曰致知若魏顥用先人治命晏子謂君爲社稷死則死之孔子謂要盟神勿信之類此謂執中之權大學篇之致知即中庸篇稱舜之大知其

格物卽用中中庸猶言用中解者以庸爲常失之也何以言道德爲虛位道德離五常易稱小人道長禮稱左道書稱凶德傳稱昬德是也忠恕非五常亦爲虛位非其親暱誰敢任之則忠者非忠以小人之腹爲君子之心則恕者非恕也故聖人貴實而惡虛言有不言無貴剛而賤柔則儒者之異於道家三代之學之異於宋學也輿案以陰陽言性始于董子孫氏此論頗多闡發然踳駁處亦多究而論之則性者內事善者外事內事在天外事在人在天者一成不變在人者吾可以致力焉下以學相勸上以教自任春秋之極治使人人有士君子之行躬親職此于上而萬民生善於下亦在乎勉行之而已矣

實性第三十六

孔子曰名不正則言不順論語注馬云正百事之名鄭云正名謂正書字也古者曰名今世曰字禮記曰百名以上則書之於策孔子見時教不行故欲正其文字之誤昭二十年盜殺衛侯之兄輒何注公子不言之兄弟言之者敵體詞嫌於尊卑不明故加之以絕之所以正名也定九年盜竊寶玉大弓何注不言取而言竊者正名也定公從季孫假馬孔子曰君之於臣有取無假而君臣之義立事亦見韓詩外傳新序雜事篇白虎通姓名篇論人名漢薛宣傳定刑律王莽傳立臨爲統義陽王並引孔子正

名語葢名所包者廣文字特一端有一名必有一字假取皆字義此篇釋性字善字特引此語固包括文字在內穀梁僖十九年傳亦云梁亡鄭棄其師我無加損焉正名而已正名固春秋學之公例也晉書隱逸傳載魯勝注墨辨敘云名者所以別同異明是非道義之門教化之準繩也孔子曰必也正名乎名不正則事不成又云同異生是非是非生吉凶取辯於一物而原極天下之汙隆名之至也說名字亦精若公孫龍尹文子之徒雖亦據吾夫子正名爲說然區區物質形色之辨其學小矣

今謂性已善不幾於無教而如其自然謂任之而不加教又不順於爲政之道矣且名者性之實實者性之質以名言之則性爲生以實言之則性爲質而質原於生是名亦實也質無教之時何遽能善○盧云質字舊誤作之大典本作也何本作質之二字今案止當作質字爲是善如米性如禾禾雖出米而禾未可謂米也性雖出善而性未可謂善也米與善人之繼天而成於外也非在天所爲之內也天所爲有所至而止止之內謂之天止之外謂之王教王教在性外而性不得

不遂上篇作成德故曰性有善質而未能爲善也豈敢美辭其實然也盧云美辭疑是異辭天之所爲止於繭麻與禾○凌本麻作蔴下同以麻爲布以繭爲絲以米爲飯當作以禾爲米以性爲善此皆聖人所繼天而進也非情性質樸之能至也故不可謂性正朝夕者視北辰正嫌疑者視聖人聖人之所名天下以爲正今按聖人言中本無性善名○凌本言下有之字而有善人吾不得見之矣盧云矣疑當作歟輿案有疑曰之誤使萬民之性皆已能善○官本云他本已作以善人者何爲不見也觀孔子言此之意以爲善甚難當○天啟本甚在當下凌本同而孟子以爲萬民性皆能當之過矣聖人之性不可以名性斗筲之性又不可以名性斗筲之性蓋孔子所謂下愚論語子路篇斗筲之人何足算也朱子云言鄙細也案人之品量不同有天地之量者聖人也下此有江海之量鐘鼎之量釜斛之量極于爲斗筲子

貢問士遞三下等而子以爲斗筲之人蓋容善不多自安於鄙細者其歸則愚也程子謂商辛才力過人聖人以其自絶於善謂之下愚亦此意

名性者中民之性中民猶庸民見莊子則陽及徐無鬼篇亦爲中庸賈誼過秦論材能不及中庸史記作中人中人卽中民荀子王制篇中庸民不待政而化潛夫論德化篇云上智與下愚之民少而中庸之民多中民之生世也猶鑠金之在鑪也從范變化惟治所爲方圓厚薄隨鎔制爾是故世之善否俗之厚薄皆在於君義本于此

中民之性如繭如卵卵待覆二十日而後能爲雛凌云埤雅今雛鶩孚卵雞二十日而化

繭待繅以涫湯而後能爲絲繅當爲繰說文繰繹繭爲絲也涫湯卽沸湯史記龜筴傳賜如涫湯音官○涫天啟本作綰

性待漸於教訓而後能爲善善教訓之所然也○天啟本訓作誨凌本同

非質樸之所能至也故不謂性性者宜知名矣性者上疑有脫字

無所待而起生而所自有也善所自有則教訓已非性也如善生而自有則由教訓而後善者已非性也

是以米出於粟而粟不可謂米凌云春秋說題辭粟之爲言續也粟五變一變而以

陽生爲苗再變而秀爲禾三變而粲然後謂之粟四變入臼米出甲五變而蒸飯可食玉出於璞而璞不可謂玉善出於性而性不可謂善其比多在物者爲然在性者以爲不然何不通於類也卵之性未能作雛也繭之性未能作絲也麻之性未能爲縷也粟之性未能爲米也春秋別物之理以正其名名物必各因其眞眞其義也○盧云其義上本或無眞字何本有錢疑當作名輿案作眞亦通以事言則爲義以物言則爲情必得其眞而後可以爲名眞其情也乃以爲名聖人正名而後循之是故物曰名物義曰名義象曰名象有浸假而失其眞者故名家別自有學名霣石則後其五退飛則先其六此皆其眞也聖人於言無所苟而已矣性者天質之樸也善者王教之化也中庸率性之謂道修道之謂教荀子禮論云性者本始質樸也僞者文理隆盛也無性則僞之無所加無僞則性不能自美亦此數語意僞者爲也王教之謂也易曰后以裁成輔相左右民洪範曰剛克柔克皆教之效也是故古者無不教之

民教于何始則所云三綱五紀八端之理其大端已無其質則王教不能化無其王教則質樸不能善張惠言云無其質二句與孟子荀子義俱大同固知三子言性其歸一也與案白虎通三教篇民有質樸者不教不成故尚書曰以教祗德鄭箋詩角弓毋教猱升木云以喻人之心皆有仁義教之則進也並與此義同質而不以善性盧云句疑有訛與案疑作質不能而以善性其名不正故不受也此篇與深察名號詞多複知出後人掇拾

諸侯第三十七

生育養長成而更生終而復始其事所以利活民者無已○官本云他本者下有而字天雖不言其欲贍足之意可見也古之聖人見天意之厚於人也故南面而君天下必以兼利之爲其遠者目不能見其隱者耳不能聞於是千里之外割地分民而建國立君使爲天子視

所不見聽所不聞白虎通封公侯篇王者立三公九卿二十七大夫足以教道昭幽隱必復封諸侯何重民之至也朝者召而問之也○凌本者作夕諸侯之爲言猶諸侯也周禮職方氏侯服注侯爲王者斥候也○凌本無之字

五行對第三十八王海五春秋繁露有陰陽五篇五行八篇天地陰陽一篇今按其目則此篇及五行之義五行相生五行相勝五行逆順治水五行治亂五行五行變救五行五事凡九或不數此篇也陰陽五篇則爲陽尊陰卑陰陽位陰陽終始陰陽義陰陽出入是也天地陰陽今在第十七卷中

河閒獻王問温城董君曰凌云漢書河閒獻王德以孝景二年立修學好古實事求是沈欽韓云漢志信都國有昌城縣續志安平國阜城故昌城元和志阜城漢屬信都國所云温城董君疑是昌城之誤蓋廣川爲國而昌城其縣也輿案本傳仲舒廣川人漢志廣川屬信都國又有脩縣顏注音條續志後漢改屬渤海水經河水注王莽河故瀆自平原鬲來北逕脩縣故城東下入平原安張甲河左瀆自廣川來東北至脩縣東會清河又濁漳水注云桑社溝水自信都觀津來東逕董仲舒廟南

又東逕脩市縣故城北俗謂之温城非也應劭云脩縣西北二十里有脩市城桑社溝下入信都脩輿案漢志勃海郡有脩市侯國莽曰居寧據此仲舒爲廣川脩縣之脩市城人温城其俗稱也一統志脩故城在今景州南脩市故城在今景州西北魏地形志冀州勃海郡脩縣有董仲舒祠沈以漢志昌城䛧雌當之誤矣○天啟本城作成**孝經曰夫孝天之經地之義何謂也對曰天有五行木火土金水是也木生火火生土土生金金生水**白虎通五行篇金生水水滅火報其理火生土土則害水莫能而禦**水爲冬**白虎通水位在北方北方者陰氣在黃泉之下任養萬物水之爲言準也養物平均有準則也南齊五行志引洪範五行傳曰水北方冬藏萬物氣至陰也**金爲秋**白虎通金在西方西方者陰始起萬物禁止金之爲言禁也**土爲季夏**白虎通土在中央中央者上含萬物土之爲言吐也**火爲夏**白虎通火在南方南方者陽在上萬物委枝火之爲言委隨也言萬物布施**木爲春**白虎通木在東方東方始動萬物始生木之爲言觸也陽氣動躍觸地而出也**春主生夏主長季夏主養秋主收冬主藏藏冬之所成也是故父之所生其子長之父之所**

長其子養之父之所養其子成之諸父所爲諸猶凡也其子皆奉承而續行之鹽鐵論論菑篇文學曰始江都相董生推言陰陽四時相繼父生之子養之母成之子藏之故春生仁夏長德秋成義冬藏禮此四時之序聖人之所則也白虎通論人事取法五行亦多以父子爲說不敢不致如父之意盡爲人之道也故五行者五行也語亦見五行之義篇盧云上行如字下行下孟反由此觀之父授之子受之乃天之道也故曰夫孝者天之經也此之謂也

王曰善哉天經既得聞之矣願聞地之義對曰地出雲爲雨起氣爲風淩云春秋元命苞陰陽聚而爲雲和而爲雨陰陽怒而爲風按御覽引繁露陰陽二氣之初蒸也若有若無若實若虛圜攢聚合其體稍重乘虛而墜風多則合速故雨大而疏風少則合遲故雨細而密爲今繁露所無風雨者地之所爲地不敢有其功名必上之於天○黃氏日鈔作地不敢有其功一歸于天命若從天氣者上命字疑在下句曰字上氣疑作下陽尊陰卑篇云出雲起雨必令從之下命之曰天雨○淩本天氣作天命故曰

天風天雨也莫曰地風地雨也勤勞在地名一歸於天此卽易坤卦含章可貞無成有終之義御覽引春秋元命苞土無位而道在故太乙不興化人主不任職地出雲起雨以合從天下勤勞歸于地功名歸於天注云上以謙自正以卑自斂終不自伐生養之苦乃興雲雨以爲功一歸於天元命苞首三語又引見白虎通非至有義其孰能行此故下事上如地事天也可謂大忠矣莊二十五年何注大水與日食同禮者水亦土地所爲雲實出於地而施於上乃雨歸功於天猶臣歸功於君土者火之子也五行莫貴於土土之於四時無所命者不與火分功名白虎通土所以王四季何木非土不能生火非土不榮金非土不成水非土不高土扶危助衰歷成其道故五行更王亦須土也土四季居中央不名時又云土所以不名時者地土之別名也比於五行最尊故不自居部職也木名春火名夏金名秋水名冬忠臣之義孝子之行取之土漢書藝文志陰陽家有于長天下忠臣殆卽此義白虎通主幼臣攝政何法法土用事於季孟之閒也子順父妻順夫臣順君何法法地順天也土者五行最貴者也其義不可以

加矣五聲莫貴於宮五味莫美於甘五色莫盛於黃周語宮音之主也淮南地形訓音有五聲宮其主也色有五章黃其主也味有五變甘其主也位有五材土其主也○淩本盛作貴此謂孝者地之義也王曰善哉俞云河間獻王以夫孝天之經地之義爲問董子以天有五行對天之經矣又對地之義曰地出雲爲雨起氣爲風風雨者地之所爲地不敢有其功名必上之於天命若從天氣者故曰天風天雨也莫曰地風地雨也勤勞在地名一歸於天非至有義其孰能行此故下事上如地事天也可謂大忠矣以下當云此謂孝者地之義也乃又有此土者火之子也八十二字夫上文既以五行爲天之經矣此豈又以五行爲地之義乎反覆推求此八十二字乃五行之義篇脫簡誤羼於此耳今訂正當云五行之主土氣也猶五味之有甘肥也不得不成土者火之子也五行莫貴於土土之於四時無所命者不與火分功名木名春火名夏金名秋水名冬忠臣之義孝子之行取之土土者五行最貴者也其義不可以加矣五聲莫貴於宮五味莫美於甘五色莫貴於黃是故聖人之行莫貴於忠土德之爲也人官之大者不名所職相其是矣天官之大者不名所生土是矣輿案俞說非若以此入五行之義篇于文爲複此自取五行之土說地耳

闕文第三十九

闕文第四十

春秋繁露義證卷第十

春秋繁露義證卷第十一

漢廣川董仲舒撰

平江蘇　輿學

爲人者天第四十一○官本云他本天下有地字

爲生不能爲人爲生者父母爲人者天也人之人本於天盧云人之人疑當作人之爲人天亦人之曾祖父也本書順命篇天者萬物之祖觀德篇天地者先祖之所自出莊子達生篇天地者萬物之父母也語意正同張子乾父坤母之說亦本於此此人之所以乃上類天也卽此可悟天地與吾同體萬物與吾同氣之理○淩本無乃字人之形體化天數而成官制象天篇求天數之微莫若於人人之身有四肢每肢有三節天有四時每一時有三月漢翼奉傳云陽用其精陰用其形猶人之有五藏六體五藏象天六體象地故藏病則氣色發於面體病則欠伸動於貌又由形體推於五藏人之血氣化天志而仁天地陰陽篇天志仁

其道也義案血氣流通猶天心周溥故病麻木者謂之不仁○官本云他本仁作行人之德行化天理而義理猶分也義以剖析精眇爲功故化天之文理基義篇是故仁義制度之數盡取之天人之好惡化天之暖清人之喜怒化天之寒暑人之受命化天之四時人生有喜怒哀樂之答春秋冬夏之類也喜怒哀樂出於天聖人但正其發而已故可節而不可止墨子貴義篇乃云必去喜去怒去樂去悲去愛而用仁義手足口鼻耳從事於義必爲聖人莊子刻意篇亦云悲樂者德之邪喜怒者道之失好惡者德之失又庚桑楚篇云惡欲喜怒哀樂六者累德也何晏本之遂以爲聖人無喜怒哀樂斯失之矣喜春之答也怒秋之答也樂夏之答也哀冬之答也天之副在乎人人之情性有由天者矣故曰受由天之號也受句絕郎五行對所云父授子受乃天之道也號猶謂也爲人主也也疑者道莫明省身之天如天出之也○官本云他本如下無天字使其出也答天之出四時而必忠其受也聖人之情順萬物而應之所以體天也○盧云受從大典本他

本多作愛則堯舜之治無以加是可生可殺而不可使爲亂可生上疑有脫字禮表記子曰事君可貴可賤可富可貧可生可殺而不可使爲亂故曰非道不行非法不言語見孝經此之謂也

傳曰唯天子受命於天天下受命於天子一國則受命於君君命順則民有順命君命逆則民有逆命故曰一人有慶兆民賴之此之謂也文與表記畧同疑是順命篇錯簡

傳曰。天啟本不提行政有三端父子不親則致其愛慈大臣不和則敬順其禮百姓不安則力其孝弟孝弟者所以安百姓也力者勉行之身以化之力字爲董子言學之旨故曰無王教則質樸不能善又曰事在勉強天地之數不能獨以寒暑成歲必有春夏秋冬所以調和寒暑者和也聖人之道不能獨以威勢成政必有教化故曰先之以博愛教以仁也賈子道術篇心兼愛人謂之仁韓愈原道博愛之謂仁○凌本教下有之字難得者君子不貴不貴難得之利胡思敬云難得包索隱行怪在內教以義也雖天子必有尊也教以孝也必有先也教以弟也孝經故雖天子必有尊也言有父也必有先也言有兄也此威勢之不足獨恃○官本云他本無之字而教化之功不大乎

傳曰天生之地載之聖人教之君者民之心也民者君之體也心之所好體必安之君之所好民必從之○官本云他本好作命故君民者貴孝弟而好禮義重仁廉而輕財利躬親職此於上而萬民聽生善於下矣胡思敬云聽字句絕故曰先王見教之可以化民也語見孝經此之謂也衣服容貌者所以說目也○韓詩外傳一句首有傳曰二字聲音應對者所以說

耳也○天啟本聲音作聲言外傳作言語說苑修文篇與此同好惡去就者所以說心也○好惡去就說苑作嗜欲好惡故君子衣服中而容貌恭則目說矣○外傳說苑恭竝作得則下有民之二字下竝同言理應對遜則耳說矣○外傳作言語遜應對給說苑作言語順應對給好仁厚而惡淺薄就善人而遠僻鄙○二句外傳說苑作就仁去不仁則心說矣故曰行思可樂容止可觀二句見孝經淩本思作意○此之謂也○各本在五行對篇末張惠言云與此篇一類茲依淩本從張說移

五行之義第四十二

天有五行一曰木二曰火三曰土四曰金五曰水此與洪範五行之次不同洪範一水二火三木四金五土鄭康成以爲本陰陽所生之次是也此以四時更迭休王爲序所謂播五行於四時也素問淮南原道訓白虎通竝用洪範木五行之始也水五行之終也土五行之中也此其天

次之序也木生火火生土土生金金生水水生木此其父子也白虎通五行篇所以更王何以其轉相生故有終始也木生火火生土土生金金生水水生木是以木王火相土死金囚水休王所勝者死囚所所王者休又五行大義引白虎通云木生火者木性溫暖伏其中鑽灼而出故生火火生土者火熱故能焚木木焚而成灰灰即土也故火生土土生金者金居石依山津潤而生聚土成山山必生石故土生金金生水者少陰之氣溫潤流澤銷金亦爲水所以山雲而從潤故金生水水生木者因水潤而能生故水生木木居左金居右火居前水居後土居中央此其父子之序相受而布是故木受水而火受木土受火金受土水受金也諸授之者皆其父也受之者皆其子也白虎通五行篇父死子繼何法法木終火王也國語周語顓頊之所建也帝嚳受之韋注顓頊水德之王立於北方帝嚳木德故受之於水即此授受之義常因其父以使其子天之道也五行家命所生者或爲父或爲母取義一也而緯家推衍遂益其誕如以金不畏土而畏火爲不以父命辭王父命之類見御覽引帝命驗及白虎通五行篇今不取是故木已

生而火養之金已死而水藏之○凌本水作木火樂木而養以陽水剋金而喪以陰土之事火竭其忠故五行者乃孝子忠臣之行也五行之爲言也猶五行歟白虎通言行者言爲天行氣之義永樂大典鑒字部引鄭云順天行氣釋名釋天五行者五氣也於其方各施行也與此義微別是故以得辭也得辭猶得名聖人知之故多其愛而少嚴句厚養生而謹送終就天之制也以子而迎成養如火之樂木也白虎通五行篇子養父母何法法夏養長木此火養母也又云父爲子隱何法法木之藏火也又諫諍篇論誅不避親云子諫父父不從不得去者父子一體而分無相離之法猶火去木而滅也又論子諫父云子之諫父法火以揉木也後漢書荀爽傳臣聞之師曰漢爲火德火生于木木盛于火故其德爲孝其象在周易之離夫在地爲火在天爲日在天者用其精在地者用其形夏則火王其精在天溫暖之氣養生百木是其孝也冬時則廢其形在地酷烈之氣焚燒山林是其不孝也故漢制使天下誦孝經選吏舉孝廉爽所引蓋春秋說喪父如水之剋金也白虎通五行篇子喪父母何法法木不見水則憔悴

也與此取象異案義白虎通爲長事君若土之敬天也可謂有行人矣五行之隨各如其序五行之官各致其能是故木居東方而主春氣火居南方而主夏氣金居西方而主秋氣水居北方而主冬氣是故木主生而金主殺火主暑而水主寒使人必以其序官人必以其能天之數也數猶道也土居中央爲之天潤爲謂同土者天之股肱也其德茂美不可名以一時之事故五行而四時者土兼之也白虎通五行篇行有五時有四何四時爲時五行爲節故木王卽謂之春金王卽謂之秋土尊不任職君不居部故時有四也金木水火雖各職各疑作名五行對云木名春火名夏金名秋水名冬不因土方不立若酸鹹辛苦之不因甘肥不能成味也甘者五味之本也土者五行之主也月令正義土雖處於夏末而實爲四行之主用董說白虎通土味所以甘何中央者中和也故甘猶五味以甘爲主也五行之主土氣

也猶五味之有甘肥也不得不成不得土則四行不成不得甘則四味不和是故聖人之行莫貴於忠土德之謂也人官之大者不名所職相其是矣漢沿秦置丞相若古三公翟方進奏言春秋之義尊上公謂之宰海內無不統焉漢書百官公卿表序云六卿各有徒屬職分用於百事太師太傅太保是爲三公葢參天子坐而議政無不總統故不以一職爲官名天官之大者不名所生土是矣生疑主之誤

陽尊陰卑第四十三

淩云五行志周道敝孔子述春秋則乾坤之陰陽效洪範之咎徵天人之道粲然著矣漢興承秦滅學之後景武之世董仲舒治公羊春秋始推陰陽爲儒者宗乾鑿度陽得正於上陰得正於下尊卑之象定禮之序也

天之大數畢於十旬李兆洛云下兩旬字屬下旬者均也俞云上旬字衍文天地陰陽篇云天地陰陽木火土金水九與人而十者天之數畢也是天之數非以旬計安得言十旬乎下兩旬字乃匌字之誤匌者周匝之本字也基義篇同而畢

於十又誤作畢有十句天地之間十而畢舉易天一地二天三地四天五地六天七地八天九地十句生長之功十而畢成十者天數之所止也○官本云他本作之數古之聖人因天數之所止以爲數紀十如更始盧云如與而同民世世傳之而不知省其所起人生而十指上古簡樸紀數以手故止於十天數實原於人知省其所起則見天數之所始見天數之所始則知貴賤逆順所在天數始於一天上地下貴賤判矣地代天終順逆見矣文選西征賦注列子曰夫易者未見氣也易變而爲一又曰一者形變之始也輕淸者上爲天重濁者下爲地中和之氣者爲人又遊天台賦注引老子曰道生一王弼曰一數之始而物之極也知貴賤逆順所在則天地之情著聖人之寶出矣寶疑作實情亦實也聖人治天下莫大於使人懍名分而安秩序易一畫而始乾春秋開章變一而書元胥此意也而禮由是立矣○盧云舊本則下有知字衍是故陽氣以正月始出於地生育長養於上至其功必成也而積十月盧云必與畢通輿案歲十二月而云十月

功成者十一月十二月皆陽氣萌芽之時助陽非成物也○官本云他本也作矣人亦十月而生合於天數也淩云大戴禮易本命天一地二人三三三而九九九八十一一主日日數十故人十月而生是故天道十月而成○盧云天道二字舊本脫今補人亦十月而成合於天道也故陽氣出於東北入於西北發於孟春畢於孟冬而物莫不應是句陽始出物亦始出陽方盛物亦方盛陽初衰物亦初衰物隨陽而出入數隨陽而終始三王之正隨陽而更起白虎通五行篇九月謂之無射射者終也言萬物隨陽而終當復隨陰而起無有終已也三正篇三微者何謂也陽氣始施黃泉動微而未著以此見之陰陽終始篇亦有此語猶言由此觀之貴陽而賤陰也故數日者據晝而不據夜數歲者據陽而不不據陰陰不得達之義對冊云終陽以成歲爲名是故春秋之於昏禮也達宋公而不達紀侯之母紀侯之母宜稱而不達宋公不宜稱而達見隱

三年傳○盧云舊本作達未宋公而不達宋公不宜稱而達誤今案傳增正達陽而不達陰以天道制之也丈夫雖賤皆爲陽○丈夫天啟本作丈人婦人雖貴皆爲陰漢書杜鄴傳元壽元年日食對臣聞陽尊陰卑卑者隨尊尊者兼卑天之道也是以男雖賤各爲其家陽女雖貴猶爲其國陰故禮明三從之義雖有文母之德必繫於子春秋不書紀侯之母陰義殺也正用董義王吉傳上疏言漢家列侯尚公主諸侯則國人承翁主使男事女夫詘於婦逆陰陽之位故多女亂京房易傳載湯嫁妹之詞曰陰從陽女順夫天地之義也後漢荀爽傳王姬嫁齊使魯主之不以天子之尊加於諸侯也陰之中亦相爲陰陽之中亦相爲陽諸在上者皆爲其下陽諸在下者皆爲其上陰如父兄在上子弟在下然子弟復自爲父兄是在上者爲其下陽后夫人居中爲陰然爲媵妾之長是爲其上陰陰猶沈也文選江文通詣建平王上書云天光沈陰左右無色注引月令章句陰者密雲也沈者雲之重也何名何有皆并一於陽昌力而辭功郎坤道代終無成之義董發此義至晰故出雲起雨必令從之下之當爲天命之曰天雨又見五行對篇不敢

有其所出上善而下惡惡者受之善者不受○各本此下接下篇天喜怒哀樂之發至而人資諸天張惠言云當接土若地至此見天之近陽而遠陰今從淩本移土若地義之至也○官本云他本至作主是故春秋君不名惡臣不名善善皆歸於君惡皆歸於臣白虎通五行篇善稱君過稱己何法法陰陽共敘共生陽名生陰名煞臣有功歸功於君何法法歸明於日也墨子尚賢篇賢人唯毋得明君而事之竭四肢之力以任君之事終身不倦若有美善則歸之上是以美善在上而所怨謗在下寧樂在君憂慼在臣臣之義比於地故爲人臣者視地之事天也淩云文選注墨守曰君者臣之天也爲人子者視土之事火也雖居中央亦歲七十二日之王淩云家語天有五行水火金木土分時化育以成萬物注一歲三百六十日五行每行各主七十二日化生長育一歲之功萬物莫敢不成輿案此七十二日專以土言晉書禮志高堂隆以爲黃於五行中央土也王四季各十八日土生於火故用事之末服黃三季則否月令正義土每時寄王十八日是一歲合計得七十二日傳於火以調和養長然而弗名者皆并功於

火火得以盛不敢與父分功美孝之至也義見五行之義篇○官本云他本無功字案淩本父作天是故孝子之行忠臣之義皆法於地也地事天也猶下之事上也白虎通五行篇地之承天猶妻之事夫臣之事君也其位卑卑者親視事故自同於一行尊於天也又云子順父妻順夫臣順君何法法地順天也地天之合也物無合會之義地雖為天之合而不敢不事天故曰物無合會句例與陰不得達之義同是故推天地之精○盧云本或無地字運陰陽之類以別順逆之理安所加以不在俞云以猶而也在上下○各本脫在字錢云當有今從淩本補在大小在強弱在賢不肖在善惡惡之屬盡為陰善之屬盡為陽陽為德陰為刑後漢朱穆傳云夫善道屬陽惡道屬陰淩云淮南子日冬至則斗北中繩陰氣極陽氣萌故日冬至為德日夏至則斗南中繩陽氣極陰氣萌故曰夏至為刑大戴禮子曰有天德有地德有人德此謂三德三德率行乃有陰陽陽為德陰為刑刑反德而順於德亦權之類也淩云猶權之反於經然後有善者也輿案董言治以德為主然其對高園

便殿火云視親戚貴屬在諸侯遠正最甚者忍而誅之視近臣在國中處旁側及貴而不正者忍而誅之此天意也亦未嘗偏廢刑所謂反德而順於德呂步舒以爲大愚葢誤以爲與師說悖耳雖曰權皆在權成盧云句未詳皆在本亦作在皆與案疑當作雖曰權句皆以經成是故陽行於順陰行於逆逆行而順疑有者陽二字順行而逆者陰也是故天以陰爲權以陽爲經陽出而南陰出而北經用於盛權用於末以此見天之顯經隱權前德而後刑也行權出於禮窮後人當用其顯而愼其隱故曰陽天之德陰天之刑也陽氣暖而陰氣寒陽氣予而陰氣奪陽氣仁而陰氣戾陽氣寬而陰氣急陽氣愛而陰氣惡陽氣生而陰氣殺是故陽常居實位而行於盛陰常居空位而行於末○淩本空位作空虛天之好仁而近惡戾之變而遠仁下疑有奪字大德而小刑之意也先經而後權貴陽而賤陰也故陰夏入居下不得

任歲事冬出居上置之空處也俞云處乃虛字之誤上文曰陰常居空虛是也漢書董仲舒傳陰常居大冬而積於空虛不用之處亦作空虛可證養長之時伏於下遠去之弗使得爲陽也無事之時起之空處使之備次陳守閉塞也○官本云他本使誤作備此皆天之近陽而遠陰○官本皆作見云他本作有自土若地至此各本在王道通三篇大德而小刑也是故人主近天之所近遠天之所遠大天之所大小天之所小是故天數右陽而不右陰務德而不務刑刑之不可任以成世也猶陰之不可任以成歲也爲政而任刑謂之逆天非王道也對册云天道之大者在陰陽陽爲德陰爲刑刑主殺而德主生是故陽常居大夏而以生育養長爲事陰常居大冬而積於空虛不用之處以此見天之任德不任刑也天使陽出布施於上而主歲功使陰入伏於下而時出佐陽陽不得陰之助亦不能獨成歲終陽以成歲爲名此天意也王者承天意以從事故任德教而不任刑刑者不可任以治世猶陰之不可任以成歲也爲政而任刑不順於天故先王

莫之肯爲也語又載樂志此董言陰陽大義所在鹽鐵論論菑篇文學曰天道好生惡殺好賞惡罰故使陽居于實而宣德施陰藏于虛而爲陽佐輔陽剛陰柔季不能加孟此天賤冬而貴春申陽屈陰故王者南面而聽天下背陰向陽前德而後刑也蓋用董義

王道通三第四十四

淩云說文通論王者則天之明因地之義通人之情一以貫之故于文貫三爲王王者居中也皇極之道也三者天地人也

古之造文者淩云孝經援神契倉頡文字者總而爲言包意以名事也分而爲義則文者祖文字者子孫得之自然備其文理象形之屬則謂之文法苑珠林造書凡有三人長名曰梵其書右行次名曰佉盧其書左行少者倉頡其書下行。初學記藝文類聚十一引竝作古之人造文字者**三畫而連其中謂之王三畫者天地與人也而連其中者通其道也**。藝文類聚十一引作連中者通其道也**取天地與人之中以爲貫而參通之非王者孰能當是**尚書大傳天地人道備而三五之運興矣尸子堯問于舜曰何事曰事天問何任曰任地問何務曰務人此亦王者參通天地人之義蓋上世帝王初起皆以道德學術過人故造文如此秦漢以後而其局一變矣。說文王下引董仲舒曰古之造文者三畫而連其中謂之王三者天地人也而參通之者王也孔子曰一貫三爲王初學記九作取其天地與人之才而三通之非王者其孰能若是乎藝文類聚十一引董子作取天地與人之才而參之非王者其孰能當是乎

是故王者唯天之施。天啟本無是字凌本同施其時而成之疑脫二字施疑作法法其命而循之諸人。盧云此句而字舊作如亦本通法其數而以起事治其道而以出法疑當法其道而以出治治其志而歸之於仁治疑作法天地陰陽篇天志仁仁之美者在於天天仁也本書俞序仁天心。盧云舊本作大仁也又一本作夫仁也皆誤天覆育萬物既化而生之有養而成之有又同○藝文類聚十一作故王者必法天以大仁覆育萬物既化而生之又養而成之事功無已終而復始凡舉歸之以奉人聖人奉天天奉人相參相互以成事功凡一本於仁而已察於天之意無窮極之仁也人之受命於天也取仁於天而仁也取天之仁以爲仁故知善由於性生是故人之受命天之尊盧云七字疑衍

父兄上當有有字父兄子弟之親有忠信慈惠之心有禮義廉讓之行有是非逆順之治文理燦然而厚句知廣大有而博○盧云本或有而倒官本云他本知作之輿案此句尚疑有誤字唯人道爲可以參天天常以愛利爲意○官本云他本意作義以養長爲事春秋冬夏皆其用也王者亦常以愛利天下爲意以安樂一世爲事○盧云本或脱一字好惡喜怒而備用也而備疑當作皆其然而主之好惡喜怒乃天之春夏秋冬也○而疑作則主下各本脱之字今據下文補其俱暖清寒暑而以變化成功也盧云其俱疑當作其諸○淩本俱作居天出此物者時則歲美不時則歲惡物疑作四人主出此四者義則世治不義則世亂是故治世與美歲同數亂世與惡歲同數以此見人理之副天道也天有寒有暑○各本此下接上篇土若地義之至也至此皆天之近陽而遠陰張惠言云當接夫喜怒至而

（人資諸天爲一篇今從淩本移正然此間疑尚有脫文）夫喜怒哀樂之發與清暖寒暑其實一貫也。（盧云一本貫作類）喜氣爲暖而當春怒氣爲清而當秋樂氣爲太陽而當夏哀氣爲太陰而當冬四氣者天與人所同有也（亦見陰陽義篇）非人所能蓄也。（官本云他本能作當）故可節而不可止也節之而順止之而亂人生於天而取化於天喜氣取諸春樂氣取諸夏怒氣取諸秋哀氣取諸冬四氣之心也四肢之答各有處如四時。（官本云他本無答字輿案無答字是因各字形近誤衍）寒暑不可移若肢體肢體移易其處謂之壬人（壬疑天之誤與妖同五行志妖猶天胎續志引洪範傳曰妖敗胎也此云天人與敗歲對正合壬人爲佞邪與此無涉五行志貌之不恭時則有下體生上之痾所謂肢體移易也）寒暑移易其處謂之敗歲喜怒移易其處謂之亂世明王正喜以當春正怒以當秋正樂以當夏正哀以當冬上下法此以取天之道春氣愛秋氣嚴夏氣樂冬氣哀愛氣以生物嚴氣以成功樂氣以養生哀氣以喪終天之志也王者喜怒哀樂之發即禮樂刑政之用中庸中和之效極之於天地位萬物育得此可證其理是故春氣暖者天之所以愛而生之秋氣清者天之所以嚴而成之夏氣溫者天之所以樂而養之冬氣寒者天之所以哀而藏之春主生夏主養秋主收冬主藏○天啟本冬主藏句在秋主收上淩本同生溉其樂以養死溉其哀以藏俞云溉讀爲既盡也輿案溉謂沾濡其氣即沆瀣義史記司馬相如傳彭濞沆溉索隱溉一作瀣是也爲人子者也文有奪誤故四時之行父子之道也天地之志君臣之義也陰陽之理聖人之法也○各本行誤比道下無也字理上無之字人上無聖字誤不可讀今從御覽十七引補正陰刑氣也陽德氣也陰始於秋陽始於春春之爲言猶偆偆也白虎通五行篇春之爲言偆偆動也偆蠢

通御覽十九引此文注云音蠢又癡準反四百六十七引直作蠢禮鄉飲酒春之爲言蠢也風俗通祀典篇春者蠢也蠢蠢搖動

秋之爲言猶湫湫也偆偆者喜樂之貌也湫湫者憂悲之狀也禮鄉飲酒秋之爲言愁也鄭注愁讀爲揫揫斂也據此則憂悲正愁義不必改字御覽引書傳云秋者悲也萬物愁而入也○文選西京賦注引此四語作春之爲言猶偆也偆者喜樂之貌也秋之爲言猶湫也湫者悲憂之狀也又云偆充尹切湫子由切**是故春喜夏樂秋憂冬悲悲死而樂生以夏養春以冬藏秋大人之志也是故先愛而後嚴樂生而哀終天之當也**盧云當郎下篇所謂當於時也或疑是常字**而人資諸天**○自夫喜怒哀樂之發至此各本在陽尊陰卑篇**天固有此然而無所之如其身而已矣**無所之三字疑有誤如其身者言天道一同於人身**人主立於生殺之位與天共持變化之勢物莫不應天化**文選宋玉九辨云秋既先戒以白露兮冬又申之以嚴霜收恢炱於孟夏兮然欿傺而沈藏王逸注刑罰刻峻上無仁恩以養民夫天制四時春生夏長人君則之以養萬物秋殺冬藏亦順其宜

而行刑罰故君賢臣忠政合大中則品庶安寧萬物豐茂上闇下僞用德殘虐則貞良被害草木枯落案宋意亦以天化比治化又魏丁儀刑禮論曰天垂象聖人則之天之爲歲也先春而後秋君之爲治也先禮而後刑春以生長爲德秋以殺戮爲功禮以敎訓爲美刑以威嚴爲用故先生而後殺天之爲歲先敎而後罰君之爲治也天不以久遠更其春冬而人也得以古今改其禮刑哉

天地之化如四時所好之風出則爲暖氣而有生於俗所惡之風出則爲清氣而有殺於俗喜則爲暑氣而有養長也○凌本長作成怒則爲寒氣而有閉塞也人主以好惡喜怒變習俗○官本云他本作俗習而天以暖清寒暑化草木喜怒時而當則歲美不時而妄則歲惡天地人主一也然則人主之好惡喜怒乃天之暖清寒暑也不可不審其處而出也當暑而寒當寒而暑必爲惡歲矣○官本云他本矣作也人主當喜而怒當怒而喜必爲亂世矣是故人主之大守在於謹藏而

禁內內與納同謹藏謂不輕發禁內謂不逆受使好惡喜怒必當義乃出若暖清寒暑之必當其時乃發也人主掌此而無失使乃好惡喜怒未嘗差也乃疑衍字○官本云他本使上有而字如春秋冬夏之未嘗過也可謂參天矣深藏此四者而勿使妄發可謂天矣○凌本天作大

天容第四十五

凌云淮南子天道元默無容無則輿案天容亦見本書符端及人副天數篇

天之道有序而時有度而節變而有常反而有相奉春生與冬藏反然相資以成歲功○天啟本反作及微而至遠踔而致精踔與逴同說文遠也天道雖若超妙而精理咸寓一而少積蓄一謂陰陽不兩起少字疑有誤廣而實虛而盈聖人視天而行○黃氏日鈔視作祖是故其禁而審好惡喜怒之處也禁即上篇謹藏禁內之義欲合諸天之非其時不出暖清寒暑也○官本云他本無之字其告之以政令而化風之清微

也欲合諸天之顛倒其一而以成歲也兩句並疑有誤字其羞淺末華虛而貴敦厚忠信也○天啟本淺末作滿末案末疑本作薄欲合諸天之默然不言而功德積成也其不阿黨偏私而美汎愛兼利也欲合諸天之所以成物者少霜而多露也其內自省以是而外顯下有脫文不可以不時人主有喜怒不可以不時可亦爲時時亦爲義數語疑有誤文喜怒以類合其理一也故義不義者時之合類也不義二字疑有誤而喜怒乃寒暑之別氣也

天辨在人第四十六

難者曰陰陽之會淩云占夢疏按堪輿皇帝問天老事云四月陽建于巳破于亥陰建于未破于癸是爲陽破陰陰破陽故四月有癸亥爲陰陽交會言未破亥者卽是未與丑對而近亥也交會惟有四月十月也一歲再遇○天啟本

不重下遇字淩本同遇於南方者以中夏遇於北方者以中冬冬喪物之氣也則其會於是何以下答難者之詞如金木水火各奉其所主以從陰陽相與一力而并功其實非獨陰陽也然而陰陽因之以起助其所主故少陽因木而起助春之生也太陽因火而起助夏之養也少陰因金而起助秋之成也太陰因水而起助冬之藏也淩云索隱物理論北極天之中陽氣之北極也極南爲太陽極北爲太陰太陰則無光太陽則能照故爲昏明寒暑之極也月令章句天之道陰陽各有少太是生四時少陽爲春太陽爲夏少陰爲秋太陰爲冬也陰雖與水并氣而合冬其實不同陰陽與五行各自爲功故水獨有喪而陰不與焉是以陰陽會於中冬者非其喪也春愛志也夏樂志也秋嚴志也冬哀志也故愛而有嚴樂而有哀四時之則也喜怒之禍哀樂之義禍字疑誤不獨在人亦在於

天而春夏之陽秋冬之陰不獨在天亦在於人人無春氣何以博愛而容衆人無秋氣何以立嚴而成功人無夏氣何以盛養而樂生人無冬氣何以哀死而恤喪天無喜氣亦何以暖而春生育天無怒氣亦何以清而冬殺就俞云就當讀爲酋史記魯世家考公酋索隱引系本作就是也大元元文直酋相赦范望注酋殺是酋與殺同義輿案爾雅釋詁及方言並云就終也故殺者爲就命死者爲就世本與殺同義不煩改讀淮南天文訓夏日至則陰乘陽是以萬物就而死冬日至則陽乘陰是以萬物仰而生淩本作就殺非天無樂氣亦何以疏陽而夏養長○盧云疏俗作踈本或作竦者誤天無哀氣亦何以激陰而冬閉藏故曰天乃有喜怒哀樂之行人亦有春秋冬夏之氣者合類之謂也管子四時篇刑德者四時之合也刑德合于時則生福詭則生禍案宋明學者多以四時論喜怒哀樂皆本於此程子云仁便是一箇木氣象惻隱之心便是一箇生物春底氣象羞惡之心便是一箇秋底氣象只有一箇去就斷制底氣象便是義

也推之四端皆然亦取合類之義四時之副篇王者四政若四時通類也通類猶合類匹夫雖賤而可以見德刑之用矣喜怒哀樂人人所同分貴賤○淩本無而字是故陰陽之行終各六月終下疑脫歲字下云陰陽終歲各一出遠近同度而所在異處陰之行春居東方秋居西方夏居空右冬居空左夏居空下冬居空上此陰之常處也陽之行春居上冬居下此陽之常處也陰終歲四移而陽常居實非親陽而疏陰任德而遠刑與音餘天之志常置陰空處處當作虛○盧云置舊本作直稍取之以為助故刑者德之輔陰者陽之助也陽者歲之主也天下之昆蟲隨陽而出入淩云乾鑿度萬物隨陽而出故上六欲九五拘繫之維持之明被陽化而陰隨從之也禮記昆蟲未蟄鄭元曰昆明也明蟲者陽而生陰而藏天下之草木隨陽而生落天下之三王隨陽而改正三王言三王者繼世正朔二而改卽所謂三統亦見陽尊陰卑篇天下之尊卑隨

陽而序位曲禮請席何鄉請衽何趾席東鄉北鄉以西方爲上東鄉西鄉以南方爲上鄭注坐問鄉臥問趾因於陰陽坐在陽則上左坐在陰則上右幼者居陽之所少老者居陽之所老貴者居陽之所盛賤者居陽之所衰藏者言其不得當陽不當陽者臣子是也當陽者君父是也故人主南面以陽爲位也逵云乾鑿度不易也者其位也天在上地在下君南面臣北面父坐子伏此其不易也陽貴而陰賤天之制也○盧云舊本制作刑誤禮之尙右非尙陰也敬老陽而尊成功也尙右據殷法言之伊尹右相先仲虺之左相禮祭義建國之神位右社稷而左宗廟鄭注周尙左周禮冢人以昭穆爲左右注云昭居左穆居右禮乘君之乘車不敢曠左成二年傳逢丑父代頃公當左何注升車象陽陽道尙左故人君居左臣居右是知周人以左爲上春秋時尙然也魏公子從車騎虛左自迎侯生則戰國仍有時尙左公羊桓二年注質家右宗廟尙親親文家右社稷尙尊尊據尙右爲說也漢亦尙右故董云爾朱子云漢初右丞相居左丞相上是右爲尊也後又卻以左爲尊輿案漢書諸侯王表作左官律顏注漢依上古法朝廷之列以右爲尊故謂仕諸侯

爲左官漢高帝紀賢趙臣田叔孟舒等十人召見與語漢廷臣無能出其右者顏注古者以右爲尊王尊奏劾匡衡爲浩賞布東鄉席以爲亂朝廷爵秩之位惟尚右故東鄉爲上西鄉爲下也匈奴傳其坐長左而北向顏注古者以左爲尊先王之禮也中國尚右而夷狄尚左所謂禮失求諸野者顏泥於周制爲說前後矛盾唐時尚右又沿漢制明改元制尚左今猶循之合周制矣

陰陽位第四十七

陽氣始出東北而南行就其位也西轉而北入藏其休也陰氣始出東南而北行亦就其位也西轉而南入屏其伏也〇天啟本是伏作服故陽以南方爲位以北方爲休陰以北方爲位以南方爲伏〇黃氏日鈔及天啟本伏竝作休淩本同陽至其位而大暑熱陰至其位而大寒凍白虎通誅伐篇夏至陰始起反大熱何陰氣始起陽氣推而上故大熱也冬至陽始起反大寒何陰氣推而上故大寒也通典引魏台訪議大同陽至其休而入化於地陰至其伏而避德於下是故夏出長於上

冬入化於下者陽也夏入守虛地於下冬出守虛位於上者陰也陽出實入實陰出空入空天之任陽不任陰好德不好刑如是也故陰陽終歲各一出

春秋繁露義證卷第十一

春秋繁露義證卷第十二

漢廣川董仲舒撰
平江蘇　輿學

陰陽終始第四十八

天之道終而復始淮南天文訓晝者陽之分夜者陰之分是以陽氣勝則日修而夜短陰氣勝則日短而夜修帝維四張運之以斗月徙一辰復反其所正月指寅十二月指丑一歲爲帀終而復始故北方者天之所終始也陰陽之所合別也陰陽以中冬相遇於北方旋復別行故云合別漢書郊祀志樂有別有合○天啟本作別合冬至之後陰俛而西入陽仰而東出出入之處常相反也多少調和之適常相順也淮南詮言訓陽氣起於東北盡於西南陰氣起於西南盡於東北陰陽之始皆調適相似有多而無溢有少而無絕春夏陽多而陰少秋冬陽少而陰多多

少無常未嘗不分而相散也以出入相損益以多少相溉濟也俞云溉濟即既濟損益既濟皆易卦名輿案溉亦沾溉之義多勝少者倍入○官本云他本倍誤作借入者損一而出者益二○官本云他本出者下闕六字輿案孫鑛云宋本諸本皆闕天所起一動而再倍凡天之所起一動而再倍其氣以助發生故入損一而出益二常乘反衡再登之勢○官本云他本缺下五字輿案句疑有誤字以就同類與之相報故其氣相俠而以變化相輸也俠猶挾也天地之運行自其理言之不變者也消息盈虛春盡必夏秋盡必冬歷劫不改自其氣言之則多少損益陰陽迭進相反相順而以神其變化○官本云他本缺輸也下六字春秋之中陰陽之氣俱相併也中春以生○官本云他本春以下缺六字中秋以殺由此見之天之所起其氣積天之所廢其氣隨言委隨而不振○官本云他本缺隨字故至春少陽東出就木與之俱生至夏太陽南出就火與之俱煖此非各就其類而與之相起與少

陽就木太陽就火火木相稱○官本云他本木作不各就其正此非正其倫與至於秋時少陰興而不得以秋從金從金而傷火功雖不得以從金亦以秋出於東方俛其處而適其事以成歲功此非權與陰之行固常居虛而不得居實至於冬而止空虛太陽乃得北就其類而與水起寒太陽當爲太陰白虎通五行篇火者盛陽水者盛陰又云水太陰也是故天之道有倫有經有權○盧云此篇舊本闕二十四字今依聚珍本補全

陰陽義第四十九

天地之常一陰一陽陽者天之德也陰者天之刑也迹陰陽終歲之行以觀天之所親而任基義篇有親而任也成天之功猶謂之空空者之實也陰處空虛佐陽成歲是其實也而名猶爲空故清溧之於歲也若酸鹹之於味也

僅有而已矣俞云清溧同義不得以酸鹹爲比據煖燠孰多篇云非薰也不能有育非溧也不能有熟又云薰與溧其日孰多皆以薰溧相對爲義疑此亦當云故薰溧之於歲也若酸鹹之於味也淺人罕見薰溧故誤改耳輿案俞說誤此言天之用陰氣少也薰與溧對文猶陰陽也不能云僅有酸鹹亦是於五味偏舉之暖燠孰多篇云故案其跡數其實清溧之日少少耳正此義○官本云溧他本誤作漂　聖人之治亦從而然天之少陰用於功秋以熟物故曰功上篇所謂秋成歲功　太陰用於空人之少陰用於嚴而太陰用於喪喪亦空空亦喪也空者虛也天文虛宿在北宮虛從丘爲哭泣之事故此以空喪互釋釋名霜喪也其氣慘毒物皆喪也又云凶空也就空亡也是故天之道以三時成生以一時喪死死之者謂百物枯落也喪之者謂陰氣悲哀也天亦有喜怒之氣哀樂之心與人相副以類合之天人一也春喜氣也故生秋怒氣也故殺夏樂氣也故養冬哀氣也故藏○御覽一引無四也字　四者天人同有之語亦見王道通三篇○天

亦有喜怒之氣以下至此並見御覽一引其上文則云天有十端云云至凡十端法苑珠林地動篇引同藝文類聚一亦引天有十端至天人一也止似所見相合今天有十端數語在官制象天篇疑與唐宋本不同有其理而一用之與天同者大治與天異者大亂故為人主之道莫明於在身之與天同者而用之使喜怒必當義而出如寒暑之必當其時乃發也使德之厚於刑也如陽之多於陰也是故天之行陰氣也少取以成秋其餘以歸之冬聖人之行陰氣也少取以立嚴其餘以歸之喪○凌本無以字喪亦人之冬氣故人之太陰不用於刑而用於喪刑嚴而已無取過慘故法秋不法冬天之太陰不用於物而用於空空亦為喪喪亦為空其實一也皆喪死亡之心也

陰陽出入上下第五十

天道大數相反之物也道疑作之數卽道也下篇云天之常道可證不得俱出陰陽是也春出陽而入陰秋出陰而入陽夏右陽而左陰冬右陰而左陽陰出則陽入陽出則陰入○淩本作陽入則陰出陰右則陽左陰左則陽右是故春俱南秋俱北而不同道夏交於前冬交於後而不同理並行而不相亂澆滑而各持分乾鑿度並治而交錯行間時而治六辰荀子解蔽篇案直將治怪說玩奇辭以相撓滑也楊注滑亂也音骨此言陰陽雖有交遣之時然各持其分旋合旋別不相淩厲禮喪服四制云夫禮吉凶異道不得相干取之陰陽也此之謂天之意而何以從事體天之意者可不知所從事耶天之道初薄大冬陰陽各從一方來而移於後陰由東方來西陽由西方來東至於中冬之月相遇北方合而爲一謂之曰至別而相去陰適右陽適左○官本云他本脫下適左二字適左者其道順適右者其道逆逆氣左

上順氣右下故下暖而上寒以此見天之冬右陰而左陽也上所右而下所左也冬月盡而陰陽俱南還陽南還出於寅陰南還入於戌（淩云尚書攷靈曜仲夏日出於寅入於戌）此陰陽所始出地入地之見處也至於中春之月（淩云月令注仲中也仲春者日月會於降婁而斗建卯之辰也）陽在正東陰在正西謂之春分春分者陰陽相半也故晝夜均而寒暑平（淩云詩疏按乾象歷及諸歷法與今太史所候皆云冬至則晝四十五夜五十五夏至則晝六十五夜三十五春秋分則晝五十五半夜四十四半從春分至於夏至晝漸長增九刻半從夏至至於秋分所減亦如之從秋分至於冬至晝漸短減十刻半從冬至至於春分所加亦如之歷言晝夜者以昏明爲限馬融王肅注尚書以爲日永則晝漏六十刻夜漏四十刻日短則晝漏四十刻夜漏六十刻日中宵中則晝夜各五十刻者以尚書有日出日入之語遂以日見爲限尚書緯謂刻爲商鄭作士昏禮目錄云日入三商爲昏舉全數言耳其實日見之前日入之後距昏明各有二刻半晝盡五刻以裨夜故于歷法皆多校五刻也）陰日損而隨陽（陰陽異道不得相隨）

陽尊陰卑及天辨在人篇雖有隨陽二字非謂陰陽相隨也此陽字疑緣下衍隨謂委隨陰陽終始篇云天之所廢其氣隨即此義隨鴻對文猶言消息下文隨陰亦疑衍陰字董子雨雹對云自十月已後陽氣始生於地下漸冉流散故言息也陰氣轉收故言消也自四月以後陰氣始生於天上漸冉流散故云息也陽氣轉收故言消也陽日益而鴻鴻猶大也長也故爲暖熱○官本云他本暖誤燒初得大夏之月相遇南方合而爲一謂之曰至別而相去陽適右陰適左適左由下適右由上上暑而下寒以此見天之夏右陽而左陰也上其所右下其所左夏月盡而陰陽俱北還陽北還而入於申陰北還而出於辰淩云尚書攷靈曜仲冬之日出於辰入於申此陰陽之所始出地入地之見處也至於中秋之月淩云月令注仲秋者日月會於壽星而斗建酉之辰也陽在正西陰在正東謂之秋分淩云河圖曰地有四遊冬至地上行北而西三萬里夏至地下行南而東三萬里春秋二分是其中矣月令疏鄭注考靈曜云地蓋厚三萬里春分之時地正當中自此地漸

漸而下至夏至之時地下遊萬五千里地之上畔與天中平夏至之後地漸漸向上至秋分地正當天之中央自此地漸漸而上至冬至上遊萬五千里地之下畔與天中平自冬至後地漸漸而下此是地之升降於三萬里之中但渾天之體雖繞於地地則中央正平天則北高南下北極高於地三十六度南極下於地三十六度然則北極之下常見不沒南極之上三十六度常沒不見南極去北極一百二十一度餘若逐曲計之則一百八十一度餘若以南極中半言之謂之赤道去南極九十一度餘去北極九十二度餘此是春秋分之日道也**秋分者陰陽相半也故晝夜均而寒暑平陽日損而隨陰陰日益而鴻故至於季秋而始霜至於孟冬而始寒**淩云月令注季秋者日月會於大火而斗建戌之辰也孟冬者日月會於析木之津而斗建亥之辰也○盧云舊本寒上衍大字**小雪而物咸成大寒而物畢藏天地之功終矣**淩云御覽三禮義宗十月立冬爲節者冬終也立冬之時萬物終成因爲節名小雪爲中者氣斂轉寒雨變成雪故以小雪爲中十二月小寒爲節者亦形於大寒故謂之小言時寒氣亦未是極也大寒爲中者上形於小故謂之大十一月一陽爻初起至此始徹陰氣出地方寒氣併在上寒氣之逆極故謂大寒也

○盧云舊本小雪誤作下雪

天道無二第五十一

天之常道相反之物也不得兩起故謂之一一而不二者天之行也陰與陽相反之物也故或出或入或右或左○淩本作或左或右春俱南秋俱北夏交於前冬交於後竝行而不同路交會而各代理此其文與語與上篇略同天之道有一出一入一休一伏其度一也然而不同意基義篇云遠近同度而不同意陽之出常縣於前而任歲事陰之出常縣於後而守空虛陽之休也功已成於上而伏於下陰之伏也不得近義而遠其處也義字疑誤天之任陽不任陰好德不好刑如是故陽出而前陰出而後尊德而卑刑之心見矣陽出而積於夏任德以歲事

也（歲上疑有成字或歲爲成之誤）陰出而積於冬錯刑於空處也○（凌本刑作行）必以此察之（必作小）○（天啟本）天無常於物而一於時時之所宜而一爲之（陽陰不兩盛故曰一爲之）故開一塞一起一廢一至畢時而止終有復始於一（卽貞下起元之理○盧云舊本至字上有而字衍有與又同於一舊本作其一誤）一者一也（此同字相訓易象詞剩剩也本書五行相生篇行者行也釋名釋天宿宿宿也並此例）是於天凡在陰位者皆惡亂善（陽尊陰卑篇惡之屬盡爲陰亂善二字疑有誤○是於淩本作是故）不得主名天之道也故常一而不滅（滅疑作二）天之道（天上疑脫法字）事無大小物無難易反天之道無成者是以目不能二視耳不能二聽（荀子勸學篇目不能兩視而明耳不能兩聽而聰）手不能二事○（淩本手上有一字）一手畫方一手畫圓莫能成（韓非子功名篇人臣之憂在不得一故曰右手畫圓左手畫方莫能兩成又外儲說左下子綽曰人莫能左畫方而右畫圓也新論使左手畫方右手畫圓令一時俱成雖執規矩之心迴剟劂之

手而不能者心不能兩用則手不併運也論衡書解篇彈雀則失鶚射鵲則失雁方圓畫不俱成左右視不並見人材有兩爲不能成一人爲小易之物而終不能成反天之不可行如是賢良策云絕其道勿使並進卽一之說是故古之人物而書文心止於一中者謂之忠持二中者謂之患患人之中不一者也說文患惡也從心上貫吅吅亦聲段玉裁云當作從心毌聲古形橫直無定如目字偏旁皆作罒患字上从毌或橫之作串而又析爲二中之形蓋恐類於申也董氏所說非字之本形古毌多作串廣韻串穿也親串卽親毌毌貫習也大雅串夷載路傳曰串習也蓋其字本作毌爲慣摜字之叚借也輿案董以字形說義如釋仁爲人義爲我性爲生並其例段以串爲毌則形義離矣晏子春秋列女傳母儀篇說苑說叢篇並云一心可以事百君荀子勸學篇事兩君者不容淮南兵略訓二心不可事君與此義合六書精蘊一中爲忠二忠爲患用董說○盧云物而書文疑物當作象趙敬夫云物當是物物而不物於物之義心止於一中者舊本脫心字中字今增又下兩中字舊並訛忠今改正輿案物而書文謂因物而書其文義自可通不一者故患之所由生也是故君子賤二而貴一春秋大一統卽貴一

之義荀子勸學篇引詩云淑人君子其儀一兮其儀一兮心如結兮故君子結於一也又致士篇君者國之隆也父者家之隆也隆一而治二而亂禮坊記子云天無二日土無二王家無二主尊無二上示民有君臣之別也喪服四制云天無二日土無二王國無二君家無二尊以一治之也人孰無善善不一故不足以立身治孰無常常不一故不足以致功詩云上帝臨汝無二爾心知天道者之言也○盧云爾本亦作汝

暖燠常多第五十二案文宜作煖清孰多暖清二字又見爲人者天等篇

天之道出陽爲暖以生之出陰爲清以成之是故非薰也不能有育非溧也不能有熟歲之精也知心而不省薰與溧孰多者知心疑作治心用之必與天戾與天戾雖勞不成○下與字各本作也今從天啟本淩本改是自正月至於十月而天之功畢盧云是疑衍計其間陰與陽各居幾何○官本其

作是間下有者字云他本無陰與倒薰與溧其日孰多○官本云他本其下衍者字距物之初生至其畢成露與霜其下孰倍故從中春至於秋氣溫柔和調及季秋九月陰乃始多於陽○淩本及作乃天於是時出溧下霜○淩本天下有乃字出溧下霜而天降物固已皆成矣○盧云天降物亦作大降物輿案天啟本作天故九月者天之功大究於是月也十月而悉畢九究十畢並同聲此以字聲爲訓故案其跡數其實清溧之日少少耳功已畢成之後陰乃大出天之成功也少陰與而太陰不與少陰在內而太陰在外故霜加於物而雪加於空淩云徐整長歷歷北斗當崑崙氣連注天下春夏爲雨露秋冬爲霜雪○官本云他本無於字空者亶地而已不逮物也盧云亶與但同功已畢成之後物未復生之前太陰之所當出也○天啟本當作常淩本同雖曰陰句亦以太陽資化其位而不知所受之

陰受陽之資化而不知故聖主在上位天覆地載風令雨施雨施者布德均也淩云帝通紀云雨者天地之施也風令者言令直也淩云後漢張魯傳臣聞風爲號令鼓物通氣注翼氏風角曰凡風者天地之號令所以譴告人君者也詩云不識不知順帝之則言弗能知識而效天之所爲云爾淩云大雅皇矣箋其爲人不識古不知今順天之法而行之禹水湯旱非常經也適遭世氣之變而陰陽失平白虎通災變篇堯遭洪水湯遭大旱亦有譴告乎堯遭洪水湯遭大旱命運時然御覽引文子云臣聞爲不善而災報得其應也爲善而災至遭時運之會耳非政所致也堯視民如子民視堯如父母尚書曰二十有八載放勳乃殂落今孔傳本作帝乃殂落據此知今文尚書作放勳五經異義說文引虞書並同勳或作勛則字異耳殂或作徂釋名徂落徂祚也福祚殞落也徂亦往也言往去落也爾雅釋詁正義引李巡云殂落堯死之稱說文歺部引虞書無落字葢古文百姓如喪考妣四海之內閼密八音三年此當亦今文尚書如此白虎通四時篇引尚書曰三載遏密八音殆今文異本盧云閼與

過同淩云釋文八音謂金鐘也石磬也絲琴瑟也竹篪笛也匏笙也土塤也革鼓也木柷敔也三年陽氣厭於陰陰氣大興此禹所以有水名也董說春秋災異凡大水皆爲陰桀天下之殘賊也湯天下之盛德也天下除殘賊而得盛德大善者再是重陽也故湯有旱之名禹湯以聖君受水旱之名故以厭陰重陽之說爲解淩云帝王世紀曰湯伐桀後大旱七年川洛以竭使人持三足鼎祝於山川曰政不節耶使人急耶讒夫昌耶宮室榮耶女謁行耶何不雨之疾耶何注同此皆適遭之變非禹湯之過毋以適遭之變疑平生之常則所守不失則正道益明下則字疑衍

基義第五十三

凡物必有合合卽偶也楚莊王篇百物必有合偶易繫辭五位相得而各有合左疏引鄭注云二五陰陽各有合然後氣相得施化行也合必有上必有下必有左必有右必有前必有後必有

表必有裏，有美必有惡，有順必有逆，有喜必有怒，有寒必有暑，有晝必有夜，此皆其合也。程子云：質必有文，自然之理也。理必有對，生生之本也。有上則有下，有此則有彼，有質則有文，一不獨立，二必爲文。非知道者孰能識之。與此義合。陰者陽之合，妻者夫之合，子者父之合，臣者君之合。物莫無合，而合各有陰陽。物皆有所合以爲陰陽，就一物言之，亦各有其陰陽。身以背面爲陰陽，背面又以帶上帶下爲陰陽，山以前後爲陰陽，氣以清濁爲陰陽，質以流凝爲陰陽。鬼區臾言陽中有陰，陰中有陽是也。宋周子謂陰陽互根，與此云各有陰陽，其理一也。陽兼於陰，陰兼於陽，夫兼於妻，妻兼於夫，父兼於子，子兼於父，君兼於臣，臣兼於君。君臣父子夫婦之義，皆取諸陰陽之道。白虎通綱紀篇：君臣父子夫婦六人也，所以稱三綱何？一陰一陽謂之道，陽得陰而成，陰得陽而序，剛柔相配，故六人爲三綱。○淩本取作與。君爲陽，臣爲陰，父爲陽，子爲陰，夫爲陽，妻爲陰。說苑辨物篇：其在民則夫爲陽而婦爲陰，其在家則父爲陽而子爲陰，其在國則君爲陽而臣爲陰，故陽貴而陰賤，陽尊而陰卑，天之道也。漢書杜欽傳：臣者君之陰也，子者父之陰也，妻者夫之陰也，夷狄者中國之陰也。宋徽宗時任伯雨亦言中國爲陽，戎狄爲陰，本欽說。輿案：陰陽不易者也，君臣父子夫婦之倫亦不易者也。夷狄與中國，春秋之義則有因禮義爲進退者焉，故董不以爲言。韓非子忠孝篇：臣之所聞曰：臣事君，子事父，妻事夫，三者順則天下治，三者逆則天下亂，此天下之常道也。亦以三者並舉，故知三綱之說其來已久，而其理則易已具之。

陰陽無所獨行，其始也不得專起，其終也不得分功，有所兼之義。是故臣兼功於君，子兼功於父，妻兼功於夫，陰兼功於陽，地兼功於天。舉而上者，抑而下也；有屏而左也，○盧云：屏下舊衍迸字，轉訛而爲送，今刪去。有引而右也；有親而任也，有疏而遠也；有欲日益也，有欲日損也。益其用而損其妨。○益其用，各本作益而用，盧云疑是益其用，今改。有時損少而益多，有時損多而益少。少而不至絕，多而不至溢。語亦見陰陽終始篇。陰陽二物，終歲各壹出，壹其出，遠近同度而不同意。義亦見天道無二篇盧云次壹字疑衍陽之出也常縣於前而任事陰之出也常縣於後而守空處當作空虛此見天之親陽而疏陰任德而不任刑也義亦見天道無二篇○各本此見作而見盧云當是此見今從淩本改亦見人副天數篇是故仁義制度之數盡取之天天爲君而覆露之晉語則是先君覆露子韋注露潤也淮南子時則訓高注同漢書鼂錯傳覆露萬民如淳云露膏澤也又嚴助傳陛下垂德惠以覆露之顏注謂使之潤澤也釋名釋天露慮也覆慮物也地爲臣而持載之陽爲夫而生之陰爲婦而助之春爲父而生之夏爲子而養之秋爲死而棺之冬爲痛而喪之二語疑衍下云三綱可求於天不當有此後人因春夏二語妄加王道之三綱可求於天三綱又見深察名號篇天出陽爲暖以生之地出陰爲清以成之不暖不生不清不成然而計其多少之分則暖暑居百而清寒居一暖燠孰多篇大同德教之與刑罰猶此也○天啟本之作其故聖人

多其愛而少其嚴，厚其德而簡其刑，以此配天。天之大數必有十旬。○淩本必作畢。旬天地之數，十而畢舉；旬生長之功，十而畢成。見陽尊陰卑篇。天之氣徐，乍寒乍暑，盧云句上當有不字。故寒不凍，暑不暍，暍傷暑也。以其有餘徐來，不暴卒也。俞云有餘二字衍。易曰：「履霜堅冰」，蓋言遜也。今本易遜作順。說文愻順也，愻遜字同。案易言馴致其道，遜字正釋馴義。然則上堅不踰等，冰由霜而馴致其堅，故云不踰等，易所謂由來者漸。果是天之所爲，弗作而成也。人之所爲，亦當弗作而極也。盧云兩作字俱疑乍。凡有興者，稍稍上之以遜順往，一法之興，當有次第，不可過驟，故曰事有漸則民不驚。使人心說而安之，無使人心恐。○盧云本一作而不使怨。輿案天啟本作無使人之恐，下空一字，又有作而不使句，淩本作無使人心恐而不安。故曰君子以人治人，懂能愿。盧云懂當與僅同，大典作謹，疑非。輿案淩本作懂而愿，疑是中庸改而止異文。此之謂也。聖人之道，同諸天地，蕩諸四

海變易習俗盧云此下似文脫

闕文第五十四

春秋繁露義證卷第十二

春秋繁露義證卷第十三

漢廣川董仲舒撰

平江蘇

四時之副第五十五 ○盧云各本皆闕聚珍本有

天之道春暖以生夏暑以養秋清以殺冬寒以藏 ○盧云秋清本作秋涼今据下文改 暖暑清寒異氣而同功皆天之所以成歲也聖人副天之所行以爲政故以慶副暖而當春以賞副暑而當夏以罰副清而當秋以刑副寒而當冬慶賞罰刑異事而同功皆王者之所以成德也慶賞罰刑與春夏秋冬以類相應也如合符故曰王者配天謂其道天有四時王有四政若四時通類也天人所同有也 王道通三篇四氣者

天與人所同有也又見陰陽義篇慶爲春賞爲夏罰爲秋刑爲冬凌云陸宣公奏議臣聞聖人作則皆以天地爲本陰陽爲端慶賞者順陽之功故行於春夏刑罰者法陰之氣故用之秋冬事或愆民人必罹咎慶賞罰刑之不可不具也如春夏秋冬不可不備也慶賞罰刑當其處不可不發若暖暑清寒當其時不可不出也慶賞罰刑各有正處如春夏秋冬各有時也四政者不可以相干也猶四時不可相干也四政者不可以易處也猶四時不可易處也故慶賞罰刑有不行於其正處者春秋譏也互見威德所生諸篇

人副天數第五十六凌云春秋元命苞陰陽之性以一起人副天道故生一子○盧云各本闕篇首三百九十六字聚珍本補足

天德施地德化人德義語又見天道施篇德作道○黄氏日鈔引化作生天氣上地氣下

人氣在其間，春生夏長，百物以興；秋殺冬收，百物以藏。故莫精於氣，氣者元也，胚胎於天地之先。莫富於地，莫神於天。天地之精所以生物者，莫貴於人。人受命乎天也，故超然有以倚；盧云：倚疑當從下文作高物二字。物疢疾莫能爲仁義，唯人獨能爲仁義；麟之不害，關雎之有別，未嘗非仁義之端也，而無以擴充之，故曰莫能爲。釋名釋形體云：人，仁也，仁生物也。故易曰：立人之道曰仁與義。物疢疾莫能偶天地，唯人獨能偶天地。人有三百六十節，偶天之數也；御覽三百六十三引文子云：天有四時五行九解三百六十日，人亦復有四肢五藏九竅三百六十節。淮南精神訓同，但作六十六節。案下文亦云六十六節，此舉成數。呂覽達鬱篇：凡人三百六十節，九竅五藏六府。淩云：子華子：傈蟲三百六十，盈宇宙之間，人爲之長。一人之身，爲骨凡三百有六十，精液之所朝夕也，氣息之所吐吸也，心意知慮之所識也，手足之所運動，而指股之所信屈也，皆與天地之大數通體而爲一。故曰天地之間人爲貴。形體骨肉，偶地之厚也；上有耳目聰明，日月之象也；淮南子精神訓：是故耳目者日月也體有空竅理脈川谷之象也空竅猶孔竅御覽三百六十引公孫尼子云人有三百六十節當天之數也形體有骨肉當地之厚也有九竅脈理當川谷也血氣者風雨也心有哀樂喜怒神氣之類也禮孔子閒居地載神氣神氣風霆風霆流行庶物露生無非教也孔疏云神氣謂神妙之氣觀人之體一何高物之甚而類於天也物旁折取天之陰陽以生活耳而人乃爛然有其文理是故凡物之形莫不伏從旁折天地而行天地二字疑衍人獨題直立端向盧云疑作人獨頲立端向爾雅頲直也正正當之是故所取天地少者旁折之所取天地多者正當之此見人之絕於物而參天地絕過也是故人之身首坌而員盧云坌元注音分無而字今案坌當作坌紆粉切墳起之意也當有而字俞云坌讀為頒說文頁部頒大頭也詩魚藻篇有頒其首毛傳曰頒大首貌並合坌員之義象天容也淮南精神訓頭之圓也象天淩云春秋元命包頭者人所居上員象天氣之府也歲必十二故人頭長一尺二寸髮象星辰也耳

目戾戾象日月也論衡祀義篇日月猶人之有目星辰猶人之有髮凌云孝經援神契髮法星辰目法日月鼻口呼吸象風氣也凌云樂動聲儀鼻爲之候何鼻出入氣高而有竅山亦有金石累積亦有孔穴出雲布雨以潤天下雨則雲消鼻能出納氣也說文呼出息也吸入息也大傳故曰呼吸也者陰陽之交接萬物之終始鄭注呼茶氣出而温呼吸氣入則寒胸中達知象神明也腹胞實虛象百物也百物者最近地故要以下地也天地之象以要爲帶頸以上者精神尊嚴明天類之狀也明字疑衍頸而下者而與以同豐厚卑辱土壤之比也凌云春秋元命包腰而上者爲天尊列陽之狀腰而下者爲地豐厚陰之象數合於四故腰周四尺○凌本厚作薄足布而方地形之象也凌云孝經援神契足方象地○凌本布作步是故禮帶置紳必直其頸以別心也孫詒讓云以上下文義推之人象天地上下以要爲分而要又與帶正相直要以上爲天以下爲地故帶以上爲陽以下爲陰所謂天地之象以要爲帶也不當更以頸上下爲分且禮紳帶皆繫於要亦不當云必直其頸此節三頸字皆當爲要之譌帶而上者

盡爲陽，帶而下者盡爲陰，凌云：物理論言天者擬之人，故自臍以下，人之陰也。各其分。各下疑脫一字。孫詒讓云：其，疑作有。深察名號篇云五號自讚各有分，是其證也。陽，天氣也；陰，地氣也。金張從正儒門事親云：身半以上，其氣三，天之分也；身半以下，其氣三，地之分也。說本此。○官本云：他本以上皆闕。○天啟本下闕五行，似有脫文。故陰陽之動，使人足病，喉痹起，凌云：春秋考異郵曰：痹在喉，壽命凶。則地氣上爲雲雨，而象亦應之也。天地之符，陰陽之副，常設於身，身猶天也，語又見深察名號篇。數與之相參，故命與之相連也。淮南精神訓：天有風雨寒暑，人亦有取與喜怒，故膽爲雲，肺爲氣，肝爲風，腎爲雨，脾爲雷，以與天地相參也，而心爲之主。天以終歲之數，成人之身，故小節三百六十六，副日數也；大節十二分，副月數也；內有五藏，副五行數也；白虎通五行篇：人有五藏六府何法？法五行六合也。又性情篇：人本含六律五行之氣，故內有五藏六府，此性情之所由出入也。五藏者何也？謂肝、心、肺、腎、脾也。五行大義三云：藏府者，由五行六氣而成也。藏則有五，稟自五行，是爲五性；府則有六，因乎六氣是爲六情外有四肢副四時數也官制象天篇人之身有四肢每肢有三節三四十二十二節相持而形體立矣孝經援神契四肢法四時乍視乍瞑副晝夜也瞑與眠同白虎通五行篇人目何法法日月明也日照晝月照夜人目所不更照何法法日亦更用事也乍剛乍柔副冬夏也○御覽三百六十引作乍柔乍剛乍哀乍樂副陰陽也心有計慮副度數也行有倫理副天地也天尊地卑倫理以明尊卑爲急此皆暗膚著身暗字疑誤○盧云膚他本作慮與人俱生比而偶之弇合盧云句與案弇合二字上疑有脫文於其可數也副數不可數者副類小節大節五藏四肢之屬副數也視瞑剛柔哀樂計慮之屬副類也皆當同而副天一也陰陽義云天亦有喜怒之氣哀樂之心與人相副以類合之天人一也皆當同三字疑有脫誤是故陳其有形以著其無形者拘其可數以著其不可數者拘猶限也○盧云舊本脫以著其不可數六字今訂補以此言道之亦宜以類相應猶其形也以數相中也中猶合也按文疑當作以此言之道亦宜以類相應

也猶其形以數未中也

同類相動第五十七

莊子漁父篇同類相從同聲相應固天之理也淮南覽冥訓夫物類之相應玄妙深微知不能論辨不能解又云以掌握之中引類于太極之上而水火可立致者陰陽同氣相動也凌云春秋元命包曰猛虎嘯谷風起類相動也

今平地注水去燥就溼均薪施火去溼就燥荀子大略篇均薪施火火就燥平地注水水流溼夫類之相從也如此之著也呂覽有始篇類固相召氣同則合聲比則應鼓宮而宮動鼓角而角動平地注水水流溼均薪施火火就燥新論類感篇抱薪投火燥者先燃平地注水溼者先濡百物去其所與異而從其所與同○其去各本作去其淩本不誤今正故氣同則會聲比則應其驗皦然也試調琴瑟而錯之凌云風俗通按世本神農作琴今琴長四尺五寸法四時五行也七絃者法七星也宓羲作瑟八尺一寸四十五絃黃帝書泰帝使素女鼓瑟而悲故破其瑟爲二十五絃鼓其宮則他宮應之鼓其商而他

商應之五音比而自鳴非有神其數然也莊子徐無鬼篇於是爲之調瑟廢一於堂廢一於室鼓宮宮動鼓角角動音律同矣夫或改調一絃於五音無當也鼓之二十五絃皆動未始異於聲而音之君也淮南覽冥訓叩宮宮應彈角角動此同聲相和者也美事召美類惡事召惡類類之相應而起也如馬鳴則馬應之牛鳴則牛應之盧云下句各本皆脫今案文義有此乃完韓詩外傳一馬鳴而馬應之牛鳴而牛應之非知也其勢然也正與此處相應與案藝文類聚六十九引亦無下句是唐本已脫帝王之將興也其美祥亦先見其將亡也妖孽亦先見凌云禮記中庸國家將興必有禎祥國家將亡必有妖孽疏妖於驕反說文作䄏云衣服歌謠草木之怪謂之䄏孽魚列反說文作蠥云禽獸蟲蝗之怪謂之蠥〇亡各本作已今從天啟本凌本改物故以類相召也故當作固故以龍致雨以扇逐暑御覽七百二引此二語呂覽有始篇亦以龍致雨以形逐影又見召類篇論衡寒溫篇虎嘯而谷風至龍興而景雲起同氣共類動相召致故曰以形逐影以龍致雨雨應龍而來影應形而去天地之性自然之道也又感虛篇云凡變復之道所以能相感動者以物類也有寒則

復之以溫溫復解之以寒故以龍致雨以刑臚作逐暑皆緣五行之氣用相感勝之**軍之所處以棘楚**以上脫生字老子師之所處荆棘生焉呂覽應同篇師之所處必生荆楚高注軍師訓衆以殺伐爲首棘楚以戮人喜生戰地故生其處也淮南人間訓師之所處生以棘楚高注楚大荆也藝文類聚六十九八十九引此文以上竝有生字是唐本不誤**美惡皆有從來以爲命莫知其處所**呂氏春秋應同篇禍福之所自來衆人以爲命安知其所召類篇作不知其所由衍由字案言美惡固皆有以自召而及其發也不知所自來則歸之命而已**天將陰雨人之病故爲之先動是陰相應而起也天將欲陰雨又使人欲睡臥者陰氣也有憂亦使人臥者是陰相求也有喜者使人不欲臥者是陽相索也**孟子云喜而不寐**水得夜益長數分東風而酒湛溢**東風風下當有至字淮南覽冥訓故東風至而酒湛溢注東風木風也酒湛清酒也米物下湛故曰湛木味酸酸風入酒故酒酢而湛者沸溢物類相感也王念孫云湛與淫同淫溢猶衍溢也酒性溫故東風至而酒爲之加長高注非與案新論感類篇云東風至而酒盈溢論衡亂龍篇云東風至酒湛溢御

覽八百四十五引論衡注云按酒味酸從東方木也味酸故酒湛溢也文選七發注引春秋說題辭云黍爲酒陽援陰乃能動故以麥黍爲酒宋衷云麥陰也先漬麴黍後入故曰陽援陰相得而沸是其動也　病者至夜而疾益甚鷄至幾明皆鳴而相薄論衡變動篇夜及半而鶴唳晨將旦而鷄鳴物應夫氣之驗也凌云春秋說題辭雞爲積陽南方之象火陽精炎上故陽出鷄鳴以類感也　其氣益精故陽益陽而陰益陰莊子徐無鬼篇魯遽曰是直以陽召陽以陰召陰　陽陰之氣因可以類相益損也因當是固　天有陰陽人亦有陰陽天地之陰氣起而人之陰氣應之而起人之陰氣起而天地之陰氣亦宜應之而起其道一也明於此者欲致雨則動陰以起陰欲止雨則動陽以起陽故致雨非神也○官本云神他本誤作初　而疑於神者其理微妙也列子黃帝篇用志不紛乃疑於神荀子議兵篇楊注微妙精盡也　非獨陰陽之氣可以類進退也雖不祥禍福所從生亦由是也無非已先起

之而物以類應之而動者也。故聰明聖神，內視反聽，凌云：商鞅列傳「反聽之謂聰，內視之謂明」。言爲明聖內視反聽八字疑有誤。故獨明聖者知其本心皆在此耳。明聖心通天地，故知無不燭。故琴瑟報彈其宮，他宮自鳴而應之，此物之以類動者也。陰陽類動，窮致其理，可以前知。是故術數小道，足以致神，況聖人之聰明哉。其動以聲而無形，人不見其動之形，則謂之自鳴也。又相動無形，則謂之自然，其實非自然也，有使之然者矣。○官本云：他本使下有人字。物固有實使之，其使之無形。尚書傳言：周將興之時，有大赤烏銜穀之種而集王屋之上者，○天啟本烏作鳥，凌本同。武王喜，諸大夫皆喜，周公曰：「茂哉！茂哉！天之見此以勸之也。」凌云：尚書大傳文止此。釋文：茂，勉也。恐恃之。文疑有誤奪。盧云：赤烏事，漢時秦誓有之。武王喜以下又見大傳。凌云：尚書中候曰：有火自天，止於王屋，流爲赤烏，五至，以穀俱來。玉符瑞圖：赤烏，武王時啣穀至屋上，兵不血刃。

而服
殷

五行相生第五十八

漢書五行志景武之世董仲舒治公羊春秋始推陰陽爲儒者宗宣元之後劉向治穀梁春秋數其禍福傳以洪範與仲舒錯至向子歆治左氏傳其春秋意亦已乖矣言五行傳又頗不同案推陰陽謂以五行推陰陽此亦春秋家學故班志五行自謂傳于春秋然其源則出於洪範董爲齊學伏生尚書五行齊詩五際皆重天人其歸一也又漢藝文志諸子陰陽家者流班氏以爲出於羲和之官敬順昊天歷象日月星辰敬授民時管子幼官篇四時篇輕重已篇及月令所載皆陰陽家之所自出本書所言陰陽五行亦其類矣淩云白虎通五行所以更王何以其轉相生故有終始也博物志自古帝王五運之次有二說鄒衍以五行相勝爲義劉向則以相生爲義漢魏共尊劉說○盧云舊本在五行相勝之後作第五十九案文義當在前今互易之輿案黃氏日鈔引天啟本淩本並與盧說舊本同

天地之氣合而爲一分爲陰陽判爲四時列爲五行禮運夫禮必本於太一分

而爲天地轉而爲陰陽變而爲四時列而爲鬼神**行者行也其行不同故謂之五行**義亦見五行之義篇**五行者五官也比相生而間相勝也**凌云春秋運斗樞四時王者休王所勝者死相所勝者囚假令春之三月木王水生木水休木勝土土死木王火相王所生者相相所勝者囚火勝金春三月金囚俞云比相生若春木生夏火間相勝若秋金勝春水是也**故爲治逆之則亂順之則治**○天啟本爲作謂字同則治作則法

東方者木農之本司農尚仁漢魏相傳宣帝時相言願陛下選明經通知陰陽者四人各主一時時至明言所職以和陰陽天下幸甚蓋本此意**進經術之士**董子以經術道其主故以此爲言又見五行順逆篇白虎通貢士篇治國之道本在得賢得賢則治失賢則亂故月令季春二月開府庫出幣帛周天下勉諸侯聘名士禮賢者**道之以帝王之路將順其美匡捄其惡**說苑臣術篇二曰虛心白意進善通道勉主以禮誼喻王以長策將順其美匡捄其惡功成事立歸善於君不敢獨伐其勞如此者良臣也**執規而生**凌云詩箋規者正圓之器也規主仁

恩也以恩親正君曰規春秋傳曰近臣盡規孝經援神契云春執規夏持衡秋執矩冬持權律麻志以春智爲權夏禮爲衡秋義爲矩冬仁爲規中央土信爲繩淮南天文訓執規而治春張晏曰春爲仁仁者生生者圜故爲規輿案魏相傳東方之神太昊乘震執規司春南方之神炎帝乘離執衡司夏西方之神少昊乘兌執矩司秋北方之神顓頊乘坎執權司冬中央之神黃帝乘坤艮執繩司下土茲五帝所司各有時也**至溫潤下知地形肥磽美惡立事生則**句**因地之宜召公是也親人南畝之中**凌云國語注賈侍中云一耦之發廣尺深尺爲畎百步爲畝昭謂下曰畎高曰畝畝壠也大田解曰田事陽而惡陰東南向陽則茂盛西北傍陰則不實故信南山詩云南東其畝也按詩屢言南畝鄭注遂人云以南畝圖之是也**觀民墾草發淄**盧云淄與菑同輿案淮南泰族訓后稷墾草發菑糞土樹穀使五種各得其宜**耕種五穀積蓄有餘家給人足倉庫充實**凌云天文集稟星主倉蔡邕月令章句穀藏曰倉釋名庫舍也物所在之舍也後漢百官志大司農卿一人中二千石本注掌諸錢穀金帛諸貨幣郡國四時上月旦見錢穀簿其逋末畢各具別之邊郡諸官請調度者皆爲報給損多益寡取相給足**司馬實穀**○盧本實誤食**司馬本**

朝也本朝者火也故曰木生火本朝猶言朝中南方者火也本朝也字疑當在本朝下司馬尚智進賢聖之士凌云大戴禮賢能失官爵功勞失賞祿爵祿失則士卒疾怨兵弱不用曰不平也不平則飭司馬上知天文其形兆未見其萌芽未生昭然獨見存亡之機得失之要治亂之源豫禁未然之前說苑臣術篇六正者一曰萌芽未動形兆未見昭然獨見存亡之幾得失之要預禁乎不然之前使主超然立乎顯榮之處天下稱孝焉如此者聖臣也〇凌本獨作動執矩而長凌云淮南子執衡而治夏此矩字誤張晏云火爲禮禮者齊齊者平故爲衡至忠厚仁輔翼其君周公是也成王幼弱周公相誅管叔蔡叔以定天下凌云史記管叔蔡叔羣弟疑周公與武庚作亂畔周周公奉成王命伐誅武庚管叔放蔡叔天下既寍以安君官者司營也〇天啟本無也字司營者土也故曰火生土

中央者土君官也司營尙信卑身賤體夙興夜寐稱述往古以厲

主意明見成敗，徵諫納善，防滅其惡，絕源塞隙，說苑三曰：卑身賤體，夙興夜寐，進賢不解，數稱于往古之德行事，以厲主意，庶幾有益，以安國家社稷宗廟，如此者忠臣也。四曰：明察幽見成敗，早防而救之，引而復之，塞其間，絕其源，轉禍而爲福，使君終以無憂，如此者智臣也。淩云：隙音乞，裂也。執繩而制四方，淮南天文訓：規生矩殺，衡長權藏，繩居中央，爲四時根。淩云：淮南子：執繩而制四方。張晏曰：土爲信，信者誠，誠者直，故爲繩。至忠厚信以事其君。官本云：他本信以倒，脫事字。據義割恩，太公是也。應天因時之化，威武强禦以成。此下疑有奪文。史記齊世家言太公佐文王傾商，勸武王伐紂，修周政，與天下更始，所謂據義割恩，應天因時者耶？大理者，司徒也。司徒者，金也。故曰土生金。淩云：周禮司寇疏：按上代以來，獄官之名則異，是以月令乃命大理，鄭注云：有虞曰士，夏曰大理，周曰大司寇。

西方者金，大理司徒也，司徒尚義，臣死君而衆人死父，親有尊卑，位有上下，各死其事，事不踰矩，執權而伐。淩云：淮南子：執矩而治秋。此權字誤。張晏云：金爲義者成成者方故爲矩兵不苟克取不苟得義而後行至廉而威質直剛毅子肙是也○盧云肙卽胥字舊作咠譌官本云咠本當作肙卽胥字輿案天啟本作咠注云疑是胥字伐有罪討不義是以百姓附親邊境安寧寇賊不發邑無獄訟則親安○凌本獄訟作訟獄執法者司寇也司寇者水也故曰金生水

北方者水執法司寇也淮南天文訓北方爲司空司寇尚禮君臣有位長幼有序朝廷有爵鄉黨以齒有爵疑當作以爵升降揖讓般伏拜謁折旋中矩立而磬折拱則抱鼓凌云攷工一柯有半謂之磬折注人帶以下四尺五寸磬折立則上俛新書顧頭正視正肩正背臂如抱鼓足間二寸端面攝纓端股整足體不搖肘曰經立因以微磬曰共立因以磬折曰肅立因以垂佩曰卑立立容也執衡而藏文選五十二五十五竝引鄭云稱上曰衡鄒陽傳懸衡天下如淳注衡稱之衡懸法度於其上是也凌云淮南子執權而治冬此衡字誤張晏曰水爲智智者謀謀者重故爲權至清廉平賂遺不受請謁不聽

凌云管子人君惟毋聽請謁任舉則羣臣皆相爲請然則請謁得於上黨與成於鄉如是則貨財行於國法制設於官羣臣務佼而求用然則無爵而貴無祿而富故曰請謁任舉之說勝則繩墨不正

據法聽訟無有所阿孔子是也爲魯司寇斷獄屯屯與衆共之不敢自專

盧云屯屯疑是肫肫與案僖二十八年傳其言畀宋人何與使聽之也何注宋稱人者明聽訟必師斷與其師衆共之史記孔子世家云孔子在位聽訟文辭有可與人共者勿獨有也說苑至公篇孔子爲魯司寇聽獄必司斷敦敦然皆立然後君子進曰某子以爲若何某子以爲云云又曰某子以爲何若某子曰云云辯矣然後君子幾當從某子云云乎以君子之知豈必待某子之云云然後知所以斷獄哉君子之敬讓也文辭有可與人共之者君子不獨有也按師斷卽衆斷屯屯卽敦敦潛夫論班祿篇是故先王將發號施令諄諄如也上下共之無有私曲禮中庸肫肫其仁鄭注肫肫讀爲誨爾忳忳之忳忳忳誠懇貌也詩忳忳一作純純一作訰訰屯屯與諄諄肫肫忳忳純純訰訰義並同

是死者不恨生者不怨百工維時以成器械

凌云何注攻守之器曰械大傳注器械禮樂之器及兵甲也釋文三倉云械器之總名說文云無所盛曰械

器械既成以給司農司農者田

官也凌云廣韻農田農也說文農耕也亦官名漢書曰治粟內史秦官也景帝更名大司農田官者木故曰水生木

五行相勝第五十九

凌云漢書藝文志陰陽者順時而發推刑德隨斗擊因五勝假鬼神而爲助者顏注五勝五行相勝也沈約宋書五德更王惟有二家之說鄒衍以相勝立體劉向以相生爲義然相勝之說於事爲長若曰張倉黜秦則漢水魏土晉木宋金若曰賈誼取秦則漢土魏木晉金宋火也

木者司農也管子五行篇春者土師也夏者司徒也秋者司馬也冬者李也與此略異司農爲姦朋黨比周以蔽主明管子立政九敗解人君唯毋聽羣徒比周則羣臣朋黨蔽美揚惡然則國之情僞不見於上如是則朋黨者處前寡黨者處後夫朋黨者處前賢不肖不分則爭奪之亂起而君在危殆之中矣故曰羣徒比周之說勝則賢不肖不分說苑臣術篇六曰諂言以邪墜主不義朋黨比周以蔽主明入則辨言好辭出則更復異其言語使白黑無別是非無間伺侯可推而因附然使主惡布於境內聞於四鄰如此者亡國之臣也退匿賢士絕滅公卿教民奢侈賓

客交通不勸田事博戲鬬鷄凌云荆州歲時記鬬鷄鏤鷄子鬬鷄子左傳有季郈鬬鷄其來遠矣其鬬卵則莫知所出董仲舒書云心如宿卵爲體內藏以據其剛髣髴鬬理也走狗弄馬長幼無禮大小相虜竝爲寇賊橫恣絕理司徒誅之齊桓是也○天啟本作齊相凌云齊相謂管仲行霸任兵侵蔡蔡潰凌云僖四年傳潰者何下叛上也國曰潰邑曰叛遂伐楚楚人降伏以安中國木者君之官也兪云下文云土者君之官也蓋土居中央於五行最尊故爲君之官此乃云木者君之官也義不可通當爲衍文夫木者農也農者民也不順如叛如同而則命司徒誅其率正矣故曰金勝木誅其率謂誅其首惡也潛夫論斷訟篇春秋之義責知誅率正矣上或有脫字火者司馬也凌云白虎通司馬主兵言馬者馬陽物乾之所爲行兵用馬不以傷害爲度故言馬也司馬爲讒反言易辭以譖愬人凌云劉兆公羊注旁言曰譖莊元年注如其事曰訴加誣曰譖內離骨肉之親外疏忠臣賢聖旋亡讒邪日昌說苑臣術篇四曰智足以飾非辨足以行說反言易辭而

成文章內離骨肉之親外亂朝廷如此者讒臣也魯上大夫季孫是也上大夫卽上卿見爵國篇專權擅政薄國威德自張其威德以牢籠民心是薄國之威德反以怠惡譖愬其賢臣怠字疑誤○盧云賢舊本作羣劫惑其君淩云說文人欲去以力脅止曰劫孔子爲魯司寇史記世家孔子自大司空爲大司寇攝行相事定十四年城莒父及霄何注是歲葢孔子由大司寇攝相事政化大行粥羔豚者不飾男女異路道無拾遺是董當以司寇爲大司寇史何蓋有所本家語始誅篇亦云孔子爲魯大司徒崔靈恩言孔子但當以小司寇仕魯者非見全祖望經史問答六據義行法季孫自消墮費郈城兵甲有差定十二年季孫斯仲孫何忌帥師墮費傳曷爲帥師墮郈帥師墮費孔子行乎季孫三月不違曰家不藏甲邑無百雉之城於是帥師墮郈莊二十四年何注諫有五一曰諷諫孔子曰家不藏甲邑無百雉之城季氏自墮之是也夫火者大朝盧云疑當作本朝有邪讒熒惑其君淮南原道訓營其精神亂其氣志高注營惑也說文謍惑也熒營謍音同字通執法誅之執法者水也故曰水勝火淩云白虎通天地之性衆勝寡故水勝火也○官本云各本脫曰水勝火四字

土者君之宮也○淩云土王本誤作士上有故字係上篇故曰水勝火之故字因脫曰水勝火四字故字遂誤連土字與上篇接寫今据官本改其相司營司營爲神俞云宣三年左傳使神知民姦是神與姦同類上云司農爲姦此云司營爲神則神亦不美之名故與司馬爲讒司徒爲賊司寇爲亂一律○官本云他本不重司營字主所爲皆曰可主所言皆曰善諂順主指也淩云諂古諂字說文通論諂者陷君於惡也管子人君唯毋聽諂諛飾過之言則敗奚以知其然也夫諂臣者常使其主不悔其過不更其失者也故主惑而不自知也如是則謀臣死而諂臣尊矣故曰諂讒飾過之說勝則巧佞者用聽從爲比淩云國語注比阿黨也進主所善以快主意導主以邪陷主不義善疑作喜說苑臣術篇二曰主所言皆曰善主所爲皆曰可隱而求主之所好即進之以快主耳目偷合苟容與主爲樂不顧其後害如此者諛臣也大爲宮室多爲臺榭淩云鄭注月令闍謂之臺有木者謂之榭正義按釋宮云闍謂之臺李巡云積土爲之所以觀望郭景純云積土四方又云無室曰榭李巡云但有大殿無室名曰榭郭景純云榭今之堂堭雕文刻鏤五色成光淩云淮南子夫雕琢刻鏤傷農事者也爾雅玉謂之雕金

謂之鏤木謂之刻吳越春秋分以丹青錯畫文章嬰以白璧鏤以黃金狀類龍蛇文彩生光賦斂無度以奪民財多發繇役以奪民時淩云食貨志董仲舒曰秦法月爲更卒已復爲正一歲屯戍一歲力役三十倍於古漢興循而未改作事無極以奪民力百姓愁苦叛去其國楚靈王是也作乾谿之臺三年不成百姓罷弊而叛淩云罷讀曰疲及其身弒○天啟本及作反淩本同夫士者君之官也君大奢侈過度失禮民叛矣其民叛其君窮矣故曰木勝土淩云白虎通專勝散故木勝土

金者司徒也淩云白虎通司徒主人不言徒者徒衆也重民司徒爲賊內得於君外驕軍士專權擅勢誅殺無罪侵伐暴虐攻戰妄取令不行禁不止將率不親士卒不使淩云高誘曰在軍曰士步曰卒俞云爾疋釋詁使從也不使謂不從輿案大戴禮曾子制言篇人徒之衆則得而使之卽此使字義兵弱地削令君有恥則司馬誅之楚殺其司徒得

臣是也文八年何注諸侯有司徒司馬司空皆卿官也但楚無司徒子玉時爲令尹司徒疑大夫之誤得臣數戰破敵內得於君驕蹇不卹其下卒不爲使○凌本使作死當敵而弱以危楚國僖二十八年楚殺其大夫得臣何注子玉得臣楚之驕蹇臣數道其君侵中國故貶司馬誅之金者司徒司徒弱不能使士眾則司馬誅之故曰火勝金凌云白虎通精勝堅故火勝金

水者司寇也司寇爲亂足恭小謹巧言令色說苑臣術篇三曰中實頗險外容貌小謹巧言令色又心嫉賢所欲進則明其美而隱其惡所欲退則明其過而匿其美使主妄行過任賞罰不當號令不行如此者姦臣也聽謁受賂凌云一切經音義賂遺也謂以物相請謁也下篇金玉曰貨布帛曰賂阿黨不平慢令急誅誅殺無罪則司營誅之營蕩是也爲齊司寇太公封於齊問焉以治國之要○官本云焉一作爲營蕩對曰任仁義而已太公曰任仁義奈何營蕩對曰仁者愛人義者尊老太公曰愛人尊老奈何營蕩對

曰愛人者有子不食其力父母不食子之力俾㜫於自贍所以恤之然其弊也子不孝養父母父母亦不字厥子乃至敎令無所施而悖嫚習長父子相視若途人反仁爲戾而大亂亟矣尊老者妻長而夫拜之夫婦之綱壞則父子君臣隨之所以防微也太公曰寡人欲以仁義治齊今子以仁義亂齊寡人立而誅之以定齊國韓非子外儲說右上載齊東海上有居士曰狂矞華仕昆弟二人建議不臣天子不友諸侯云云太公至營丘使執而殺之以爲首誅營蕩事他無所見假美名而陰佐其邪說者固聖人所必誅也孔子之誅少正卯亦以其佞道行亂國政事見白虎通誅伐篇引韓詩內傳及說苑指武篇不始家語殆法太公者與盧云次寡人字疑衍夫水者執法司寇也執法附黨不平盧云附疑阿字與上文同依法刑人依字疑有誤則司營誅之故曰土勝水凌云白虎通實勝虛故土勝水

五行順逆第六十

○御覽八百八十三引作董仲舒五行逆順天啟本亦作逆順

木者春生之性農之本也勸農事○御覽八百七十三勸上有君字無奪民時使

民歲不過三日○御覽八百七十三使民作使之行什一之稅進經術之士挺羣禁○盧云挺舊本作誕今案月令云挺重囚淮南子亦作挺後漢臧宮傳宜小挺緩挺皆訓寬今改正下同出輕繫凌云高誘曰輕繫不及于刑者解出之去稽留除桎梏凌云鄭志蒙初六注云在足曰桎在手曰梏博雅杽謂之梏械謂之桎開門閭淮南天文訓作開閭扇凌云爾雅閭謂之扉○天啟本門作閉通障塞凌云高誘曰障壅也塞絕也恩及草木則樹木華美而朱草生恩及鱗蟲則魚大爲盧云爲成也淮南天文訓有介蟲不爲魚不爲續漢書律厤志引易緯亦有此語興案爲與譌同化也毛詩魚麗傳云太平而後微物眾多鱣鯨不見凌云顏氏家訓云鱣魚純灰色無文臣瓚曰鱣魚無鱗口在腹下中華古今注鯨魚者海魚也大者長千里小者數十丈一生數萬子常以五月六月就岸邊生子至七八月導從其子還大海中鼓以成雷噴沫爲雨水族驚畏皆逃匿莫敢當者羣龍下凌云埤雅龍八十一鱗具九九之數九陽也龍亦卵生思抱有鱗曰蛟龍有翼曰應龍有角曰虯龍蓋蟲莫智于龍龍之德不爲妄者能與巨巨能與細細能與高高能與下下大戴禮鱗蟲之精者曰龍如人君出入不時走

狗試馬馳騁不反宮室據五行志馳騁上疑脫田獵二字好淫樂飲酒沈湎凌云韓詩齊顏色均衆寡謂之沈閉門不出者謂之湎縱恣不顧政治事多發役以奪民時作謀增稅以奪民財以下文例之下當有則字民病疥搔溫體足胻痛盧云胻音杭脛耑也凌云史記龜筴傳壯士斬其胻索隱邵音衡郎腳脛○天啟本注云胻去聲凌本脫民字咎及於木則茂木枯槁凌云老子人生也柔弱其死也堅強萬物草木生也柔脆其死也枯槁工匠之輪多傷敗五行志傳曰田獵不宿飲食不享出入不節奪民農時及有姦謀則木不曲直又云若通田獵驅騁不反宮室飲食沈湎不顧法度妄行繇役以奪民時作爲姦詐以傷民財則木失其性矣蓋工匠之爲輪矢者多傷敗及木爲變怪是爲木不曲直毒水渰羣漉陂如漁盧云如與而同凌云風俗通謹案陂者繁也言因下鍾水以繁利萬物也咎及鱗蟲則魚不爲羣龍深藏鯨出見據上文鯨上亦當有鱷字

火者夏成長下疑尚有脫字本朝也舉賢良進茂才官得其能凌云周禮鄉大夫注

能者謂若今舉茂才疏茂才即秀才也應劭云舊言秀才避光武諱改茂才史記正義能者獸形色似熊足似鹿爲物堅中而強力人之有賢才者皆謂之能也**任得其力賞有功封有德出貨財振困乏**凌云管子所謂振困者歲凶庸人訾厲多死喪地刑罰救有罪散倉粟以食之此之謂振困**正封疆**凌云史記正義曰封聚土也疆界也謂界土封記也古今注封疆畫界者封土爲臺以表識疆境也畫界者於二封之間又爲堰埒以畫分界域也**使四方恩及於火則火順人而甘露降**○御覽十二引火作物順下有於字**恩及羽蟲則飛鳥大爲黃鵠出見鳳凰翔**哀十四年何注引援神契曰德至鳥獸則鳳凰翔麒麟臻**如人君惑於讒邪內離骨肉外疏忠臣至殺世子誅殺不辜逐忠臣以妾爲妻棄法令**逐忠臣與上疏忠臣複忠蓋功之誤五行志傳曰棄法律逐功臣殺太子以妾爲妻則火不炎上又曰若乃信道不篤或耀虛僞讒夫昌邪勝正則火失其性矣大傳逐功臣注功臣制法律者也**婦妾爲政賜予不當**漢尺一唐斜封之類管子權修篇婦人言事則賞罰不信**則民病血壅腫目不明咎及於火則大旱**

必有火烖據五行志董推災異不必與此五行順逆相應如董推亡禮之應董推齊大災以爲君淫劉向則以爲由齊桓以妾爲妻董推新宮災以爲成居喪不哀劉向則以爲成公聽讒逐歸父董推宋災以爲伯姬憂傷所致劉向則以爲宋公聽讒殺太子痤二劉竝合此五行之應而董反不合此類甚多至于高園便殿火災董以爲天欲誅貴屬及近臣之意遂以得罪蓋災異者臣下借以警時之資本無定象五行順遂不過天人相應之理如此無取拘牽何氏注傳喜言災異雖本家法而傳會可議者多然管子五行篇即有甲子木行御天子不賦不賜賞而君危太子危王子水行御天子決塞動大水而王后夫人薨諸應則知此等師說遠出周秦之間矣趙翼十七史劄記言仲舒繁露初無推演五行之處劉夏侯勝所引洪範五行傳爲夏侯始昌作案五行傳非董作而謂董無推演五行之處則誤**摘巢探鷇**凌云國語注生哺曰鷇未孚曰卵○盧云探舊作採非**咎及羽蟲則飛鳥不爲冬應不來梟鴟羣鳴**凌云埤雅梟食母說文不孝鳥也故日至捕梟磔之其字從鳥頭在木上埤雅鴞鳴其民有禍證俗云禍鳥也**鳳凰高翔**則高翔當作不翔孔子世家覆巢毀卵則鳳凰不翔淮南本經注及宣元年注同

土者夏中土寄王四時而月令繫于夏末故云夏中本書五行對土爲季夏成熟百種君之官凌云聖證論孔晁云能吐生百穀謂之土物理論云粱者黍稷之總名稻者溉種之總名菽者眾豆之總名三穀各二十種爲六十種蔬果之實助穀各二十種爲百穀循宮室之制謹夫婦之別加親戚之恩恩及於土則五穀成而嘉禾興恩及倮蟲則百姓親附城郭充實賢聖皆遷言遷擢仙人降時武帝好仙故以此歆動之與如人君好淫佚妻妾過度犯親戚侮父兄欺罔百姓大爲臺榭五色成光雕文刻鏤則民病心腹宛黃舌爛痛盧云宛與鬱同孫詒讓云說文黑部云黦黑有文也讀若飴盌之盌玉篇云黦或作黝廣韻八物云黝黃黑色也淮南子時則訓天子衣苑黃高注苑讀盌飴之盌此盌黃即淮南書之苑黃宛苑並黦之借字盧說未塙咎及於土則五穀不成五行志傳曰治宮室飾臺榭內淫亂犯親戚侮父兄則稼穡不成又云若迺奢淫驕慢則土失其性亡水旱之災而草木百穀不孰是爲稼穡不成暴虐妄誅咎及倮蟲倮蟲不爲百姓叛去賢

聖放亡凌云大戴禮倮蟲三百六十而聖人爲之長

金者秋殺氣之始也建立旗鼓杖把旄鉞凌云釋名熊虎爲旗旗期也將軍所建象其猛如熊虎與眾期其下也鼓郭也張皮以冒之其中空也尚書武王右秉白旄釋名鉞豁也所司莫敢當前豁然破散也字林云鉞王斧也**以誅賊殘禁暴虐安集**盧云下疑脫二字**故動眾興師必應義理出則祠兵入則振旅以閑習之**凌云莊八年經甲午祠兵傳祠兵者何出曰祠兵入曰振旅其禮一也皆習戰也注禮兵不徒使故將出兵必祠於近郊陳兵習戰殺牲饗士卒五百人曰旅言與祠兵禮如一將出不嫌不習故以祠兵言之將入嫌於廢之故以旅訊士眾言之互相見也祠兵壯者在前難在前振旅壯者在後難在後復長幼且備後也按五經異義曰公羊說甲午祠兵祠者祠五兵矛戟劍楯弓鼓及蚩尤之造兵者**因於搜狩存不忘亡安不忘危**凌云白虎通國有三軍何所以戒非常伐無道尊宗廟重社稷安不忘危也**修城郭繕牆垣**凌云世本鯀作城郭釋名城成也成受國都也郭廓也廓落在城外也牆障也所以自障蔽也垣援也人所依阻以爲援衞也**審羣禁**審與挺相對爲

文挺寛也審嚴也察也荀子彊國篇其禁暴也察其誅不服也審**飭兵甲**凌云飭與敕同敕整也匡謬正俗音與勅同字從食從力**警百官誅不法恩及於金石則涼風出恩及於毛蟲則走獸大爲麒麟至**凌云大戴禮毛蟲之精者曰麟**如人君好戰侵陵諸侯貪城邑之賂輕百姓之命**五行志傳曰好戰攻輕百姓飾城郭侵邊境則金不從革**則民病喉咳嗽**凌云釋名咳嗽也氣奔至出入不平調老剋物也嗽促也用力急促也易說曰立春氣未當至而至則少陽脈勝人病咳之疾也○御覽七百四十三引無喉字**筋攣**凌云後漢成武孝侯順傳注東觀記曰病筋攣卒**鼻鼽塞**凌云月令民多鼽嚏疏鼽音求說文云病塞鼻窒○盧云舊本作仇塞**咎及於金則鑄化凝滯凍堅不成**五行志若逎貪欲恣睢務立威勝不重民命則金失其性蓋工冶鑄金鐵冰滯涸堅不成者眾及爲變怪是爲金不從革案冰與凝同漢書郊祀志秋涸凍集韻涸凝也是凍涸義竝近**四面張罔**凌云釋文黃帝作网罟取獸曰网取魚曰罟**焚林而獵咎及毛蟲則走獸不爲白虎妄搏麒麟遠去**淮南本經訓刳胎殺夭麒麟不游○藝文類聚九十八引

作恩及羽蟲則麒麟至

張網焚林則麒麟去

水者冬藏至陰也宗廟祭祀之始敬四時之祭禘祫昭穆之序宗廟祭祀之始者謂冬至爲宗廟祭祀之始也四時之祭謂祠礿嘗蒸見四祭篇禘祫之說最爲紛歧今依董意及公羊家說釋之董以禘祫與四時之祭分言知不以禘祫爲四時常祀矣禘祫並舉知不以禘祫爲一祭矣案禘祫有二有喪畢特祭之禘祫有五年殷祭之禘祫閔二年夏吉禘于莊公傳言吉者未可以吉也曷爲未可以吉未三年也何注禮禘祫從先君數朝聘從今君數遭祫則祫遭禘則禘此吉禘爲除喪之祭各于其廟與太廟之禘別也左襄十九年傳晉人曰寡君之未禘祀杜云禘祀三年喪畢之吉祭是也文二年八月大事于太廟躋僖公傳大事者何大祫也大祫者何合祭也其合祭奈何毀廟之主陳于太祖未毀廟之主皆升合食于太祖通典引韓詩內傳禘取毀廟之主皆升合食于太祖禘疑是祫五年而再殷祭何注殷盛也謂三年祫五年禘禘所以異於祫者功臣皆祭也祫猶合也禘猶諦也審諦無所遺失禮天子時禘特祫諸侯禘則不礿祫則不嘗大夫有賜于君然後祫其高祖此喪畢吉禘後之吉祫也吉祫二字本何注僖八年秋七月禘于太廟用致夫人傳禘用致夫人非禮也何注夫人始見廟當特祭而因禘諸公廟見欲以省煩勞不

敬謹故識之宣八年夏有事于太廟昭十五年八月有事于武宮此五年殷祭之禘也定九年從祀先公此五年殷祭之祫也鄭君元鳥箋云古者君喪三年既畢禘於其廟而後祫祭于太祖明年春禘於羣廟自此之後五年而再殷祭一禘一祫春秋謂之大事大宗伯及王制注言魯禮同案鄭用春秋今文說酌定此制最爲明晰惟云一祫兩禘未詳所本釋文本作古者喪三年既畢祫于太祖明年禘于羣廟御覽五百二十八引禮記外傳曰春秋之經有禘而無祫毁廟無時祭但五年有二殷祭耳神主入廟先爲一禘明年春禘而又祫與鄭略同輿謂新王除喪奉神主入廟宜有一禘入廟之後祇見先祖祔食新主宜有一祫鄭樵通志云古者天子諸侯三年喪畢皆合先祖之神而享之以生有慶集之懽死亦備合食之禮因天道之成而設禘祫之享皆合先祖之神而享之是也但鄭志以爲周制先祫後禘則似不然所以知爲先禘後祫者以文二年兩傳先親後祖先禰後祖徵之親謂親廟禰謂禰廟言已成爲親廟禰廟之主也譏下砌公不知禘祫有二乃謂遭禘則禘遭祫則祫豈有新主入廟如斯簡略諒不然矣白虎通宗廟篇謂之禘祫何禘之爲言諦也序昭穆諦父子也祫者合也毁廟之主皆合食于太祖也三年一禘禘祫及遷廟何以其能世世繼君之體持其統而不絶由親及遠不忘先祖也案白虎通所說亦殷祭之禘祫也禘及遷廟傳注雖無明文以鄭君說禮推之蓋祫則並祀于太祖禘則先

公之主祭于后稷廟昭之遷主祭于武廟穆之遷主祭于文廟爲異祭昭穆各于其廟故謂之禘昭穆而吉禘謂之禘者有所奉則有所毀謂審諦毀主之昭穆也何注所云禘及功臣葢據夏官司勳凡有功者祭于大蒸及盤庚大享先王爾祖與享言之後魏大和三年詔引鄭元亦云三年一祫五年一禘祫則毀廟羣廟之主于太祖合而祭之禘則兼及百官配食者審諦而祭之以昭穆各繫于其廟故配享之功臣得以與享祫祭並陳於太祖故不能兼及功臣矣漢張純傳建武二十五年純奏禮三年一祫五年一禘漢舊制三年一祫毀廟主合食高廟存廟主未嘗合祭元始五年諸王公列侯廟會始爲禘祭葢用春秋說而祫不及存廟似違傳意至諸家說或舉歲祫終禘或主禘祫爲一或謂禘及毀廟祫爲存廟或謂禘祫同三年禘在夏祫在秋或謂禘配天異於祫皆與傳說不符玆不具引昭穆之序者就禘祫言之文二年何注云太祖東鄉昭南鄉穆北向其餘孫從王父父曰昭子曰穆昭取其鄉明穆取其北面尙敬續漢書禮儀志張純奏云父爲昭南嚮子爲穆北嚮父子不並坐而孫從王父章懷注引決疑要注云凡昭穆父南面故曰昭昭明也子北面故曰穆穆順也始祖特于北其後以次夾始祖而南昭在西穆在東相對是昭穆取相對爲義無分東西南北也古者天子諸侯立四親廟新陟王喪畢則升奉神主於親廟而故主所奉之高祖當遷其在四親廟者以續統之序爲

主雖兄弟祖孫相繼，皆無移易，不分世次之昭穆也。至於遷則昭從昭廟，穆從穆廟，本鄭義，見上。所謂祧也。遇祫祭則存毀皆論昭穆，以太祖爲主也。小宗伯云「辨廟祧之昭穆」，明廟與祧之昭穆有別也。中庸「宗廟之禮，所以序昭穆也」，執事之子孫且然，則神主尤當序矣。蓋宗廟以祖爲重，故遷毀合食皆依世次；親廟隆新王之敬，故承其統者雖非子而當以禰事，且四代異廟，無並坐之嫌，此制禮之精意也。文二年「大事於太廟，躋僖公」，傳「躋者何？升也。何言乎升僖公？譏逆祀也。其逆祀奈何？先禰而後祖也」。何注：「升，謂西上。禮，昭穆指父子，近取法春秋惠公與僖公當同南面西上，隱桓與閔僖亦當北面西上，繼閔者在下。文公緣僖公于閔公爲庶兄，置僖公于閔公上，失先後之序，故譏之。傳曰後祖者，僖公以臣繼閔公，猶子繼父，故閔公于文公亦猶祖也。自先君言之，隱桓及閔僖各當爲兄弟，顧有貴賤耳。自繼代言之，有父子君臣之道，此恩義順逆各有所施也。」案傳明云祫祭則躋僖公，但是合食時升僖於閔上，易先後之序，故云先禰後祖。董以逆祀爲小惡，覯見異義。知非易昭穆也。穀梁以大事爲祫祭，與公羊同。又云「躋，升也。先親而後祖也，逆祀也」，此釋經躋僖公也。又云「逆祀則是無昭穆也，無昭穆則是無祖也，無祖則無天也，故曰文無天」，此極言逆祀之失也。蓋僖之于閔有君臣之道，以四親廟之序言之，僖禰而閔祖，今乃于合食時逆其廟序，推其極則亦與無昭穆同。若卽以躋僖爲無昭穆，則傳

當直譏之而不必申論矣定九年從祀先公蓋至是祫祭始正閔
僖之序也近人讀兩傳不明又不知但是合食時先後之差而非
廟祀之序故説多樛葛而今文家説亂矣謹辨正之如此服虔韋昭以爲
自僖公以來昭穆皆亂蓋胡毋説問者曰四親不別立廟又無遷毀之典兄弟相
繼當以何法曰穀梁言之矣無昭穆則是無祖無天也禮當同
於合食不宜異昭穆以干並坐之嫌此禮之可以義起者也天
子祭天諸侯祭土閉門閭大搜索淮南天文訓作大搜客高注禁舊客出新客時則訓注傳曰禁
舊客爲露情也有新客搜出之爲觀釁也門城門也閭里門也嚴閉之守備也斷刑罰執當罪淮南天文訓時則訓
執作殺飭關梁淮南天文訓飭作息禁外徙恩及於水則醴泉出恩及介蟲凌云
月令章句介者甲也謂龜蟹之屬也則黿鼉大爲凌云埤雅黿大鼈也淮南子曰燒黿致鼈此其以類求之博物志曰
鼉長一丈一名土龍鱗甲黑色能橫飛不能上騰晉安海物記鼉宵鳴如桴鼓靈龜出凌云雒書靈准聽靈龜者元文五色
神靈之精也上隆法天下平象地能見存亡明於吉凶王者不偏黨事耆老則出譙周異物志涪陵多大龜其甲可以卜其緣中叉
似玳瑁俗名曰靈大戴禮介蟲之精者曰龜如人君簡宗廟不禱祀○御覽八百八十三引董仲舒五行

逆順云人君簡宗廟不禱則鬼神夜哭廢祭祀執法不順逆天時五行志傳曰簡宗廟不禱祀廢祭祀逆天時則水不潤下則民病流腫凌云春秋潛潭巴曰枉矢黑軍士不勇疾流腫釋名曰腫寒熱氣所鍾聚也水張○盧云中亮切凌本作脹瘻痺凌云廣韻瘻瀝病一曰兩足不能相及師古曰瘻風痺病也痺風瀝之病孔竅不通咎及於水霧氣冥冥凌云五經通義陰亂則為霧從地汁也五行志若乃不敬鬼神政令逆時則水失其性霧水暴出百川逆溢壞鄉邑溺人民及淫雨傷稼穡是為水不潤下必有大水水為民害咎及介蟲則龜深藏黿鼉呴凌云莊子泉涸魚相與處于陸相呴以溼相濡以沫

治水五行第六十一黃震云以上四篇並言隨時施政凌云尚書注治水失道亂陳其五行疏水是五行之一水性下流鯀反塞之失水之性水失其道則五行皆失矣○黃氏日鈔作水治五行

日冬至七十二日木用事其氣燥濁而青○天啟本青作清凌本同七十二日火用事其氣慘陽而赤七十二日土用事其氣溼濁而黃○溼天啟本作

沍涸七十二日金用事，其氣慘淡而白；七十二日水用事，其氣清寒而黑；七十二日復得木。淩云：淮南子云：壬午冬至，甲子受制，木用事，火煙青；七十二日丙子受制，火用事，火煙赤；七十二日戊子受制，土用事，火煙黃；七十二日庚子受制，金用事，火煙白；七十二日壬子受制，水用事，火煙黑；七十二日而歲終，庚子受制。歲遷六日，以數推之，七十歲而復至甲子。木用事則行柔惠，挺羣禁，至於立春，出輕繫，去稽留，除桎梏，開門闔，○天啟本門作閉，淩本同。通障塞，淩云：淮南子：甲子受制，則行柔惠，挺羣禁，開闔扇，通障塞，毋伐木。存幼孤，矜寡獨，無伐木。淩云：淮南子注：甲，木也。木王東方，故施柔惠。蟄伏之類出由戶，故開闔扇，通障塞。春木王，故毋伐木也。火用事則正封疆，循田疇，淩云：國語注：穀地曰田，麻地曰疇。至於立夏，舉賢良，封有德，賞有功，出使四方，無縱火。淩云：淮南子：丙子受制，則舉賢良，賞有功，立封侯，出財貨。注：火用事，象陽明，識功勞，故封建侯，出財貨。土用事則養長老，存幼孤，矜寡獨，賜孝弟，施恩澤，無興土功。淩云：淮南子：戊子受制，則養老鰥寡，行粹爵施恩澤注土用事象土養長故施恩澤也金用事則修城郭繕牆垣審羣禁飭甲兵警百官誅不法存長老無焚金石凌云淮南子庚子受制則繕牆垣修城郭審羣禁飭兵甲儆百官誅不法注金用事象金斷割故誅不法水用事則閉門閭凌云月令章句門謂城門閭謂二十五家爲閭大搜索斷刑罰執當罪飭關梁禁外徙無決隄凌云淮南子壬子受制則閉門閭大搜客斷刑罰殺當罪息關梁禁外徙注水用事象冬閉固故禁外徙國語注隄防也

春秋繁露義證卷第十三

春秋繁露義證卷第十四

漢廣川董仲舒撰

平江蘇　輿學

治亂五行第六十二

黄震云言相干則災

火干木蟄蟲蚤出淮南子天文訓丙子干甲子蟄蟲早出故雷早行注水氣溫故早出蚿雷蚤行盧云蚿疑當作眩眩謂電光也西京雜記董仲舒曰太平之世電不眩目宣示光耀而已○官本無蚿字云他本有盧云大典本無

土干木胎夭卵毈鳥蟲多傷淮南子戊子干甲子胎夭卵毈鳥蟲多傷○盧云毈丁亂反淩云王本毈誤分爲兩字鄭注卵鳥卵毈玉篇大亂切不成子曰毈

金干木有兵淮南子庚子干甲子有兵

水干

木春下霜淮南子壬子干甲子春有霜

土干火則多雷雷疑霆之誤淮南子戊子干丙子霆

金干火草木夷淮南子庚子干丙子夷注

夷傷也夷或爲雹案淮南脫草木二字當据此補正**水干火夏雹**淮南子壬子干丙子雹漢魏相傳春興兌治則飢秋興震治則華冬興離治則泄夏興坎治則雹**木干火則地動**淮南子甲子干丙子地動○凌本火作金**金干土**○天啟本作干木**則五穀傷有殃**傷字疑衍淮南子庚子干戊子五穀有殃**水干土夏寒雨霜**淮南子壬子干戊子夏寒雨霜**木干土倮蟲不爲**凌云原注人者倮蟲之長淮南子作甲子干戊子介蟲不爲注不成爲介蟲也與案天啟本無原注**火干土則大旱**淮南子丙子干戊子大旱茁封熯○御覽八百七十九引火作木

水干金則魚不爲淮南子壬子干庚子大剛魚不爲注不成爲魚**木干金則草木再生**淮南子甲子干庚子草木再死再生**火干金則草木秋榮**淮南子丙子干庚子草木復榮注今八月九月旼李柰復榮生實是也**土干金五穀不成**淮南子戊子干庚子歲或存或亡**木干水冬蟄不藏**淮南子甲子干壬子冬乃不藏注地氣發也**土干水則蟄蟲冬出**

淮南子戊子干壬子蟄蟲冬出其鄉**火干水則星墜**淮南子丙子干壬子星隊注隊隕**金干水則冬大寒**淮南子庚子干壬子冬雷其鄉

五行變救第六十三黃震云言木冰春多雨之類皆以人事救之淩云大傳注君失五事則五行相沴逆其位復立之者當明其變異則知此爲貌邪言輒改過以共禦之至司之日月又必齋肅祭祀以撫其神則凶咎除矣

五行變至當救之以德施之天下則咎除不救以德不出三年天當雨石淩云尚書中候紂末年雨石皆大如甕○官本云他本當作雷**木有變春凋秋榮**○官本云本作多營輿案御覽九百五十二引作冬榮下有眞剛精鋭無以治之二語與本書不類疑誤文**秋木冰**木冰見成十六年五行志或曰今之長老名木冰爲木介淩云唐書凝霜封樹謂之木冰一名樹介甯王憲有疾見而歎曰此俗所謂樹嫁者也吾其死矣諺曰樹嫁達官怕○天啟本本上注云一無秋字冰作水**春多雨此繇役衆**淩云繇讀曰傜說文戍邊也

賦斂重○御覽十引下有故也二字八百七十七引同百姓貧窮叛去凌云月令疏蔡氏云無財曰貧無親曰窮皇氏云長無謂之貧窮道多饑人救之者省繇役薄賦斂出倉穀振困窮矣凌云漢書顏注振起也爲給貸之令其存立也諸振救振贍其意皆同今流俗作字從貝者非也火有變冬溫夏寒此王者不明善者不賞惡者不絀不肖在位賢者伏匿則寒暑失序而民疾疫凌云易通卦驗春暑長一丈一尺二分未當至而至多病熛疾疫疾說文云民皆病也救之者舉賢良賞有功封有德土有變大風至五穀傷此不信仁賢不敬父兄淫泆無度宮室榮盧云荀子大略篇說苑君道篇何注桓五年傳皆作宮室榮與此同或改崇及營非輿案後漢鍾離意傳亦作榮○天啟本榮上有多字凌本同救之者省宮室去雕文舉孝悌恤黎元凌云漢書文紀注姚察云古者謂人元善人也因善爲元故云黎元金有變畢昴爲回三覆有武多兵凌云春秋佐助期昴畢爲天街史記天官書昴曰髦頭畢曰罕車主弋獵正義曰昴七星爲髦頭畢八星

其大星曰天高一曰邊將四夷之尉也星明大天下安遠夷入貢失色邊亂畢動主兵法苑珠林初置星宿昴爲先首形似剃刀次置畢形如立人雲笈七籤昴星神姓張名弩小衣綠青單衣畢星神姓柔名公孫帶劍衣白毛單衣**多盜寇此棄義貪財輕民命重貨賂百姓趣利多姦軌**國語魯語竊寶者爲宄用宄之財者爲姦**救之者舉廉潔立正直隱武行文**俞云隱讀爲偃漢書古今人表徐隱王顏注即偃王也是隱偃古通用輿案國語周語武不可覿文不可匿即隱武行文意齊語隱武事行文道字亦作隱不必改讀**束甲械**凌云周禮司甲注甲今之鎧也今古用物不同其名亦異古用皮謂之甲今用金謂之鎧**水有變冬溼多霧**凌云春秋元命包亂而爲霧霧陰陽之氣也釋名曰霧冒也氣蒙亂冒物也**春夏雨雹**凌云大戴禮陽之氣專爲雹陰之氣專爲霰霰雹者一氣之化也釋名雹砲也其所中物皆摧折如人所盛咆**此法令緩刑罰不行救之者憂囹圄案姦宄誅有罪蒐五日**盧云蒐與搜同

五行五事第六十四

黃震云言諡應凌云漢藝文志五行者五常之刑氣也書曰初一曰五行次二

曰羞用五事言進用五事以順五行也貌言視聽思心失而五行之序亂五星之變作皆出律厤之數而分爲一者也

王者與臣無禮貌不肅敬○御覽九引貌作身**則木不曲直**家語孔子曰五行用事先起於木王者則之首以木德其次以所生之行轉相承也凌云大傳一曰貌貌之不恭是謂不肅注肅敬也君貌不恭則是不能敬其事也尚書疏木有華葉之容故貌屬木鄭注東宮於地爲木木或曲或直人所用爲器者無故生不暢茂多有折槁是爲木不曲直

而夏多暴風風者木之氣也凌云御覽禮統風萌也養物成功所以八風象八卦也釋名風氾也其氣博氾而動物也風放也氣放散也**其音角也**凌云月令其音角注音謂樂器之聲三分羽益一以生角角數六十四屬木者以其清濁中民象也春色和則角聲調樂記曰角亂則憂其民怨凡聲尊卑取象五行數多者濁數少者淸大不過宮細不過羽鐘律書角觸也物觸地而出戴芒角也**故應之以暴風王者言不從則金不從革**凌云大傳二事曰言言之不從是謂不乂尚書疏言之決斷若金之斬割故言屬金鄭注西宮於地爲金金性從形而革人所用爲器者也無故冶之不銷則入火飛亡或鑄之裂形是爲不從革

而秋多霹靂霹靂者金氣也凌云釋名辟歷

辟折也所歷皆破折也論衡曰圖畫之工圖雷之狀如連鼓形又圖一人若力士謂之雷公使左手引連鼓右手椎之春秋震夷伯之廟謂劈歷破之是也霹靂俗字**其音商也**凌云月令其音商注三分徵音益一以生商商數七十二屬金者以其濁次宮臣之象也秋氣和則商氣調樂記曰商亂則陂其臣壞鐘律書商之爲言章也物成就可章度也**故應之以霹靂王者視不明則火不炎上**凌云大傳三事曰視視之不明是謂不悊尙書疏火外光故視屬火鄭注南宮於地爲火火性炎上然行人所用亨飪者也無故因見作熱燔熾爲害是爲火不炎上**而秋多電**〇初學記二十五引春秋繁露云若火不炎上秋多電由王者視不明也**電者火氣也**凌云元命包陰陽凝爲電西京雜記仲舒曰電其相擊之光也釋名電殄也乍則殄滅也**其陰徵也**凌云月令其音徵注三分宮音去一以生徵徵數五十四屬火者以其徵清事之象也夏氣和則徵聲調樂記云徵亂則哀其事勤鐘律書徵祉也物盛大而繁祉也**故應之以電王者聽不聽則水不潤下**凌云大傳四事曰聽聽不聽是謂不謀尙書疏水內明故聽屬水鄭注北宮於地爲水水性侵潤下流人所用灌漑者也無故源流竭絕川澤以涸是爲水不潤下**而春夏多暴雨**初學記二御覽十引

西京雜記董仲舒曰太平之時雨不破塊津莖潤葉而已**雨者水氣也**凌云釋名雨者羽也如鳥羽動則散也禮統雨者輔時生養均偏故謂之雨**其音羽也**凌云月令其音羽注三分商去一以生羽羽數四十八屬水者以其爲最清物之象也冬氣和則羽羽聲調樂記曰羽亂則危其財匱鐘律書羽宇也物聚藏宇覆之也**故應之以暴雨**○天啟本無之字**王者心不能容則稼穡不成**書洪範土爰稼穡大傳五事曰心維思思之不容是謂不聖白虎通五行篇五行之性土者最大苞含萬物將生者出將歸者入不嫌清濁爲萬物母尚書疏土安靜而萬物生心思慮而萬事成故思屬土**而秋多雷雷者土氣也**凌云春秋元命包陰陽合而爲雷西京雜記董仲舒曰雷其相擊之聲也釋名雷硠也如轉物有所硠雷之聲也**其音宮也**白虎通禮樂篇土謂宮宮者含也容也含容四時者也月令其音宮注聲始於宮宮數八十一屬土者以其最濁君之象也季春之氣和則宮聲調樂記曰宮亂則荒其君驕黃鐘之宮最長也十二律轉相生五音俱終於六十焉鐘律書宮中也居中央暢四方唱始施生爲四聲綱也**故應之以雷**

五事一曰貌書傳云容儀說苑修文篇貌者男子之所以恭敬婦人之所以姣好行步中矩折旋中規立則磬折拱則

抱鼓。天啟本不提行 二曰言書傳云：詞章。論衡訂思篇云：鴻範五行二曰火，五事二曰言，言火同氣，故童謠詩訶爲妖言。三曰視書傳云：觀正。四曰聽書傳云：察是非。五曰思何謂也書傳云：心慮所行。案思下脫心字，下同。今文尚書竝作思心，詩疏引鴻範五行傳曰：貌屬木，言屬金，視屬火，聽屬水，思心屬土。漢書藝文志、天文志、律厤志，漢紀孝昭紀，續漢志，晉、隋書五行志，戰國策高注引五行傳，玉海五引大傳，竝作思心，晉書天文志亦作思心。夫五事者，人之所受命於天也，而王者所修而治民也。孔光傳：書曰羞用五事，建用皇極。如貌、言、視、聽、思失，大中之道不立，則咎徵薦臻，六極屢降。皇之不極，是謂大中不立。○官本云：他本無者字。故王者爲民，治則不可以不明，準繩不可以不正。兪云：則下有闕文，或於民字絕句，治爲法字之誤，法則不可以不明，準繩不可以不正，二語相對。周官太宰曰：法則以馭其官。王者貌曰恭，書傳云：儼恪。楊雄玄數云：三百爲木，事貌用恭。恭者，敬也。言曰從，書傳云：事則可從。從者，可從。宋世家集解引馬云：發言當使可從。從與此合，謂使人從之也。五行志：言之不從。從，順也，謂己發言之不順也。義微別。玄數云：四九爲金，事言用從。視曰明，書傳云：必淸審。玄數云二七爲火事視用明明者知賢不肖分明黑白也聽曰聰書傳云必微諦玄數云一六爲水事聽用聰聽者能聞事而審其意也思曰容五行志思脫心字曰容又引傳曰思心之不容是謂不聖睿容當爲容故班訓之曰容寬也今本竝誤爲睿容史記宋世家作思曰睿疑亦後人所改玄數云五五爲土事思用睿雄用今文思下亦脫心字睿亦當作容從恭明聽容爲韻說文思容也本此玉海引大傳作容而注云當爲睿則失之矣馬鄭訓睿爲通乃古文不當以改大傳容者言無不容恭作肅書傳云心敬從作乂書傳云可以治宋世家作從作治集解引馬云出令而從所以爲治也乂五行志作艾字同明作哲哲宋世家作智五行傳及漢志作悊古文尚書作哲聽作謀書傳云所謀必成當官本云聽他本作聽○容作聖何謂也書曰睿作聖睿亦容之誤書傳云于事無不通謂之聖恭作肅言王者誠能內有恭敬之姿而天下莫不肅矣凌云劉向五行傳記肅敬也內曰恭外曰敬鄭注君貌恭則臣禮肅○天啟本無者字下同從作乂言王者言可從明正從行而天下治矣兪云明正乃則臣二字之誤當作王者言可從則臣從行而天下治矣書洪範正義引鄭

注君言從則臣職治與此義相近**明作哲哲者知也**五行志哲智也與此同案說文哲昭晰明也哲智也悊敬也五行志叚悊爲哲鄭云君視明則臣照晢从古文尚書晢字作解**王者明則賢者進不肖者退天下知善而勸之知惡而恥之矣**因王者之明賢否而天下知善惡智之至也**聽作謀謀者謀事也**國語魯語咨事爲謀**王者聽則聞事與臣下謀之故事無失謀矣**宋世家集解引馬云上聽則下進其謀書疏及詩小旻疏引鄭云君聽則臣進謀是馬鄭義並與董同王引之云恭與肅從與乂明與哲睿與聖義並相近若以謀爲謀事則與聽義不類謀與敏同敏古讀爲每謀古讀若媒並見唐韻正謀敏聲相近故字相通中庸鄭注敏或爲謀是其證也聽則敏不聽則不敏故五行傳曰聽之不聽是謂不謀不謀則不敏若以爲不能謀事則謀上須加能字而其義始明伏生解聽以謀爲敏正與經旨相合董劉馬鄭胥失之輿案王說固是然以此爲敎恐王者自恃其敏有獨斷之失故董訓爲謀事俾王者既有聰明仍勤討論合天下之志慮以爲謀僉翕受敷施人蒙其利斯聽之至也此漢儒解經用意處且洪範言謀及卿士庶人始之以乃心是謀固兼包人我與聽義無所閡也**容作聖聖者設也**白虎通七聖者通也

道也聲也王者心寬大無不容則聖能施設事各得其宜也秦誓其心休休焉其如有容焉老子云容乃公公乃王王乃天天乃道道乃久荀子云君子賢而能容眾知而能容愚博而能容淺粹而能容雜大戴禮子張問入官孔子曰古者冕而前旒所以蔽明也統纊塞耳所以弇聰也故水至清則無魚人至察則無徒說苑君道篇尹文曰人君之事無爲而能容下大道容眾大德容下聖人寡爲而天下理矣聖德貴容如此

王者能敬則肅肅則春氣得故肅者主春○盧云大典本無則肅肅三字故肅下重一肅字今依何本興案天啟本與大典本同春陽氣微萬物柔易移弱可化柔字疑當在弱上於時陰氣爲賊故王者欽欽不以議陰事然後萬物遂生而木可曲直也凌云孔安國曰木可揉使曲直也○官本云他本無可字春行秋政則草木凋行冬政則雪行夏政則殺春失政則盧云下有闕文凌云淮南子時則訓六合孟春與仲秋爲合仲春與仲秋爲合季春與季秋爲合孟夏與孟冬爲合仲夏與仲冬爲合季夏與季冬爲合孟春始贏孟秋始縮仲春始出仲秋始內季春大出季秋

大內孟夏始緩孟冬始急仲夏至修仲冬至短季夏德畢季冬刑畢故正月失政七月涼風不至二月失政八月雷不藏三月失政九月不下霜四月失政十月不凍五月失政十一月蟄蟲冬出其鄉六月失政十二月草木不脫七月失政正月大寒不解八月失政二月雷不發九月失政三月春風不濟十月失政四月草木不實十一月失政五月下雹霜十二月失政六月五穀疾狂

王者能治則義立義立則秋氣得故乂者主秋。盧云乂舊本作義錢改秋氣始殺王者行小刑罰民不犯則禮義成於時陽氣爲賊故王者輔以官牧之事然後萬物成熟秋草木不榮華凌云爾雅木謂之榮草謂之華金從革也凌云馬融曰金之性從人而更可消鑠 秋行春政則華行夏政則喬凌云爾雅如木楸曰喬注楸樹性其上竦孫詒讓云喬疑槁之借字謂枯槁也古从喬聲高聲字多通用莊子列禦寇釋文槁本作熇是其例也 行冬政則落秋失政則春大風不解雷不發聲

王者能知則知善惡知善惡則夏氣得故哲者主夏夏陽氣始盛

萬物兆長，王者不掩明，則道不退塞，而夏至之後（而字疑衍）大暑隆，萬物茂育懷任。王者恐明不知賢不肖，分明白黑（王者恐下十三字疑衍文）。於時寒爲賊，故王者輔以賞賜之事，然後夏草木不霜，火炎上也（凌云：孔安國曰：言其自然之常性也）。夏行春政則風，行秋政則水，行冬政則落，夏失政則冬不凍冰（凌云：風俗通：壯冰曰凍），五穀不藏，大寒不解。

王者無失謀，然後冬氣得，故謀者主冬。冬陰氣始盛，草木必死，王者能聞事審謀慮之，則不侵伐，不侵伐且殺，則死者不恨，生者不怨。冬日至之後，大寒降，萬物藏於下，於時暑爲賊，故王者輔之以急斷之事。（天啟本下以字在事上，凌本同）以水潤下也（以上文例之，此間疑有脫誤）。冬行春政則蒸，行夏政則雷（凌云：莊子曰：陰陽錯行，則天地大絯，於是乎有雷有霆），行秋政則旱，冬失政則夏草木不實句霜霜上疑有奪字淮南時則訓十一月失政正月下雹霜○凌本無霜字五穀疾枯時則訓作疾狂盧云五事無思曰容一節似亦文脫

郊語第六十五

古文說禘爲祀天帝郊爲祈農事鄭康成禘重於郊周禮圜丘之祭禘而非郊西漢諸儒罕言圜丘董據春秋爲說以郊爲祭天尊名禘爲宗廟之祭見五行相勝篇如閔公吉禘莊公僖八年禘於太廟是已此今文說也王肅以禘爲宗廟之祭暗用董說而並混郊丘爲一則非董旨孫星衍六天及感生帝辨云張融引董仲舒劉向馬融之論皆以爲周禮圜丘則孝經云南郊與王肅同其言謬繁露云郊因新歲之初又云郊因先卜不吉不敢郊是董不以郊爲冬至祭圜丘之明證肅等誣之且誣劉馬者蓋見漢人多議郊祀不議圜丘因疑諸儒即以郊爲圜丘不知秦漢時固無冬至圜丘之祭秦以冬十月爲歲首故常以十月上宿郊見非因冬至按孫說是也漢制郊祀最爲紛雜至成帝時匡衡等議定郊祭始重董言郊專言事天而不言天地合祭時以正月上辛而不以冬至夏至郊止有一而無二郊四郊之繁匡衡定制爲南北郊與董略殊矣黃震云此篇言事天之義有缺文錢云郊語一篇似當次四祭篇後此下五篇實

一篇也

人之言醖去煙盧云未詳孫詒讓云醖當作醯墨子備穴篇云益持醯客卽熏以救目明醯可禦烟故以救熏穴也藝文類聚引此亦作醖則唐宋已誤輿案類聚八十引此文一本醖作醯形與醯近白孔六帖二有徵勁羽三字注云董仲舒亦似是此處文鴖羽去眯。天啟本眯作眛旁注一作眯凌云作眯爲是文選李音米又音美字林云物入眼爲眯莊子播糠眯目慈石取鐵凌云漢書藝文志慈石取鐵鬼谷子其察言也如慈石之引鍼抱朴子曰五石者丹砂雄黃白礬石曾礠也淮南萬畢術礠石一名礠君輿案呂覽精通篇慈石召鐵或引之也淮南覽冥訓若以礠石之能連鐵也而求其引瓦則難矣又云夫燧之取火於日慈石之引鍼蟹之敗漆葵之鄉日雖有智者弗能然也頸金取火。盧云頸金一作眞金凌云原注一作頩一作眞畱青日札淮南子曰陽燧見日則燃而爲火陽燧金也取金猛無緣者日高三四丈持以向日操艾承之有頃卽焦吹之得火蠶珥絲於室而絃絕於堂淮南子天文訓蠶珥絲而商絃絕高注蠶老絲成自中徹外䙰之爲金精珥表裏見故曰珥絲一曰弄絲於口商絃細而急故先絕也又覽冥訓云蠶咡絲而商絃絕或感之也高注老蠶上下絲於口故曰咡絲新絲出故絲脃商於五音最細而急故絕也咡或作珥蠶老時絲在身中正黄達見於外如珥也商西方金音也蠶午火也火壯金困應商而已或有新故相感者也御覽八百二十五引春秋文耀鉤曰商絃絕蠶絲注云絃將絕蠶含絲以待用也易乾九五疏造化之性陶甄之器非爲同類相感亦有異類相感者若慈石引針琥珀拾芥蠶吐絲而商絃絕銅山崩而洛鍾應其類煩多難一一言也

禾實於野而粟缺於倉呂氏春秋冬與夏不能兩刑草與稼不能兩成新穀熟而陳穀有虧○御覽八百三十九引作禾實於野粟缺於倉皆奇怪非人所意乎此可畏也初學記二十七引作禾實於野粟郵鏺於倉皆奇怪非人意者也

蕪荑生於燕凌云通志蕪荑曰無姑曰蕨唐曰姑榆爾雅云莁荑蔱蘠榆類也實似榆筴臭如犱可作醬與案此爾雅釋木之無姑其實夷者也亦作無夷本草云蕪荑一名無姑主去三蟲陶注今惟出高麗狀如榆莢氣臭如犱彼人皆以作醬食之性殺蟲置物中亦辟蛀但患其臭急就篇云蕪荑鹽豉醯酢醬莁荑乃草類別一物

橘枳死於荊凌云周禮攷工記橘踰淮而北爲枳淮南子江南橘樹之江北而化爲橙

此十物者皆奇而可怪兪云上文有八物無十物也蓋由淺人誤分蠶珥絲於室而絃絕於堂禾實於野而粟缺於倉爲四事耳其誤顯然不可不正與案此或

有脫文如淮南泰族訓云蛟龍伏寢于淵而卵割于陵螣蛇雄鳴于上風雌鳴于下風而化成形精之至也又天文訓云日至而麋鹿解月虛而魚腦流麒麟鬭而日月食鯨魚死而彗星出呂氏春秋精通篇月望則蚌蛤實羣陰盈月晦則蚌蛤虛羣陰虧夫月形乎天而羣陰化乎淵皆其比也○官本云而可他本作可而非人所意也夫非人所意而然既已有之矣○官本云他本已作以或者吉凶禍福利不利之所從生無有奇怪非人所意如是者乎○藝文類聚八十引作禍福利害無有奇怪乎此等可畏也等字疑衍孔子曰君子有三畏畏天命畏大人凌云鄭康成曰大人謂天子諸侯為政者畏聖人之言彼豈無傷害於人如孔子徒畏之哉如與而同以此見天之不可不畏敬猶主上之不可不謹事不謹事主其禍來至顯不畏敬天其殃來至闇闇者不見其端若自然也殃之來有由不知其端則命之自然而已呂覽應同篇禍福之所自來眾人以為命安知其所故曰堂堂如天殃言不必立校俞云校讀為效謂不必立

有效驗也默而無聲潛而無形也由是觀之天殃與主罰所以別者闇與顯耳○天啟本主作上凌本同不然其來逮人殆無以異不字疑衍孔子同之俱言可畏也天地神明之心與人事成敗之眞固莫之能見也唯聖人能見之聖人者見人之所不見者也故聖人之言亦可畏也奈何如廢郊禮盧云如與而同郊禮者人所最甚重也人上疑脫聖字廢聖人所最甚重而吉凶利害在於冥冥不可得見之中雖已多受其病何從知之故曰問聖人者問其所爲而無問其所以爲也問其所以爲終弗能見不如勿問問爲而爲之俞云當作問其所爲而爲之所不爲而勿爲是與聖人同實也何過之有詩云不騫不忘率由舊章○天啟本作不愆凌本同盧云詩攷正作不騫舊章者先聖人之故文章也率由各有修從之也俞云

各字乃者字之誤修字乃循字之誤循誤爲脩因誤爲修矣此引詩而釋之舊章者先聖人之故文章也率由者有循從之也有與又通循字解率字之義從字解由字之義言舉先聖人之故文章又循而從之是謂率由舊章也○天啟本故下脫十七字

此言先聖人之故文章者雖不能深見而詳知其則猶不知其美譽之功矣盧云不知錢疑是不失之誤今郊事天之義此聖人故盧云此下文脫錢云郊祭篇中故古之聖王文章之最重者也起當接此處與案天啟本下有云云二字注今依凌本從錢說移正故古之聖王當衍此五字與上接文章之最重者也前世王莫不從重粟精奉之以事上天至於秦而獨闕然廢之○天啟本闕作曠官本云闕他本作蟾一何不率由舊章之大甚也凌云文獻通考秦始皇既并天下三年一郊按自秦始皇有三歲一郊之制漢文在位始親郊雍畤及渭陽五帝各一而已景帝不親郊武帝元光後常三歲一郊昭帝不親郊宣帝神爵以前十三年不親郊以後間歲一郊元成如之蓋西京郊祀若雍五畤若甘泉太乙皆出於方士祈福之說而非有古人報本之意故三代之禮制至秦漢蕩然禮之大者莫重於郊漢承秦弊

廢郊禮董生之論其譬漢深矣。凌本何下有其字天者百神之大君也事天不備雖百神猶無益也漢武以求仙之故用方士言有泰一及三一冥羊馬行赤星諸祀成帝世始議罷之王莽祀諸神至千七百所所謂百神無益者邪何以言其然也祭而地神者春秋譏之盧云祭而地神者文有譌脫此指不郊猶三望之類凌云僖三十一年傳何以書譏不郊而望祭也俞云當作不祭天神而祭地神者春秋譏之蓋郎譏不郊而望之類。地天啟本原注云疑是他字孔子曰獲罪於天無所禱也是其法也故未見秦國致天福如周國也。凌本天作大詩云唯此文王小心翼翼昭事上帝允懷多福。凌本云作曰多福者非謂人也事功也上也字疑作之。凌本人字下有事字謂天之所福也傳曰周國子多賢蕃殖至於駢孕男者四四產而得八男皆君子俊雄也王應麟云論語周有八士包氏注云四乳生八子其說本繁露周書武寤篇儅和寤解尹氏八士注云武王賢臣晉語文王詢八虞賈逵云周八士皆在虞官以董興周之言考之當在文武時困學紀聞凌云論語疏鄭元以爲成王時劉向馬融皆以爲宣王時白虎通云質家積於仲文家積於叔論語曰周有八士不積於叔何益以兩兩俱生故也不積于伯季明其無二也此天之所以興周國也非周國之所能爲也漢書郊祀志劉向云詩曰率由舊章舊章先王法度文王以之交神于祀子孫千億。天啟本此上有今字今秦與周俱得爲天子而所以事天者異於周以郊爲百神始始入歲首必以正月上辛日先享天乃敢於地先貴之義也於疑當作爲董不取天地合祭之說其旨尊陽而抑陰故先天而後地夫歲先之與歲弗行也相去遠矣天下福若無可怪者福字疑誤然所以久弗行者非灼灼見其當而故弗行也。天啟本者作也典禮之官常嫌疑莫能昭昭明其當也今切以爲其當與不當可內反於心而定也切疑作竊堯謂舜曰天之歷數在爾躬言察身以知天也今身有子孰不欲其有子禮也聖人正名名不虛生天子者則天之子也以身度天獨何為不欲其子之有子禮也也耶同今為其天子而闕然無祭於天天何必善之其天二字當有一衍錢云此下似當接郊祀篇中周宣王時一條此下所聞曰云云似非論郊之文俞云按郊語郊義郊祭郊祀四篇實止一篇殆由後人欲取足崇文總目八十二篇之數以意妄分之耳其文多錯亂盧註訂正已多上文今郊事天之義此聖人故以下文脫當云此古聖人文章之最重者也盧以郊祭篇故古之聖王文章之最重者也接之文氣一貫於是自篇首至此文始可讀然至此此處天何必善之下接所聞曰天下和平云云仍有脫誤今考定其文合四篇為一錄之如下云今為其天子而闕然無祭天天何必善之春秋之義國有大喪者止宗廟之祭而不止郊祭不敢以父母之喪廢事天地之禮也父母之喪至哀痛悲苦也尚不敢廢郊也孰足以廢郊者故其在禮亦曰喪者不祭惟祭天為越喪而行事夫古之畏敬天而重天郊如此甚也今羣臣學士不探察曰萬民多貧或頗饑寒足郊乎是何言之誤天子父母事天而子孫畜萬民民未徧飽無用祭天者是猶子孫未得食無用食父母也言莫逆於是是其去禮遠也先貴而後賤孰貴於天子天子不可不祭天也無異人之不可不食父為人子而不事父者天下莫能以為可今為天之子而不事天何以異是是

故天子每至歲首必先郊祭以享天乃敢爲地行子禮也每將興師必先郊祭以告天乃敢征伐行子之道也文王受天命而王天下先郊乃敢行事而興師伐崇其詩曰芃芃棫樸薪之槱之濟濟辟王左右趨之濟濟辟王左右奉璋奉璋峩峩髦士攸宜此郊辭也其下曰淠彼涇舟蒸徒檝之周王于邁六師及之此伐辭也其下曰文王受命有此武功旣伐于崇作邑于豐以此辭者見文王受命則郊郊乃伐崇伐崇之時何遽平乎已受命而王必先祭天乃行王事文王之伐崇是也詩曰濟濟辟王左右奉璋奉璋峩峩髦士攸宜此文王之郊也其下之辭曰淠彼涇舟蒸徒檝之周王于邁六師及之此文王之伐崇也上言奉璋下言伐崇以是見文王之先郊而後伐也文王受命則郊郊乃伐崇崇國之民方困於暴亂之君未得被聖人德澤而文王已郊矣安在德未洽者不可以郊乎所聞曰天下和平則災害不生今災害生見天下未和平也天下所未和平者天子之敎化不行也詩曰有覺德行四國順之覺者著也王者有明著之德行於世則四方莫不響應風化善於彼矣故曰悅有慶賞嚴於刑罰疾於法令周宣王時天下旱歲惡甚王憂之其詩曰倬彼雲漢昭回于天王曰嗚呼何辜今之人天降喪亂饑饉薦臻靡神不舉靡愛斯牲珪璧旣卒甯莫我聽旱旣太甚蘊隆蟲蟲不殄禋祀自郊徂宮上下奠瘞靡神不宗后稷不克上帝不臨耗射下土甯丁我躬宣王自以爲不能乎后稷不

中乎上帝故有此災有此災愈恐懼而謹事天天若不予是家者是家安得立爲天子立爲天子者天予是家天予是家者天使是家天使是家者是天之所予也天之所使也天已予之天已使之其間不可以接天何哉故春秋凡譏郊未嘗譏君德不成于郊也及不郊而祭山川失祭之敘逆於禮故必譏之以此觀之不祭天者乃不可祭小神也郊因先卜不及不敢郊百神之祭不卜而卜郊郊祭最大也春秋譏喪祭不譏喪郊郊不辟喪喪尚不辟況他物春秋之法王者歲一祭天於郊四祭於宗廟宗廟因於四時之易郊因於新歲之初聖人有以起之其於祭不可不親也天者百神之君也王者之所最尊也以最尊天之故故易始歲更紀卽以其初郊郊必以正月上辛者言其所最尊首一歲之事每更紀以郊郊祭首之先貴之義尊天之道也郊祝曰皇皇上帝照臨下土集地之靈降甘風雨庶物羣生各得其所靡今靡古維予一人某敬拜皇天之祜夫不自爲言而爲庶物羣生言以人心庶天無尤也天無尤焉而辭順恭宜可喜也右郊祀九句者陽數也又按郊祀之辭舊有脫誤今從盧校本所聞曰天下和平則災害不生今災害生見天下未和平也天下所未和平者天子之教化不行也詩曰有覺德行四國順之覺者著也此以聲近爲訓王

者有明著之德行於世則四方莫不響應風化善於彼矣故曰悅于慶賞。官本于作有云疑作于嚴于刑罰疾于法令

春秋繁露義證卷第十四

春秋繁露義證卷第十五

漢廣川董仲舒撰

平江蘇　輿學

郊義第六十六

錢云此當爲論郊首篇且與下合爲一篇後人編次失之

郊義二字標題他篇所無錢云二字眞古篇名餘俱後人所分而爲之名非本書之舊春秋之法王者歲一祭天於郊僖三十一年傳天子祭天何注郊者所以祭天也天子所祭莫重於郊四祭於宗廟桓八年何注夫子四祭四薦諸侯三祭三薦宗廟因於四時之易郊因於新歲之初聖人有以起之其以祭不可不親也以疑作於天者百神之君也王者之所最尊也以最尊天之故故易始歲更紀始字疑衍凌云淮南子是月也日窮於次月窮於紀星回於天歲將更始王篇紀思惠切載名說文日木星也越歷二十八宿偏陰陽十二月一次即以其初郊郊必

以正月上辛者言以所最尊首一歲之事此謂王禮也郊語及郊事對竝云天子郊用正月上辛禮郊特牲郊之用辛也周之始郊日以至疏云王肅用董仲舒劉向之說以此爲周郊上云郊之祭迎長日之至謂周之郊祭於建子之月而迎此冬至長日之至也而用辛者以冬至陽氣新用事故用辛也周之始郊日以至者對建寅之月又祈穀郊祭此言始者對建寅爲始也王以周有二郊似非董意鄭康成則異於王上文云迎長日之至自據周郊此云郊之用辛據魯禮也言郊用辛日者取齋戒自新周之始郊日以至者謂魯之始郊日以冬至之月云始者對建寅之月天子郊祭魯於冬至之月初始郊祭示先有事故云始也輿謂董意以周魯郊天同在正月則適用子月歲首最尊是亦取陽氣新用事王用董信矣成十七年傳然則曷用郊用正月上辛注魯郊轉卜春三月言正月因見百王正所當用也三王之郊一用夏正言正月者春秋之制也正月者歲首上辛猶始新皆取首先之意白虎通郊祀篇五帝三王祭天一用夏正何夏正得天之數也天地交萬物通始終之正故易乾鑿度云三王之郊一用夏正也祭日用丁與辛何先甲三日辛也後甲三日丁也皆可以接事昊天之日故春秋傳郊以正月上辛日尚書曰丁巳用牲於郊牛二續漢禮儀志上丁祠南郊是郊日用丁也案何及白虎通言三王之郊一用夏正是謂周亦用夏正與董不合五經

異義春秋公羊說禮郊及日皆不卜常以正月上丁也魯於天子並事變禮今成王命魯使卜從乃郊不從卽已下天子也魯以上辛郊不敢與天子同也御覽五百二十七禮儀部六引推董意蓋以天子必以上辛郊魯異天子惟郊須先卜觀郊祀篇知者各篇皆言周言王者言天子之禮惟郊祀篇引春秋言君德是別言魯明矣郊天最尊故歲事用首今制則首宗廟每更紀者以郊郊祭首之俞云衍一郊字先貴之義尊天之道也

郊祭第六十七

春秋之義國有大喪者止宗廟之祭而不止郊祭此與王制合左僖三十三年傳特祀於主烝嘗禘於廟杜預注云宗廟四時常禮自如舊三年一禘乃皆同於吉蓋古文說○御覽五百二十七下有不止郊祭者五字不敢以父母之喪廢事天地之禮也董言郊不兼地地字當衍御覽五百二十七引無地字不誤父母之喪至哀痛悲苦也尚不敢廢郊也孰足以廢郊者故其在禮亦曰喪者不祭唯祭天為越喪而行事白虎通爵篇春秋曰元年春王正月

公即位改元位也王者改元即事天地諸侯改元即事社稷王制云夫喪三年不祭唯祭天地社稷爲越紼而行事鄭注云不敢以卑廢尊案宣二年十月天王崩三年正月卜郊春秋不譏此文蓋說其義夫古之畏敬天而重天郊如此甚也今羣臣學士不探察俞云探乃深之誤曰萬民多貧或頗饑寒足郊乎是何言之誤白虎通禮樂篇太平乃制禮作樂何夫禮樂所以防奢淫天下人民饑寒何樂乎羣臣學士殆習此說天子父母事天而子孫畜萬民漢書武五子傳壺關三老上書云父者猶天母者猶地子猶萬物也齊王儉議引春秋感精符王者父天母地民未徧飽無用祭天者是猶子孫未得食無用食父母也言莫逆於是是其去禮遠也先貴而後賤錢云先貴而後賤上當有禮者二字文脫也孰貴於天子天子號天之子也莊子人間世篇與天爲徒者知天子之與已皆天之所子又庚桑楚篇天之所助謂之天子奈何受爲天子之號而無天子之禮天子不可不祭天也無異人之不可以不食父○盧云此下當接郊祀篇首一

段爲人子者而不事父者天下莫能以爲可共一百九十五字移此方聸合輿案淩本移今從之爲人子而不事父者天下莫能以爲可今爲天之子而不事天何以異是是故天子每至歲首必先郊祭以享天乃敢爲地行子禮也每將興師必先郊祭以告天乃敢征伐行子道也淩云白虎通故論語曰予小子敢昭告於皇天上帝此湯伐桀告天用夏家之法也文王受天命而王天下先郊乃敢行事而興師伐崇大傳云文王受命六年伐崇史記同與此合白虎通三軍篇王者受命質家先伐文家先改正朔何質家言天命已使已誅無道今誅得爲王故先伐文家言天命已成爲王者乃得誅伐王者耳故先改正朔也其詩曰芃芃棫樸薪之槱之濟濟辟王左右趨之濟濟辟王左右奉璋奉璋峩峩髦士攸宜此郊辭也此今文家說說郭載詩推度災云王者受命必先祭天乃行王事詩曰濟濟辟王左右奉璋此文王之祭天也定九年傳璋判白何注傳獨言璋者所以郊事天尤重詩云奉璋峩峩髦士攸宜是也並以爲郊辭鄭箋則以爲宗廟之祭其

下曰淠彼涇舟烝徒檝之周王於邁六師及之此伐辭也其下曰文王受命有此武功既伐于崇作邑於豐今詩四語別在一篇以此辭者以用也見文王受命則郊郊乃伐崇伐崇之時民何處央乎○央天啟本注云一作殃盧云處央疑當作遽平凌本作平無乎字凌云此下當接四祭篇已受命而王至末此論郊與四祭無涉蓋申明先郊後伐之意與案四祭篇是此處重文若如凌本接入此下不合文理今不從之又此下原有故古之聖王文章之最重者也至疾於法令一段今移前篇

四祭第六十八凌云桓八年注四者四時祭也疏數之節靡所折中是故君子合諸天道感四時物而思親也

古者歲四祭四祭者因四時之所生孰而祭其先祖父母也○御覽五百二十五無所字其字初學記九引無之字其字天啟本孰作熟故春曰祠夏曰礿秋曰嘗冬曰

蒸桓七年傳此周制四時祭名案王制春礿夏禘秋嘗冬蒸當是夏殷制白虎通宗廟篇宗廟所以歲四祭者何春曰祠者物微故祠名之夏曰禴者麥熟進之秋曰嘗者新穀熟嘗之冬曰蒸者蒸之爲言衆也冬之物成者衆○御覽五百二十五初學記九引此礿並作禴下同案周禮大宗伯注云禴夏禮疏引孫炎云禴者新菜可汋詩天保說苑修文篇亦作禴此言不失其時以奉祭先祖也○天啟本祭作祀淩本同過時不祭則失爲人子之道也○盧云人子舊本作天子誤祠者以正月始食韭也王制春薦韭桓七年何注薦尚韭卵祠猶食也猶繼嗣也春物始生孝子思親繼嗣而食之故曰祠說文一種而久者謂之韭象形在一之上一地也礿者以四月食麥也王制夏薦麥何注薦尚麥魚始熟可汋故曰礿春秋說題辭麥之爲言殖也寢生觸凍而不息精射刺直故麥含芒事且立也○御覽五百二十五作禴者以四月煮麪餅也疑誤嘗者以七月嘗黍稷也王制秋薦黍何注薦尚黍豘嘗者先辭也秋穀成者非一黍先熟可得薦故曰嘗春秋說題辭黍者緒也故其立字禾入水爲黍爾雅穀以稷爲長蒸者以十月進初稻也王制冬薦稻何注薦尚稻雁蒸衆也氣盛貌冬萬物畢成所薦衆多芬芳備具故曰蒸春秋說題辭

稻之爲言籍也稻冬含水盛其德也故稻太陰精含水沮洳乃能化也江旁多稻故其宜也月令章句十月穫稻九月熟者謂之半夏稻說苑修文篇春薦韭卵夏薦麥魚秋薦黍豚冬薦稻雁此天之經也地之義也孝子孝婦緣天之時因地之利凌云孝經注經常也利物爲義孝爲百行之首人之長德若三辰運天而有常五土分地而爲義也○以下原接已受命而王云云一段盧云此下當有脫文已受命而王云云與下篇文多相同不與此處承接順命篇中地之菜茹瓜果以下六十三字或當在此今從之地之菜茹瓜果漢書食貨志還廬樹桑菜茹有畦瓜瓠果蓏殖于疆易王莽傳雖生菜茹而人不食顏注竝云茹所食之菜與案菜茹平列茹疑別是草類可食者地字有誤藝之稻麥黍稷菜生穀熟永思吉日供具祭物齋戒沐浴潔清致敬祀其先祖父母孝子孝婦不使時過已處之以愛敬行之以恭讓亦殆免於罪矣○地之下六十三字元在順命篇雖闇且愚莫不昭然下今從淩本依盧說移正

已受命而王必先祭天乃行王事文王之伐崇是也詩曰濟濟辟

王左右奉璋奉璋峩峩髦士攸宜此文王之郊也淩本曰作云其下之辭曰淠彼涇舟烝徒檝之周王于邁六師及之此文王之伐崇也上言奉璋下言伐崇以是見文王之先郊而後伐也文王受命則郊郊乃伐崇崇國之民方困於暴亂之君未得被聖人德澤而文王已郊矣安在德澤未洽者不可以郊乎此與下郊祀篇文重淩本並移前郊祭篇末似未合黃氏日鈔引亦屬此篇知宋本如此今爲提行別出

郊祀第六十九

周宣王時天下旱歲惡甚王憂之其詩曰倬彼雲漢昭回於天王曰嗚呼何辜今之人天降喪亂饑饉薦臻靡神不舉靡愛斯牲珪璧既卒甯莫我聽旱既太甚蘊隆蟲蟲不殄禋祀自郊徂宮上下

奠瘞靡神不宗凌云毛傳上祭天下祭地箋從郊而至宗廟瘞天地之神無不齋肅而尊敬之言偏至也后稷不克上帝不臨耗射下土甯丁我躬凌云毛詩作耗斁下土斁與射通毛傳丁當也宣王自以爲不能乎后稷不中乎上帝中猶合也故有此災有此災○官本云他本有此災在愈恐懼之下誤愈恐懼而謹事天天若不予是家是家者安得立爲天子是家猶言商家周家之家○盧云舊是家不重今從大典本立爲天子者天子是家天子是家者天使是家天使是家者盧云此五字疑衍○天啟本不重天使是家四字是家天之所予也天之所使也○天啟本作是天之所予天之所使也官本是下無家字天已予之天已使之其間不可以接天何哉俞云其間當作其家故春秋凡譏郊未嘗譏君德不成於郊也乃不郊而祭山川失祭之敘逆於禮故必譏之以此觀之不祭天者乃不可祭小神也凌云僖三十一年傳何以書譏不郊而望祭也注譏

尊者不食而卑者獨食郊因先卜不吉不敢郊百神之祭不卜而郊獨卜凌云僖三十一年傳禘嘗不卜又云卜郊非禮也注禮天子不卜郊疏三卜禮謂是魯禮○凌本無獨字郊祭最大也春秋譏喪祭不譏喪郊閔二年傳吉禘於莊公何以書譏何譏爾譏始不三年也郊不辟喪喪尙不辟況他物盧云疑有脫誤郊祝曰皇皇上天照臨下土集地之靈降甘風雨庶物羣生各得其所靡今靡古維予一人某敬拜皇天之祜○盧云舊本訛作言而已矣無各得其所以下四句今以大戴禮記公冠篇及博物志之文訂補與下所云郊祀九句合輿案玉海九十二引繁露郊祝語至庶物羣生止下有云云二字夫不自爲言而爲庶物羣生言以人心庶天無尤焉○以人心上疑有脫字官本云焉他本作也天無尤焉而辭恭順宜可喜也右郊祀九句九句者陽數也句字始見此王應麟小字紺珠三云古者以一句爲一言一言蔽之曰思無邪揚之水卒章之四言秦漢以來衆儒訓詁乃有句稱錢云郊祀亦當爲郊祝淩云樂稽耀嘉郊祀之辭九句九陽數

也輿案玉海亦作郊祀

順命第七十 黃震云言天子之義畏天之說

父者子之天也天者父之天也俞云當作祖者父之天也故下文曰天者萬物之祖無天而生未之有也天者萬物之祖觀德篇云天地者萬物之本先祖之所出也對冊云天者羣物之祖也莊子達生篇天地萬物之父母也白虎通天地篇地者元氣之所生萬物之祖也白孔六帖一引黎幹云萬物之始天也人之始祖也萬物非天不生後漢書劉陶傳臣聞人非天地無以爲生天地非人無以爲靈莊子達生篇凡有貌象聲色者皆物也獨陰不生獨陽不生陰陽與天地參然後生故曰父之子也可尊父當作天公羊何注王者尊稱天子衆人卑稱母子母之子也可卑尊者取尊號卑者取卑號穀梁莊三年傳獨陰不生獨陽不生獨天不生三合然後生故曰母之子也可天之子也可尊者取尊稱焉卑者取卑稱焉案此篇兩用穀梁傳蓋師說同與故德侔天地者皇天右而子之號稱天子又見三代

改制篇孟子曰天子一位下云次有五等之爵則董亦以天子爲最尊之爵號淩云周易乾鑿度孔子曰易有君人五號也帝者天稱也王者美行也天子者爵號也大君者與上行異也大人者聖德明備也變文以著名題德以別操又天子者繼天理物改一統各得其宜父天母地以養萬民至尊之號也其次有五等之爵以尊之皆以國邑爲號其無德於天地之間者州國人民甚者不得繫國邑莊十年傳荊者何州名也州不若國國不若氏氏不若人人不若名名不若字字不若子淩云民當作名俞云當作氏皆絕骨肉之屬離人倫盧云此下疑脫二字謂之閽盜而已淩云襄二十九年閽弒吳子餘祭傳閽者何門人也刑人也無名姓號氏於天地之間至賤乎賤者也文十六年傳弒君者曷爲或稱名氏或不稱名氏大夫弒君稱名氏賤者窮諸人大夫相殺稱人賤者窮諸盜注賤者謂士也其尊至德〇錢云至德疑是至尊官本云他本其作甚輿案當作至高奉本篇云至尊且高巍巍乎不可以加矣其卑至賤冥冥其無下矣春秋列序位尊卑之陳累累乎可得而觀也雖闇且愚莫不

昭然。○各本地之菜茹瓜果至殆免於罪矣一段在此處，今移四祭篇。公子慶父罪亦二字疑有誤，或下有脫文。不當繫於國，以親之故爲之諱，而謂之齊仲孫，去其公子之親也。閔元年冬，齊仲孫來。傳：齊仲孫者何？公子慶父也。公子慶父則曷爲謂之齊仲孫？繫之齊也。曷爲繫之齊？外之也。曷爲外之？春秋爲尊者諱，爲親者諱，爲賢者諱。○盧云：而謂，舊本作而諂毋之國五字，訛誤，今改正。故有大罪不奉其天命者，皆棄其天倫。人於天也以道受命，其於人以言受命。不若於道者天絕之，不若於言者人絕之。臣子大受命於君。穀梁莊元年傳：人之於天也，以道受命；於人也，以言受命。不若於道者，天絕之也；不若於言者，人絕之也。君子大受命。辭而出疆，唯有社稷國家之危，猶得發辭而專安之，盟是也。盧云：之字疑當在專字下，安疑是審字，審盟即成二年及齊國佐盟於袁婁者是，發辭而專之即其對晉人者是也。輿案：安之句下有脫文，疑是公子結及齊侯宋公盟八字，見莊十九年傳。天子受命於天，諸侯受命於天子，子受命於父，臣妾受命於君，妻受命於夫，諸所受命者，其尊皆天也，雖謂受命於天亦可。禮喪服傳君者天也，父者天也，夫者天也。又曰：婦人無二天。○盧云：舊本下有「不天亦可」四字，係衍文。天子不能奉天之命，則廢而稱公，王者之後是也。公侯不能奉天子之命，則名絕而不得就位，衞侯朔是也。子不奉父命，則有伯討之罪，衞世子蒯聵是也。臣不奉君命，雖善以叛言，晉趙鞅入於晉陽以叛是也。定十三年傳。孔廣森云：時荀寅、士吉射作亂，攻趙氏，趙鞅奔晉陽，興師以拒二子，君爲之逐荀、士而復鞅。其復有君命，故以歸言之；其出無君命，故以叛言之。鞅自以與寅、吉射情有曲直，而春秋之誅壹施之，此臣道之大防也。後世蕭、高、宇文之徒，猶託名清君側之惡爲義師者，惟春秋之教不明，而亂臣賊子不知所懼也。輿案：明史可法不從幕客言舉兵誅馬、阮清君側之惡，以爲如此安得爲純臣。魏禧所記歐陽斌元、王綱二人事，殆篤守春秋之教者耶。妾不奉君之命，則媵女先至者是也。僖八年秋七月禘于太廟，用致夫人。傳：夫人何以不稱姜氏？貶。曷爲貶？譏其以妾爲妻也。其以妾爲妻奈何？蓋脅於齊媵女之先至者也。注：僖公本聘楚女爲嫡齊先致其女脅僖公使用爲嫡輿案禮諸侯娶一國則二國往媵之嫡先至國君冕而親迎媵後至侯迎于城下詩云靜女其姝俟我于城隅易林云季姬踟躕結衿待時是其事也**妻不奉夫之命則絕夫不言及是也**桓十八年公夫人姜氏遂如齊傳公何以不言及夫人夫人外也夫人外者何內辭也其實夫人外公也注時夫人淫於齊侯而譖公故云爾**曰不奉順於天者其罪如此**○案爲人者天篇有傳曰唯天子受命於天天下受命於天子一國則受命於君君命順則民有順命君命逆則民有逆命故曰一人有慶萬民賴之此之謂也一節疑是此處錯簡本篇下文與上不類當別爲一篇

孔子曰畏天命畏大人畏聖人之言淩云集解順吉逆凶天之命也大人即聖人與天地合其德者也深遠不可易則聖人之言也輿案大人謂在位者○各本不提行今從淩本**其祭社稷宗廟山川鬼神**○天啟本無其字**不以其道無災無害至於祭天不享其卜不從使其牛口傷**淩云宣三年經郊牛之口傷改卜牛牛死乃不郊猶三望注譏宣公養牲不謹敬不潔清而災重事至尊故詳錄其

簡甚鼷鼠食其角凌云成七年經鼷鼠食郊牛角改卜牛鼷鼠又食其角注鼷鼠者鼠中之微者角生上指逆之象易京房傳曰祭天不愼鼷鼠食郊牛角書又食者重錄魯不覺悟重有災也或言食牛或言食而死或食而生或不食而自死或改卜而牛死或卜而食其角過有深淺薄厚而災有簡甚不可不察也猶郊之變猶字疑有誤因其災而之變應而無爲也句疑有誤見百事之變之所不知而自然者勝言與見字疑誤以此見其可畏專誅絕者其唯天乎臣殺君子殺父凌云殺皆當作弒三十有餘諸其賤者則損盧云六字亦疑衍文以此觀之可畏者其唯天命大人乎盧云大人疑衍亡國五十有餘皆不事畏者也況不畏大人大人專誅之君之滅者何日之有哉魯宣違聖人之言變古易常而災立至聖人之言可不愼盧云疑當有一與字此三畏者異指而同致故聖人同之

俱言其可畏也

郊事對第七十一　漢魏六朝百三家集本作郊祀對

廷尉臣湯昧死言盧云舊本有曰字古文苑無淩云史記張湯者杜人也爲廷尉正義曰百官表曰廷尉秦官有正左右監皆秩千石也春秋元命包王者置廷尉讞疑刑官之平下之信也尉者尉民心撫其實也故立字士垂一人詰屈折著爲廷示戴尸首以寸者爲言寸度治法數之分示惟尸稽於寸舍則法有分故爲尉示與寸尸臣湯承制以郊事問故膠西相仲舒故猶今言前某官也後漢書應劭傳故膠西相仲舒老病致仕朝廷每有政議數遣廷尉張湯親至陋巷問其得失此其一也今人言故則屬之死者矣淩云蔡邕曰羣臣有所奏請尚書令奏之下有司曰制制書也古者上下共稱之至秦天子獨以爲稱漢因而不改臣仲舒對曰所聞古者天子之禮莫重於郊郊常以正月上辛者所以先百神而最居前淩云郊特牲郊之用辛周之始郊也盧植曰辛之爲言自新絜也鄭元曰用辛日者爲人當齋戒自新絜也○漢魏本者上有曰字禮三年喪不祭其先

而不敢廢郊郊重於宗廟天尊於人也王制曰祭天地之牛繭栗史記武帝紀有司與太史公祠官寬等議天地牲角繭栗淩云漢書顏注牛角之形或如繭或如栗言其小宗廟之牛握淩云王制注握謂長不出膚賓客之牛尺○盧云古文苑三句之牛下皆有角字與案漢魏本亦有此言德滋美而牲滋微也春秋曰魯祭周公用白牡色白貴純也引傳爲春秋漢世常有此例文十三年傳周公用白牡注白牡殷牲也於郊故謂之郊周禮鄭注始養之曰畜將用之曰牲也○淩本作白牲下同帝牲在滌三月宣三年傳帝牲在於滌三月注滌宮名養帝牲三牢之處也謂之滌者取其蕩滌潔清三牢者各主一月取三月一時足以充其天牲帝皇天上帝在北辰之中主總領天地五帝羣神也牲貴肥潔而不貪其大也淩云郊特牲注犢者誠慤未有牝牡之情是以小爲貴也凡養牲之道務在肥潔而已駒犢未能勝芻豢之食淩云孔疏小馬之駒小牛之犢周禮注養牛羊曰芻若犬豕則曰豢莫如令食其母便臣湯謹問仲舒魯祀周公用白牡非禮也○盧云白牡舊作白牲誤

今改正下同與案文十三年傳閩監毛本並作白牲惟唐石經作牲天啟本及漢魏本並作白牲下魯祭周公用白牡同淩本無湯字也字**臣仲舒對曰禮也臣湯問**○天啟本有曰字淩本同**周天子用騂犅**文十三年傳魯公用騂犅注騂犅赤脊周牲也○天啟本犅作剛下同**群公不毛**文十三年傳群公不毛注不毛不純色**周公諸公也何以得用純牲臣仲舒對曰武王崩成王立而在襁褓之中**此與書金縢不合金縢云王與大夫盡弁則年在既冠後也五經異義引古文尚書說成王即位年十三新書修政篇則云成王六歲即位然幼在襁褓見于禮記尚書大傳史記魯世家及蒙恬傳淮南要略訓後漢桓宥傳竇憲疏等書而漢武命畫周公負成王圖以賜霍光則其說由來已久今所傳漢圖有周公輔成王圖成王正立居中周公魯公曲身拱立居左當是仿武帝圖意為之光傳負字或輔之謨家語因造為孔子觀周公相成王抱之負扆南面以朝諸侯之圖不足信據周章傳論身非負圖之訛疑亦誤用方苞疑禮記等書皆劉歆增竄其詞甚辨崔述亦云唐叔成王母弟周公之東也唐叔實往歸禾則成王非幼蓋成王居喪周公以冢宰聽政後人但聞周公攝政遂誤以成王爲幼耳輿案成王在襁褓又見賈誼保傅篇蓋指成王爲太子時言之非即位時事諸家或因此致誤亦未可知至王莽居攝自擬周公孺子嬰年在襁褓謂成王幼少自易傳會概以爲劉歆

增竄或未必然續漢書輿服志袍者或曰周公抱成王晏居故施袍晉書輿服志革帶古之鞶帶也謂之鞶革其有囊綬則以綴於革帶八坐尚書荷紫以生紫爲袷囊綴之服外加於左肩昔周公負成王制此服衣至今以爲朝服疑皆因襁褓二字傳會○官本及漢魏本立竝作幼官本云他本誤作立**周公繼文武之業成二聖之功德漸天地澤被四海故成王賢而貴之詩云無德不報**淩云大雅抑之詩言受人之德必有報**故成王使祭周公以白牡上不得與天子同色下有異於諸侯**淩云文十三年注白牡殷牲也周公死有王禮謙不敢與文武同也魯公以諸侯不嫌故從周制以脊爲差攷工記注魯廟有世室牲有白牡此用先王之禮按周天子純赤魯公赤脊故不同也**臣仲舒愚以爲報德之禮**○天啟本無臣字淩本同**臣湯問仲舒天子祭天諸侯祭土魯何緣以祭郊**盧云祭郊疑倒**臣仲舒對曰周公傳成王成王遂及聖功莫大於此周公聖人也有祭於天道**○盧云於天道三字舊脫以古文苑補輿案漢魏本亦有無下故字**故成王令魯郊也臣湯問**

仲舒魯祭周公用白牡其郊何用臣仲舒對曰魯郊用純騂犅○玉海九十二引犅作剛漢魏本同周色上赤○漢魏本上作尚魯以天子命郊故以騂凌云文十三年注牲用騂尚赤也臣湯問仲舒祠宗廟或以鶩當鳧鶩非鳧可用否兪云此本作或以鶩當鳧鳧當鶩可用否故仲舒對曰鶩非鳧鳧非鶩也又曰奈何以鳧當鶩鶩當鳧可證此文之誤與案御覽九百一十九引作張湯問仲舒曰祠宗廟或以鳧當鶩可不仲舒對曰○漢魏本句上有臣字鶩非鳧鳧非鶩也凌云爾雅舒鳧鶩舍人注鳧家鴨鶩野鴨也埤雅尸子曰野鴨爲鳧家鴨爲鶩鶩不能飛翔如庶人守耕稼而已如淳曰漢儀注佽飛具矰繳以射鳧雁給祭祀臣聞孔子入太廟每事問愼之至也陛下祭躬親齋戒沐浴以承宗廟甚敬謹奈何以鳧當鶩鶩當鳧名實不相應漢書郊祀志王莽時自天地六宗下至諸小鬼神凡千七百所用三牲鳥獸三千餘種後不能備乃以雞當鶩雁犬當麋鹿以承大廟不亦不稱乎凌云稱讀如稱物平施之稱臣仲舒愚以爲不可臣犬馬

齒衰賜骸骨伏陋巷陛下乃幸使九卿問臣以朝廷之事凌云漢置九卿一曰太常二曰光祿三曰衞尉四曰太僕五曰廷尉六曰大鴻臚七曰宗正八曰大司農九曰少府是爲九卿也董仲舒傳朝廷如有大議使使者及廷尉張湯就其家問之獨斷朝廷者不敢斥君故曰朝廷○天啟本無臣字臣愚陋曾不足以承明詔奉大對臣仲舒昧死以聞凌云獨斷云漢承秦法群臣上書皆言昧死王莽盜位慕古法去昧死曰稽首○昧死漢魏本作冒死

春秋繁露義證卷第十五

春秋繁露義證卷第十六

漢廣川董仲舒撰
平江蘇　輿學

執贄第七十二

此篇不言士庶人之贄疑有缺文曲禮說苑白虎通並詳之

凡執贄天子用暢莊二十四年注凡贄天子用鬯說苑修文篇天子以鬯爲贄鬯者百草之本也上暢於天下暢於地無所不暢故天子以暢爲贄盧云暢與鬯同凌云暢鬯古今字**公侯用玉**莊二十四年注諸侯用玉凌云曲禮疏公侯伯用圭子男用璧也**卿用羔大夫用雁**白虎通瑞贄篇卿以羔爲贄羔者取其羣而不黨卿職在盡忠率下不阿黨也大夫以雁爲贄者取其飛成行止成列大夫職在奉命適四方動作當能自正以事君也又朝聘篇卿執雁取其跪乳有禮也**雁乃有類於長者長者在民上必施然有先後之隨必俶然有行列之治**說苑修文篇大夫以雁爲贄雁者行列有長幼之序故大夫以爲贄莊二十四年注雁取其在人上有先後行

列儀禮士相見禮注鴈取知時飛翔有行列詩王風將其來施施毛傳施施難進之貌釋名釋親屬叔亦俶也見嫂俶然卻退也俶與踧同一切經音義十三引字林踧踖不進也惟有先後行列故若卻退而不敢競進○官本俶作淑云他本作俶**故大夫以爲贄羔有角而不任設備而不用類好仁者執之不鳴殺之不諦類死義者羔食於其母必跪而受之類知禮者**白虎通衣裳篇羔者取其跪乳遜順也○御覽九百二食作飲淩本無於字**故羊之爲言猶祥與故卿以爲贄**莊二十四年注羔取其執之不鳴殺之不號乳必跪而受之類死義知禮者也白虎通卿大夫贄古以麑鹿今以羔鴈何以爲古者質取其內謂得美草鳴相呼今文取其外謂羔跪乳鴈有行列也淩云譙周法訓羊有跪乳之禮後漢書注韓詩內傳小者曰羔大者曰羊說文羊祥也○盧云羔有角之上舊本有羔乃其類天者天之道任陽而不任陰王者之道任德而不任刑順天也凡二十七字係衍文又後漢書章懷注所引類好仁者無好字殺之不諦作不嘷必跪而受之無而受之三字案諦與啼同荀子禮論篇哭泣諦號楊倞注引管子豕人立而諦**玉有似君子**○黃氏日鈔似下有乎字**子曰人而不曰如之何如之何如之**

何者吾末如之何也矣朱子注論語云如之何如之何者孰思而審處之詞此以如之何爲問人之詞與孰審意亦相通陸賈新語辨惑篇引以爲指世亂言之別一義○凌本末作莫故匿病者不得良醫羞問者聖人去之以爲遠功而近有災是則不有盧云四字疑輿案有與友同言羞問者之病如此故聖人不與相親友也釋名釋言語友有也相保有也荀子大略篇友者所以相有也白虎通綱紀篇友者有也古者謂相親愛爲有左昭六年傳宋向戌謂華亥曰女喪而宗室于人何有人亦于汝何有注言人不能愛汝也又左昭二十年傳是不有寡君也注有相親友也宣十五年傳中國不救狄人不有是以亡也與此不有字義正同玉至清而不蔽其惡莊二十四年注玉取其至清而不自蔽其惡○天啟本淸作親凌云淸王本作新內有瑕穢必見之於外荀子德行篇瑕適並見情也說苑修文篇圭者玉也有瑕於中必見於外凌云廣雅云瑕裂穢也鄭元曰瑕玉之病也故君子不隱其短不知則問不能則學取之玉也君子比之玉玉潤而不汚是仁而至清潔也廉而不殺是義而不害也禮記夫昔者君子比德如玉焉

溫潤而澤仁也縝密以栗知也廉而不劌義也說苑雜篇管子水地篇不殺亦作不劌初學記二十七引五經通義曰玉有五德溫潤而澤有似于智銳而不害有似于仁抑而不撓有似于義有瑕于內必見于外有似于信垂之如墜有似于禮白虎通瑞贄篇引禮王度記曰玉者有象君子之德燥不輕溼不重薄不橈虛不傷疵不掩是以人君寶之**堅而不磬**盧云磬與硜同本一作磨輿案荀子法行篇堅剛而不屈管子水地篇夫玉堅而不蹙義也**過而不濡**過字無義疑溫字之誤溫近于柔與堅對文言溫潤而不濡弱也莊二十四年傳注內堅剛而外溫潤禮記聘義詩秦風管子水地篇竝以溫說玉下文視之如庸謂溫展之如石謂堅也**視之如庸展之如石狀如石**三字疑衍文或是原注混入**搔而不可從繞**盧云本一作燒疑非是俞云從衍文繞者撓之叚字搔而不可撓卽荀子法行篇所謂折而不撓也漢書枚乘傳足可搔而絕然則搔與折義亦相近與案管子水地篇折而不撓勇也說苑修文篇薄而不撓一作橈**潔白如素而不受汙**莊二十四年注潔白而不受汙淩云攷工注素白采也**玉類備者**盧云備者疑當作備德者與案玉字衍莊二十四年注有似乎備德之君子**故公侯以爲贄**白虎通公侯以玉爲贄者玉取其燥不輕溼不重明公侯之德全也

說苑修文篇諸侯以圭爲贄圭者玉也**暢有似於聖人者**俞云聖人下當疊聖人二字下所說皆聖人之德也至暢亦取百草之心始說暢之似聖人然則此當作聖人者明矣上文云雁乃有類於長者長者在民上亦疊長者二字正與此一律**純仁湻粹而有知之貴也擇於身者盡爲德音**擇疑積之誤**發於事者盡爲潤澤積美陽芬香以通之天**白虎通攷黜篇鬯者芬香之至也又云芬香條鬯以通神靈孫詒讓曰陽當作暢與案此積字疑衍易文言美在其中而暢於四支故云美暢**暢亦取百香之心獨末之**戴望云百香之心當作百草之香獨末之三字衍文孫詒讓云漢書禮樂志郊祀歌云百末旨酒布蘭生顏注云百末百草華之末也以百草華末雜酒故香且美也事見春秋繁露然則此云獨末之與百末之文正合顏謂事見繁露亦正指此非衍文明矣**合之爲一而達其臭氣暢于天**白虎通攷黜篇鬯者以百草之香鬱金金字疑衍而合釀之成爲鬯王度記曰天子鬯諸侯薰大夫芭蘭士蕭庶人艾說文鬯以秬釀鬱草芬芳攸服以降神也鬱下云一曰鬱鬯百草之華遠方鬱人所貢芳草合釀之以降神鬱今鬱林郡也通典引說文云鬱芳草也十葉爲貫將以煮之用爲鬯爲百草之英合而釀酒以降神也○各本作暢天子盧云天子錢疑是于天之訛今

改其湆粹無擇與聖人一也故天子以爲贄而各以事上也通典七十五杜佑說云天子無客禮亦有贄者明其事神祇之道故須贄以表心故巡狩至於山川有所告之用鬯酒盛以大璋中璋觀贄之意可以見其事莊二十四年注鬯取其芬芳在上臭達于天而醇粹無擇有似乎聖人故視所執而知其所任矣

山川頌第七十三

山則巃嵸𡾋崔嶊嵬嶵巍盧云案說苑襍言篇作巃嵸㟴嶵此疑有衍文凌云上林賦注巃嵸崔巍皆高峻貌巃力孔切嵸音總南都賦注嶵嵬山石嶵嵬高而不平也𡾋魯偉切山貌俞云此本作山則巃嵸𡾋嶵說苑雜言篇作夫山巃嵸㟴嶵卽本此文可證也因傳寫之本不同或作巃嵸崔嵬或作巃嵸嶊巍而後人誤合之於是作𡾋崔嶊嵬嶵巍矣一聲之字不應曡用其誤可知上林賦於是崇山矗矗巃嵸崔巍亦本此文並可爲證○天啟本嶊嵬作嵬崔漢魏本作山則巃嵸𡾋嶊嵬崔嶵巍黃氏日鈔與今本同久不崩陁似夫仁人志士孔子曰山川神祇立盧云川字

疑衍**寶藏殖**說苑雜言篇夫山龍嵸嵬嵬萬民之所觀仰草木生焉萬物立焉飛禽萃焉走獸休焉寶藏殖焉○官本云殖他本誤作葅**器用資曲直合大者可以爲宮室臺榭小者可以爲舟輿浮濡**盧云疑桴楫之誤輿案淮南主術訓大者以爲舟航柱梁小者以爲楫楔王念孫云楫楔集韻引作棱楣小梁也亦見莊子在宥篇案浮濡無義疑亦棱楣之訛桴楫則與舟複矣○淩本濡作楫**大者無不中小者無不入持斧則斫折鐮則艾**盧云折疑當作持淩云爾雅斫謂之鐯注钁也御覽風俗通鐮刀刈葵**生人立禽獸伏死人入**荀子堯問篇其猶土也深扣之而得甘泉焉樹之而五穀蕃焉草木殖焉禽獸育焉生則立焉死則入焉說苑臣術篇爲人下者其猶土乎種之則五穀生焉掘之則甘泉出焉草木殖焉禽獸育焉生人立焉死人入焉**多其功而不言是以君子取譬也**不言猶功多而不自以爲德也荀子作不息蓋不悳之誤家語作不意亦非韓詩外傳說苑臣術篇並作不言尚書大傳夫山草木生焉禽獸蕃焉財用殖焉生財用而無私爲四方皆伐焉每無私予焉藝文類聚北堂書鈔並引墨子云民衣焉食焉家焉死焉地終不責德焉故翟以地爲仁藝文類聚十引韓詩外傳曰仁者何以樂山山者

萬物之所瞻仰也草木生焉萬物殖焉飛鳥集焉走獸休焉吐生萬物而不私焉出雲導風天地以成國家以寧此仁者所以樂山

且積土成山無損也成其高無害也○官本云高他本誤作功成其大無虧也小其上泰其下○淩云泰音大官本云上他本誤作正久長安後世無有去就儼然獨處惟山之意孫詒讓云意疑當作悳形近而誤詩云節彼南山惟石巖巖赫赫師尹民具爾瞻此之謂也淩云毛傳節高峻貌巖巖積石貌赫赫顯盛貌師大師周之三公也尹尹氏爲太師具俱瞻視也

水則源泉混混沄沄○盧云古文苑作泫泫官本云沄沄他本誤作沘沘輿案黃氏日鈔作沄沄說苑雜言篇作泉源潰潰淮南原道訓混混滑滑濁而徐淸淩本不提行晝夜不竭既似力者盧云說苑雜言篇凡既字皆作其盈科後行既似持平者說苑作循理而行不遺小間其似持平者與此微異循微赴下不遺小間既似察者荀子宥坐篇淖約微達似察說苑雜言篇綿弱而微達似察○天啟本小間作小問淩本

同誤韓詩外傳三及說苑並作小間官本云他本微作嶽循谿谷不迷或奏萬里而必至既似知者知字似未合荀子宥生篇其萬折也必東似志家語三恕篇發源必東此似志即用荀子文知疑志之誤說苑雜言篇云其萬折必東似意意亦當作志又說苑云淺者流行深者不測似智淩云奏音走○黃氏日鈔奏作養似誤障防山而能清淨既似知命者○盧云說苑作障防而清古文苑山而作止之孫詒讓云山當即之字隸書相近而誤而能二字古通必有一衍輿案外傳與說苑同漢魏本作郭防止之能淨淨不清而入潔清而出既似善化者荀子宥坐篇以出以入以就鮮潔似善化說苑雜言篇不清以入鮮潔以出似善化家語以出以入萬物就此化潔此似善化也赴千仞之壑入而不疑既似勇者疑猶恐也列女傳貞順篇夫人守節流死不疑義與此同荀子宥坐篇其赴百仞之谷不懼似勇家語同懼亦疑也說苑雜言篇作其赴百仞之谷不疑似勇文選謝靈運還舊園注引繁露作赴千仞之壑而不旋似勇者作旋亦通○外傳三入而不疑作蹈深不疑漢魏本無入字天啟本入作石物皆困於火而水獨勝之既似武者○天啟本困作困注云或是困咸得之而生失之而

死既似有德者荀子宥坐篇孔子曰夫水大徧與諸生而無爲也似德孔子在川上曰逝者如斯夫不舍晝夜此之謂也

求雨第七十四

漢藝文志雜占有請雨止雨二十六卷未知何人所譔藝文類聚一百御覽三十五竝引神農求雨書是其來久矣同類相動篇欲致雨則動陰以起陰欲止雨則動陽以起陽故致雨非神也而疑於神者其理微妙也通典四十三引此篇作董仲舒春秋

春旱求雨淩云春秋考異郵旱之爲言悍也陽驕蹇所致也令縣邑以水日禱社稷山川家人祀戶淩云通考後漢制自立春至立夏盡立秋郡國上雨澤詔少府郡縣各掃除社稷其旱也公卿長官以次行雩禮論衡夫雩古而有之故禮曰雩祭祭水旱也故有雩禮故孔子不譏而仲舒申之夫如是雩祭祀禮也雩祭得禮則大水鼓用牲於社亦古禮也得禮無非當雩一也禮祭也社報生萬物之功土地廣遠難得辨祭故立社爲位主心事之爲水旱者陰陽之氣也滿六合難得盡祀故修壇設位敬恭祈求效事社之義復災變之道也推生事死推人事鬼陰陽精氣儻如生人能飲食乎故其聲

香進旨酒嘉區區惓惓冀見答享推祭社言之當雩二也月令注中霤禮祀戶之禮南面設主於戶內之西乃制脾及腎爲俎奠於主北又設盛於俎西祭黍稷祭肉祭醴皆三祭肉脾一腎再旣祭徹之更陳鼎俎設饌於筵前迎尸略於祭宗廟之儀○天啟本作以水日令民禱社家祀戶盧云舊本作令民禱社家人祀戶今以通典增改所謂家人卽民也不可民與家人竝言又社稷山川縣令之所宜禱故定從通典輿案藝文類聚一百御覽三十五引竝作以水日令民禱社家人祠戶是唐宋本已如此**無伐名木無斬山林**淩云周禮注積石曰山竹木曰林**暴巫**淩云檀弓吾欲暴巫而奚若注暴之是虐之也巫能接神亦覡天哀而雨之漢書郊祀志在男曰覡在女曰巫也○御覽三十五暴作曝字同**聚尫**○御覽三十五引尫作虯各本同藝文類聚一百引作尫令據改**八日於邑東門之外爲四通之壇**淩云三禮圖雩壇在己地封禪書爲壇開八通之鬼道索隱司馬彪續漢書祭祀志云壇有八陛通道以爲門**方八尺植蒼繒八**淩云字林曰繒帛總名禮說含文嘉云天子三公諸侯皆以三帛以薦玉宋均注其殷禮三帛謂朱白蒼象三正**其神共工祭之以生魚八玄酒具清酒**淩云春秋元命包酒旗主上尊酒所以侑酒也酒者乳也王者法酒旗以布政施天

乳以哺人禮運故元酒在室疏元酒謂水也以其色黑故謂之元而太古無酒此水當酒所用故謂之元酒周禮酒正辨三酒之物三曰清酒注云今中山冬釀酒接夏而成**膊脯**凌云說文薄脯膊之屋上从肉専聲亡各切東方朔曰乾肉爲脯**擇巫之潔清辯利者以爲祝**凌云羣經音辨祝祭主贊辭者也○盧云舊本作清潔辯言利辭者又考宋本作清潔辨言又或作辨口輿案天啟本無爲字凌云爲字據後漢禮儀志注補入**祝齋三日服蒼衣先再拜乃跪陳陳已復再拜乃起**隋志梁有董仲舒請禱圖當即此類**祝曰昊天生五穀以養人**○天啟本無生字王本同**今五穀病旱恐不成實**○天啟本無實字**敬進清酒膊脯**○天啟本敬下有起字王本同盧云劉昭注續漢志作脯膃**再拜請雨雨幸大澍**凌云自昊天至大澍見春秋漢含滋說文雨所以澍生萬物故曰澍音注藝文類聚一百引董仲舒曰廣陵女子諸巫無小大皆相聚其郭門外爲小壇以脯酒祭使移市市使門者無內丈夫丈夫無得相從飲食又令吏各往視其夫皆言利郎赴雨澍而止又曰江都相仲舒下內史承書從事其都間吏家在百里內皆令人故行書告縣遣妻視夫夫賜巫一月租使巫求雨復使巫相推擇潔淨易教者祭跪祝曰天

生五穀以養人今五穀病旱恐不成敬進清酒甘卽奉牲禱○通典下羞再拜請雨案自廣陵女子至祭跪今繁露所無有復再拜起四字藝文類聚一百與今本同天啟本無卽字淩本同**以甲乙日爲大蒼龍一長八丈居中央**言帝以甲乙殺青龍於東方以丙丁殺赤龍於南方以庚辛殺白龍於西方以壬癸殺黑龍於北方以戊己殺黃龍於中方然則此爲象龍象其日所殺之龍而爲之與○盧云蒼本亦作青輿案後漢郎顗傳注作蒼丈作尺**爲小龍七各長四丈**傳通典七作十郎顗傳注作五丈作尺**於東方皆東鄉其間相去八尺小童八人皆齋三日服青衣而舞之**淩云鄭注易曰天一地二天三地四天五地六天七地八天九地十而五行自水始火次之木次之金次之土爲後木生數三成數八但言八者舉其成數通典後漢行雩禮以求雨與土龍立土人舞童二佾案以下人物之數悉本五行之數如春爲東方屬木木之成數八故人物之數皆八也群經音辨青東方色也**田嗇夫亦齋三日服青衣而立之**淩云說文嗇愛嗇从來从㐭來者㐭而藏之故田夫謂之嗇夫風俗通嗇省也夫賦也言消息百姓均其役賦**鑿社通之於閭外**

之溝淩云漢書顔注溝街衢之旁通水者也○鑿天啟本作諸里通典作里無之於字及下之字取五蝦蟇淩云急就篇水蟲科斗鼃蝦蟇顔注蝦蟇一名螫大腹而短腳焦氏易林蝦蟇群聚從天請雨集聚應時輙雨得其所願錯置社之中○天啟本作錯置秘中通典作置社中藝文類聚置作里官本云社他本誤作秘淩云据禮志補之字池方八尺深一尺淩云孔安國曰停水曰池○天啟本作二尺置水蝦蟇焉通典無此五字疑是衍文具清酒膊脯祝齋三日服蒼衣拜跪陳祝如初○天啟本祝作祀取三歲雄雞與三歲豭豬○天啟本無豭字淩云据禮志補豭字釋文音家方言云豬北燕朝鮮之間謂之豭字鑑豬專於切說文豕而三毛叢居者從豕者聲五經文字云從犬作猪者訛皆燔之於四通神宇○通典四下有方字下同令民閭邑里南門○天啟本無民字通典民作人避唐諱淩云民字据禮志補置水其外開邑里北門○天啟本無邑里二字淩本有里字云据禮志補具老豭豬一置之於里北門之外市中亦置豭豬一○天啟本一在置下淩本同聞鼓聲○淩本聞下有彼字据禮志補皆燒豭

豬尾○天啟本無猳字取死人骨埋之無死字○通典開山淵積薪而燔之藝文類聚一百引神農求雨者曰春夏雨日而不雨甲乙命爲青龍又爲火龍東方小童舞之丙丁不雨命爲赤龍南方壯者舞之戊己不雨命爲黃龍壯者舞之庚辛不雨命爲白龍又爲火龍西方老人舞之壬癸不雨命爲黑龍北方老人舞之如此不雨潛處闔南門置水其外開北門取人骨埋之如此不雨命巫祝而曝之曝之不雨神山積薪擊鼓而焚之御覽三十五亦引神農求雨書云春甲乙不雨東爲青龍又爲火龍東方老人舞之壬癸黑雲興乃雨又曰北不雨命巫祝而曝之不雨禱山神積薪具擊鼓而焚之樂稽耀嘉開神山神淵積薪夜擊鼓譟而燔之管子水出地而不流者命之曰淵○天啟本無之字淩云据禮志補通道橋之壅塞不行者決瀆之疑當作決瀆之不行者通典無此六字○天啟本通上有決字淩本同幸而得雨報以豚一酒鹽黍財足淩云世本夙沙氏煮海爲鹽漢書顏注財纔古通用○天啟本作以豬一無報字官本同云他本作報以豚一以茅爲席毋斷淩云南山經白菅爲席注菅茅屬也鄭注序官敷陳曰筵藉之曰席夏求雨淩云漢舊儀求雨太常禱天地宗廟社稷山川以賽各如其常牢禮也四月立夏旱乃求雨禱雨而已後旱復重禱

而已訖立秋雖旱不得禱求雨也**令縣邑以水日家人祀竈**淩云中霤禮記竈之禮先席於門之奧東西設主於竈陘乃制肺及心肝爲俎奠於主西又設盛於俎南亦祭黍三祭肺心肝各一祭醴一亦既祭徹之更陳鼎俎設饌于筵前迎尸如祀戶之禮說文周禮以竈祠祝融淮南子炎帝作火官死爲竈神莊子云浩竈神也如美女衣赤雜五行志曰竈神名禪字子郭黃衣夜披髮從竈中出知其名呼之可除兇惡市豬肝泥竈令婦孝○天啟本無縣字据禮志及藝文類聚一百引有縣字是唐本不誤盧云舊本與各書所引凡祀與祠並參雜不一今姑仍之下放此與案通典及御覽三十五引祀作祠藝文類聚與今本同天啟本祀作祝通典竈下有神字**無舉土功更火浚井**淩云漢書注浚抒治之也音峻釋名井清曰泉清潔者也世本伯夷作井○盧云火本一作大與案藝文類聚火作水疑是**暴釜於壇臼杵於術**淩云易繫辭斷木爲杵掘地爲臼雜記杵以梧注所以擣也漢書刑法志圜圜術路注如淳曰術大道也一切經音義注蒼頡篇邑中道曰術道路也漢禮器制度釜受三斛或云五斛與案暴釜何以於壇疑有誤字通典與今本同壇作檀藝文類聚引作曝釜甑杵臼于衢御覽三十五引作暴釜鬲杵臼于術壇疑鬲之誤又衍上於字耳○淩云王本釜作金**七日爲四通之壇於**

邑南門之外〇天啟本無之字淩云据禮志補方七尺植赤繒七其神蚩尤祭之以赤雄雞七玄酒具清酒膊脯〇藝文類聚無具字祝齋三日服赤衣拜跪陳祝如春辭〇盧云辭當依下文作祠通志無此字以丙丁日爲大赤龍一長七丈〇藝文類聚作長各七尺居中央又爲小龍六各長三丈五尺於南方皆南鄉〇天啟本長字在各上其間相去七尺壯者七人淩云鄭注火生數二成數七但言七者亦舉其成數皆齋三日服赤衣而舞之司空嗇夫亦齋三日服赤衣而立之鑿社而通之閭外之溝取五蝦蟇錯置里社之中池方七尺深一尺具酒脯〇藝文類聚及天啟本竝無具字祝齋衣赤衣拜跪陳祝如初據上下文祝齋下當有三日二字取三歲雄雞豭豬燔之四通神宇開陰閉陽如春也通典後漢求雨閉諸陽衣皁興土龍立土人舞童二佾七日一變如故事〇天啟本無也字淩云据禮志補

季夏禱山陵以助之土爲季夏故別舉其法令縣邑十日壹徙市○藝文類聚季夏作季春誤無十日二字天啟本淩本同今從盧本於邑南門之外五日禁男子無得行入市通志漢武帝元封六年旱女子及巫丈夫不入市○藝文類聚男子作男女家人祠中霤淩云中霤禮記中霤之禮設主於牖下乃制心及肺肝爲俎其祭肉心肝各一他皆如祀戶之禮中霤猶中室也土主中央而神在室古者複穴是以名室爲霤云無舉土功○天啟本舉作興淩本同聚巫市傍爲之結蓋○藝文類聚無此四字傍天啟本作傷疑塲之誤爲四通之壇於中央植黃繒五○藝文類聚繒作幡其神后稷祭之以母飽五○盧云母飽舊脫今以劉昭注及通典增補淩本作母䏌劉逢祿云王本缺母䏌二字今据元本藝文類聚劉昭注及通典增補輿案通典注云母音模禮謂之湆母飽音移周禮曰飽食玄酒具清酒膊脯令各爲祝齋三日盧云令各爲三字疑衍輿案通典有藝文類聚無衣黃衣皆如春祠○通典皆上有餘字是藝文類聚祠作辭以戊己日爲大黃龍一長五丈居中央又爲小龍四○官

本云他本四作五輿案通典與今本同藝文類聚無四字**各長二丈五尺於南方**○通典南方作中央藝文類聚作長各三丈五尺無下三字**皆南鄉其間相去五尺丈夫五人皆齋三日服黃衣而舞之**淩云鄭注土生數五成數十但言五者土以生爲本意林風俗通禮云十尺曰丈成人之長也夫者膚也言其智膚敏宏教也故曰丈夫○藝文類聚丈夫作士姓天啟本無皆字類聚有**老者五人亦齋三日衣黃衣而立之**天啟本無老者二字通典無五人二字俞云聚珍本云他本無老者二字今以文義求之無此二字者是也據下文冬云求雨用老者六人則季夏之月不得亦用老者一也且上文於春云小童八人皆齋三日服青衣而舞之田嗇亦齋三日服青衣而立之於夏云壯者七人皆齋三日服赤衣而舞之司空嗇夫亦齋三日服赤衣而立之於秋云鰥者九人皆齋三日服白衣而舞之司馬亦齋三日衣白衣而立之於冬云老者六人皆齋三日衣黑衣而舞之尉亦齋三日服黑衣而立之是舞之者或小童或壯者或鰥者或老者皆擇用民間之人而立之者或田嗇夫或司空嗇夫或司馬或尉皆在官之人也此乃用丈夫五人舞之老者五人立之於義不合二也然則此文宜如何曰此文直云五人亦齋三日衣黃衣而立之所謂五人非如丈夫五人以數計

也五人乃當時有此名目其字本作伍漢酷吏尹賞傳乃部戶曹掾史與鄉史亭長里正父老伍人是伍人與亭長里正同類此所衣黃衣而立之者卽其人也作五者古字通耳後人不達其義謂五人是以數計則五人之上不得無文臆加老者字而古制失矣輿案藝文類聚一百引亦作老者五人是唐本已如此

亦通社中於閭外之溝○天啟本社下闕一字中下闕一字孫鏞云宋本俱闕

蝦蟇池方五尺深一尺○天啟本蝦上有取字淩本同

他皆如前○盧云舊本此下有一段云神農求雨第十九曰戊己不雨命爲黃龍又爲大龍壯者舞之季立之又曰東方小童舞之南方壯者西方沾人北方口人舞之共四十八字續漢志注無之此疑後人隨意附注不得以問雜本書其第十八十九日此書十九篇中之語也舊本曰作日亦訛輿案天啟本有此四十八字西方沾人下注云未詳北方下注云疑少一字盧所見作空方格神農求雨書藝文類聚所載較詳引見上

秋暴巫尪至九日○天啟本無尪字淩云据禮志補

無舉火事淩云漢昭帝紀夏旱大雩不得舉火注臣瓚曰不得舉火抑陽助陰也

無煎金器○天啟本無無字淩本同

家人祠門淩云中霤禮祀門之禮北

面設主於門左樞乃制肝及肺心爲俎奠於俎南又設盛於俎東其他皆如祭竈之禮○官本祠作祀云祀他本作祠爲四通之壇於邑西門之外方九尺植白繒九其神少昊○盧云舊本作太昊訛今依通典改正官本作太云通典作少昊祭之以桐木魚九初學記二御覽十一並引淮南子曰董仲舒請雨秋用桐木魚幷酒具清酒膊脯衣白衣淩云群經音辨白西方色也輿案衣白衣上疑當有祝齋三日四字他如春以庚辛日爲大白龍一長九丈居中央爲小龍八各長四丈五尺於西方皆西鄉其間相去九尺鰥者九人淩云鄭注金生數四成數九但言九者亦舉其成數皆齋三日服白衣而舞之司馬亦齋三日○官本云他本闕馬字衣白衣而立之蝦蟇池方九尺深一尺他皆如前

冬舞龍六日禱於名山以助之家人祠井○祠官本作祀云他本作祠無壅水爲四通之壇於邑北門之外○通典爲上有各字方六尺植黑繒六其神幷

冥凌云五行記顓頊爲元冥御覽漢舊儀祠五祀謂五行金木水火土也木正曰句芒火正曰祝融金正曰蓐收水正曰元冥土正曰后土皆古聖能治成五行有功者也鄭注月令元冥少皞氏之子曰修曰熙爲水正祭之以黑狗子六玄酒具清酒膊脯祝齋三日衣黑衣祝禮如春以壬癸日爲大黑龍一長六丈居中央又爲小龍五○天啟本無又字五字淩本無又字各長三丈於北方皆北鄉其間相去六尺老者六人淩云鄭注水生數一成數六但言六者亦舉其成數皆齋三日衣黑衣而舞之尉亦齋三日服黑衣而立之蝦蟇池皆如春○盧云趙疑皆字上脫方六尺深一尺他七字輿案通典與今本同天啟本無皆字淩本同四時皆以水日○天啟本無日字官本云通典下有日字淩本不提行爲龍必取潔土爲之結蓋龍成而發之文選應休璉與岑文瑜書土龍矯首於玄寺泥人鶴立於闕里注引淮南子曰聖人用物若用朱絲約芻狗若用土龍以求雨芻狗待之而求福土龍待之而得食山海經曰大荒東北隅中有山名凶犁土邱應龍處南極殺蚩

尤與夸父不得復上故下數旱而爲應龍之狀乃得大雨郭璞曰今之土龍氣應自然冥感非人所能論衡亂龍篇董仲舒申春秋之雩設土龍以招雨龍虛篇招雨作爲感其意以雲龍相致易曰雲從龍風從虎以類求之故設土龍陰陽從類風雨自至又云仲舒覽見深鴻立事不妄設土龍之象果有狀也又死僞篇云董仲舒請雨之法設土龍以感氣夫土龍非實不能致雨仲舒用之致精誠不顧物之眞僞也又定賢篇云仲舒信土龍之能致雲雨蓋亦有以也又案書云孔子終論定于仲舒之言其修雩始龍必將有義未可怪也白孔六帖二初學記二引許愼淮南子注湯遭旱作土龍以象龍雲從龍故致雨也案劉子駿掌雩祭典土龍事亦見論衡亂龍篇是土龍漢時沿用此云爲龍象之而已非眞龍也程明道行狀云上元之茅山有龍池其龍如蜥蜴而五色祥符間命中使取二龍至中途中使奏一龍飛空而去自昔嚴奉以爲神物先生嘗捕而脯之使人不惑案遺書但言捕二龍持歸爲小兒玩之至死今浙江鄞天井山有五龍靈蹟有求于山者或得蛇或得蜥蜴或得蛙皆足以致雨往往而驗見全祖望碧沚龍神廟碑殆因土龍而傅會者與

四時皆以庚子之日○凌本四時提行令吏民夫婦皆偶處凡求雨之大體

丈夫欲藏匿○盧云續漢志注作欲藏而居女子欲和而樂凌云樂稽耀嘉凡求雨男女欲和而樂○

盧云此下舊有神農書又曰開神山神淵積薪夜擊鼓譟而燔之爲其旱也二十三字案此段亦非本文今改作小字附注於此以備考神農書舊本脫農字今增旱或一作卑輿案天啟本有此二十三字旱作卑

止雨第七十五凌云西京雜記京都大水祭山川以止雨丞相御史二千石禱祀如求雨法

雨太多令縣邑以土日塞水瀆凌云玉篇說文曰瀆溝也一曰邑中溝絕道蓋井禁婦人不得行入市令縣鄉里皆掃社下縣邑若丞合史嗇夫三人以上〇凌本史作吏祝一人鄉嗇夫若吏三人以上祝一人里正父老三人以上祝一人皆齋三日〇盧云自此三日以下一百八十字各本闕聚珍本從大典補凌云王本別以第六王道篇年年之積至賢賢也春秋五十字錯簡於此今刪去重複輿案天啟本皆齋下缺數行注云宋本闕文數行又有年年之積云云至春秋五十字旁注云從宋本存之諸本闕下接恐傷五穀云云各衣時衣凌云春蒼夏赤秋黃冬黑具豚一凌云方言豚豬子也黍鹽美酒財足祭社擊鼓三日而祝先再拜乃跪

陳陳已復再拜乃起祝曰嗟○盧云本作諾字誤天生五穀以養人今淫雨太多五穀不和敬進肥牲清酒以請社靈幸爲止雨除民所苦無使陰滅陽陰滅陽不順於天天之常意在於利人凌云生五穀以利人與案常意二字疑倒人願止雨敢告於社祝祠與求雨大同郊祀篇所謂以人心庶天無尤也鼓而無歌至罷乃止凡止雨之大體女子欲其藏而匿也丈夫欲其和而樂也開陽而閉陰闔水而開火凌云漢書仲舒治國以災異之變推陰陽所以錯行故求雨閉諸陽縱諸陰其止雨反是師古曰謂若閉南門禁舉火及開北門水灑人之類是也以朱絲縈社十周通典云成帝五年六月始命諸官止雨朱繩乃縈社擊鼓攻之御覽五百二十六引漢舊儀云五儀疑譌元年儒術奏施行董仲舒請雨事始令尚書丞相以下求雨雪曝城南舞童女禱天神五帝五年五疑成之譌始令諸官止雨朱絲縈社擊鼓助之衣赤衣赤幘三日罷御覽六百八十七引董仲舒止雨書曰執事者赤幘由是言之知不著冠之所服也靳庛夠○各本三日並作言盧云末七字有訛

脫孫詒讓云言當作三日二字下文三日而止未至三日天大暒亦止是也今從之

二十一年八月甲申朔丙午武帝二十一年從建元元年起數之則元狩四年時仲舒免歸家居元鼎以前紀元竝追稱故此不列年號耳○盧云本作庚申朔訛凌本不提行江都相仲舒告內史中尉凌云百官公卿表云少府內史周官秦因之掌治京師任昉物原云諸官稱史亦自伏犧置史官始中尉秦官掌徼巡京師武帝太初元年更名執金吾陰雨太久○凌云以上俱補入恐傷五穀趣止雨止雨之禮廢陰起陽書十七縣八十離鄉離字疑有誤及都官吏千石以下夫婦在官者咸遣婦歸○盧云舊脫歸字今補女子不得至市市無詣井○天啟本詣作諸注云一作詣蓋之勿令泄鼓用牲于社祝之曰雨以太多以與己同五穀不和敬進肥牲以請社靈社靈幸為止雨除民所苦無使陰滅陽陰滅陽不順於天天意常在於利民願止雨敢告鼓用牲於社皆壹以辛亥

之日書到卽起縣社令長若丞尉官長淩云百官公卿表縣令長皆秦官掌治其縣皆有丞尉秩四百石至二百石各城邑社嗇夫里吏正里人皆出淩云百官公卿表十亭一鄉鄉有三老有秩嗇夫嗇夫職聽訟收賦稅至於社下餔而罷淩云餔音逋申時食也○官本云餔而他本誤作顧西三日而止未至三日天暒亦止盧云暒與晴同舊本作星訛案仲舒本傳所著百二十三篇中有條教一類此節殆其一也後人掇拾遺佚以類附此鄭康成注周官大祝引仲舒救日食祝曰炤炤大明瀸滅無光奈何以陰侵陽以卑侵尊亦不在此書中○官本天下有大字云他本無

祭義第七十六

五穀食物之性也天之所以爲人賜也性與生同○盧云舊本人賜倒錢改輿案黃氏日鈔作天所以賜人宗廟上四時之所成淩云禮鄭注合於天道因四時之變化孝子感時念親則以此祭之也受賜而薦之宗廟敬之性也盧云性疑當作至於祭之而宜矣於字疑誤宗廟

之祭物之厚無上也春上豆實凌云桓四年注豆祭器名狀如鐙天子二十有六諸公十有六諸侯十有二卿上大夫八下大夫六士二三禮圖豆高尺二寸漆赤中大夫以上畫赤雲氣諸侯飾以象天子加玉飾案御覽引禮圖豆以木受四升餘并同夏上尊實秋上朹實凌云說文朹古簋字○天啟本朹作杌冬上敦實凌云三禮圖敦有足其形如今酒樽法案聶注舊圖敦受一斗二升漆赤中大夫飾口以白金孝經鉤命決云敦規首上下圓相連豆實韭也春之所始生也尊實麷也戴校引錢大昕云尊當爲籩周禮籩人四籩以麷爲首尊酒器不可以盛籩實隸書籩或省辵因誤爲尊耳孫詒讓云錢說是惟鬳與尊形實不相近無由致誤竊謂尊當爲算之譌禮記明堂位云薦用玉豆雕篹鄭注云篹籩屬也以竹爲之史記汲鄭列傳云其餽遺人不過算器食集解引徐廣云算竹器篹从算得聲古字通用儀禮士冠禮鄭注云匴竹器古文匴爲篹此以算爲篹猶今文禮以匴爲篹也此以夏上算實配春上豆實猶明堂位以雕篹配玉豆皆以篹當籩明其同物也算艸書或作算皇象書急就篇凡从竹字通作丷形是其例與尊正相似因而致誤明堂位孔疏云篹籩也○天啟本麷作麵注云一作麰案疑當作麥夏之所受初也桓七年麥魚始熟可礿故曰礿或引受長○盧云受初錢疑倒下同朹實黍也凌云說文朹黍稷方器也

廣韻簠簋祭器受斗二升內圓外方曰簋考工疏祭宗廟用木簋秋之所先成也敦實稻也冬之所畢熟也始生故曰祠善其司也夏約故曰礿兪云此本作初受故曰礿卽承夏之所初受而言與始生故曰祠先成故曰嘗畢熟故曰蒸承上而言者一律因上文初受誤作受初於是此文亦作受初而今本作夏約者卽受之誤受之與夏初之與約字形皆相似也貴所受初也○天啟本作貴所初礿也凌本同案初字疑衍先成故曰嘗嘗言甘也畢熟故曰蒸蒸言衆也○凌本蒸作烝奉四時所受於天者而上之爲上祭上祭疑四祭貴天賜且尊宗廟也孔子受君賜則以祭況受天賜乎一年之中天賜四至至則上之此宗廟所以歲四祭也故君子未嘗不食新新天賜至盧云錢疑是天賜新至必先薦之乃敢食之尊天敬宗廟之心也○天啟本敢作取凌本同尊天美義也敬宗廟大禮也聖人之所謹也○盧云舊本大禮也倒在此句下今移正不多而欲潔清多上疑脫

一字不貪數而欲恭敬君子之祭也躬親之○天啟本躬作恭凌本同致其中心之誠盡敬潔之道以接至尊故鬼享之享之如此乃可謂之能祭祭者察也以善逮鬼神之謂也善乃逮不可聞見者故謂之察凌云尚書大傳察者至也至者人事也人事至然後祭吾以名之所享故祭之不虛安所可察哉可疑不誤之祭之爲言際也與○盧云與音餘舊本此下有察也二字係誤衍祭然後能見不見見不見之見者○盧云舊本作之見者見不見係誤倒今移正然後知天命鬼神知天命鬼神然後明祭之意明祭之意乃知重祭事○官本云他本事作祀下同孔子曰吾不與祭如不祭凌云特牲饋食注士賤職褻時至事暇可以祭則筮其日矣疏鄭云時至事暇可以祭者若祭時至有事不得暇則不可以私廢公故也若大夫以上尊時至唯有喪故不祭餘吉事皆不廢祭若有公事及病使人攝祭故論語孔子云吾不與祭注孔子或出或病不自親祭使攝者爲之不致肅敬于心與不祭之同○天啟本無下三字凌本

同

祭神如神在重祭事如事生淩云禮志曰君子生則敬養死則敬饗也故聖人於鬼神也畏之而不敢欺也信之而不獨任事之而不專恃恃其公報有德也幸其不私與人福也其見於詩曰嗟爾君子毋恆安息○天啟本毋作叨葢勿之誤文淩本恆作常靜共爾位淩云共韓詩作恭鄭元曰共古恭字好是正直神之聽之介爾景福正直者得福也不正者不得福此其法也以詩爲天下法矣何謂不法哉謂爲同其辭直而重有再歎之盧云有與又同欲人省其意也而人尙不省何其忘哉孔子曰書之重辭之復盧云復與複同嗚呼不可不察也其中必有美者焉此之謂也莊云苟一義一法足以斷其凡則無可凡而皆削而不書春秋非紀事之史也所以約文而示義也是故有單辭有兩辭有複辭有衆辭眾辭可凡而不可凡也複辭可要而不可要也兩辭備矣可益而不可益也單辭明矣可殊異而不可殊也故曰游夏之徒不能贊一辭也盧云末段多有脫句疑

後人所附益淩云孔子曰至者焉見春秋緯與案其辭下至末疑是他篇說春秋文首止之會盟葵丘之會盟召陵之盟皆再書焉此書重之例也稷之會終之曰成宋亂澶淵之會終之曰宋災故尹氏立王子朝先之曰王室亂此辭複之例也僖四年傳師在召陵則曷爲再言盟喜服楚也何注引孔子語釋之與此同疏云春秋說文蓋卽出此姚鼐公羊補注云孔子書重辭復之言蓋齊魯儒者傳之公羊家載之于注此眞聖人辭也非出春秋緯也漢人多習于公羊之說西漢之末作禮緯春秋緯者勦其說以爲書世乃以九錫及書之重等語皆謂何引緯書以說經則誣之甚矣案姚不知何引董語僖二十二年傳春秋辭繁而不殺者正也知此是說春秋文其中必有美者焉或引作必有大美惡焉於義爲長見明劉永之復梁寅書

循天之道第七十七

此篇多養生家言御覽七百二十四引神仙傳曰李少君與議郎董仲舒相親見仲舒宿有固疾體枯氣少少君乃與其成藥二劑並有用戊己之草后土脂黃精根獸沈肪先秀之根百卉華釀亥月上旬合煎銅鼎中童男沐浴潔靜調其湯火合藥成服如雞子三劑齒落更生服盡五劑命不復傾案此仲舒爲仲君之譌後人因董言養生而傳會之互見年表○張惠言云此下諸篇多錯簡鈌誤就其明者正之餘不敢強說

循天之道以養其身謂之道也莊子讓王篇道之眞以治身天有兩和以成二中黃震云兩和謂中春中秋俞云兩和謂春分秋分二中謂冬至夏至歲立其中用之無窮是北方之中用合陰而物始動於下是下當有故字南方之中用合陽而養始美於上疑當作而物始養於上其動於下者不得東方之和不能生中春是也其養於上者不得西方之和不能成中秋是也聖人之道以中和爲則故取春秋而不取冬夏然則天地之美惡在兩和之處二中之所來歸而遂其爲也惡讀曰烏在字句絕下疑更有在字是故東方生而西方成○官本故下有和字云他本無東方和生北方之所起○天啟本無生字起下缺一字官本有前字云他本無西方和成南方之所養長俞云長字衍下同○各本西方上衍而字今據上文及俞說刪起之不至於和之所不能生養長之不至於和之所不能成成於和生必和也始於中止必中

也中者天地之所終始也○官本云他本無始字而和者天地之所生成也淩云中庸致中和天地位焉萬物育焉疏言人君所能致極中庸使陰陽不錯則天地得其正位焉生成得理故萬物得其生育焉夫德莫大於和而道莫正於中中者天地之美達理也美下疑奪一字聖人之所保守也詩云不剛不柔布政優優此非中和之謂與是故能以中和理天下者其德大盛能以中和養其身者其壽極命言無天闕程子云今人不怠惰放肆必太嚴厲聖人便自有中和之氣男女之法法陰與陽白虎通紀綱篇夫婦法人取象人合陰陽有施化端也漢含孳云水火交感陰陽以設夫婦象也又嫁娶篇人承天地施陰陽故設嫁娶之禮又引春秋穀梁傳曰男子二十五繫心女十五許嫁感陰陽也御覽五十八引春秋元命包水之立字兩人交一以中出者爲水一者數之始兩人譬男女言陰陽交物以一起也陽氣起於北方至南方而盛盛極而合乎陰陰氣起乎中夏至中冬而盛盛極而合乎陽不盛不合是故十月而

壹俱盛終歲而乃再合錢云一歲再合則十月當作六月○天啟本無壹字天地久節以此爲常久疑作之是故先法之內矣句疑有脫誤養身以全使男子不堅牡不家室謂壯而後有家室白虎通嫁娶篇男三十筋骨堅强任爲人父女二十肌膚充盈任爲人母合爲五十應大衍之數生萬物也故禮內則曰男三十壯有室女二十壯而嫁陰不極盛不相接○官本云他本極盛作盛極是故身精明難衰而堅固壽考無忒此天地之道也天氣先盛牡而後施精故其精固上精字疑衍天道施地道化施與化對文○淩本天氣作天地非地氣盛牝而後化故其化良淩云大戴禮記故男以八月生齒八歲而毀一陰一陽然後成道二八十六然後精通然後其施行女七月生齒七歲而毀二七十四然後其化成○官本云牝他本作托輿案天啟本不誤是故陰陽之會冬合北方而物動於下夏合南方而物動於上上下之大動皆在日至之後爲寒則凝冰裂地爲熱則焦沙爛石淩云漢書顔注凝堅冰也尸子曰寒凝冰裂地釋名

熱熱也如火所燒熱也呂氏春秋曰湯時大旱七年煎沙爛石淮南子詮言訓陽氣起於東北盡於西南陰氣起於西南盡於東北陰陽之始皆調適相似日長其類以侵相遠或熱焦沙或寒凝水**氣之精至於是**句**故天地之化春氣生而百物皆出夏氣養而百物皆長秋氣殺而百物皆死冬氣收而百物皆藏**淩云越絕書范子曰臣聞陰陽氣不同處萬物生焉冬三月之時草木既死萬物各異藏故陽氣避之藏伏壯於內使陰陽得成於外夏三月盛暑之時萬物遂長陰氣避之下藏伏壯於內然而萬物親而信之是所謂也陽者主生萬物方夏三月之時大熱不至則萬物不不能成陰氣主殺方冬三月之時地不內藏則根荄不成即春無生故一時失度即四序爲不行**是故惟天地之氣而精**盧云而字疑衍**出入無形而物莫不應實之至也**〇盧云舊脫也字趙增**君子法乎其所貴天地之陰陽當男女人之男女當陰陽陰陽亦可以謂男女男女亦可以謂陰陽**論衡自然篇儒者說夫婦之道取法于天地**天地之經至東方之中而所生大養**〇各本至上有生字俞云即至字之

誤衍今據刪至西方之中而所養大成一歲四起業而必於中業字疑誤中之所爲而必就於和故曰和其要也文子曰古之爲道者養以和持以適嵇康養生論守之以一養之以和和理日濟同乎大順又云修性以保神安心以全身愛憎不棲於情憂喜不留於意泊然無感而體氣和平和者天之正也盧云趙疑天下當有地字案下文俱以天地並言陰陽之平也〇官本云平一作半其氣最良物之所生也淩云淮南子天地之氣莫大於和和者陰陽調日夜分而生物春分而生秋分而成生之與成必得和之精故聖人之道寬而栗嚴而溫柔而直猛而仁太剛則折太柔則卷聖人正在剛柔之間乃得道之本積陰則沈積陽則飛陰陽相接乃能成和〇官本云他本良下有爲字誠擇其和者以爲大得天地之奉也天地之道雖有不和者必歸之於和而所爲有功雖有不中者必止之於中而所爲不失是故陽之行始於北方之中而止於南方之中陰之行始於南方之中而止於北方之中陰陽之道不同至於

盛而皆止於中其所始起皆必於中中者天地之太極也日月之所至而卻也長短之隆不得過中天地之制也隆猶極也兼和與不和中與不中而時用之盡以爲功是故時無不時者天地之道也順天之道節者天之制也節下者字疑緣上下文衍陽者天之寬也陰者天之急也中者天之用也和者天之功也舉天地之道而美於和美上疑有莫字是故物生皆貴氣而迎養之孟子曰我善養吾浩然之氣者也謂行必終禮而心自喜常以陽得生其意也終禮疑當作中禮案西漢時未尊孟子而董引孟子說凡再見其他義與之相合者亦多是自漢以後孔孟之隆胥由董子矣○盧云自舊本作目訛與案天啟本自字不誤公孫之養氣曰裏藏泰實則氣不通泰虛則氣不足淩云裏藏謂藏府也盧本刪公孫之養氣曰裏藏八字云衍文天啟本及淩本並有天啟本裏藏下注云三字未詳孫詒讓云下文皆公孫尼子文御覽四百六十

七引公孫尼子曰君子怒則自說以和喜則收之以正與此正同養氣蓋卽其篇名盧刪大繆輿案孫說是公孫尼子二十八篇見藝文志注云七十子之弟子沈約謂樂記取公孫尼子劉瓛謂緇衣公孫尼子所作蓋亦大師論衡本性篇惟世碩公孫尼子之徒頗得其正世碩以人性有善有惡公孫尼亦近之董子言性殆本公孫此復引其文蓋在師承之列矣又北堂書鈔引公孫尼子云太古之人飲露食草木實聖人爲火食號燧人飲食以通血氣文選沈休文三月三日詩注引公孫尼子云衆人役物而忘情御覽二十一及七百二十四引公孫尼子孔子有疾云云兩見蓋皆養生家言殆有道者與

熱勝則氣口寒勝則氣口盧云舊本熱勝則氣寒下有校語云此下疑少五字今案寒當爲下句之首兩句正相對而各少下一字耳泰勞則氣不入泰佚則氣宛至盧云宛讀爲鬱下同怒則氣高喜則氣散憂則氣狂懼則氣懾凡此十者氣之害也而皆生於不中和故君子怒則反中而自說以和喜則反中而收之以正憂則反中而舒之以意懼則反中而實之以精以上引公孫書畢淮南原道訓夫喜怒者道之邪也憂悲者德之失也好憎者心之

過也嗜欲者性之累也人大怒破陰大喜墜陽薄氣發瘖驚怖爲狂憂悲多恚病乃積成好憎繁多禍乃相隨故心不憂樂德之至也通而不變靜之至也嗜欲不載虛之至也無所好憎平之至也不與物散粹之至也程子云聖人未嘗無喜也象喜亦喜聖人未嘗無怒也一怒而安天下之民聖人未嘗無哀也哀此煢獨聖人未嘗無懼也臨事而懼聖人未嘗無愛也仁民而愛物聖人未嘗無欲也我欲仁斯仁至矣但中其節則謂之和與此可參證**夫中和之不可不反如此**○盧云不可不反舊本作不可反今從趙增一不字**故君子道至氣則華而上**○盧云氣則二字本或作而字非輿案天啟本作而字注云一作氣則句中疑尚有誤字**凡氣從心心氣之君也何爲而氣不隨也**心動而氣隨之○何天啟本作心**是以天下之道者皆言內心其本也**道者謂修養生之道者下同古自有此稱猶世俗之人稱俗者也觀珊蔚**故仁人之所以多壽者外無貪而內清淨心和平而不失中正取天地之美以養其身是其且多且治鶴之所以壽者無宛氣於中**淩云相鶴經大喉以吐故修頸以納新故生大壽不可量初學記引繁露作鶴

知夜半鶴所以壽者無死氣於中也**是故食冰**俞云淩注以是故食冰四字屬下爲義非也蝯無食冰之說於義無取且鶴之所以壽者蝯之所以壽者兩文相對是故食冰是故氣四越兩文亦相對則食冰自屬鶴也董子原文疑作是故食不冰冰者凝之正字說文於冰篆下出重文凝曰俗冰從疑是也食不凝謂所食不凝滯也蓋中無宛氣故食不凝滯此鶴之所以壽也相鶴經謂大喉以吐故修頸以納新是矣淺人但知冰爲冰凍字誤刪不字遂失其義**猨之所以壽者好引其末是故氣四越**越猶散也謂流而不滯國語周語氣不沈滯而亦不散越又云以揚沈伏而黜散越淮南原道訓聲出於口則越而散矣知越散義同○御覽九百十引繁露曰蝯似猴大而黑長前臂所以壽者好引其氣也初學記二十九引同惟所以壽者作壽八百**天氣常下施於地**○官本云下他本誤作不**是故道者亦引氣於足**莊子大宗師篇眞人之息以踵**天之氣常動而不滯是故道者亦不宛氣**下疑有脫文**苟不治雖滿不虛**盧云案此七字疑有誤或當作氣苟不治雖滿必虛**是故君子養而和之節而法之去其羣泰**法疑治羣泰即上泰勞泰佚泰實泰虛之類**取其衆和高臺多陽**

廣室多陰遠天地之和也故聖人弗爲適中而已矣呂覽孟春紀室大多陰臺高多陽多陰則蹷多陽則痿此陰陽不適之患也藝文類聚六十一引董生書詩名物疏引董子竝云禮天子之宮右清廟左涼室前明堂後路寢四室者足以避寒暑而不高大也夫高室近陽廣室多陰故室適形而止○各本脫聖字據御覽百七十四引補盧云中舊本作之誤法人八尺四尺其中也淮南天文訓音以八相生故人修八尺尋自倍故八尺而爲尋有形則有聲音之數五以五乘八五八四十故四丈而爲匹匹者中人之度也說文周制以八寸爲尺十尺爲丈人長八尺故曰丈夫周制寸尺咫尋常仞諸度量皆以人之體爲法論衡氣壽篇人形一丈正形也名男子爲丈夫尊公嫗爲丈人宮者中央之音也甘者中央之味也淮南原道訓故音者宮立而五音形矣味者甘立而五味亭矣亦見五行對篇四尺者中央之制也是故三王之禮味皆尚甘聲皆尚和處其身所以常自漸於天地之道漸猶寖潤也天地陰陽篇天地之間有陰陽之氣常漸人者若水常漸魚也其道同類一氣之辨也法天者乃法人之辨辨治也人之所以自治與天地之道

相通故法天者法人之所以自治而已人之自治莫貴於氣故云一氣之辨其要亦曰中和而已矣**天之道嚮秋冬而陰來嚮春夏而陰去是故古之人霜降而迎女冰泮而殺內**殺內當為殺止殺去聲謂自霜降始逆女及冰泮而殺止也霜降九月冰泮二月也故詩云士如歸妻迨冰未泮荀子大略篇霜降逆女冰泮殺內內亦止之誤通典引正作止內注殺減也內為妾御也據誤文為說家語本命解霜降而婦功成嫁娶者行焉冰泮而農桑起婚禮而殺于此通典五十九注引董仲舒書云聖人以男女當天地之陰陽天地之道向秋冬而陰氣來向春夏而陰氣去是故古之人霜降而迎女冰泮而殺止與陰俱近與陽俱遠初學記注引董仲舒云聖人以男女陰陽其道同類天道向秋冬為陰氣結向春夏為陰氣去故曰霜降逆女冰泮而殺止詩東門之楊正義引董仲舒與初學記大同亦作殺止是唐本尚不誤召南摽梅及東門之楊正義周禮媒氏疏載王肅論引荀子韓詩傳亦作殺止**與陰俱近與陽俱遠也**○下俱字元脫盧云遠上疑亦當有俱字案通典有今據補**天地之氣不致盛滿不交陰陽**淩云白虎通嫁娶必以春者春天地交通陰陽相接之時也**是故君子甚愛氣而游於房以體天也**漢藝文志房中

者性情之極至道之際是以聖人制外樂以禁內情而爲之節文樂而有節則和平壽考迷者弗顧以生疾而隕性命○盧云游上當有謹字**氣不傷於以盛通而傷於不時天并**以盛通卽前所云極盛相接也俞云天并二字無義疑當作弃天弃與并字相似傳寫又誤倒耳下文曰不與陰陽俱往來謂之不時恣其欲而不顧天數謂之天并夫不顧天數正弃天之謂可知其誤矣輿案并卽屏屏字言爲天所屏棄句例與莊子天刑天放同○官本云傷他本誤作傖**不與陰陽俱往來謂之不時恣其欲而不顧天數謂之天并君子治身不敢違天是故新牡十日而一遊於房**錢云十日亦當作六日輿案十字是荀子大略篇十日一御與此合**中年者倍新牡**二十日**始衰者倍中年**四十日**中衰者倍始衰**八十日**大衰者以月當新牡之日**十月白虎通五行篇年六十閉房何法六月陽氣衰也嫁娶篇男子六十閉房何所以輔衰也故重性命也禮內則曰妾雖老未滿五十必預五日之御滿五十不御俱爲助衰也至七十大衰食非肉不飽寢非人不煖故七十復開房也日本丹陂康賴所撰醫心方廿八引玉房秘訣云年廿常二日一施卅三日一施卌四日一施五十五日

施年過六十以去勿復施焉與此略異然六十後閉房則同以
白虎通推之婦人過五十不御是故古者男子三十而娶女二十
而嫁以十年爲差而上與天地同節矣此其大略也然而其要皆期於不
極盛不相遇醫心方引洞玄子云男年倍女損女女年倍男損男疏春而曠夏謂不遠天地
之數民皆知愛其衣食而不愛其天氣天氣之於人重於衣食衣
食盡尚猶有間句氣盡而立終盧云間疑闕之誤輿案間字不誤
言衣食盡尚可云救視氣盡猶有
間也莊子天地篇比犧尊於溝中之斷則美惡有間矣此
二字所本○原氣下無盡字錢云氣下當脫盡字今補故養生
之大者乃在愛氣氣從神而成神從意而出心之所之謂意天道施篇
云萬物動而不形者意
也說文意志也从心音意勞者神擾神擾者氣少氣少者難久矣
淮南原道訓夫形者生之舍也氣者生之充也神者生之制也一
失位則三者傷矣精神訓心者形之主也而神者心之實也司馬
遷傳凡人所生者神也所託者形也神太用則竭形太勞則
敝形離則死死者不可復生離者不可復合故聖人重之故君

子閑欲止惡以平意平意以靜神〇官本云靜他本作淨下同靜神以養氣〇盧云養本一作愛氣多而治則養身之大者得矣〇官本云他本身作人古之道士有言曰漢藝文志道家有道家言一篇道士言蓋其類將欲無陵固守一德此言神無離形則氣多內充而忍饑寒也王應麟云老子谷神一章養生者宗焉董子此文數語亦有得于此和樂者生之外泰也〇盧云和舊本作知誤精神者生之內充也淩云白虎通精神者何謂也精者靜也太陰施化之氣也象火之化任生也神者恍惚太陰之氣也外泰不若內充而況外傷乎忿恤憂恨者生之傷也〇官本云他本恤憂作夏憂恤淩云也王本誤作亡和說勸善者生之養也勸善疑歡喜之誤君子慎小物而無大敗也行中正聲嚮榮氣意和平居處虞樂可謂養生矣凡養生者莫精於氣〇各本下接此物獨生至末盧本接是故男女體其盛至末盧云此下舊本衍故天下之君五字又誤出下卷天地之行篇中語此物獨死大可見矣九十七字今改

歸下篇張惠言云此下當接下篇是故春至群物皆生而止再接此物獨死至末今從之是故春襲葛夏居密陰秋避殺風冬避重漯就其和也盧云漯疑是溼俞云漯當爲沸漯字說文本作濕而今經傳相承皆以濕爲燥溼之溼然則此言重漯卽重濕也以漯爲溼猶經傳之以濕爲溼矣李翕析里橋郙閣頌醳散關之嶃漯漯卽溼也與此正同說詳王氏念孫漢隸拾遺衣欲常漂盧云漂當與僄同輕也或又疑是漂字淩云韋昭曰以水擊絮爲漂食欲常饑體欲常勞而無長佚居多也居多二字疑衍御覽二十一引公孫尼子曰孔子有病哀公使醫視之醫曰子居處飲食何如孔子曰春居葛籠夏居密陽秋不風冬不煬飲食不饋飲酒不勤醫曰是良藥也七百二十四引同饋作遺○淩本長作常凡天地之物乘於其泰而生厭於其勝而死四時之變是也淩云家語孔子曰化於陰陽象形而發謂之生化窮數盡謂之死○上於字各本作以錢云計臺本作於今據改故冬之水氣東加於春而木生乘其泰也春之生西至金而死厭於勝也生於木者至金而死淮南地形訓故禾春生秋死注禾者木春木王而生秋木王而死

生於金者至火而死淮南地形訓麥秋生夏死注麥金也金王而生火王而死春之所生而不得過秋秋之所生不得過夏天之數也飲食臭味每至一時亦有所勝有所不勝句之理不可不察也之猶此四時不同氣氣各有所宜宜之所在其物代美視代美而代養之同時美者雜食之是皆其所宜也故薺以冬美而荼以夏成白虎通八風篇昌盍風至生薺麥西京雜記載仲舒雨雹對云建巳之月爲純陽不容都無復陰也但陽氣之極耳薺麥枯由陰殺也建亥之月爲純陰不容都無復陽也但陰氣之極耳薺麥始生由陽升也淮南子薺麥夏死而人曰夏生生者多也韓愈猗蘭操雪霜貿貿薺麥之茂傅元董逃行歷九秋篇薺與麥兮夏零蘭桂踐霜逾馨蓋薺麥夏零而冬美也通志昆蟲草木略云薺之菜甚小自生園圃其實曰蒫爾雅云蒫薺實詩云其甘如薺謂此荼之美也○荼盧本作芥王本作芬淩云皆誤當作荼爾雅荼苦荼月令孟春云苦荼秀易通卦驗元圖云苦荼生于寒經冬歷春得夏乃成故知荼字爲是且與薺連文詩曰誰謂荼苦其甘如薺作芥作芬皆無據也今從淩本改下同此可以見

冬夏之所宜服矣冬水氣也薺甘味也乘於水氣而美者甘勝寒也（淩云爾雅堇薺實詩其甘如薺淮南地形訓薺冬生仲夏死注薺水也冬水王而生土王而死廣韻甘菜金匱玉衡經冬至陽氣在子萬物蟄藏薺麥之類得冬始生皆非正氣○御覽九百八十而美作故美）薺之爲言濟與濟大水也（○御覽九百八十引作薺之言濟所以濟大水也）夏火氣也荼苦味也乘於火氣而成者苦勝暑也（淮南時則訓孟夏其味苦高注火味苦也白虎通火味所以苦何南方主長養苦者所以長養也猶五味須苦可以養也）天無所言而意以物（以物示意）物不與羣物同時而生死者必深察之是天之所以告人也（○盧云舊本作是天所告人也錢云大典有之字以字）故薺成告之甘荼成告之苦也君子察物而成告謹（成字疑當在而上）是以至薺不可食之時而盡遠甘物至荼成就也（成就猶成熟也字疑誤）天所獨代之成者君子獨代之（○盧云所獨舊本倒誤又君子獨代下似脫去一字）是冬夏之所宜也春

秋雜物其和物疑食之誤上文所云同時美者雜食之也而冬夏代服其宜則當得天地之美四時和矣孫詒讓云當當作常凡擇味之大體各因其時之所美而違天不遠矣○盧云舊本各因二字誤作冬〻字之所倒作所之今皆改正是故當百物大生之時羣物皆生而此物獨死○各本自是故春襲葛至羣物皆生而誤在下篇天地之行美也下此物上衍故天下之君五字今依淩本從張說移正刪故天下之君五字可食者告其味之便於人也其不食者告殺穢除害之不待秋也當物之大枯之時羣物皆死如此物獨生俞云如卽而字惟其文傳寫錯誤今正之曰是故當百物大生之時群物皆生而此物獨死不可食者告殺穢除害之不待秋也當物之大枯之時群物皆死如此物獨生可食者告其味之便於人也○官本云如他本誤作知如而通其可食者益食之天爲之利人獨代生之其不可食益畜之益疑作並天綮州華之間故生宿麥中歲而熟之淩云漢書仲舒說上曰春秋他穀不書至於麥禾不成則書之

以此見聖人於五穀最重宿麥漢武紀遣謁者勸有水災郡種宿麥顏注秋冬種之經歲乃熟故曰宿麥氾勝之書凡田六道種麥爲首子欲富黄金覆謂曳柴壅麥根也夏至後七十日寒地可種宿麥陶隱居云麥有大小穬穬即宿麥○盧云州華之間四字疑誤官本云中他本作正君子察物之異以求天意大可見矣○盧本自是故春襲葛至此並在下篇是故男女體其盛臭味取其勝居處就其和勞佚居其中寒煖無失適饑飽無過平○過淩本作失欲惡度理動靜順性○各本性下有命字疑衍今從淩本刪喜怒止於中憂懼反之正此中和常在乎其身謂之得天地泰○淩本得上有大字下句同官本云他本無大字輿案此字疑在謂之上得天地泰者其壽引而長○官本得上有大字云他本無不得天地泰者其壽傷而短短長之質人之所由受於天也○天啟本天作人是故壽有短長養有得失及至其末之大卒而必讎於此莫之得離孫詒讓云末之疑當作末也大卒疑作大率形近而誤莊子人間世篇卒然捬

之釋文云率或作卒故壽之爲言猶讎也盧云讎與酬售並同詩無言不讎箋云如賣物物善則其售賈貴物惡則其售賈賤爾雅釋詁云匹也說文云讐也義亦皆同淩云漢書律厤志廣延宣問以考星度未能讎也注鄭德云相應曰讐天下之人雖衆不得不各讎其所生而壽夭於其所自行○盧云舊本作壽夭與其所以日誤自行可久之道者其壽讎於久自行不可久之道者其壽亦讎於不久久與不久之情各讎其生平之所行○官本云他本脫與不久三字今如後至不可得勝如而同疑文尚有奪誤故曰壽者讎也然則人之所自行乃與其壽夭相益損也其自行佚而壽長者命益之也其自行端而壽短者命損之也端字疑誤以天命之所損益疑人之所得失此大惑也是故天長之而人傷之者其長損天短之而人養之者其短益夫損益者皆人人其天之繼歟○官本云夫他本誤作失輿案天啟本損益作損天

出其質而人弗繼豈獨立哉○官本云立他本作哀案當作豈不哀哉

春秋繁露義證卷第十六

春秋繁露義證卷第十七

漢廣川董仲舒撰

平江蘇　輿學

天地之行第七十八

天地之行美也○盧本下接是故春襲葛至君子察物之異以求天意大可見矣一段盧云天地之美下文具言之然此處或尙有脫字錢云首一條乃養生家言後一條言君臣之道似非一篇之文張惠言云此下當接是以天高至伏節死義再接難不惜其命至臣之功也此篇文止此代四時也是如天之爲篇文輿案張校是今從淩本移正是以天高其位而下其施○天啟本是以云云至伏節死在臣之功也下藏其形而見其光序列星而近至精近至精無義疑有誤下同立元神篇天積眾精以自剛下云近至精所以爲剛也近至或積眾之誤考陰陽而降霜露高其位所以爲尊也下其施所以爲仁也藏其形所以爲

神也見其光所以爲明也序列星所以相承也近至精所以爲剛也考陰陽所以成歲也降霜露所以生殺也爲人君者其法取象於天○官本云取他本誤最案天啟本有也字淩本同故貴爵而臣國所以爲仁也盧云臣國二字之閒有脫文少所以爲尊也一句與案離合根篇云任羣賢以受成成乃不自勞於事所以爲尊也汎愛羣生不以喜怒賞罰所以爲仁也深居隱處不見其體所以爲神也任賢使能觀聽四方所以爲明也量能授官賢愚有差所以相承也引賢自近以備股肱所以爲剛也考實事功○淩本作考事實功次序殿最所以成世也有功者進無功者退所以賞罰也是故天執其道爲萬物主君執其常爲一國主天不可以不剛主不可以不堅天不剛則列星亂其行主不堅則邪臣亂其官困學記聞九引漢書丁鴻日食封事云天不可以不剛不剛則三光不明王不可以不强不强

則宰牧縱横其說出于此星亂則亡其天臣亂則亡其君故爲天者務剛其氣爲君者務堅其政○後漢書黄瓊傳堅作彊剛堅然後陽道制命地卑其位而上其氣暴其形而著其情受其死而獻其生成其事而歸其功卑其位所以事天也上其氣所以養陽也暴其形所以爲忠也著其情所以爲信也受其死所以藏終也○官本云死他本作形獻其生所以助明也成其事所以助化也○盧云化舊本誤作位今據下文改正歸其功所以致義也爲人臣者其法取象於地故朝夕進退奉職應對所以事貴也供設飲食候視疢疾所以致養也○天啟本疢作疚委身致命事無專制所以爲忠也易緯乾鑿度上者專制下者順從○盧云爲忠舊本亦作致養誤今改正竭愚寫情不飾其過所以爲信也○盧云爲信舊本作爲忠亦誤今據上文改正伏節死難不惜其命所

以救窮也事之不濟以死繼之所以救人事之窮○伏節死下天啟本接義代四時也云云至況穢人乎凌本死下有義字推進光榮襃揚其善所以助明也○天啟本無助字受命宣恩輔成君子所以助化也子字疑誤功成事就歸德於上所以致義也是故地明其理爲萬物母臣明其職爲一國宰母不可以不信宰不可以不忠母不信則草木傷其根宰不忠則姦臣危其君根傷則亡其枝葉○天啟本無其字君危則亡其國故爲地者務暴其形爲臣者務著其情義亦見離合根諸篇○盧云自難不惜其起至此共百二十四字舊本誤在前羣物皆生而之下一國之君之上今案文義移正

一國之君其猶一體之心也禮緇衣民以君爲心君以民爲體漢武元狩元年詔君者心也民猶支體支體傷則心憯怛○天啟本不提行接務著其情下今從凌本敘次從盧本提行隱居深宮若心之藏於

胸至貴無與敵若心之神無與雙也嵇康養生論精神之于形骸猶國之有君也○官本云敵他本誤作適其官人上士上與尚同高清明而下重濁若身之貴目而賤足也任羣臣無所親因材器使無所偏愛若四肢之各有職也○盧云有職本或作一職內有四輔若心之有肝肺脾腎也書洛誥亂爲四輔漢書谷永傳永對曰四輔既備成王靡有過舉顏注四輔謂左輔右弼前疑後丞大戴禮千乘篇國有四輔輔卿也卿設于四體王莽爲漢設四輔官自爲太傅幹四輔之事叔覰孔尚書大傳之四隣即此書洛誥疏云周公事無不統故一人爲四輔據此以肝肺脾腎爲喻是董主四人分設也王應麟小學紺珠三云四佐脾腎肝肺注云周禮心有四佐佐輔同義淩云春秋元命包目者肝之使肝者目之精蒼龍之位也鼻者肺之使肺者金之精制割立斷耳者心之候心者火之精上爲張星成于五故人心長五寸陰者腎之寫腎者水之精上爲虛危口者脾之門戶脾者土之精上爲北斗主變化者也脾之爲言附著也如龍蟠虎伏合附著也外有百官若心之有形體孔竅也親聖近賢若神明皆聚於心也上下相承順若肢體相爲

使也布恩施惠若元氣之流皮毛腠理也淩云素問云西方生燥燥生金金生辛辛生肺肺生皮毛呂氏春秋伊尹曰用新去陳腠理遂用高誘曰腠理肌脈也百姓皆得其所若血氣和平形體無所苦也○盧云血氣上舊衍流字今刪無爲致太平若神氣自通於淵也○盧云自通上舊衍無字今刪致黃龍鳳皇若神明之致玉女芝英也淩云詩含神霧曰太華之山上有明星玉女主持玉漿服之成仙張揖曰玉女青要乘弋等也玉符經欲清淨潔白致其芝英當得芝英玉女圖玉厤通政經芝英者王者親延者老有道則生也君明臣蒙其功若心之神體得以全神下當有而字臣賢君蒙其恩若形體之靜而心得以安上亂下被其患若耳目不聰明而手足爲傷也臣不忠而君滅亡若形體妄動而心爲之喪○盧云舊本脫爲字趙增是故君臣之禮若心之與體心不可以不堅君不可以不賢體不可以不順臣不可以不忠心所以全者體之力也

君所以安者臣之功也

威德所生第七十九

天有和有德有平有威有相受之意有爲政之理不可不審也春者天之和也夏者天之德也秋者天之平也冬者天之威也天之序必先和然後發德必先平然後發威此可以見不和不可以發慶賞之德不平不可以發刑罰之威○天啟本罰作伐又可以見德生於和威生於平也不和無德不平無威天之道也達者以此見之矣○盧云達舊本作起誤錢據大典改我雖有所愉而喜必先和心以求其當然後發慶賞以立其德雖有所忿而怒必先平心以求其政然後發刑罰以立其威錢云政當作正劉逢祿云政與正通能常若是者謂之天德行天德者謂

之聖人爲人主者居至德之位操殺生之勢以變化民民之從主也如草木之應四時也喜怒當寒暑威德當冬夏冬夏者威德之合也寒暑者喜怒之偶也喜怒之有時而當發寒暑亦有時而當出其理一也（淩云五經通義曰在牽牛則寒在東井則暑牽牛水宿宿外遠人故寒東井火宿宿內近人故暑）當喜而不喜猶當暑而不暑當怒而不怒猶當寒而不寒也當德而不德猶當夏而不夏也當威而不威猶當冬而不冬也喜怒威德之不可以不直處而發也（直與値同）如寒暑冬夏之不可不當其時而出也故謹善惡之端（此間似有脫文）何以效其然也春秋采善不遺小掇惡不遺大諱而不隱罪而不忽（此間脫二字盧淩本作二口）以是非正理以褒貶喜怒之發威德之處無不皆中其應可以參寒暑冬夏之不失

其時已故曰聖人配天義互見四時之副諸篇○盧云舊本已字上有而字大典無

如天之爲第八十

陰陽之氣在上天亦在人盧云上字疑衍與案黄氏日鈔引有在人者爲好惡喜怒在天者爲暖清寒暑出入上下左右前後平行而不止未嘗有所稽留滯鬱也其在人者亦宜行而無留若四時之條條然也條條行貌荀子儒效篇脩脩兮其統類之行也彼脩脩卽此條條古書脩條多通作又見奉本篇夫喜怒哀樂之止動也此天之所爲人性命者止動謂或止或動天之爲人性命語又見竹林篇臨其時而欲發其應亦天應也○盧云臨其時下舊本衍致上二字今刪與暖清寒暑之至其時而欲發無異若留德而待春夏留刑而待秋冬也此有順四時之名實逆於天地之經言因順四時之名留德不發而必待春夏留刑不用而必待秋冬之實逆天地之經也在人

者亦天也奈何其久留天氣使之鬱滯不得以其正周行也是故○盧云此下舊注一脫字案天啟本脫作大字淩云脫字是校者所注天行穀朽寅而秋生麥告除穢而繼乏也淮南地形訓禾春生秋死麥秋生夏死鹽鐵論論菑篇春生夏長故火生于寅木陽類也穀熟于夏故云穀朽寅淩云月令注麥者接絕續乏之穀尤重之疏蔡氏云陽氣初胎于酉故八月薺麥應時而生也所以成功繼乏以贍人也天之生有大經也而所周行者又六字疑有誤及脫文有害功也除而殺殛者疑作有害功者除而殺殛之○淩云殛吉逆切音戟誅也王本誤作殌行急皆不待時也天之志也而聖人承之以治治上當有爲字是故春修仁而求善秋修義而求惡冬修刑而致清夏修德而致寬此所以順天地體陰陽然而方求善之時見惡而不釋方求惡之時見善亦立行○淩本作力行方致清之時見大善亦立舉之方致寬之時見大惡亦立去之

○淩本作力去之以效天地之方生之時有殺也○盧云天地下之字疑衍官本云地他本作子輿案地字當衍方殺之時有生也是故志意隨天地緩急倣陰陽然而人事之宜行者無所鬱滯且恕於人順於天天人之道兼舉此謂執其中○盧云舊天字文不重錢云當有天非以春生人以秋殺人也當生者曰生當死者曰死非殺物之義待四時也○非殺物之義天啟本作非殺之任擬下接神明亂世云云淩本作非殺物之任擬下接代四時也云云張惠言云此下當接上天地之行篇代四時也至末案盧本與張說合今從之待天啟本作代淩本同注引鶡冠子注太公調陰陽相照相葢相治四時相代相生相殺顏延年曰一寒一暑一往一復爲代去者爲謝爲證輿案作待是上云待春夏待秋冬下云必待四時皆其義但句中尚疑有奪誤以文求之當云非殺物生物之必待四時也義葢必之誤或云當作非生殺之任句擬待四時也亦通而人之所治也安取久留當行之理而必待四時也此之謂壅非其中也人有喜怒哀樂猶天之有春

夏秋冬也喜怒哀樂之至其時而欲發也若春夏秋冬之至其時而欲出也○官本云出他本誤作忠皆天氣之然也然上疑脫自字其宜直行而無鬱滯一也天終歲乃一徧此四者而人主終日不知過此四之數人主一日萬機刑賞迭施隨感而應志意遷易不知其數四下似當有者字其理故不可以相待且天之欲利人非直其欲利穀也除穢不待時況穢人乎乎疑當作況民穢乎國語魯語武王除民之穢○盧云案自義待四時也至此共百四十字舊本在前天地之行篇伏節死下誤今移正

天地陰陽第八十一

天地陰陽木火土金水九與人而十者天之數畢也凡物必有大本非天不生必有參贊非人不成故數始于天而畢于人循天之道篇人者天之繼也說文孔子曰推十合一爲士一之與十遞相終始必盡人以合天也十端亦見官制象天篇故數者至十而止書者以十爲終皆取之此聖

人何其貴者起於天至於人而畢俞云聖衍字此明人貴於物之義上文曰天地陰陽木火土金水九與人而十是起於天畢於人也此人之所以貴也但言人貴非言聖人貴聖字衍明矣畢之外謂之物物者投所貴之端而不在其中俞云投字無義疑數字之誤以此見人之超然萬物之上而最爲天下貴也○列子榮啟期曰天地萬物唯人爲貴孫詒讓云日鈔引作天所貴亦通人下長萬物上參天地故其治亂之故動靜順逆之氣乃損益陰陽之化而搖蕩四海之內基義篇云聖人之道行諸天地蕩諸四海物之難知者若神不可謂不然也今投地死傷而不騰相助孫詒讓云此葢言投物於淖則動於堅則不動也而不騰相助當作而不能相動與下相動而近相動而愈遠文正相對投淖相動而近淩云淖一切經音義收孝反蒼頡篇云深泥也字林云濡甚曰淖亦溺也溼也投水相動而愈遠由此觀之○天啟本注云由一作猶夫物愈淖而愈易變動搖蕩也○淩本愈竝作逾今氣化之淖非直水也

而人主以眾動之無已時眾字疑有誤是故常以治亂之氣與天地之化相殽而不治也世治而民和志平而氣正則天地之化精而萬物之美起世亂而民乖志僻而氣逆則天地之化傷○盧云僻舊本作癖誤氣生災害起盧云氣上疑脫一字○淩本無氣生二字是故治世之德潤草木澤流四海功過神明○張惠言云功過下當接上篇錯簡神明亂世至末案各本下接名者所以別物也至復而不厭者道也一段今依淩本從張說移入下篇末亂世之所起亦博若是皆因天地之化以成敗物乘陰陽之資以任其所爲故爲惡愆人力而功傷名自過也句疑有誤○盧本任擬神明云云至此在上篇自爲一段云首尾皆有闕文且似天地篇中語天地之閒有陰陽之氣常漸人者若水常漸魚也所以異於水者可見與不可見耳其澹澹也然則人之居天地之閒其猶魚之離水一也離附也論衡變虛篇說災

變之家曰人在天地之間猶魚在水中其無間若氣而淖於水水之比於氣也若泥之比於水也是天地之間若虛而實人常漸是澹澹之中而以治亂之氣與之流通相殽也淩云羣經音辨殽相雜錯也○天啟本殽下有饌字故人氣調和而天地之化美殽於惡而味敗此易之物也味字疑誤盧云此易下趙疑當有見字推物之類以易見難者其情可得治亂之氣○官本云氣他本作易邪正之風是殽天地之化者也生於化而反殽化與運連也○盧本天地之間至此在上篇自爲一段錢云後篇大意言治亂之氣與天地之化相殽則此節應入後篇四海之內云云適合輿案此篇今並依淩本從張讀移正官本云連他本作之春秋舉世事之道夫有書天盧云舊本此下空四字然此處文亦疑有脫誤之盡與不盡王者之任也詩云天難諶斯詩大明詩攷云諶韓詩作訦說文作諶毛作忱後漢書胡廣傳續漢書律厤志論潛夫論卜列篇並與此同不易維王此之謂也夫王者不

可以不知天知天詩人之所難也天意難見也其道難理是故明陽陰入出實虛之處所以觀天之志辨五行之本末順逆小大廣狹所以觀天道也天志仁其道也義○仁各本作入錢云入當是仁蓋仁字誤作人又轉誤作入也輿案錢說是爲人者天篇云人之血氣化天志而仁今從淩本改爲人主者予奪生殺各當其義若四時列官置吏必以其能若五行好仁惡戾任德遠刑若陰陽此之謂能配天天者其道長萬物而王者長人人主之大天地之參也好惡之分陰陽之理也喜怒之發寒暑之比也官職之事五行之義也以此長天地之間蕩四海之內○自神明亂世之所起至蕩字止天啟本盧本並在上如天之爲篇天啟本蕩下有一闕字盧云以下文脫此段亦似天地陰陽篇中語淩云原注闕張惠言云此下仍接下篇末段四海之內至末以蕩四海之內五字爲句今從之殽陰陽之氣與天地相雜是故人言

既曰王者參天地矣禮經解天子者與天地參故德配天地中庸可以與天地參矣荀子王制篇君子者天地之參也萬物之總也苟參天地則是化矣豈獨天地之精哉王者亦參而殽之治則以正氣殽天地之化亂則以邪氣殽天地之化○盧云此下舊有亂則二字係衍文同者相益異者相損之數也之上疑有天字無可疑者矣

天道施第八十二

天道施地道化人道義大戴禮天圖篇吐氣者施而含氣者化是以陽施而陰化也潛夫論本訓篇天道曰施地道曰化人道曰爲聖人見端而知本精之至也○官本云而他本誤作不得一而應萬類之治也類猶統類也荀子儒效篇平正和民之善億萬之眾而摶若一人又云以淺持博以今持古以一持萬苟仁義之類也雖在鳥獸之中若別白黑倚物怪變所未嘗聞也所未嘗見也卒然起一方則舉統類而應之無所儗㤰又云法教之所不及聞見之所不至則知不能類也是雖儒者也王制篇以類行雜以一行萬並與此類字義同淮南俶眞訓夫道有經紀條貫

得一之道連干枝萬葉輿案聖人之智足以貫統類而不差忒故得一物之情而萬物可治所謂正其理則萬事一也下此固不能無扞格矣**動其本者不知靜其末受其始者不能辭其終**莊子人閒世篇其作始也簡其將畢也必鉅**利者盜之本也妄者亂之始也**史記孟荀列傳利誠亂之始也○官本云盜他本誤作道下同**夫受亂之始動盜之本而欲民之靜不可得也**知治之語故施政務正其本民氣常求其靜**故君子非禮而不言非禮而不動好色而無禮則流飲食而無禮則爭流爭則亂夫禮體情而防亂者也**體情二字最得作禮之意學者不知此義遂有以禮度爲束縛而迫性命之情者矣禮經解夫禮禁亂之所由生猶坊止水之所自來也管子心術篇禮者因人之情緣義之理而爲之節文者也故禮者謂有理也理也者明分以諭義之意也故禮出乎義義出乎理理因乎宜者也藝文類聚三十八御覽五百二十四竝引董生書曰理者天所爲也文者人所爲謂之禮禮者因人情以爲節文以救其亂也夫隄者水之防也禮者人之防也刑防其末禮防其本也疑是此處脫文○盧云夫一作故輿案官本作故注云他本故誤作夫天啟本夫作無

民之情不能制其欲使之度禮目視正色耳聽正聲口食正味身行正道非奪之情也○官本云情他本誤作精所以安其情也色聲味皆情也道之以正所以安之不奪其情而使之束縛拘苦無泰泰然之樂變謂之情雖持異物性亦然者故曰內也持疑作特人生有食色嗜欲則變而之情矣然未始不根于性雖特異之物亦莫不然故性爲內變變之變謂之外○盧云變變本或作變情天啟本注云一作情故雖以情然不爲性說也變情之變則物也雖由情遷已失其本性故云不爲性說故曰外物之動性若神之不守也外物重而我爲役則我爲物動矣此性與神之不能守也積習漸靡物之微者也物之感人由于至微漸移漸積乃至汨沒而不可反故君子慎微孟子物交物則引之而已矣樂記物之感人無窮人之好惡無節則是物至而人化物也荀子儒效篇居楚而楚居越而越居夏而夏是非天性也積靡使然也故人知謹注措慎習俗大積靡則爲君子矣縱性情而不足問學則爲小人矣其入人不知習忘乃爲常然若性不可不察也淮南齊俗訓人之性無邪久湛于俗則易易而忘本合於

若性大戴禮孔子少成若性習慣之爲常荀子儒效篇習俗移志安久移質又荀子解蔽篇心亦如是矣故道之以理養之以清物莫之傾則足以定是非決嫌疑小物引之則其正外易其心內傾不足以決庶理○盧云舊本察字上脫不字今補**純知輕思則慮達**思不過節故曰輕思孔子所謂再斯可也**節欲順行則倫得以諫爭僩靜爲宅**盧云僩與嫺同賈子傳職篇道術篇多用此字**以禮義爲道則文德**盧云趙疑德當作得與案疑作以禮義道德爲則**是故至誠遺物而不與變**淮南齊俗訓人性欲平嗜欲害之惟聖人能遺物而反已又原道訓云達于道外與物化而內不失其情盧云變字上下似尙有一字**躬寬無爭而不以與俗推**管子心術篇聖人之道若存若亡援而用之沒世不亡與物變而不化應物而不移日用之而不化又內業篇云聖人與時變而不化從物而不移能正能靜然後能定盧云以字疑衍**衆強弗能入**衆物雖強不能鐃聖人之心**蜩蛻濁穢之中**淩云爾雅釋蟲孫注宮中小蟬也舍人云方語不同三輔以西曰蜩淮南子蟬飲而不食三十日而蛻文心雕龍蟬蛻穢濁之中史記正義蛻音稅去皮也**含得命施之理**雖在濁穢之中而常含存其天理命施謂天命天施天施見竹林篇

與萬物遷徙而不自失者聖人之心也管子心術篇聖人裁物不爲物使荀子儒效篇聖人也者本仁義當是非齊言行不失豪氂無它道焉已乎行之矣名者所以別物也管子心術篇名者聖人之所以紀萬物也○淩本不提行親者重疏者輕尊者文卑者質近者詳遠者略莊云春秋詳內略外詳尊略卑詳重略輕詳近略遠詳大略小詳變略常詳正略否文辭不隱情明情不遺文情實也雖加文辭而不隱其實所謂文予而實不予也紀實而不遺其文所謂定哀多微詞不書昭公取同姓而書孟子卒之類是也人心從之而不逆古今通貫而不亂名之義也○天啟本注云貫一作道錢云古今通貫下當接前任擬神明一段其而不亂以下至復而不厭者道也並非此篇文與案錢校非今竝依淩本從張讀男女猶道也天地之陰陽當男女人之男女當陰陽故道不外陰陽人生別言禮義名號之由人事起也人之生一瞑耳聖人別爲禮義以教之因禮義而生名號凡以治人事也然其本則原於天不順天道謂之不義察天人之分觀道命之

異可以知禮之說矣張惠言云此說禮以發明人道義之意見善者不能無好見不善者不能無惡好惡不能堅守故有人道好惡任情則有流爭之失故明人道制禮義以範之人道者人之所由樂而不亂復而不厭者萬物載名而生聖人因其象而命之先有物而後有名名不先物作也既因衆象而命之以名然後整齊參伍以義相從是故先物而後象先象而後名先名而後義管子心術篇凡物載名而來聖人因而財之而天下治然而可易也皆有義從也當夫未有名之先牛可以爲馬犬可以爲羊及夫因象命名則皆以義相從如犬性獨則獨從犬羊性羣則羣從羊不可易矣或疑可易上當有不字亦通故正名以名義也○天啟本作明義淩本同物也者洪名也皆名也而物有私名此物也非夫物洪名猶荀子正名篇之大共名故亦曰皆名皆名猶通名賈子先醒篇此博號也博號亦猶洪名私名猶正名篇之大別名故曰此物非夫物物爲洪名通言之皆物也自其別言之則有動植飛潛之異又有黑白色類之分此物不可混於彼物矣孫詒讓云墨子經上篇名達類私說云名物達也命之藏私也是名也止於是

物也與此私名義同○私各本作和今從孫校正古書和私二字多相亂國語魯語和爲每懷韋注後鄭司農云和當爲私管子法禁篇修上下之交以私親於民墨子非儒篇爲欲厚所至私輕所至重荀子正名篇其爲天下多其私樂少矣各本私皆誤作和是其證夫各本作失張惠言云當作夫猶彼也今亦據改

故曰萬物動而不形者意也形而不易者德也易讀狂易之易**樂而不亂復而不厭者道也**淩云道生天地之先德道之用也管子曰虛無無形謂之道化育萬物謂之德對策臣聞夫樂而不亂復而不厭者謂之道顏注復謂反復行之也○此段元在天地陰陽篇功過下張惠言云當在聖人之心也下爲篇末今從淩本移然疑是深察名號篇中文因提行別出

春秋繁露義證卷第十七